INTRODUCTION AU TRAVAIL SOCIAL

Introduction au travail social

Sous la direction de
Jean-Pierre Deslauriers
et
Yves Hurtubise

Les Presses de l'Université Laval
2000

Les Presses de l'Université Laval reçoivent chaque année du Conseil des Arts du Canada et de la Société de développement des entreprises culturelles du Québec une aide financière pour l'ensemble de leur programme de publication.

Nous reconnaissons l'aide financière du gouvernement du Canada par l'entremise de son Programme d'aide au développement de l'industrie de l'édition (PADIÉ) pour nos activités d'édition.

Données de catalogage avant publication (Canada)

Vedette principale au titre :

Introduction au travail social

Comprend des références bibliographiques

ISBN 2-7637-7732-5

1. Service social. 2. Service social – Pratique. 3. Service social – Québec (Province). 4. Travailleurs sociaux – Formation. I. Deslauriers, Jean-Pierre, 1944-. II. Hurtubise, Yves, 1945-.

HV40.I57 2000   361.3   C00-941012-0

Révision linguistique : Sabine Anctil
Corrections des épreuves : Solange Deschênes
Mise en pages : Francine Brisson
Maquette de couverture : Chantal Santerre
Illustration de la couverture : Fang Binshan, *The Village Chronicles*, détails.

HV
40
I585
2000
EX.3

Distribution de livres Univers
845, rue Marie-Victorin
Saint-Nicolas (Québec)
Canada G7A 3S8
Tél. (418) 831-7474 ou 1 800 859-7474
Téléc. (418) 831-4021
http://www.ulaval.ca/pul

(3e tirage - printemps 2002)

Nous dédions ce livre à toutes les personnes qui nous ont influencés au cours de nos années de travail intellectuel, qu'elles aient été nos professeurs, nos collègues, nos étudiants ou nos complices dans l'action.

Jean-Pierre Deslauriers
Yves Hurtubise

TABLE DES MATIÈRES

CHAPITRE 4 #8

L'intervention individuelle en travail social

Michèle Bourgon avec la collaboration de Annie Gusew 93

CHAPITRE 5
Principes d'évaluation et d'intervention avec les familles

CHAPITRE 6 (#5)

Le service social des groupes : concepts et pratique

CHAPITRE 7
L'organisation communautaire et le travail social

CHAPITRE 10
L'interdisciplinarité : une équipe multidisciplinaire en action

CHAPITRE 11
La recherche en service social

Conclusion

INTRODUCTION

Jean-Pierre Deslauriers
Université du Québec à Hull
Yves Hurtubise
Université Laval

DEPUIS des lustres, les travailleurs sociaux[1] québécois lisent et utilisent des textes américains, mais aussi canadiens et britanniques. Ce n'est pas par hasard : tout d'abord, le travail social québécois a été très influencé par la tradition anglo-saxonne qui l'a largement façonné comme discipline ; ensuite, les politiques sociales, l'enseignement, notre sensibilité même ont été modelés par l'espace géographique, social et économique du continent nord-américain que nous partageons avec nos voisins. Comme la langue anglaise faisait souvent obstacle, ceux et celles qui enseignaient la discipline du travail social ont traduit en français et adapté les auteurs anglophones pour les faire connaître à leurs étudiants.

Les auteurs français ont aussi fortement influencé le travail social québécois. Les professeurs en poste dans les universités québécoises furent nombreux à étudier en France et maints intervenants sociaux sont allés y faire des stages. De plus, à cause des affinités linguistiques, les écrits des sociologues et philosophes français ont traversé facilement les mers et obtenu rapidement une grande audience. Cependant, les mots sont trompeurs car le travail social pratiqué en France et en Europe n'a pas la même signification qu'en Amérique du Nord. Par ailleurs, même si nous

---

1. Dans le présent ouvrage, le masculin est utilisé sans aucune discrimination et uniquement dans le but d'alléger le texte. Cependant, nous avons respecté le choix des auteurs qui préfèrent féminiser leur texte.

partageons quelques affinités avec les auteurs américains ou canadiens, les Québécois se distinguent encore et toujours par leur spécificité culturelle et sociale. En conséquence, qu'ils soient rédigés d'abord en français ou traduits de l'anglais, les documents dont disposaient les étudiants de travail social leur laissaient une impression d'étrangeté à cause de la différence de contexte.

Même si les travailleurs sociaux québécois continuent de se laisser influencer par ces deux courants, ils n'en sont pas totalement dépendants pour autant. Au contraire, chercheurs et praticiennes alimentent et lisent plusieurs revues. Qu'on pense par exemple à la revue *Service social*, la première revue disciplinaire de langue française en Amérique du Nord, à *Intervention*, publiée régulièrement par l'Ordre professionnel des travailleurs sociaux, à *Nouvelles pratiques sociales*, animée par des professeurs de travail social des constituantes du réseau de l'Université du Québec ou à d'autres revues comme *Économie et solidarité* et *Lien social*, auxquelles collaborent de nombreux travailleurs sociaux, sans oublier *Reflets*, la revue franco-ontaroise d'intervention sociale. Ce rapide inventaire des revues consacrées entièrement ou partiellement au travail social démontre la grande vitalité de notre profession, compte tenu de la taille de la société québécoise. Ces revues vivent non seulement parce que chacune a son lectorat mais aussi parce qu'elles sont alimentées par l'analyse d'intervention, le récit d'expérimentations des praticiens sur le terrain, des réflexions théoriques, des études empiriques.

Du point de vue de la recherche, nous pouvons mesurer les progrès immenses accomplis par le travail social québécois depuis quelques décennies. Lorsque la Commission d'enquête sur la santé et le bien-être social a scruté le système des services sociaux à la fin des années 1960, les travailleurs sociaux agissant comme chercheurs étaient rarissimes. Par contre, lorsque la commission Rochon a réexaminé l'organisation des services, une vingtaine d'années plus tard, plusieurs travailleurs sociaux ont été associés à ses travaux et ont produit des rapports de recherche influents.

Enfin, la crédibilité intellectuelle de la discipline de travail social s'est manifestée par le développement de programmes d'études supérieures. On compte maintenant des programmes de doctorat, sans oublier l'ouverture de nouveaux programmes de maîtrise, qui non seulement permettent aux travailleurs sociaux de poursuivre leur formation mais qui attirent aussi des candidats des autres disciplines et de l'étranger en nombre toujours plus grand. L'augmentation du nombre de programmes d'études supérieures n'est pas étrangère à la croissance du nombre de travaux de recherche.

Si on peut se réjouir de cette compétence accrue dans la production de la connaissance en travail social, elle serait sans effet si elle ne correspondait pas à un égal progrès réalisé dans la pratique professionnelle. La compétence des travailleurs sociaux de la deuxième moitié du siècle dernier s'est grandement améliorée avec le recours aux théories et données scientifiques pour appuyer leur action. Les travailleurs sociaux pratiquent avec autorité dans des domaines aussi diversifiés que la protection de la jeunesse, la pauvreté, la violence, le développement local ou l'économie sociale. Les personnages publics formés dans notre profession et qui l'ont pratiquée sont nombreux, sans compter les autres, innombrables, dont la notoriété ne fera jamais les manchettes mais qui jouent un rôle important dans les établissements de services sociaux, les associations et les groupes communautaires du Québec.

Un jour, dans un colloque, en écoutant nos collègues discuter, argumenter et débattre, nous avons pensé que leurs propos méritaient plus ample diffusion et que les étudiants devraient en bénéficier. Nous avons subitement réalisé qu'il tardait que tous et toutes unissent leur expertise, leur expérience et leurs connaissances pour produire un livre d'introduction au travail social. Selon nous, un tel livre comblerait une lacune majeure dans l'enseignement de notre discipline. Cette mystérieuse alchimie, que Carl Gustav Jung appelait synchronicité, est à l'origine du présent volume. Outre le fait de combler cette lacune dans l'enseignement de la discipline, il nous semblait également que la publication d'un tel ouvrage surgissait à point nommé dans l'histoire du travail social car de nouveaux défis se dressent sur son chemin : en effet, les valeurs que cette discipline professe, de même que la pratique qui en découle, ont moins la cote qu'avant. Elles rencontrent une forte opposition de la part des pouvoirs publics ainsi que de la part de leaders influents dans la société. En revanche, la profession de travail social est un apport important pour solutionner les problèmes qu'entraîne le néolibéralisme.

LE TRAVAIL SOCIAL : VALEURS ET PRATIQUE

Le travail social a été doublement touché par le virage amorcé au début des années 1980, tant sur le plan des valeurs qu'il met de l'avant que sur celui de l'emploi. En effet, si les valeurs constituent le cœur de la discipline, la pratique, basée sur le développement des connaissances, en constitue l'esprit. Or, cet alliage est battu en brèche par la nouvelle gestion du social.

L'État-providence, qui avait continué de croître jusqu'à la fin des années 1970, a été combattu au début de la décennie 1980. En effet, en Angleterre d'abord, mais aussi aux États-Unis et au Canada, un vent de conservatisme a soufflé sur les sociétés occidentales. Fini, l'État-providence coûteux et inefficace : il fallait revenir aux bonnes vieilles valeurs de liberté d'entreprise, de libre-échange, de libre marché. Que les entreprises soient le moins entravées possible et la pauvreté sera atténuée. Que le renard soit libre de se promener dans le poulailler et les poules engraisseront. Comme beaucoup d'autres acteurs sociaux, les travailleurs sociaux avaient proposé de remplacer la charité par des politiques sociales, de compléter la bonté que les membres d'une société doivent se manifester les uns les autres dans leur vie quotidienne par une redistribution des richesses peut-être plus impersonnelle mais tout aussi importante. Or, cette vision est malmenée aujourd'hui parce que l'objectif d'une société plus égalitaire est battu en brèche, la conception d'une vie sociale plus harmonieuse est méprisée. Évidemment, notre discipline n'est pas la seule à connaître pareil traitement : toutes les associations et les regroupements qui partagent l'idée que la sensibilité à la misère d'autrui et l'entraide sont les mobiles sociaux les plus puissants de l'évolution de la société ne sont pas entendus.

La solidarité sociale, péniblement acquise au cours des ans, est remise en question par les néolibéraux. Cette solidarité s'exprimait par exemple par l'assurance sociale ; en versant une contribution différenciée selon les revenus, les citoyens s'assuraient de bénéfices semblables et tous pouvaient profiter de la richesse sociale. Cette solidarité se manifestait aussi par la structure de l'impôt progressif qui opérait un certain transfert de revenu. Désormais, on parle davantage de réduction d'impôt que de redistribution de la richesse, en utilisant si possible des chiffres qui frappent l'imagination : nous vous promettons une baisse d'impôt de 15 % cette année, autant l'an prochain. Cette apparente générosité cache le fait que la baisse d'impôt réduit les revenus de l'État qui dispose d'autant moins de ressources pour aider les plus démunis. Par ailleurs, abaisser les impôts de tous les contribuables selon un pourcentage égal favorisera d'autant plus les ménages et les particuliers qui disposent de revenus élevés. Alors que le leitmotiv des politiques sociales était l'égalité des chances, on parle maintenant d'excellence et de compétitivité internationale.

De plus, les néolibéraux ont invoqué un endettement tout aussi généralisé qu'irréel pour modeler l'opinion publique et justifier la réduction des dépenses sociales et des programmes sociaux. Ce faisant, ils ont détourné une partie des biens publics vers la réduction du déficit. Par exemple, les cotisations des travailleurs à la caisse d'assurance-chômage, rebaptisée par euphémisme assurance-emploi, servent à réduire le déficit au lieu de profiter aux prestataires.

Ce changement de valeurs et de politiques sociales a eu des répercussions sur le plan de l'emploi. En effet, l'essor des services sociaux et des disciplines d'aide, dont le travail social fait partie, a été étroitement lié au développement de l'État-providence. Depuis ses origines, le travail social n'a eu de cesse d'attirer l'attention des pouvoirs sur le sort des personnes, sur leurs conditions concrètes d'existence, sur les effets des problèmes sociaux sur l'existence individuelle, sur les enfants, les familles, les communautés. Au cours des trente années de prospérité allant de la fin de la deuxième grande guerre au milieu des années 1970, des services sociaux de toutes sortes ont été mis sur pied. Les travailleurs sociaux ont participé au courant social et politique qui préconisait la redistribution de la richesse et du pouvoir, qui proposait d'accorder davantage d'attention aux laissés-pour-compte du progrès. Durant cette période, l'État a fait appel au travail social pour mettre sur pied les services les plus divers. Sans toujours avoir présidé à leur conception, la discipline du travail social a néanmoins influencé l'application des diverses politiques sociales.

Comme l'État représente traditionnellement le principal employeur des travailleurs sociaux, la réduction de la taille de la fonction publique a eu des contrecoups sur l'emploi des travailleurs sociaux. L'accès à un débouché aussi important s'en est trouvé réduit. En conséquence, pour les travailleurs sociaux comme pour l'ensemble des travailleurs, les postes permanents se font plus rares : on note une augmentation du nombre d'emplois temporaires, à forfait et à temps partiel, et les listes de rappel se renouvellent lentement. Par contre, la situation du travail est loin d'être défavorable : les différentes enquêtes démontrent que les diplômés en travail social se classent quand même bien sur le marché de l'emploi. Leur taux de placement se compare même avantageusement à celui de plusieurs autres disciplines des sciences sociales. Nous pouvons en déduire que, malgré des politiques socio-économiques qui lui sont défavorables, le travail social réussit à tirer son épingle du jeu et peut continuer à promouvoir les valeurs qui lui sont chères.

L'APPORT DE LA PROFESSION

En même temps que les pouvoirs publics hésitent à investir dans les services sociaux, le travail social fait face à une compétition plus grande qu'avant de la part des autres professions d'aide. Car il fut un temps où le travail social était la discipline de base dans les services sociaux ; même, dans certains secteurs, il occupait une position de monopole. Sa polyvalence lui permettait de pratiquer dans les contextes les plus divers, ce que ne pouvaient faire les professions plus spécialisées dans un champ d'intervention donné. Cependant, les temps ont changé car les autres n'ont pas tardé à découvrir notre secret ! Des disciplines de plus en plus nombreuses s'affublent maintenant du qualificatif de communautaire : la psychoéducation, la psychologie, la psychiatrie, la criminologie, la médecine, le nursing, toutes ont maintenant leur branche communautaire. (Paradoxe des temps modernes : de son côté, la sociologie se fait... clinique !)

Devant ce changement sémantique, plus d'un travailleur social craint l'invasion et se demande s'il lui est toujours possible de défendre ses frontières. De fait, il y a un certain chevauchement inévitable : dans la pratique, des professions se disputent le même territoire à la marge. Par contre, les travailleurs sociaux négligent deux facteurs. Tout d'abord, il ne suffit pas de revendiquer la greffe communautaire : encore faut-il qu'elle tienne. En effet, plusieurs professions qui se réclament de l'action communautaire la réduisent parcimonieusement au travail de groupe ou au réseau d'entraide. Voilà une conception plutôt restreinte à laquelle le travail social n'adhère pas. Ensuite, nous avons tendance à oublier que le travail social « fait du communautaire » depuis longtemps et que c'est sa force. Depuis ses débuts, le travail social ne cesse de prétendre que pour comprendre un problème personnel, familial ou communautaire, il faut voir comment la personne, la famille ou la communauté est influencée par son environnement économique, politique, social, culturel. Fort de ces connaissances, il est ensuite possible de dresser un plan d'intervention adapté à la situation, en prenant en considération les forces de la personne et de son milieu. Comme disait une travailleuse sociale médicale, lorsqu'elle travaille dans une équipe multidisciplinaire et qu'on discute d'un cas, elle se surprend toujours à poser des questions telles que : cette personne a-t-elle des amis ? Où se trouve sa famille ? Quel est son réseau social ? « Je suis toujours la première à me poser ces questions-là ! », avouait-elle en riant.

C'est pour cette raison que le travail social dispose d'atouts importants dans son jeu. Alors que, de toutes parts, on valorise le travail communautaire, la revitalisation des quartiers, le maintien et le développement des réseaux sociaux et des collectivités, le développement de l'emploi, notre discipline peut puiser dans son expérience des leçons utiles et fort adaptées au contexte présent. Cet avantage se confirme lorsque l'on voit les travailleurs sociaux occuper une grande partie des postes en organisation communautaire en CLSC, ou lorsqu'on voit les finissants de travail social jouer un rôle important dans le développement du secteur communautaire. Cette avance se confirme aussi lorsqu'on voit des étudiants ayant une formation dans une autre discipline s'inscrire au baccalauréat ou à la maîtrise en travail social pour faire partie de notre profession. Ils estiment que la formation qu'ils recevront leur conférera un atout que leur discipline actuelle ne leur offre pas.

Nous sommes convaincus que notre discipline peut relever avec brio les défis que nous venons de décrire. Les pratiques professionnelles des travailleurs sociaux sont originales et méritent d'être connues ; les professeurs et chercheurs ont de l'expérience et sont de plus en plus reconnus. Nous espérons que ce volume contribuera au débat en présentant différents aspects du travail social qui démontrent qu'il est une discipline vivante, crédible et utile.

ORIENTATION DE CE VOLUME

Dans la confection de ce volume, nous avons pris modèle sur les Américains, passés maîtres dans l'art de présenter les rudiments d'une discipline. D'abord, nous avons retracé les livres d'introduction au travail social publiés au cours des dernières années, surtout aux États-Unis, mais aussi au Canada. Ensuite, nous avons analysé leurs tables des matières pour dresser la nôtre. Tout en laissant aux lectrices et aux lecteurs le soin de porter le jugement final sur ce volume, chose certaine, nous avons voulu produire un ouvrage de qualité.

Dans notre esprit, ce livre est d'abord destiné aux étudiantes et aux étudiants en travail social inscrits à la première année de baccalauréat, ceux et celles qui commencent leurs études et qui veulent savoir de quoi retourne la profession qu'ils envisagent d'adopter. Ce volume s'adresse aussi aux étudiantes et étudiants des autres disciplines qui veulent connaître notre profession : ce sont les étudiants en provenance des sciences sociales qui poursuivent des études de propédeutique pour accéder à la profession de travail social, ou aux professionnels des disciplines apparentées au travail social, tentés par l'interdisciplinarité, et qui veulent se familiariser avec une profession d'aide. Nous pensons aussi aux tenants des autres disciplines qui veulent tout simplement en savoir plus long sur la profession des collègues qu'ils côtoient. Enfin, nous espérons que les praticiens de travail social d'expérience, les derniers mais non les moindres, pourront aussi y trouver leur compte. Bref, en travaillant à la confection de ce livre, nous espérions que ceux et celles qui s'intéressaient de près ou de loin au travail social puissent bénéficier de la lecture de cet ouvrage.

Nous avons aussi mis de l'avant une définition large du travail social. D'une part, nous savons tous que le nom même de la discipline ne fait pas l'unanimité. Tout d'abord, les premières universités ayant offert un programme dans le domaine ont pris le nom d'École de service social. Cette décision a entraîné une certaine polysémie avec laquelle nous nous débattons depuis car le même mot désigne à la fois une discipline universitaire et un organisme privé ou public chargé de questions sociales (pauvreté, enfance, famille). Remarquons que la même équivoque sémantique se rencontre aux États-Unis où *social work* et *social service* sont chargés de la même ambiguïté. Par contre, les universités québécoises plus jeunes ont opté pour le nom de travail social. (De leur côté, les universités latino-américaines utilisent le vocable *trabajo social*.) Il ne faut donc pas s'étonner que les différents auteurs recourent à l'un ou l'autre terme de façon interchangeable pour désigner notre discipline, parfois même à l'intérieur d'un même article !

Nous savons aussi que, si les définitions du travail social abondent, elles réussissent rarement à faire l'unanimité. Elles s'opposent les unes aux autres selon qu'elles découlent de l'idéologie à laquelle leurs tenants se réfèrent, des positions politiques qu'ils défendent, du champ de pratique dans lequel les professionnels exercent leur profession. Devant le débat qui fait rage depuis plusieurs décennies, nous n'avons donc pas cherché à trancher la question ni à tirer les marrons du feu. Plutôt, nous avons laissé aux auteurs le loisir de choisir leur camp et de le défendre.

CONTENU

Les directeurs de publication de ce volume ont fait appel à une brochette de professeurs, de chercheurs ou de praticiens reconnus pour leur expertise dans le champ du travail social ainsi que pour chacun des thèmes qui ont été retenus. Chacun présente dans ce livre un chapitre inédit, rédigé dans un style simple et accessible, un chapitre qui fait le tour de la question sans sombrer dans la simplification outrancière. À la fin de chaque chapitre, le lecteur trouvera une bibliographie commentée où l'auteur suggère quelques articles ou volumes faisant autorité dans le sujet traité. De plus, les auteurs ont suggéré des sites Internet susceptibles d'intéresser le lecteur. Cependant, une précaution s'impose ici.

Les adresses électroniques proposées dans ce volume sont à jour à la date de publication du volume mais elles pourront avoir été modifiées par la suite par les responsables des sites. Les auteurs ni les éditeurs ne peuvent être tenus responsables de modifications apportées postérieurement à la date de publication du volume, aux adresses ou au contenu des sites Internet cités en référence. Le lecteur sera donc bien avisé de vérifier périodiquement la validité de ces adresses électroniques. Enfin, quelques auteurs proposent des documents audiovisuels disponibles dans les bibliothèques universitaires. Nous présenterons maintenant les chapitres dans l'ordre où ils figurent dans le volume.

Roland Lecomte s'attaque à une question centrale, soit celle de la nature du travail social contemporain. Comme le fait remarquer cet auteur de grande expérience, le travail social se pratique dans différents milieux, en relevant de différents paliers politiques. Comme discipline constituée de plusieurs branches de connaissances, le travail social peut être considéré comme un art et/ou une science, comme une profession axée sur le fonctionnement social des individus ou comme une discipline pratique. Roland Lecomte conclut en avançant que les diverses définitions du travail social doivent tenir compte de différents aspects tels que la dimension épistémologique, l'orientation idéologique, l'importance de l'individu, le contexte, la diversité des interventions et des lieux de pratique.

Le travail social ne se définit pas seulement à partir de ses caractéristiques mais aussi à partir de son environnement. De ce point de vue, les politiques sociales exercent une influence déterminante sur notre discipline. Auteur reconnu dans le domaine, Robert Mayer, accompagné de Martin Goyette, décrit l'influence des politiques sociales sur les pratiques sociales au Québec depuis 1960 jusqu'à nos jours. Explorant les faits marquants qui ont jalonné ces dernières décennies, les auteurs décrivent l'évolution des différentes politiques sociales qui ont encadré le travail social. Ils démontrent comment la discipline de travail social est tributaire du contexte social, économique, politique et législatif ambiant.

Jean-Claude Michaud présente le travail social comme profession. En effet, comme toute discipline dotée d'un ordre professionnel, le travail social fait partie d'un ensemble d'occupations qui font l'objet d'une législation particulière, soit le Code des professions. L'auteur distingue d'abord les composantes du système professionnel québécois, mis à jour en 1973. Ensuite, après avoir fait un bref historique de la marche du travail social vers la reconnaissance professionnelle, Jean-Claude Michaud explique la structure et le fonctionnement de l'Ordre professionnel des travailleurs sociaux du Québec. Il expose enfin les défis qui confronteront notre profession au cours des prochaines années. Praticien, pigiste, professeur, Jean-Claude était la personne la mieux placée pour aborder cette question.

Suivent ensuite plusieurs chapitres traitant de ce qui est au cœur du travail social, soit l'intervention professionnelle. Tout d'abord, Michèle Bourgon explique l'intervention individuelle en travail social. Professeure qui n'a pas délaissé la pratique pour autant, elle parle d'expérience. Elle souligne d'entrée de jeu que la conception de l'intervention qu'elle met de l'avant se base sur la compréhension de la personne-cliente intégrée dans son environnement et considérée comme un sujet actif de son histoire, de sa vie. Après avoir défini l'intervention individuelle, Michèle Bourgon illustre d'exemples les rôles et activités de l'intervenante de même que les principaux courants qui traversent cette méthode d'intervention. Elle brosse à grands traits les quatre phases du processus d'intervention de même que les techniques que l'intervenante peut mettre en œuvre. Après avoir énuméré les défis de l'intervention individuelle, l'auteure termine son chapitre en présentant les composantes de toute intervention.

Professeur et praticien, Amnon J. Suissa expose les principes d'évaluation et d'intervention avec les familles, un secteur où le travail social a une longue expérience. Après avoir décrit les principaux changements sociaux ayant affecté la famille, l'auteur présente quelques concepts de base, tirés de la théorie générale des systèmes, qui sous-tendent l'intervention auprès des familles. Il attire ensuite notre attention sur quelques éléments d'intervention avec les familles. Enfin, l'auteur répond à quelques interrogations que soulève l'intervention avec les familles.

Expert reconnu en service social de groupe, Jocelyn Lindsay présente ce type d'intervention de plus en plus populaire dans le domaine des services sociaux. Il propose d'abord une définition commentée du service social de groupe avant de l'aborder sous différents angles : l'évolution du service social de groupe au Québec, les types de pratique, l'utilisation du groupe en travail social et le choix du groupe comme mode d'intervention. Il explique ensuite le déroulement de l'intervention de groupe ainsi que les habiletés du praticien. L'auteur présente enfin quelques concepts clés sur lesquels se base le service social de groupe.

Clément Mercier présente la pratique de l'organisation communautaire en travail social. Professeur qui a toujours gardé des liens étroits avec la pratique, il relate brièvement l'histoire de l'organisation communautaire pour ensuite définir les principales composantes de cette méthode : ses valeurs et ses principes, son objet et les champs de pratique. Il décrit par la suite les stratégies d'intervention ainsi que certains modèles de pratique. Il termine sur le processus d'intervention en organisation communautaire.

L'administration sociale est souvent présentée comme une méthode en travail social, et non sans raison. En effet, les travailleurs sociaux ont influencé le développement de cette branche de l'administration qui, appliquée aux services sociaux, se distingue de l'administration des affaires. Professeur ayant enseigné cette matière pendant plusieurs années, Martin Poulin a rédigé un chapitre sur l'administration sociale. Il définit ce qu'est l'administration sociale et son importance, selon qu'elle s'applique aux établissements des services publics ou aux organismes communautaires. Ensuite, il précise les rôles du gestionnaire, les compétences requises ainsi que les qualités attendues du gestionnaire des services sociaux.

Le chapitre suivant aborde un sujet des plus importants, soit l'éthique en travail social. René Auclair creuse cette question depuis plusieurs années, bien avant qu'elle ne devienne à la mode. C'est un sujet capital car l'éthique traverse tous les aspects de la discipline : méthodologiques, axiologiques, pratiques, déontologiques. L'auteur nous démontre que les questions éthiques sont liées non seulement à la morale mais aussi aux grandes interrogations philosophiques auxquelles nulle société n'échappe. L'originalité de ce chapitre est de présenter un modèle de prise de décision éthique que peut suivre un travailleur social lorsqu'il est confronté à un dilemme de ce genre.

Michel Hébert propose une réflexion sur les rapports entre les professions. Nous savons que les professions ne se pratiquent plus en solo mais en collaboration. Par contre, ce praticien d'expérience nous apprend qu'il ne s'agit plus de pratiquer en multidisciplinarité, soit l'addition des disciplines dans une intervention, mais en interdisciplinarité, soit la pratique des membres en équipe en interaction les uns avec les autres. Il présente les composantes essentielles de l'interdisciplinarité, les lieux où elle s'exerce de même que les avantages et les contraintes qu'elle comporte. Michel Hébert termine son chapitre sur les défis qui se posent à cette pratique.

Deux chapitres portent sur la recherche en travail social. Le premier auteur, Jean-Louis Gendron, aborde cette question d'une façon originale. Délaissant l'approche méthodologique, il relate les principales étapes de l'histoire de la recherche en travail social. Ensuite, il décrit les courants de recherche et de pensée en travail social en démontrant que l'homologie présumée entre recherche et intervention peut s'avérer fallacieuse. Jean-Louis Gendron termine son chapitre en reprenant à son compte la question centrale et qui lui est chère : les travailleurs sociaux doivent-ils produire ou consommer la recherche ?

Le chapitre d'André Beaudoin sur la recherche évaluative répond en quelque sorte à celui qui le précède. En effet, même si ce chapitre contient davantage d'éléments méthodologiques, l'auteur situe la recherche évaluative dans la perspective du développement du travail social. N'importe quelle discipline, y compris la nôtre, ne peut échapper à la démonstration de son efficacité si elle veut survivre. Pour ce faire, après avoir dépeint les caractères distinctifs de la recherche évaluative, l'auteur puise dans sa grande expérience de la recherche évaluative pour en expliquer les deux principaux types : l'évaluation des programmes et l'évaluation des interventions à partir du cas unique.

Gilles Rondeau est un professeur d'expérience qui s'intéresse à la question de la formation depuis plusieurs années. En collaboration avec Delphine Commelin, et en prolongement des chapitres précédents, il traite de la formation en travail social. Après avoir retracé l'apparition et le développement du système de formation universitaire en travail social, les auteurs décrivent les niveaux de formation, à partir du niveau technique jusqu'au doctorat, en passant par le baccalauréat et la maîtrise. Ils présentent aussi les principales associations qui ont leur mot à dire dans la formation, surtout l'Association canadienne des écoles de service social et le Regroupement des unités de formation universitaire en travail social. Ils comparent la formation en travail social à celle des disciplines connexes pour ensuite attirer l'attention sur la spécificité du système de services sociaux québécois et son influence sur la formation. Après avoir glissé un mot sur la formation en travail social au Canada, aux États-Unis et en Europe, les auteurs concluent sur les enjeux auxquels se confronte l'enseignement de la discipline.

Au terme de cette aventure, nous remercions les auteurs qui se sont pliés avec gentillesse aux suggestions que nous leur avons faites. Ils n'ont pas hésité à remettre leur travail sur le métier, en ajoutant quelquefois, souvent en retranchant. Ils ont supporté avec stoïcisme les demandes répétées que nous leur avons adressées. La qualité de ce volume repose sur la qualité de leurs réflexions, de leur pensée, de leur expérience, et nous sommes heureux qu'ils aient accepté d'y contribuer. Enfin, nous souhaitons que la publication de ce livre encourage d'autres auteurs à formuler et à publier les connaissances théoriques et pratiques nécessaires aux travailleurs sociaux qui s'apprêtent à répondre aux exigences du XXIe siècle.

Pour nous, ce livre fut une expérience des plus enrichissantes. Depuis le moment où nous avons ébauché le contenu du volume jusqu'au dépôt du manuscrit chez l'éditeur, cette entreprise scientifique et professionnelle se déroula dans un climat d'amitié dont nous gardons le meilleur souvenir. Enfin, nous remercions tous ceux et celles dont nous avons rabattu les oreilles au cours des derniers mois en les tenant au courant des lents progrès de ce livre. Cet auditoire captif et sympathique a été constitué de Caroline, Francis, Isabelle, Jeanne et Jean-Martin pour Jean-Pierre, et Marie-Andrée et Marie pour Yves.

LA NATURE DU TRAVAIL SOCIAL CONTEMPORAIN

Roland Lecomte
Université d'Ottawa

chapitre 1

INTRODUCTION

LE travail social est une jeune profession qu'on définit communément par référence au bien-être social, aux problèmes de pauvreté et de santé mentale, à l'adoption et aux placements en foyer nourricier, aux interventions auprès des femmes et des enfants ayant subi des abus quelconques, aux problèmes de couple et de famille, et ainsi de suite. On retrouve les travailleuses et les travailleurs sociaux dans des milieux de pratique très diversifiés : scolaire, correctionnel, familial, psychiatrique, communautaire, dans l'administration sociale, les politiques sociales, et à divers paliers, autant municipal que provincial et fédéral. Les étudiantes et les étudiants qui poursuivent des études en travail social sont souvent motivés par des sentiments d'altruisme, un désir d'aider les gens les plus démunis et la volonté d'améliorer et même de changer les conditions qui créent la pauvreté et les inégalités sociales. On ne peut donc qu'être frappé par la diversité des visages que présente le travail social contemporain, ce qui rend difficile de lui donner une définition univoque.

Le présent chapitre examinera les principales définitions du travail social et tentera de présenter les caractéristiques marquantes de la profession. Un bref aperçu historique situera d'abord la problématique particulière à l'évolution de la profession ; il sera suivi d'une courte description des attributs d'une profession en général. Nous analyserons ensuite les divers discours entourant la conception du travail social comme profession et on en signalera les principales caractéristiques. Finalement, nous proposerons, en conclusion, les composantes d'une définition du travail social.

BREF APERÇU HISTORIQUE

La professionnalisation du travail social est le produit historique de la sécularisation, de l'urbanisation et de l'industrialisation du monde contemporain. La religion chrétienne a été à l'origine la principale institution qui offrait des services de bien-être social aux personnes dans le besoin. Lorsque l'Église a été moins en mesure de répondre à ces besoins, l'État et les organismes privés ont assumé la responsabilité grandissante du bien-être social. Au Québec, dans les années 1930 et 1940, on voit le travail social affirmer son caractère vocationnel et confessionnel, en continuité avec le catholicisme de l'époque, et s'incarner dans un service social familial, paroissial et industriel. Ce n'est qu'à partir des années 1950 que l'on voit apparaître une certaine redéfinition du travail social en rupture avec la confessionnalité et la charité organisée, et la posant davantage comme profession que comme vocation. Depuis le début des années 1970, et surtout à la suite des recommandations de la Commission d'enquête sur la santé et le bien-être social (1972), aussi appelée commission Castonguay-Nepveu, le travail social a subi de profondes transformations principalement à cause de l'intervention de plus en plus grande de l'État dans le champ des services sociaux. Ces transformations renvoient à un processus complexe de bureaucratisation et d'institutionnalisation des services sociaux et du travail social. Mais depuis les années 1980 et surtout les années 1990, dans un contexte de plus en plus néolibéral, on assiste à un désengagement de l'État face aux services sociaux et de santé et à l'émergence d'un débat important autour de la professionnalisation/déprofessionnalisation du travail social.

La question professionnelle et disciplinaire a soulevé, depuis, maintes critiques qui sont bien documentées dans l'ouvrage de Groulx (1993). Le but du présent chapitre n'est pas de faire le tour de cette question. Cependant, il est important de retenir que la redéfinition des notions de charité, de philanthropie et de pauvreté et le rôle équivoque de l'État ont occasionné des débats d'envergure dans la définition même du travail social. Groulx (1993 : 7) résume bien ce cheminement identitaire : « [...] le travail social est constamment "travaillé" au cours de son histoire par des conflits d'orientation quant à sa définition, son rôle et ses fonctions ».

En résumé, on ne peut comprendre le travail social qu'en le situant dans le contexte économique, politique et idéologique où il prend forme et en tenant compte des rapports et des enjeux sociaux qui se développent dans la société concernée. La professionnalisation du travail social doit être comprise à travers une perspective similaire. Examinons d'abord les attributs principaux qui caractérisent une profession. Nous proposerons ensuite une brève analyse des principales conceptions du travail social véhiculées dans les divers discours sur la question.

CARACTÉRISTIQUES D'UNE PROFESSION

Le terme « profession » a suscité et suscite encore beaucoup de confusion, en raison de la diversité des interprétations admises aussi bien dans le langage courant que dans la littérature scientifique. Le terme « profession » désigne des activités clairement énoncées par la législation. Au Canada, les activités ainsi désignées varient toutefois d'une province à l'autre. Elles varient également dans le temps. La notion de profession est donc imprécise. Le mot dérivé, « professionnel », est également source de confusion. Il désigne généralement celui ou celle qui exerce une profession socialement ou juridiquement reconnue. De nombreux ouvrages ont été consacrés aux attributs spécifiques d'une profession. On semble être d'accord sur au moins trois caractéristiques distinguant une profession des autres : le fait de posséder et de développer un champ de connaissances ; l'application de ces connaissances grâce à l'utilisation compétente d'habiletés spéciales ; et l'existence d'un code de déontologie régissant le comportement professionnel et qui porte principalement sur le service au client (Toren, 1969). La reconnaissance légale du travail social dans les années 1970 a amené l'élaboration et la systématisation d'une représentation de la notion de profession. Les orientations affirmées lors du Congrès de l'Ordre professionnel des travailleurs sociaux du Québec, en 1979, illustrent bien les principaux points d'articulation de cette affirmation professionnelle qui revendique : un savoir disciplinaire, une compétence méthodologique, une formation spécifique et une autonomie professionnelle (Groulx, 1993 : 143-144). Le travail social semble satisfaire à ces critères d'une façon tout à fait particulière, comme nous le verrons par la suite.

LE TRAVAIL SOCIAL COMME PROFESSION

Les notions de « profession » et de « professionnel » ont aussi fait couler beaucoup d'encre en travail social. En effet, de par ses origines philanthropiques et religieuses, le travail social s'est souvent méfié des effets pervers de la professionnalisation qu'il concevait comme élitiste et technocratique et qui l'éloignait de sa mission originale, c'est-à-dire œuvrer auprès des plus démunis de la société. Cependant, la plupart des travailleuses et travailleurs sociaux pratiquent dans les organismes subventionnés par l'État et sont donc moins autonomes que des professionnels tels que les avocats et les médecins en pratique privée. Même si le code de déontologie de l'Association canadienne des travailleuses et travailleurs sociaux établit que la première obligation professionnelle est le bien-être du client, un conflit est toujours possible entre les intérêts du client et les exigences de l'organisme qui emploie ces intervenants.

La pratique privée et la consultation ont fait récemment leur apparition dans le champ des pratiques en travail social. Ces pratiques s'adressent surtout à une classe sociale en mesure de payer le coût de ces services. Pour plusieurs, il y a là une contradiction avec la mission originale du travail social qui est d'œuvrer auprès des classes sociales les plus défavorisées. Ces préoccupations historiques — vouloir servir l'intérêt premier du client dans un contexte organisationnel souvent contraignant et vouloir servir d'abord la population la plus démunie de la société — ont marqué et marquent encore l'évolution du travail social en tant que profession (Mullaly, 1997).

On retrouve parmi les programmes de formation en travail social les mêmes ambiguïtés entourant les mots « profession » et « professionnel ». Cependant, la plupart des écoles de travail social se défendent bien d'imposer une définition univoque du travail social. On souhaite mettre l'accent sur la capacité de voir globalement les situations et la liberté de l'étudiante ou de l'étudiant de forger sa propre conception du travail social par opposition à une conception qui serait imposée par le programme. On souhaite plutôt exposer les étudiantes et les étudiants à une diversité de conceptions et d'orientations. Il n'est pas rare d'ailleurs de retrouver dans un même programme des positions très divergentes sur la nature et sur la fonction du travail social.

L'examen des définitions proposées par les divers programmes de formation en travail social, par les ordres professionnels et par l'Association canadienne des travailleuses et travailleurs sociaux, révèle certaines tendances dans la conception que l'on se fait de la profession. Trois discours prédominent.

Le travail social : art et science

Ce discours est davantage préoccupé par l'acquisition et le développement de connaissances qui rendront le travail social admissible au statut de profession. Dans cette perspective, la profession du travail social doit fonder ses pratiques sur des connaissances fiables et des méthodes d'intervention vérifiables. Certains orienteront leur formation en fonction de la « méthode scientifique » qu'ils jugent essentielle au développement de la profession. Dans cette optique, les travailleuses et travailleurs sociaux doivent axer leur pratique sur la connaissance provenant de la recherche empirique, quantitative et objective (Mullen, 1992). D'autres mettront davantage l'accent sur les aspects qualitatifs, idéologiques et « artistiques » des connaissances et des interventions et souligneront davantage le caractère subjectif et politique de ces dernières (Goldstein, 1992). Cette dernière orientation suppose que la pratique ne s'appuie pas sur une base théorique précise et unique, mais sur un cadre fondé sur l'expérience et les qualités personnelles de l'intervenant et sur un ensemble de valeurs et de croyances qui comportent souvent une perspective humaniste et holistique de l'individu et de la société.

Le débat entre «théorie», «science» et «pratique» caractérise l'évolution de la profession du travail social comme celle de nombreuses professions telles que les sciences infirmières, la psychologie et même la médecine. Il faut noter cependant que les débats entourant le développement de la connaissance en travail social et plus précisément ceux reliés à l'unicité des fondements théoriques de la profession ont relevé certains enjeux qui sont particuliers au travail social (Lecomte, 1978, 2000; Zuniga, 1993). En effet, le travail social a souvent puisé parmi plusieurs sources théoriques provenant des sciences sociales afin de valider son statut professionnel. Pour plusieurs, cela restreint la capacité du travail social de satisfaire aux exigences d'une profession, c'est-à-dire le fait de posséder et de développer un champ de connaissances qui lui est propre (Toren, 1969). À cet égard, on a même qualifié le travail social de «semi-profession» (Etzioni, 1969). D'autres auteurs plus récents (Aldridge, 1996; Chandler, 1995) affirment que cette situation n'est pas unique au travail social et que cette exigence doit être évaluée dans un nouveau contexte. Le travail social possède maintenant un corpus de connaissances fort diversifié qui justifie largement son statut professionnel.

Le travail social en tant que profession axée sur le fonctionnement social des individus

Un deuxième discours définit comme travail social toute activité qui rehausse ou rétablit le fonctionnement social des individus, des familles, des groupes, des organisations et des communautés, en améliorant les capacités de développement, de résolution de problèmes et d'adaptation des individus. Laforest (1984 : 26) résume bien cette perspective lorsqu'il décrit le travail social comme « [...] une profession dont la fonction principale est de servir d'intermédiaire au processus par lequel l'individu et son environnement établissent des échanges dans un but mutuel d'accomplissement et dont l'objectif ultime est le développement humain ». Il souligne davantage l'équilibre dynamique dans les rapports entre les personnes et leur environnement et dans l'évolution des problèmes sociaux et donc la nécessité d'agir sur les interactions, l'adaptation ou l'ajustement entre les deux, plutôt que sur l'individu ou sur l'environnement. L'Ordre professionnel des travailleurs sociaux du Québec met davantage l'accent sur la « socialité », c'est-à-dire cet équilibre dynamique dans les rapports entre les personnes et leur environnement. On utilise couramment le concept de fonctionnement social pour désigner la fonction de socialité. L'objet d'intervention du travail social n'est ni l'individu ni l'environnement, mais bien les interactions dynamiques entre les deux. Cette nuance signifie que l'intervention peut utiliser comme angle de prise soit la personne ou un groupe de personnes, soit des aspects de son environnement, ce qui ouvre la porte au changement social comme fonction du travail social.

D'autres définitions occultent ou réfutent cette fonction du travail social (Commission d'enquête sur la santé et le bien-être social, 1972). Ces définitions mettent davantage l'accent sur l'aspect de la distribution de services et limitent la fonction du travail social à une fonction d'adaptation ou d'intégration sociale. Selon De Bousquet (1965 : 18-20), l'objet formel du travail social n'est pas la société mais l'individu. Le travail social est un service de la société à ses membres. Il a toujours pour objet l'individu, que ce dernier soit considéré isolément, dans un groupe ou dans une collectivité.

Le travail social comme discipline pratique

Le troisième discours sur la nature du service social est davantage axé sur les notions de « problème social » et de

« changement social ». Le Regroupement des unités de formation universitaire en travail social du Québec (RUFUTSQ, 1980 : 22) propose la définition suivante : « Le travail social est une discipline pratique ayant pour objet les problèmes sociaux tels que vécus par des individus, des groupes et des collectivités, dans une perspective d'intervention collective ou individuelle axée sur le changement social ». Il est intéressant de constater que l'expression « discipline pratique » remplace ici celle de « profession » pour caractériser la nature du travail social. Pour les tenants de ce discours, le travail social est une discipline pratique parce que l'action est basée sur une réflexion analytique et critique de la réalité. L'action n'est pas seulement une réponse comprise dans un code de procédures ou d'attributs professionnels ; elle fait appel à la capacité d'analyse critique de l'intervenant.

Les programmes de formation rattachés à l'Université du Québec ont aussi ajouté la notion de « classes populaires » dans leur définition du travail social : « C'est une discipline pratique (un lieu d'analyse et un mode d'intervention) ayant pour objet les problèmes sociaux vécus en priorité par les classes populaires, en utilisant l'intervention collective et personnelle dans une perspective de changement social » (Université du Québec à Hull, 1999 : 46). La notion de changement social mentionnée dans cette définition diffère grandement de celle qu'on retrouve dans les définitions axées sur le fonctionnement social, l'adaptation et l'intégration sociale. Elle vise la transformation des rapports sociaux et des structures sociales afin qu'ils respectent davantage les règles d'équité et de justice sociale.

Ces trois discours sur la nature du travail social mettent en évidence certaines tensions dans la conception même du travail social : des tensions épistémologiques, c'est-à-dire relatives aux fondements théoriques de la profession comme art et/ou science ; des tensions idéologiques, c'est-à-dire relatives à la fonction et à l'objet même de la profession à l'égard de son rôle comme intermédiaire/médiateur et celui d'agent de changement social.

LES CARACTÉRISTIQUES
DU TRAVAIL SOCIAL CONTEMPORAIN

L'étude des diverses définitions du travail social révèle donc une interrogation constante quant à ses fondements, sa fonction et son objet. On ne peut qu'être frappé par la présence de diverses conceptions du travail social aux divers moments de son histoire. Ainsi, ce qui définissait le travail social à une période donnée est remis en question à la période suivante. Les orientations philanthropiques et confessionnelles furent contestées dans les années 1970 par les tenants des approches dites « professionnelles ». Ces dernières subissent une critique sévère de la part des militants et des féministes depuis les années 1980 et 1990. Il nous faut donc relativiser les études qui proposent une définition univoque du travail social en termes de profession, comme si l'acquisition d'attributs professionnels obéissait à un processus autonome et objectif. Il ne s'agit pas à ce point-ci de neutraliser les différences et même les conflits sous-jacents aux diverses orientations décrites plus haut, ni de proposer une définition englobante et univoque du travail social.

Notons d'abord que le travail social a acquis aujourd'hui une certaine reconnaissance sociale et même juridique au Canada. Le titre de travailleuse sociale ou travailleur social est désormais réservé à ceux et celles possédant une formation universitaire et ayant été acceptés comme membres de l'ordre professionnel. Toutes les provinces canadiennes comptent un ordre professionnel qui possède un code de déontologie et qui fait partie de l'Association canadienne des travailleuses et des travailleurs sociaux. La question identitaire en service social ne se pose donc plus aujourd'hui de la même façon qu'au début du siècle ou même dans les années 1960 où l'on se préoccupait de la question : « Est-ce que le travail social est une profession ? » Aujourd'hui, la question est plutôt : « Quel genre de profession constitue le travail social ? » ou « Qu'est-ce qui distingue le travail social comme profession ? »

Le travail social est une profession tiraillée par des débats continuels à propos de ses fondements et de sa mission, mais ce tiraillement constitue sa force et son dynamisme. De par sa nature, il doit répondre à des besoins en évolution au sein de structures mouvantes et une définition statique ou intemporelle ne pourrait capter cette dimension dynamique de la profession. Il n'en demeure pas moins que les diverses définitions du travail social présentent certaines composantes communes.

Les personnes aux prises avec des problèmes sociaux

Une première constante est le souci d'œuvrer auprès des personnes, des groupes et des collectivités qui, dans leurs conditions de vie et leurs rapports aux autres, à leur environnement et à la société, vivent ou sont susceptibles de vivre des situations d'oppression, de discrimination, de désorganisation ou d'autres situations considérées comme inadéquates sur ces plans. L'explication des causes de ces problèmes peut varier à un moment ou à un autre. Au cours de son évolution, le travail social a emprunté des schèmes explicatifs des plus variés, de Freud à Marx, des approches systémiques aux approches féministes. Mais on peut constater que, dès son origine, la profession du travail social se préoccupe des questions de pauvreté, de bien-être social et de politiques sociales.

La personne comprise dans son contexte social

Une deuxième constante est le souci de comprendre l'individu dans son contexte social. Il y a certes de multiples interprétations accordées à la nature du lien entre les deux, interactionnelles et déterminantes d'une part ou de l'autre. Il n'en demeure pas moins que le travail social est une des rares professions à se préoccuper de ce lien entre la personne et la société, le privé et le social, autant dans son analyse des problèmes que dans ses interventions (Chandler, 1995). De plus en plus, on considère que le caractère spécifique du travail social vient du fait que, comme profession, son objet d'étude et son objet d'intervention ne sont pas séparés selon une division dichotomique entre théorie et pratique, entre problèmes personnels et problèmes sociaux, entre individu et société ; il s'agit d'un objet intégré, appréhendé concrètement dans les pratiques sociales qui sont à la fois source de questionnement, lieu de développement des connaissances et critère retenu de la validité et de la pertinence des connaissances acquises.

L'apport du féminisme dans la redéfinition du lien entre la personne et son contexte social, entre le privé et le politique, est particulièrement significatif. La profession du travail social est caractérisée par une surreprésentation des femmes : d'abord, il y plus de travailleuses sociales que de travailleurs sociaux ; ensuite, la clientèle des services sociaux est composée en très grande partie de femmes. Cette réalité n'est peut-être pas unique au travail social mais elle constitue un aspect souvent ignoré dans l'évolution de la profession. Les débats entourant la conception du travail social ont souvent éclipsé la nature des rapports sociaux de genre ou de sexe au sein même de la profession et dans les divers milieux de pratique. La critique féministe remet en question les diverses formes d'aide professionnelle et propose un renouvellement de l'analyse des problèmes de la clientèle en soulignant le caractère féminin de celle-ci et en insistant sur le vécu spécifique des femmes clientes et le lien particulier entre « le privé et le politique ».

Le travail social contemporain est beaucoup plus articulé dans sa compréhension des problèmes et des interventions qui en découlent. La notion de contexte social, auparavant décrite en termes vagues, tel l'environnement, s'inspire d'une analyse beaucoup plus systématique des problèmes sociaux qui tient compte des rapports de sexes, de classes, de races, d'ethnicité, d'orientation sexuelle et religieuse, etc. Il en résulte une articulation beaucoup plus large de l'objet et de la fonction du travail social.

La diversité des pratiques en travail social

Une troisième caractéristique est la grande diversité des pratiques sociales qui distingue la profession du travail social depuis ses débuts. Le travail social est vraiment une « profession aux visages multiples » (Morales et Shaefor, 1983). Du « casework » à l'intervention individuelle, la profession englobe un large éventail d'activités, passant par l'intervention familiale et de groupe, l'intervention communautaire, les interventions féministes et interculturelles, la mise en place de politiques sociales, l'administration, l'évaluation et la recherche sociale. De même, les milieux de pratique où œuvrent les travailleuses et les travailleurs sociaux sont extrêmement divers. Quoique les objectifs et les liens entre ces multiples interventions puissent varier d'une période historique à une autre, il n'en demeure pas moins que ce pluralisme est une caractéristique marquante du travail social contemporain.

Cette diversité a parfois causé une certaine confusion identitaire en relation avec la psychologie, la psychiatrie, la sociologie et la criminologie. Les travailleuses et les travailleurs sociaux font souvent partie d'équipes de travail où se retrouvent des professionnels provenant de ces disciplines. De plus, à la suite des multiples restructurations opérées dans les services sociaux et de santé durant la dernière décennie, ces disciplines se trouvent davantage présentes dans des champs de pratique qui relevaient auparavant du travail social. Certes, le travail social partage avec toutes ces disciplines des intérêts communs ; il n'en demeure pas moins que ce dernier a un engagement historique particulier envers la classe sociale la plus défavorisée de la société et a su développer, au cours des années, des interventions diversifiées axées sur une perspective de changement social qui le différencient particulièrement de ces autres disciplines. C'est en tenant compte de sa mission originale que le travail social pourra encore une fois se redéfinir d'une façon dynamique dans le contexte mouvant où se situe couramment la pratique professionnelle.

Une profession à l'emploi de l'État

Finalement, une autre caractéristique marquante de la profession est sa relation particulière avec l'État, les organismes gouvernementaux et bénévoles qui sont les principaux employeurs des travailleuses et travailleurs sociaux. On compte bien un certain nombre d'individus qui ont une pratique privée mais ils sont nettement une minorité. Le fait de travailler dans des organismes pour la plupart subventionnés par un palier de gouvernement, municipal, provincial ou fédéral, soulève une problématique fort complexe pour les praticiennes et praticiens, non seulement sur le plan de leur autonomie professionnelle, mais aussi sur celui de leur engagement social vis-à-vis de leur clientèle. Les agences sociales suivent une logique bureaucratique qui obéit à certains principes de gestion et à certaines exigences gouvernementales. Les travailleuses et travailleurs sociaux ont reconnu l'importance de développer des groupes de soutien et même de se syndiquer afin d'éviter l'épuisement professionnel, le *burn out*, mais aussi afin de mieux protéger les intérêts de leur clientèle et de poursuivre des visées de changement social (Mullaly, 1997 : 163-186). En ce sens, l'évolution du travail social se distingue historiquement par cette double préoccupation, cette tension inhérente à sa pratique en milieu organisationnel, c'est-à-dire celle de servir les besoins des usagers *et* de satisfaire aux exigences bureaucratiques de l'organisme.

LES COMPOSANTES D'UNE DÉFINITION DU TRAVAIL SOCIAL

Cette étude des diverses conceptions du travail social nous amène à conclure que toute définition de celui-ci doit tenir compte des composantes suivantes :

1) la dimension épistémologique, artistique et scientifique, qui caractérise la profession et la formation ;

2) la mission originale, visant prioritairement les couches sociales les plus défavorisées ;

3) le souci de comprendre l'individu dans son contexte social ;

4) la diversité des interventions et des lieux de pratique ;

5) le contexte organisationnel où il se situe.

Nous sommes d'avis qu'une définition exhaustive du travail social doit tenir compte de *toutes* les composantes décrites plus haut. Cependant, comme nous l'avons constaté, certaines définitions mettront davantage l'accent sur l'une ou l'autre de ces composantes mais, à ce point-ci de l'évolution du travail social, il n'est pas logique de réduire celui-ci uniquement à l'une ou l'autre de ces composantes. Chaque praticien, chaque éducateur et chaque étudiant doit prendre position face aux dimensions épistémologiques, à la mission du travail social contemporain, à la compréhension de l'individu dans son contexte social de même qu'à la diversité des interventions et à la complexité du contexte organisationnel où elles se situent. L'orientation théorique ou idéologique privilégiée doit fournir une explication cohérente de chacune de ces composantes dans son désir de définir le travail social. Il est vrai que chacune d'elles porte des tensions internes qui occasionneront encore des débats importants sur les orientations à privilégier dans l'articulation de la nature même du travail social. C'est d'ailleurs ce tiraillement épistémologique et idéologique qui est la caractéristique principale du travail social et qui constitue sa force et son dynamisme. Cette caractéristique ouvre ainsi la porte à une certaine démocratisation dans la définition de son objet et de sa fonction, incluant la perspective des usagers, celle des étudiantes et des étudiants, des praticiennes et des praticiens, des chercheurs et autres. Le travail social est constamment « travaillé » dans ses orientations et ses définitions, et c'est cela qui le rend si intéressant et si dynamique.

BIBLIOGRAPHIE COMMENTÉE

GROULX, Lionel-Henri (1993), *Le travail social : analyse et évolution*, Québec, Éditions Agence d'Arc.

Cet ouvrage examine les diverses figures du discours identitaire en travail social au Québec à partir d'essais de synthèse, d'études de cas, d'analyses critiques. L'auteur s'interroge sur les fonctions multiples assumées par la profession. Il examine en particulier les figures confessionnelles, professionnelles, communautaires, militantes, technocratiques et féministes. Il conclut que les diverses identités du travail social aux divers moments de son histoire rendent problématique toute définition univoque de celui-ci.

TURNER, Joanne C. et Francis J. TURNER (1995), *Le Bien-être social au Canada,* 3e édition, Ottawa, Presses de La Cité collégiale, 1994.

Cet ouvrage présente un survol des fondements du bien-être social au Canada, ainsi que les composantes multiculturelles, autochtones et minoritaires qui caractérisent les programmes sociaux, la prestation des services sociaux et le rôle du travail social comme profession.

RÉFÉRENCES

ALDRIDGE, M. (1996), « Dragged to Market : Being a Profession in the Postmodern World », *British Journal of Social Work*, vol. 26, n° 2, p. 177-194.

CHANDLER, R.G. (1995), « Le travail social en tant que profession », dans J.C. Turner et F.J. Turner (dir.), *Le Bien-être social au Canada*, 3e édition, Ottawa, Les Presses de La Cité collégiale, p. 103-130.

DE BOUSQUET, M. (1965), *Le service social*, Paris, Presses universitaires de France.

ETZIONI, A. (1969), *The Semi-Professions and their Organization*, New York, The Free Press.

GOLDSTEIN, H. (1992), « Should Social Workers Base Practice Decisions on Empirical Research ? No ! », dans E.D. Gambrill et R. Pruger (dir.), *Controversial Issues in Social Work*, Boston, Allyn and Bacon, p. 114-120.

GROULX, L. (1993), *Le travail social : analyse et évolution*, Québec, Éditions Agence d'Arc.

LAFOREST, J. (1984), « La nature du service social », *Intervention*, nos 68-69, p. 22-33.

LECOMTE, R. (1978), « Les problèmes métathéoriques inhérents à l'analyse de la connaissance en service social », *Revue canadienne de service social*, vol. 2, no 2, p. 31-44.

LECOMTE, R. (2000), « Fondements théoriques et identité professionnelle en service social », *Les politiques sociales*, Bruxelles, nos 1 et 2, 2000, p. 12-24.

MORALES, A. et B.W. SHEAFOR (1983), *Social Work : a Profession of Many Faces*, 3e éd., Boston, Allyn and Bacon.

MULLALY, B. (1997), *Structural Social Work : Ideology, Theory and Practice*, 2e éd., Toronto, Oxford University Press.

MULLEN, E.J. (1992), « Should Social Workers Base Practice Decisions on Empirical Research ? Yes ! », dans E.D. Gambrill et R. Pruger (dir.), *Controversial Issues in Social Work*, Boston, Allyn and Bacon, p. 108-112.

Québec (Province) (1972), Commission d'enquête sur la santé et le bien-être social, Québec, tome I, *Les services sociaux*, Québec, Les Publications officielles.

Regroupement des unités de formation universitaire en travail social du Québec (RUFUTSQ) (1980), *Pour une éducation renouvelée en travail social*, Montréal, décembre.

TOREN, N. (1969), « Semi-professionalism and Social Work : a Theoretical Perspective », dans A. Etzioni (dir.), *The Semi-Professions and their Organization*, New York, The Free Press, p. 140-162.

Université du Québec à Hull (1999), *Rapport d'autoévaluation du baccalauréat en travail social (7798). Demande d'agrément du programme auprès de l'Association canadienne des écoles de service social*, novembre.

ZUNIGA, R. (1993), « La théorie et la construction des convictions en travail social », *Service social*, vol. 42, no 3, p. 33-54.

SITES WEB
SITES WEB

Association canadienne des écoles de service social

www.cassw-acess.ca

Tous les programmes de formation en travail social du Canada sont maintenant inscrits à cette page Web. On peut obtenir des renseignements fort intéressants sur les orientations du travail social et les types de formation offerts au Canada incluant le Québec. Ce site est bilingue.

Council on Social Work Education

www.cswe.org/

C'est l'équivalent de l'Association canadienne. Ce site américain présente tous les programmes de travail social offerts aux États-Unis et offre aussi de nombreux liens avec des associations ou regroupements intéressés par le travail social.

POLITIQUES SOCIALES ET PRATIQUES SOCIALES AU QUÉBEC DEPUIS 1960

Robert Mayer et Martin Goyette
Université de Montréal

INTRODUCTION

POUR nombre d'observateurs, l'évolution des politiques sociales exerce une influence importante sur l'évolution des pratiques sociales en général et sur celles du travail social en particulier. Elle reflète l'état des rapports sociaux et met en lumière le rôle de certains acteurs dans le développement des mouvements sociaux et des revendications populaires. Pour mieux comprendre la situation présente, il n'est donc pas inutile d'interroger brièvement le passé. C'est ce que nous proposons de faire dans ce chapitre portant sur les rapports entre les politiques sociales et le service social francophone. Par politiques sociales, nous entendons les différentes mesures d'ordre public ou privé qui sont prises depuis les années 1960 pour faire face à des problèmes sociaux dont on a reconnu l'existence tels que la pauvreté, la vieillesse, la santé, la délinquance, etc. L'expression comprend donc plus spécifiquement tout le domaine de la législation sur la sécurité sociale, l'assistance sociale et le développement des services de bien-être. Au Canada et au Québec, les auteurs distinguent quelques grandes étapes dans l'histoire des rapports entre les services sociaux et les politiques sociales, allant de la période de bienfaisance jusqu'à l'avènement de l'État-providence (Vaillancourt, 1988). Toutefois, dans le cadre de ce chapitre, nous allons décrire et analyser l'effet des politiques sociales sur la pratique professionnelle des travailleurs sociaux ;

nous allons amorcer notre réflexion à partir des années 1960 jusqu'au début de ce nouveau millénaire[*].

LA LÉGISLATION SOCIALE DANS LES ANNÉES 1960

Au cours de la période dite de la révolution tranquille, un vent nouveau souffle sur le Québec sur le plan politique. En effet, soutenu par un important consensus social, le gouvernement libéral de l'époque se lance dans une vaste entreprise de rattrapage afin d'adapter les diverses structures de la société québécoise aux réalités du « monde moderne ». Pour ce faire, le gouvernement du Québec met sur pied diverses commissions d'enquête qui vont analyser la réalité et proposer des réformes ; à titre illustratif, on peut citer le Comité d'étude sur l'assistance publique (1963) et surtout la Commission d'enquête sur la santé et le bien-être social (1972). Pendant cette période de renouveau, le domaine des politiques sociales est profondément transformé. Ainsi, les élites politiques québécoises tiennent un nouveau discours de démocratisation, de reconnaissance et d'élargissement des droits sociaux (Mongeau, 1967 ; Comité d'étude sur l'assistance publique, 1963). De plus, Québec mène sa bataille contre Ottawa à l'égard des programmes à frais partagés (Anctil et Bluteau, 1986 : 98). Désormais, les provinces pourront choisir de participer aux programmes conjoints ou de s'en retirer, avec compensation financière. Elles peuvent alors récupérer des sommes importantes pour mettre sur pied leurs propres programmes de santé et de services sociaux. Cette volonté d'autonomie sur le plan des politiques sociales sera très présente au Québec, qui conservera cependant quelques programmes conjoints avec le fédéral ; c'est le cas par exemple des programmes suivants : le programme d'assistance-chômage

---

[*] Les travaux sur lesquel se base ce chapitre ont été amorcés dans le cadre du projet de recherche interuniversitaire « Trente ans de développement de pratiques en travail social (1960-1990) » dirigé par Yves Vaillancourt de l'UQAM.

(1959), l'assurance-hospitalisation (1961) et le régime canadien d'assistance publique (1965).

De façon globale, l'orientation prise par le Québec au début des années 1960 s'articule autour de deux objectifs : la protection des champs de juridiction provinciaux, avec récupération des pouvoirs fiscaux, et la définition d'une politique québécoise de sécurité sociale. À l'origine des réformes entreprises, on trouve la pression de plus en plus forte du mouvement ouvrier et de la petite bourgeoisie réformiste qui poussent l'État à prendre en main les secteurs de l'éducation, de la santé et de la sécurité sociale. Les mesures prises par l'État en ce sens ont trois effets. D'abord, elles représentent des gains substantiels pour la population en matière d'accès démocratique aux services publics d'éducation, de santé et d'aide sociale. Ensuite, elles constituent un gain pour l'entreprise qui voit augmenter la productivité de sa main-d'œuvre et peut ainsi mieux rentabiliser son « capital humain ». Enfin, l'intervention de l'État entraîne un mouvement de déconfessionnalisation et de laïcisation des services.

En 1961, la création du ministère de la Famille et du Bienêtre social constitue une des plus importantes manifestations de la prise en charge par l'État du champ du social, favorisant une autonomisation du service social. En 1961 également, année d'application du régime conjoint d'assurance-hospitalisation, le Québec vote la Loi sur les hôpitaux. Celle-ci vise à réorganiser les conseils d'administration et à uniformiser les relations entre les divers acteurs (la direction, les groupes professionnels, l'État, etc.) qui œuvrent à l'intérieur de l'hôpital (Anctil et Bluteau, 1986 : 100) mais aussi à offrir la gratuité des soins médicaux. Toujours en 1961, le gouvernement québécois met sur pied la Commission d'étude sur les hôpitaux psychiatriques (1962) qui proposera d'aborder la maladie mentale comme les autres maladies et de la traiter comme telle (Anctil et Bluteau, 1986 : 101), laissant une plus grande place aux professionnels, les psychiatres mais aussi les praticiens du social.

Cette même année, le Comité d'étude sur l'assistance publique est mis sur pied. Toutes les recommandations vont dans le même sens. D'abord, dans le domaine de l'assistance comme dans le développement économique, l'État doit assumer un rôle moteur. Ensuite, l'assistance doit s'inscrire dans un plan d'ensemble de promotion du développement socioéconomique. Aux principes de la charité publique, le comité substitue les notions de besoin et de justice sociale. En somme, le Comité d'étude sur l'assistance publique invite le gouvernement à organiser et à gérer l'assistance sociale, octroyant de ce fait une légitimité à la demande de reconnaissance des travailleurs sociaux. Le rapport de ce comité s'inscrit parfaitement dans les objectifs de la Révolution tranquille qui auront un impact marquant sur l'orientation future des politiques sociales et du service social au Québec.

Derrière ce bouillonnement législatif, le mouvement d'autonomisation des travailleurs sociaux se poursuit par la fondation, en 1960, de la Corporation professionnelle des travailleurs sociaux du Québec, marquant ainsi « le passage définitif du bénévolat au professionnalisme » (Mayer, 1994). En 1963, les agences privées de service social se regroupent pour former la Fédération des services sociaux à la famille (la FSSF) qui fait la promotion du professionnalisme en service social. Avec cette fédération, les travailleurs sociaux vont tenter de définir un champ de pratique autonome, exclusif, centré sur la famille (Renaud, 1978).

Ces divers événements ont eu pour effet, d'une part, de favoriser une certaine professionnalisation du service social et, d'autre part, de réduire fortement l'influence du clergé et des élites traditionnelles dans le domaine des services sociaux, pavant ainsi la voie à l'arrivée d'une nouvelle technocratie. Pendant ce temps, dans ce contexte de profondes mutations des rapports sociaux au Québec, la première génération de groupes communautaires s'organise autour des comités de citoyens axés sur la participation (Mayer *et al.*, 1998).

En 1965, René Lévesque devient ministre de la Famille et du Bien-être social. Déclarant que le rapport Boucher est sa « bible », il se lance dans une campagne de lutte contre la pauvreté, par laquelle il dit vouloir attaquer autant les causes que les conséquences de ce phénomène. Deux priorités sont alors établies : les allocations familiales et scolaires, et l'assistance financière. La première donnera lieu à la Loi sur les allocations familiales (1967), qui majore les allocations pour enfants d'âge scolaire et pour les jeunes jusqu'à 18 ans. La deuxième conduit à l'adoption de la Loi sur l'aide sociale (1969), en vertu de laquelle toute personne qui se trouve dans l'incapacité de pourvoir seule à sa subsistance peut bénéficier d'une aide financière.

La promulgation du Régime d'assurance publique du Canada en 1966 engage le gouvernement fédéral à payer 50 % des coûts engendrés par les programmes d'aide sociale des provinces et consacre le « principe de l'accessibilité » de l'aide sociale à tout citoyen dans le besoin. Est également admissible le travailleur qui, même s'il a un emploi, vit dans la pauvreté. Il s'agit là d'un pas important vers une politique sociale d'ensemble car on passe d'un système catégoriel à un régime universel d'aide à toute personne dans le besoin. En plus de donner de nouveaux outils aux travailleurs sociaux, ces changements législatifs représentent une amélioration importante de la protection sociale des individus et des familles. Cette politique est fondamentale dans la mesure où il s'agit du programme de base qui assure le financement public des services sociaux dans l'ensemble du Canada et qu'il est demeuré en vigueur jusqu'au milieu des années 1990 (Vaillancourt, 1997).

En somme, c'est dans les années 1960 que les programmes sociaux connaissent leur plus forte expansion. De nouveaux programmes sont introduits, et ceux déjà existants connaissent des modifications profondes pour permettre une plus grande accessibilité et une augmentation des prestations (Noël, 1996). Mais l'État-providence canadien et québécois demeure fragmenté, « les responsabilités [des dépenses publiques étant] plus ou moins logiquement partagées entre le gouvernement fédéral et les provinces. Limité et incomplet par rapport à celui d'autres pays, cet État-providence n'en offre pas moins une protection sociale sans précédent et il acquiert d'ailleurs rapidement une grande légitimité politique » (Noël, 1996 : 8).

C'est dans cette période de profondes transformations que vont s'amorcer, en 1966, les travaux de la Commission d'enquête sur la santé et le bien-être social (CESBES ou commission Castonguay-Nepveu). Les recommandations de cette commission ont amené le gouvernement du Québec à adopter toute une série de mesures et de réformes du secteur des services sociosanitaires. En l'espace de quelques années (1966-1972), toute la législation du secteur sera révisée en profondeur et les structures seront complètement modifiées pour laisser la place à la mise sur pied d'une nouvelle configuration qui est celle que nous allons connaître pendant près de vingt ans (1970-1990).

LA LÉGISLATION SOCIALE DANS LES ANNÉES 1970

Le début des années 1970 est marqué par la publication de plusieurs rapports qui conduiront l'État à mettre en place un réseau d'établissements sociosanitaires. Il faut souligner que ces rapports prônent une approche globale des problèmes sociaux et des solutions à y apporter. Ainsi, les responsables de commissions d'enquête fédérales comme provinciales abordent la problématique dans une perspective critique, liant les problèmes sociaux à la situation économique générale et à la répartition des revenus dans la population. Les propositions avancées peuvent être qualifiées de progressistes par rapport aux solutions préconisées jusqu'alors.

Les années 1970 représentent aussi une période de transformations dans l'organisation des services. La réforme se concrétise par l'entrée en vigueur de la Loi sur les services de santé et les services sociaux. Cette loi constitue la pierre angulaire de la réforme des services sociosanitaires au Québec. Dorénavant, c'est à l'État que revient la responsabilité de financer, d'organiser et de distribuer les services de santé et les services sociaux. Soulignons par ailleurs que cette réforme québécoise est originale, comparativement à ce qui s'est fait ailleurs en Amérique du Nord, notamment par la rapidité des transformations ainsi que par la prise en charge par l'État des services sociaux et de santé (Renaud, 1977). Cette réforme entraîne des

« chambardements d'envergure » dans la mesure où certains types d'établissements se regroupent pendant que d'autres sont créés au niveau local et régional : les centres de services sociaux (CSS), les centres locaux de services communautaires (CLSC) et les centres d'accueil (CA). Dans cette foulée, les services sociaux se fondent en organisations qui appartiennent désormais au réseau public « tant sur le plan de leur financement que de leur statut juridique. L'ancien réseau de services sociaux privés et confessionnels sans disparaître totalement sera sensiblement réduit » (Mayer, 1994). Les travailleurs sociaux offrent désormais divers services dont l'accessibilité est universelle et gratuite et non plus soumise à la preuve de besoins. De plus, et contrairement à la situation qui prévalait jusqu'au milieu des années 1960, les services sociaux seront définitivement dissociés des mesures ou programmes d'aide sociale ou d'assistance sociale.

Par ailleurs, la loi de 1971 a aussi entraîné la création d'un double réseau d'emploi et d'exercice professionnel : un réseau dit spécialisé qui offre des services à un palier régional, soit les centres de services sociaux (CSS), et un réseau dit général ou de première ligne, à savoir les CLSC qui agissent dans les communautés locales (Mayer, 1994). Il y a donc deux modèles organisationnels, qui donnent lieu à une double définition de l'intervention, à savoir une intervention plus spécialisée en CSS, alors qu'en CLSC la pratique sociale se voulait plus polyvalente et multidisciplinaire (Lesemann, 1979). Deux autres lois d'importance viendront, selon plusieurs auteurs, confirmer les grands principes de la réforme et marquer l'évolution des pratiques au cours des années 1970 : le Code des professions (1973) et la Loi sur la protection de la jeunesse (1977). Pour plusieurs, le Code des professions vient parachever l'intégration des ordres professionnels aux fonctions de l'État. Quant à la Loi sur la protection de la jeunesse (loi 24), il y a un certain consensus dans la littérature pour reconnaître qu'elle est venue transformer fondamentalement la pratique du service social. Par exemple, pour Lesemann (1989) cette loi va entraîner une réorganisation complète des CSS et de leurs interventions qui, jusque-là définies par les catégories enfance, famille et mésadaptation sociale, se voient désormais orientées par la priorité accordée à l'enfance maltraitée et à la jeunesse délinquante. Dorénavant, la pratique sociale se retrouve judiciarisée et légalisée (Garon-Gaulin, 1985 ; Michaud, 1985), la relation d'aide doit s'effectuer en contexte d'autorité et revêt une fonction explicite de contrôle social (Renaud, 1984).

L'analyse de Lesemann (1979) sur la réforme sociosanitaire au Québec montre que, grâce à l'assurance-maladie qui est implantée à partir de 1970, le libre accès aux soins permet de rationaliser la production et la distribution de ces mêmes soins. Mais, « de par son rôle, l'État aura tendance à s'attaquer à la question de la santé sur tous les fronts, sauf sur les lieux mêmes de production des maladies » (Renaud, 1977 : 46) et mettra en place des stratégies où « c'est l'individu qui doit porter le poids du caractère souvent pathogène des conditions de vie. On blâme la victime » (Renaud, 1977 : 45). Dans ce contexte général, l'orientation vers la gestion des populations cibles, de même que la pratique du service social axée sur l'individu ayant un problème deviennent des pratiques courantes.

Au nom de la solidarité et du partage des risques, l'intervention étatique devait donc corriger de manière globale les effets des inégalités structurelles. En effet, jusqu'alors la thèse dominante à propos du chômage et de la pauvreté définissait ces phénomènes comme structurels et donc indépendants de la volonté des individus. Toutefois, à partir des années 1970, plusieurs problèmes sociaux sont vus comme relevant des comportements individuels ; ainsi, il devient infiniment plus simple d'intervenir directement sur la personne ou sur un groupe restreint bien identifié. En conséquence, l'intervention générale de l'État devient moins nécessaire, et s'oriente vers des groupes cibles dont les comportements sont à changer.

Par ailleurs, une seconde génération de groupes communautaires se développe. Ces groupes veulent offrir des services différents et autonomes et dans ce sens ils constituent une alternative à la logique de prise en charge par la population cible. Malgré cette autonomie, des passerelles plus ou moins étroites seront établies entre ces groupes communautaires et les intervenants du réseau public, notamment ceux qui travaillaient dans les CLSC (Favreau et Hurtubise, 1993). En somme, les années 1970 ont permis par différentes réformes de s'orienter vers une politique sociale intégrée, d'une part, et, d'autre part, de favoriser une remise en question progressive de la logique de l'État-providence. De fait, avec les années 1980, nous assisterons à une certaine remise en question de l'État-providence.

LA POLITIQUE SOCIALE DANS LES ANNÉES 1980

Au début des années 1980, les auteurs constatent une crise de l'État-providence. En effet, l'impossibilité de contrôler la hausse des dépenses sociales et le développement nécessaire des prélèvements obligatoires (impôts et cotisations sociales) risquent de menacer, selon certains, la compétitivité et le dynamisme de l'économie. De plus, les économies des pays sont tellement devenues interdépendantes que les mêmes causes de la crise se retrouvent dans tous les pays (Boismenu et Noël, 1995). Par contre, Rosanvallon (1992) a bien montré que cette question des limites des prélèvements obligatoires relève bien plus d'un choix politique que d'une argumentation strictement économique. Malgré cela, tous les pays semblent adopter des stratégies pour le moins similaires telles que la réduction des dépenses publiques et la remise en question de la protection sociale étatique, même si ces mesures doivent être analysées en fonction de l'architecture spécifique de la protection sociale des différents pays.

Au Québec, dans la foulée de la crise de l'État-providence, on assiste à une crise du service social et à une crise du système d'organisation des services (Poulin, 1982). Ainsi, Deslauriers (1991) souligne que les années 1980 ont été marquées par la critique des politiques sociales : « Depuis la fin de la deuxième guerre mondiale jusqu'au milieu des années 70, l'État-providence canadien avait connu un développement constant. Par contre, à partir de cette date, invoquant le ralentissement économique et prétextant les difficultés budgétaires du gouvernement, les politiciens se sont empressés de remettre en cause les dépenses effectuées dans les secteurs de la sécurité sociale et de la santé (1991 : 13) ». Désormais, la lutte contre l'inflation sera plus importante que la volonté de diminuer le chômage. Dans ce contexte, l'insuffisance de la création de nouveaux emplois, la précarisation de ces derniers, combinées avec le désengagement de l'État dans le champ social, font naître les « nouvelles pauvretés » (Lesemann, 1987). En effet, les pauvres ne sont plus seulement des exclus du marché du travail mais aussi des personnes qui ne bénéficient d'aucune protection sociale en cas de non-emploi. En relation avec cette crise de l'emploi, on constate une augmentation sensible du nombre de bénéficiaires de l'aide sociale. Et parmi cette nouvelle clientèle, on remarque une forte présence des jeunes et des ménages dirigés par des femmes seules.

Cette logique de réduction des coûts se répercute également de plein fouet dans le champ sociosanitaire. Ainsi, l'État québécois tente par divers moyens de réduire ses engagements. Pour l'intervention sociale cela signifie désormais d'aller à l'essentiel et au plus urgent. Dans la période de l'État post-providence, la réorientation de l'action sociale se recentre autour de la trilogie « urgence-protection-violence » (Lesemann, 1987). D'ailleurs, la liste des groupes sociaux « priorisés » en est la preuve : enfants ou jeunes victimes de violences physiques ou d'abus sexuels, femmes battues, personnes âgées, handicapés physiques ou mentaux susceptibles d'être abusés physiquement ou psychologiquement.

Par exemple, en 1984, le gouvernement fédéral adopte la Loi sur les jeunes contrevenants, qui s'applique à tous les jeunes de 12 à 18 ans qui commettent des infractions à la loi au sens du Code criminel. Son objectif est de protéger les jeunes en assurant leur réadaptation et leur insertion dans la société. En 1985, une politique d'aide aux femmes battues et victimes d'agressions sexuelles est déposée par le ministère de la Santé et des Services sociaux. Cette politique comporte trois objectifs : la reconnaissance du problème de la violence faite aux femmes, la reconnaissance du rôle joué par les groupes et les ressources du milieu et la mise sur pied dans le réseau de la santé et des services sociaux de services adaptés aux femmes. On assiste également à un virage dans l'orientation des programmes assurant la sécurité de revenu. Ainsi, les ressources sont déplacées vers des programmes de lutte contre le chômage (suppléments salariaux et création directe d'emplois). Cette nouvelle stratégie vise à renforcer l'économie de marché, entre autres en forçant le retour au travail des couches les plus démunies de la population aux salaires les plus bas. Derrière l'ensemble de ces stratégies, l'individu est considéré comme responsable de sa situation.

En continuité avec ces mesures, le rapport du Comité de réflexion et d'analyse des services dispensés par les CLSC (1987), présidé par le Dr Jacques Brunet, privilégie d'agir en priorité auprès des groupes les plus « à risque » et insiste sur le maintien en milieu naturel. La perspective préventive est délaissée au profit d'un objectif de protection sociale. Dans l'esprit de ce rapport, les CLSC devraient donc se concentrer sur les services de maintien à domicile, les enfants et les familles à risque, les jeunes en difficulté et les adultes éprouvant des problèmes de santé mentale (Mayer, 1994).

Le rapport du Comité de la politique de santé mentale (Québec, 1987) constate les mêmes lacunes que celui qui porte sur les CLSC : accessibilité, pertinence, qualité, etc. Un plan de services individualisés et la poursuite du processus de désinstitutionnalisation doivent être les deux piliers de l'orientation en santé mentale. Dans cette perspective, le rôle de la communauté est primordial, en particulier celui des groupes communautaires ; le partenariat est maintenant officiellement à l'ordre du jour (Goyette, 1999).

Le rapport de la Commission d'enquête sur les services de santé et les services sociaux (1988), aussi appelé rapport Rochon, est dans son essence une suite logique des précédents rapports. Il reprend les recommandations en les élargissant à l'ensemble des services. Les constats sont sévères : « Les services sont discontinus, inégaux et incomplets selon les groupes ou régions ; les ressources humaines sont démotivées et mal gérées », etc. Bref, le système est pris en otage (Québec, 1988). En somme, après plus de quinze ans de réformes, dans un contexte de profondes restructurations de l'État-providence et des politiques sociales, les principes organisateurs des pratiques sociales dans les années 1980 sont les suivants : priorisation des problèmes sociaux relevant de la protection sociale ; accent mis sur la non-institutionnalisation/désinstitutionnalisation et le maintien en milieu naturel ; décentralisation des services par la création de régies régionales ; partenariat avec les organismes communautaires ; retour à la responsabilisation individuelle et familiale, au bénévolat et à l'entraide et ouverture à la privatisation de certains services de santé et services sociaux.

LA POLITIQUE SOCIALE DANS LES ANNÉES 1990

Au cours de cette période, de profondes transformations vont encore affecter les politiques sociales. Le processus de réforme mené par le gouvernement fédéral est guidé par les idées néolibérales dont les ténors les plus influents avaient été, pendant les années 1980, la première ministre Margaret Thatcher (Angleterre), le président Ronald Reagan (États-Unis) ainsi que le premier ministre Brian Mulroney (Canada) (Panet-Raymond, 1994). Ces derniers se sont évidemment beaucoup inspirés des économistes monétaristes, qui favorisent un retrait de l'État de son rôle de régulateur de l'économie et de redistributeur des richesses. Cela constitue une rupture avec les politiques antérieures dites keynésiennes.

Au niveau fédéral, les politiques sociales ont donc été sensiblement réorientées et transformées. Essentiellement, on a invoqué la lutte au déficit pour réduire considérablement les paiements de transferts aux provinces et pour réformer le programme d'assurance-chômage dans un sens restrictif (Vaillancourt, 1997). La restructuration des paiements de transferts sociaux aux provinces a entraîné « le remplacement du Régime d'assistance publique du Canada (RAPC) et du Financement des programmes établis (FPE) par un nouveau programme de transferts, soit le transfert canadien en matière de santé et de problèmes sociaux (TCSPS) » (Vaillancourt, 1997 : 3). Concrètement, les compressions dans ce secteur ont entraîné une diminution de quelque 16,1 milliards, soit une diminution de près du tiers (32,8 %) en l'espace d'à peine deux ans (1995 à 1997). Pour le Québec, par exemple, ces réductions dans les paiements de transferts dans le cadre du TCSPS ont impliqué un manque à gagner, pour la même période, d'environ 1,7 milliard, soit une diminution de plus de 48 % (Vaillancourt, 1997 : 3). Voilà comment, en bonne partie, on a réussi à réduire sensiblement le déficit fédéral en quelques années seulement.

Face à la détérioration des services de santé et des services sociaux, tant au Québec qu'ailleurs au Canada, plusieurs observateurs pointent du doigt le gouvernement fédéral qui a décidé unilatéralement de se retirer progressivement du financement des services de santé, de l'enseignement post-secondaire et de la sécurité du revenu. À son tour le Québec, au nom de la même lutte au déficit, sabre dans les dépenses, notamment en transférant une partie de ses responsabilités au secteur municipal ; ces diminutions influencent dans l'ensemble l'accessibilité et la qualité des services. Avec les années 1990, une seconde réforme du réseau sociosanitaire, initiée par le ministre Côté, voit le jour au Québec. Pour certains, cette dernière réforme apparaît comme un compromis transitoire « compte tenu des profonds défis qui confrontent les systèmes de santé contemporains » (Bergeron et Gagnon, 1994 : 25). Les changements proposés sont importants, ils visent « à la fois un recentrage du système de santé sur le citoyen et un resserrement de la gestion publique dans ce système. Parmi les changements visant à modifier les priorités et la production des services, la transformation des conseils régionaux en régies régionales paraît cruciale » (*idem*). En effet, ce changement vient accentuer les processus de régionalisation et de participation de la population à la gestion des organismes publics. De plus, malgré un nouveau discours, Bergeron et Gagnon (1994) estiment que la réforme mise en œuvre par le ministre Côté est en complète continuité avec la réforme Castonguay des années 1970.

La réforme Côté et la Loi sur les services de santé et les services sociaux (loi 120)

Au début de l'automne 1990, Marc-Yvan Côté (Québec, 1990 : 79) prend la direction du ministère de la Santé et des Services sociaux ; il met en place certaines lignes directrices de la réforme proposée dans son livre blanc intitulé *Une réforme axée sur le citoyen* qu'il dépose en décembre 1990. Le ministre affirme que la réforme doit viser « l'efficience » du réseau et pour ce faire, il faut, d'une part, « recentrer le réseau sur des objectifs de résultats » (*ibid.*) et, d'autre part, mettre un terme à la logique actuelle qui ne cesse de vouloir « offrir toujours plus de services ». Cette logique, précise-t-il, coûte très cher et, en bout de ligne, il y a toujours le risque d'oublier l'objectif ultime de ces services, soit la réduction des problèmes sociosanitaires de la population. Pour le ministre Côté, la principale façon d'enrayer la situation est de « modifier la dynamique même du système » et de l'orienter vers la solution des problèmes à résoudre plutôt que des services à développer (Québec, 1990 : 80).

La loi 120 en 1991 est d'une importance capitale pour la mise en œuvre de cette seconde réforme. Reprenant les rapports précédents, les thèmes de l'accessibilité universelle aux services, de la décentralisation, de la régionalisation, de la privatisation et du partenariat sont encore à l'ordre du jour. Ainsi, la loi 120 confie aux régies régionales le mandat d'effectuer des plans régionaux d'organisation de services (PROS) afin de favoriser la participation des divers acteurs (les institutions, les organismes de la communauté et les usagers) à l'amélioration des services aux individus. Les PROS sont donc une formule de planification régionale qui vise à définir les besoins de la population, à répartir les services et les ressources, à déterminer les moyens de réalisation et à élaborer une démarche d'évaluation. Amorcée à la fin des années 1980 dans les secteurs de la déficience intellectuelle et de la santé mentale, l'idée des PROS s'est progressivement étendue à l'ensemble du réseau sociosanitaire, malgré une implantation inégale selon les problématiques et les régions (Berthiaume, 1996).

Bon nombre d'acteurs fondaient beaucoup d'espoir dans les PROS, notamment dans « la construction de rapports inédits » qui allaient marquer les relations publiques communautaires. Toutefois, plusieurs chercheurs ont procédé à l'examen empirique et critique de ces expériences. Ils ont souligné plusieurs dangers, entre autres « la récupération du dynamisme communautaire, la technocratisation des services et la dépolitisation des problèmes sociaux transformés en problèmes administratifs » (Tremblay, 1996 : 129). Malgré la faillite relative de ce processus partenarial, Lamoureux (1994) invite quand même le réseau communautaire à demeurer à la table des négociations ouverte par le partenariat, parce qu'elle offre une occasion privilégiée pour développer des stratégies de négociation en vue d'élargir l'« espace démocratique ».

Le ministre Rochon et le virage ambulatoire

Au retour au pouvoir du gouvernement péquiste, en 1994, le ministre Rochon fait du virage ambulatoire son principal cheval de bataille. Ce changement de cap est nécessaire car des études récentes montrent qu'une forte proportion des hospitalisations sont « inappropriées » ; il faut donc les éviter. De plus, différentes organisations essaient de trouver une solution de rechange à l'institutionnalisation : les centres jeunesse avec le « virage milieu », la police avec le virage communautaire, la santé mentale avec la réactualisation de la politique de désinstitutionnalisation. Dans les faits, le virage ambulatoire implique divers types de mouvements : un transfert partiel des ressources traditionnelles vers la communauté ; le développement de pratiques de groupe appuyées par des ressources de maintien à domicile accrues et le décloisonnement des pratiques professionnelles. Sur le plan des ressources en lits hospitaliers, des décisions d'importance ont été prises dans plusieurs régions et notamment les régions métropolitaines de Montréal et de Québec où le nombre de lits de courte durée a été réduit de façon importante.

Les principales dimensions de la réforme

Quelques points saillants caractérisent la seconde réforme des années 1990 du réseau sociosanitaire québécois. D'abord, on a voulu procéder à une importante restructuration institutionnelle axée sur la désinstitutionnalisation et la non-hospitalisation. En décentralisant et régionalisant le réseau, on a modifié les types d'établissements et leur mandat. Dans cette foulée, les organismes communautaires sont « en principe » reconnus comme des partenaires précieux à utiliser pleinement. Enfin, les intérêts du citoyen sont présentés comme étant la trame directrice de la réforme. Toutefois, en pratique, estime Vaillancourt, la réforme du système de santé et des services sociaux a signifié un double déplacement des ressources : « D'abord, un déplacement du centre vers les régions et les communautés locales, ce qui appelle une véritable décentralisation et régionalisation. Ensuite, un déplacement des institutions plus lourdes et plus coûteuses vers les ressources plus légères et moins coûteuses comme les CLSC et les organismes communautaires » (1995 : 9).

La restructuration institutionnelle

Pour transformer la dynamique du réseau, la réforme de 1991 a redéfini sensiblement les fonctions des établissements. Désormais, sur un territoire régional, cinq catégories sont officiellement reconnues : les hôpitaux, les CLSC, les centres de réadaptation, les centres d'hébergement et de soins de longue durée et les centres de protection de l'enfance et de la jeunesse devenus plus tard les centres jeunesse. Par ailleurs, l'accent mis sur les CLSC vient essentiellement d'une préoccupation de l'État par rapport aux soins de santé : ces organismes sont vus comme l'outil clé pour désengorger les salles d'urgence des hôpitaux (Turgeon et Anctil, 1994 : 103).

Cette réforme dit viser une meilleure intégration du réseau, notamment par la réduction du nombre d'établissements. Ainsi, au cours des dernières années le nombre d'établissements publics a été réduit sensiblement. Ce mouvement fait voler en éclats toute la logique de la première réforme de 1970, puisque les CLSC sont de moins en moins des établissements de petite dimension (« à visage humain » comme on disait à l'époque) et la vocation « communautaire » est de plus en plus remise en question. Au total, on estime que près du tiers des 900 corporations administratives ont disparu sous le coup de ces fusions plus ou moins forcées (Larivière, 1996).

Les organismes de service social ont été profondément modifiés, sous le coup des réformes successives. Ainsi, les CSS ont fusionné avec les centres de réadaptation avant de se transformer en centres jeunesse. La profession du service social n'a donc plus désormais de base organisationnelle spécifique pour œuvrer dans le réseau des affaires sociales du fait qu'une bonne partie du personnel des CSS a été transférée dans les CLSC. Avec cette réforme, la mission des services sociaux a été réduite à une clientèle cible, soit les jeunes et leur famille, etc., au détriment d'une réelle « approche milieu » et d'une approche préventive (Goyette et Bouffard, 1999). Parallèlement, les mesures de taylorisation (la mesure des temps moyens pour certaines activités) et le recours à la mise au point de protocoles d'intervention constituent la clé pour améliorer la productivité des intervenants. Par ces mesures, on vise à uniformiser les critères de décision ainsi que les diverses étapes de l'intervention (Langlois, 1997). Ainsi, ce secteur de pratique est devenu au fil des années « de plus en plus encadré étroitement par des protocoles d'intervention, procédures et directives au point où certains soulignent que cette forme de pratique risque de devenir de plus en plus fonctionnarisée et bureaucratisée contrairement au modèle professionnel » (Groulx et Rondeau, 1995 : 108). De plus, l'entrée en scène des centres jeunesse « a mis sous un même toit les travailleurs sociaux et les éducateurs et psycho-éducateurs travaillant dans des institutions autrefois indépendantes. Les travailleurs sociaux se retrouvent en situation de minorité dans un secteur qu'ils contrôlaient parfaitement auparavant. Les réductions de personnel de même que les conflits interprofessionnels suscitent des craintes chez les travailleurs sociaux quant à leur identité et leur autonomie professionnelle »

(Larivière, 1996 : 56). Mais ces restructurations ont pour effet le plus important d'encadrer les pratiques sociales par des normes et procédures d'établissements orientant les critères d'accès aux services autant que la manière d'intervenir auprès des jeunes et des familles.

En somme, en ce qui concerne la réforme sociosanitaire, il faut convenir que ses prémisses mêmes n'ont jamais été contestées. Par contre, l'opérationnalisation de la réforme a été remise en question par plusieurs acteurs (syndicats, association de médecins, etc.). Ainsi, on a dénoncé le contexte de compressions budgétaires dans lequel elle s'est faite ainsi que le rythme des transformations : trop de changements et trop vite, pourrait-on résumer. De plus, les fermetures et les fusions de plusieurs établissements, dont certaines imposées par les régies régionales, « ont heurté de plein fouet plusieurs communautés qui se sont retrouvées devant le fait accompli » (Lacourse, 1998 : 238). D'où les accusations de technocratisme par la population envers les dirigeants politiques. Toute cette évolution a conduit la réforme à des échecs dont les éléments les plus visibles ont été l'engorgement des urgences qui n'a pas changé et la situation d'épuisement chez l'ensemble du personnel du réseau sociosanitaire. Cette réforme a bien évidemment comporté sa part de réussites, par exemple le succès de la ligne Info-santé, la pratique des chirurgies d'un jour et une amélioration de l'accessibilité des services sociaux, notamment dans le domaine de la protection de la jeunesse.

Décentralisation, régionalisation, démocratisation et partenariat

Parallèlement au système de santé et de services sociaux, le gouvernement favorise, en 1997, une politique de soutien au développement local et régional. Cette politique a mis sur pied les centres locaux de développement (CLD) et les centres locaux d'emploi (CLE), qui regroupent différents acteurs socioéconomiques sur un territoire de municipalité régionale de comté (ou d'arrondissement en milieu urbain). Ces organismes doivent travailler à développer tant l'entrepreneuriat traditionnel que l'économie sociale dans leur milieu. Ce mouvement de décentralisation a d'abord pris la forme d'un mouvement de régionalisation avec la création des régies régionales de la santé et des services sociaux à la faveur de la loi 120, votée en 1991. La réforme des conseils régionaux de développement (CRD) est arrivée plus tard, en 1997, avec la politique du développement régional. Le visage des acteurs locaux change donc considérablement, nécessitant plusieurs adaptations de la part de l'ensemble des intervenants sociaux.

Dans les domaines de la santé et des services sociaux, les thèmes de la décentralisation et de la régionalisation ne sont pas nouveaux. Dans l'ensemble, la décentralisation et la régionalisation sont en quelque sorte une réponse à l'échec relatif de la bureaucratisation et à la centralisation excessive de la période précédente. Reprise par la commission Rochon, « la régionalisation est effective avec la création des assemblées régionales et des régies régionales de la santé et des services sociaux, qui deviennent les maîtres d'œuvre de la transformation des établissements de santé sur leur territoire » (Lacourse, 1998 : 233). De plus, le pouvoir des régies régionales est important puisqu'elles sont responsables de l'organisation des services, de la planification des effectifs médicaux et de l'allocation des budgets aux divers établissements.

Toutefois, cette régionalisation ne parviendra pas à réduire les coûts bureaucratiques puisque, comparativement aux années antérieures, le Québec consacre proportionnellement aujourd'hui une part plus importance de son budget à la gestion bureaucratique des services de santé et des services sociaux plutôt qu'aux services directs à la population (Fournier, 1996). De même, cette décentralisation n'est pas parvenue à une plus grande démocratisation des services de santé (Tremblay, 1996). Or, malgré les difficultés évoquées, Tremblay (1996 : 140) souligne que cette demande de démocratisation « est exprimée par l'appareil politique, par le mouvement communautaire et par la société en général ». Les enjeux associés au mouvement de partenariat témoignent de l'actualité de cette demande. En effet, le mouvement de décentralisation dans le domaine sociosanitaire entraîne une intensification du partenariat. Bien que le partenariat se définisse de façon fort différente selon les acteurs et les organisations, il fait référence pour nous au processus de formalisation des collaborations entre les organisations du réseau public et les organisations communautaires (Goyette, 1999). Comme nous l'avons vu, le partenariat a été introduit dans le langage par le rapport Harnois. Son utilisation a pris de l'ampleur avec la loi 120 qui reconnaît davantage le rôle des organismes communautaires, notamment en augmentant les budgets qui leur sont alloués.

Plusieurs études (Lamoureux, 1994 ; Gagné et Dorvil, 1997) mettent l'accent sur les limites ou les risques de dérive du partenariat. Ainsi, l'institutionnalisation des initiatives partenariales à l'intérieur de mécanismes étatiques de planification peut parvenir à réduire la marge d'autonomie des organismes communautaires devenus des agents de l'État. Pour Fournier (1997 : 65), « la reconnaissance de la part des régies régionales et des établissements est surtout acquise pour [le] rôle de distributeurs de services potentiels plutôt que pour [la] capacité [des organismes communautaires] à créer des solidarités et à favoriser l'autonomie des personnes ». Panet-Raymond (1994) met l'accent sur le paternalisme accru de l'institutionnel sur le communautaire. Plus fondamentalement encore, ces études mettent en évidence le risque pour le secteur communautaire de perdre son rôle de contre-pouvoir, en abandonnant tout son particularisme pour devenir un agent de l'État. Dans cette optique on utilise le communautaire comme « déversoir » du trop-plein de problèmes sociaux ne pouvant être « traités » par le réseau public (Parazelli et Tardif, 1998), cette non-reconnaissance s'exprimant entre autres par l'orientation des critères d'évaluation des organismes communautaires selon une perspective technocratique (Goyette, 1999).

Toutefois, et malgré les difficultés, certains demeurent optimistes face au partenariat. Ainsi, par exemple, Tremblay (1996) et Lamoureux (1994) militent pour la poursuite de l'expérience partenariale dans la mesure où elle a permis « un accroissement de la potentialité des organismes communautaires et alternatifs ». Ainsi, le communautaire a appris le fonctionnement des structures du système, a créé des alliances avec d'autres représentants de l'autre tiers, a développé des capacités de représentation, le tout afin de faire reconnaître sa particularité et de défendre son point de vue. Le partenariat, en tant que mode de gestion local des pratiques sociales, demeure donc au cœur des discours et tente de s'imposer comme pratique en favorisant la prise en charge des problèmes sociaux par le public et le mouvement associatif. L'évolution des politiques des années 1990 va laisser apparaître un nouveau terme, l'économie sociale, qui est confrontée à des enjeux similaires à ceux soulevés par la décentralisation et par le partenariat.

L'économie sociale

Au cours des deux dernières décennies, nos sociétés ont été confrontées à diverses crises : « crise de l'emploi, crise du travail, crise de l'État-providence et des nouvelles formes de solidarité sociale » (D'Amours, 1997 : 7). C'est sans doute pour tenter de résoudre ces problèmes que l'on a vu récemment se multiplier les initiatives en matière d'économie sociale. Au Québec, l'économie sociale est souvent présentée comme une solution de sortie de crise (Fontan et Shragge, 1996). Or, même si l'on en parle beaucoup, l'économie sociale est, pour la plupart des personnes actives dans les milieux communautaires, un concept relativement flou. Cette fluidité est une bonne chose, disent certains, car elle empêche justement la mise en place d'un encadrement normatif trop étroit. Toutefois, l'économie sociale s'impose de plus en plus comme nouvelle forme d'intervention sociale influençant également les lieux de pratique des travailleurs sociaux. En effet, dorénavant l'insertion sociale est de plus en plus associée à l'insertion économique, la réforme de la sécurité du revenu de 1997 concrétisant ce changement de philosophie d'intervention.

Historiquement, c'est la Marche des femmes contre la pauvreté, en juin 1995, qui a remis le débat sur l'économie sociale à l'ordre du jour en formulant diverses revendications dont l'une concerne la mise sur pied ou la consolidation d'infrastructures communautaires. Face à ces revendications, le gouvernement québécois a décidé, en octobre 1996, lors du

Sommet sur l'économie et l'emploi, de mettre sur pied le Groupe de travail sur l'économie sociale qui a proposé une définition de l'économie sociale centrée sur les caractéristiques suivantes : 1) une finalité de services aux membres ou à la collectivité plutôt que la recherche du profit ; 2) l'autonomie de gestion par rapport à l'État ; 3) un processus de décision démocratique ; 4) la primauté des personnes et du travail sur le capital dans la répartition des bénéfices ; 5) un fonctionnement qui fait appel à la participation des membres ainsi qu'à la prise en charge individuelle et collective (Québec, 1996 : 7).

Concrètement, Vaillancourt (1996) présente diverses catégories d'organismes dans la mouvance de l'économie sociale au Québec, dont notamment des ressources communautaires et des structures de soutien au développement des entreprises d'économie sociale (ex. : Corporations de développement économique communautaire), d'insertion et de formation au travail. Cet ensemble d'organismes peut sembler disparate, mais le point commun entre eux, c'est que chacun participe « à la culture organisationnelle de l'économie sociale » qui se caractérise par certaines particularités : la volonté d'intervenir localement ; une approche fondée sur le territoire plutôt que par programme ou clientèle ; des projets qui cherchent à concilier des objectifs sociaux (par exemple, la réinsertion) et des objectifs économiques ; le partenariat entre les intervenants ; de même que « la promotion d'un lien de solidarité entre le personnel et la clientèle ; la capacité de répondre rapidement à des situations particulières ; l'attrait pour des formes d'organisation faisant appel à la participation des travailleurs et des citoyens » (Vaillancourt, 1996 : 5). Pour Vaillancourt (1996), une plus grande reconnaissance de l'apport des organismes d'économie sociale devrait permettre une transformation des pratiques sociales en favorisant le passage d'une perspective curative à une perspective préventive. De plus, il peut être source de création de nouveaux emplois.

D'Amours résume bien le débat actuel autour de l'économie sociale : « D'un côté, les critiques les plus acerbes : l'économie sociale serait une stratégie diabolique téléguidée depuis la Banque mondiale, un prétexte pour la dévolution des responsabilités de l'État, un bassin d'emplois à bon marché pour pallier aux coupures de postes dans le secteur public, une passerelle d'insertion ne menant nulle part. De l'autre, les attentes les plus irréalistes : l'économie sociale serait la solution à la crise de l'emploi, le remède à l'exclusion, le tremplin pour un renouveau démocratique, le moyen de faire mieux avec moins » (1997 : 59). Nombre d'observateurs estiment qu'il y a un peu de vrai des deux côtés. Par exemple, Groulx (1998 : 17) souligne que dans la perspective de l'économie sociale, la pauvreté et l'exclusion sociale sont des problèmes centraux dans les sociétés modernes. Face à ces problèmes d'exclusion sociale et de chômage de longue durée, l'économie sociale vise à pallier l'échec de l'État-providence et de l'économie marchande en proposant une nouvelle dynamique sociale. Le diagnostic de base se réfère à la crise de la société salariale et à l'échec de l'intégration sociale par l'emploi salarié. Dans un tel contexte, il est impérieux de repenser les politiques sociales dites providentialistes. En somme, Groulx ne croit pas que l'économie sociale soit « une idéologie passéiste », il pense plutôt que c'est une idéologie postmoderne qui redéfinit le dispositif de l'action sociale. Pour celui-ci, l'économie sociale participe de l'idéologie du temps qui cherche à réorienter les politiques sociales : en modifiant l'ancienne « régulation beveridgienne du social qui se structure autour des fameux trois U : Universalité, Uniformité, Unicité » en faveur de la régulation postmoderne qui s'articule « autour des trois D : Décentralisation, Diversité, Désinstitutionnalisation, termes cherchant à caractériser le pluralisme et la mixité des modes de gestion et de prise en charge » (1998 : 27).

Toutefois, cet enthousiasme pour l'économie sociale n'est pas partagé par tous. Certains sont un peu sceptiques (Deslauriers et Hurtubise, 1997 ; Parazelli et Tardif, 1998) alors que d'autres sont carrément méfiants et dénoncent, souvent avec véhémence, le discours qu'ils associent à de l'idéologie (Boivin et Fortier, 1998). Mais au-delà de ces débats, qui vont presque de soi dans les circonstances, de récents travaux (Lévesque et Mendell, 1999 et Graefe, 1999) ont montré que l'économie sociale au Québec a acquis au cours des dernières années une reconnaissance publique indéniable et qu'elle assume, malgré ses limites, un rôle important dans la lutte contre la pauvreté et l'exclusion sociale ainsi que dans le renouvellement des pratiques sociales.

La réforme de la sécurité du revenu

Introduite graduellement depuis la fin de 1997, cette réforme a pour but d'améliorer le sort des personnes assistées sociales. Toutefois, l'analyse des objectifs officiels du système d'assistance sociale québécois témoigne de la volonté de favoriser systématiquement le retour sur le marché du travail des assistés sociaux dans une logique de workfare : l'octroi de prestations à une personne est conditionnel à ce qu'elle travaille. On souhaite ainsi « prévenir l'émergence du « syndrome » de la dépendance chez les personnes aptes au travail » (McAll et White, 1996). De plus, Boismenu et Henry (1998 : 148) montrent bien que pour les dernières réformes de la sécurité du revenu au Québec et de l'assurance-emploi au Canada, les mesures d'assistance représentent pour les gouvernements un frein à la « mutation du marché du travail parce qu'elles induisent des comportements déviants chez les prestataires » et qu'en conséquence il faut réorienter les actions vers, d'une part, « l'accentuation de la sanction monétaire concernant l'état de sans-emploi et d'autre part, le renforcement des contrôles auprès des populations sans emploi ». À ce titre, l'assistance sociale ne constitue pas généralement un revenu de citoyenneté mais bien davantage une aide de dernier recours considérée alors comme temporaire. Les objectifs s'inscrivent dans l'idée de prévenir le découragement et la dépréciation de soi, d'éviter que le fatalisme et la résignation n'accablent les communautés, d'éviter que des vies entières ne s'installent dans la pauvreté et, finalement, de prévenir la mise à l'écart des groupes particuliers (Bouchard, 1995).

Ainsi, produit de la dernière réforme, la Loi sur le soutien du revenu et favorisant l'emploi et la solidarité sociale (loi 186) vise principalement la (ré)insertion sur le marché du travail en présumant de l'employabilité des bénéficiaires et de la disponibilité des emplois. Cette présomption marque toute l'organisation du régime du ministère qui, d'une part, distingue les personnes aptes au travail de celles définies comme inaptes et, d'autre part, propose des programmes d'employabilité cherchant à favoriser l'intégration des personnes sur le marché du travail, afin de réduire leur dépendance à l'égard du système (McAll et White, 1996). Pour les personnes aptes au travail, la réforme met l'accent sur leur responsabilisation en réduisant les montants de prestations au minimum. Chaque coupure implique pourtant pour la personne une difficulté de plus à surmonter pour sa réinsertion. La politique en matière de sécurité du revenu est au centre du dispositif d'insertion socio-économique. Il apparaît que cette réforme a un impact direct sur le travail des intervenants sociaux en réduisant encore un peu plus les mesures de protection disponibles pour aider les personnes et les communautés.

CONCLUSION

Au terme de ce court survol historique, il ressort que l'évolution des politiques sociales constitue un déterminant incontournable dans la pratique professionnelle des travailleurs sociaux. Ainsi, si la construction graduelle d'un État-providence au Québec à partir des années 1940 a permis de réduire les pressions de l'économie sur la vie des individus et des familles en instaurant diverses mesures universelles ou quasi universelles dans le domaine de la santé et des services sociaux, on assiste aujourd'hui au retour à une plus grande responsabilisation des individus, de leur famille et de leur communauté. Le constat d'un recul généralisé de la protection sociale peut être fait, comme en font foi les récentes réformes du réseau sociosanitaire et celles de l'aide sociale ou de l'assurance-chômage. Dans ce contexte, il importe de s'interroger en tant que praticien du champ social dans la mesure où le filet de sécurité sociale au Québec a des mailles de plus en plus grosses, laissant échapper de larges segments de la population, vulnérables, non seulement dans leur condition de vie mais dans leurs relations avec la protection sociale (Boismenu et Jenson, 1996 : 52). Au-delà du discours, les réformes contemporaines au Québec témoignent d'un passage à une société davantage néolibérale qui tend à perdre les éléments sociaux-démocrates qui semblaient la distinguer.

Par ailleurs, les récentes réformes du réseau sociosanitaire (avec l'ensemble des diminutions de postes, de transferts de personnels, de réductions de services, etc.) ont eu un impact direct sur la pratique professionnelle en travail social ; les discussions dans le cadre des États généraux du service social (Ordre professionnel des travailleurs sociaux du Québec, 1999) en témoignent. Ainsi, la pratique professionnelle encadrée par une multitude de lois, de programmes, de règles administratives où la marge de manœuvre des travailleurs sociaux est de plus en plus réduite. Ces récentes réformes ont transformé sensiblement la place centrale qu'occupait encore depuis peu le service social dans le paysage social. Plus fondamentalement, toute cette évolution n'est pas sans provoquer plusieurs questionnements quant à l'identité professionnelle et aux compétences spécifiques des travailleurs sociaux.

Cependant, il faut reconnaître que l'évaluation des réformes en cours dans les services sociaux ne fait pas l'unanimité chez les travailleurs sociaux (Groulx et Rondeau, 1995 : 112). Mais au-delà de ces différences d'opinions, il n'en demeure pas moins que toutes ces transformations ont influencé grandement la pratique sociale et, à moins d'un virage improbable, la communautarisation, la privatisation et le partenariat seront assurément des composantes du nouveau visage de l'intervention sociale. Dans ce contexte, les politiques sociales demeurent, aujourd'hui comme hier, un objet de débats entre différents acteurs sociaux et nul doute que ces débats continueront de meubler le paysage quotidien des intervenants sociaux. D'où la nécessité, pour ces derniers, de s'intéresser et de participer activement à ces débats.

BIBLIOGRAPHIE COMMENTÉE

GUEST, D. (1995), *Histoire de la sécurité sociale au Canada*, Montréal, Boréal Compact.

À partir d'une perspective canadienne, l'auteur traite de l'évolution des politiques sociales depuis leur émergence. Cette réédition, mise à jour en français, dresse également un portrait des enjeux actuels des politiques sociales.

VAILLANCOURT, Y. (1988), *L'évolution des politiques sociales au Québec, 1940-1960*, Montréal, Les Presses de l'Université de Montréal, 513 p.

Traitant de l'évolution des politiques sociales au Québec, ce livre met en perspective l'importance des relations fédérales provinciales dans la construction d'un État-providence au Québec.

RÉFÉRENCES

ANCTIL, H. et M.A. BLUTEAU (1986), *La santé et l'assistance publique au Québec (1886-1986)*, Québec, ministère de la Santé et des Services sociaux.

BERGERON, P. et F. GAGNON (1994), « La prise en charge étatique de la santé du Québec », dans V. Lemieux, P. Bergeron, C. Bégin et G. Bélanger (dir.), *Le système de santé au Québec. Organisations, acteurs et enjeux*, Québec, Les Presses de l'Université Laval, p. 9-32.

BERTHIAUME, N. (1996), « Les plans régionaux d'organisation de services : des outils pour la gestion des programmes », dans M. Tremblay, H. Nguyen et J. Turgeon (dir.), *La planification régionale des services sociaux et de santé : enjeux politiques et méthodologiques*, Québec, Les Publications du Québec, p. 51-64.

BOISMENU, G. et A. NOËL (1995), « La restructuration de la protection sociale en Amérique du Nord et en Europe », *Cahiers de recherche sociologique*, n° 24, p. 49-87.

BOISMENU, G. et B. HENRY (1998), « L'action publique visant les sans-emploi : similarité et complémentarité de l'assurance-chômage et de l'assistance sociale au Canada », *Nouvelles pratiques sociales*, vol. 11, n° 1, p. 131-152.

BOISMENU, G. et J. JENSON (1996), « La réforme de la sécurité du revenu pour les sans-emploi et la dislocation du régime de citoyenneté canadienne », *Politique et Sociétés*, vol. 15, n° 30, p. 28-52.

BOIVIN, L. et M. FORTIER (1998), *L'économie sociale. L'avenir d'une illusion*, Montréal, Fides, 229 p.

BOUCHARD, C. (1995), « La réforme de l'aide sociale. Enjeux et propositions concernant la lutte contre la pauvreté », *Service social*, vol. 44, n° 3, p. 115-144.

D'AMOURS, M. (1997), *L'économie sociale au Québec,* Institut de formation en développement économique communautaire (IFDEC), Montréal, 80 p.

DESLAURIERS, J.-P. (1991), « Les politiques sociales canadiennes dans les années 80 », *Revue canadienne de politique sociale*, n° 27, p. 12-19.

DESLAURIERS, J.-P. et Y. HURTUBISE (1997), « Pensée critique et économie sociale », dans Denis Plamondon (dir.), *Au-delà de la tourmente... des alliances à bâtir !*, Chicoutimi, Regroupement des intervenants et intervenantes en action communautaire en CLSC et en Centre de santé (RQIIAC) et Groupe de recherche et d'intervention régionales, p. 261-283.

FAVREAU, L. et Y. HURTUBISE (1993), *CLSC et communautés locales. La contribution de l'organisation communautaire*, Sainte-Foy, Presses de l'Université du Québec.

FONTAN, J.M. et E. SHRAGGE (1996), « Let's stop calling Québec's workfare the social economy », dans *CCPA Monitor*, Canadian Centre for Policy Alternatives, vol. 3, n° 5, p. 7-12.

FOURNIER, D. (1997), « Nouvelle dynamique des organismes communautaires et la régionalisation », dans Denis Plamondon (dir.), *Au-delà de la tourmente... des alliances à bâtir !*, Chicoutimi, Regroupement des intervenants et intervenantes en action communautaire en CLSC et en Centre de santé (RQIIAC) et Groupe de recherche et d'intervention régionales, p. 57-67.

FOURNIER, J. (1996), « Splendeurs et misères du virage ambulatoire », *Possibles*, vol. 20, n° 3, p. 66-83.

GAGNÉ, J. et H. DORVIL (1997), « Grandes tendances et renouvellement des pratiques en santé mentale (1988-1997) », *Nouvelles pratiques sociales*, vol. 10, n° 1, p. 29-41.

GARON-GAULIN, H. (1985), « Une pratique en mutation », *Intervention,* nº 72, p. 23-34.

GOYETTE, M. (1999), *L'analyse de pratiques partenariales dans le domaine de la santé mentale : réflexions autour de l'équipe-itinérance-outreach du CLSC des Faubourgs*, Montréal, Rapport d'analyse de pratiques, École de service social, Université de Montréal.

GOYETTE, M. et B. BOUFFARD (1999), *La concertation et le partenariat aux Centres jeunesse de Montréal*, Montréal, Institut de recherche pour le développement social des jeunes, rapport de recherche.

GRAEFE, P. (1999), « Repenser l'économie sociale face à l'État », *Lien social et politiques*, RIAC, nº 41, p. 129-142.

GROULX, L.H. (1998), « L'économie solidaire en débat : points de vue en présence », *Revue canadienne de politique sociale*, nº 41, p. 17-33.

GROULX, L. et G. RONDEAU (1995), « Le travail social au Québec », *Vie sociale*, Paris, nº 4, p. 104-114.

LACOURSE, M.T. (1998), *Sociologie de la santé*, Montréal, Chenelière-McGraw-Hill.

LAMOUREUX, J. (1994), *Le partenariat à l'épreuve : l'articulation paradoxale des dynamiques institutionnelles et communautaires dans le domaine de la santé mentale*, Montréal, Éditions Saint-Martin.

LANGLOIS, P. (1997), « Issue pour le renouvellement des pratiques en protection de la jeunesse : une organisation du travail provenant de la base », *Nouvelles pratiques sociales*, vol. 10, nº 2, p. 109-122.

LARIVIÈRE, C. (1996), « Les enjeux de la réforme des services de santé et des services sociaux au Québec », *Revue canadienne de politique sociale*, nº 37, p. 54-62.

LESEMANN, F. (1979), « Les structures du pouvoir comme détermination des pratiques », *Intervention*, nº 56, p. 48-51.

LESEMANN, F. (1987), *Les nouvelles pauvretés, l'environnement économique et les services sociaux, Synthèse critique nº 4*, Commission d'enquête sur les services de santé et les services sociaux, Québec, Les Publications du Québec, 215 p.

LESEMANN, F. (1989), « L'organisation des services sociaux au Québec et son évolution prévisible », *Service social dans le monde*, vol. 4, p. 12-18.

LÉVESQUE, B. et M. MENDELL (1999). « L'économie sociale au Québec : éléments théoriques et empiriques pour le débat et la recherche », *Lien social et politiques*, RIAC, nº 41, p. 105-118.

MAYER, R. (1994), « L'évolution des services sociaux », dans F. Dumont, S. Langlois et Y. Martin (dir.), *Traité des problèmes sociaux*, Québec, Institut québécois de recherche sur la culture, p. 1015-1035.

MAYER, R., S. SAVARD, D. TURCOTTE et A. BEAUDOIN (1998), *Le partenariat entre le réseau public et le réseau communautaire : le cas des programmes d'action communautaire pour les enfants (PACE) au Québec*, Québec, Université Laval, Centre de recherche sur les services communautaires, rapport de recherche.

McALL, C. et D. WHITE (1996), *Structures, systèmes et acteurs : Welfare et Worfare comme champs d'action sociale*, Montréal, Rapport de l'équipe de recherche sur la pauvreté et l'insertion au travail, Université de Montréal.

MICHAUD, B. (1985), « Vingt-cinq ans de service social au Québec », *Intervention*, n° 72, p. 15-22.

MONGEAU, S. (1967), *Évolution de l'assistance au Québec. Une étude historique des diverses modalités d'assistance au Québec, des origines de la colonie à nos jours*, Montréal, Éditions du jour.

NOËL, A. (1996), « Vers un nouvel État-providence ? Enjeux démocratiques », *Politique et Sociétés*, vol. 15, n° 30, p. 2-27.

Ordre professionnel des travailleurs sociaux du Québec (1999), *Les travailleurs sociaux à l'aube du troisième millénaire. Les états généraux de la profession*, document de travail, 13 p.

PANET-RAYMOND, J. (1994), « Les nouveaux rapports entre l'État et les organismes communautaires à l'ombre de la loi 120 », *Nouvelles pratiques sociales*, vol. 7, n° 1, p. 79-95.

PARAZELLI, M. et G. TARDIF (1998), « Le mirage démocratique de l'économie sociale », dans L. Boivin et M. Fortier (dir.), *L'économie sociale. L'avenir d'une illusion*, Montréal, Fides, p. 55-101.

POULIN, M. (1982), « Prospective pour la gestion des services sociaux des années 80 au Québec », *Service social*, vol. 31, n° 1, p. 7-50.

Québec (Province) (1996), Groupe de travail sur l'économie sociale, *Osons la solidarité*, Québec, Les Publications du Québec.

Québec (Province) (1990), *Une réforme axée sur le citoyen*, Québec, Les Publications du Québec.

Québec (Province) (1988), Commission d'enquête sur les services de santé et les services sociaux, *Rapport de la Commission d'enquête sur les services de santé et les services sociaux*, Québec, Les Publications du Québec.

Québec (Province) (1987), Comité de réflexion et d'analyse des services dispensés par les CLSC, *Rapport du Comité de réflexion et d'analyse des services dispensés par les CLSC*, Québec, ministère de la Santé et des Services sociaux, Direction générale de la prévention et des services communautaires.

Québec (Province) (1987), Comité de la politique de santé mentale, *Pour un partenariat élargi : projet de politique de santé mentale pour le Québec*, Québec, ministère de la Santé et des Services sociaux.

Québec (Province) (1972), Commission d'enquête sur la santé et le bien-être social. *Rapport de la Commission d'enquête sur la santé et le bien-être social*, Québec, Éditeur officiel du Québec.

Québec (Province) (1963), Comité d'étude sur l'assistance publique, *Rapport du comité d'étude sur l'assistance publique*, Québec, Éditeur officiel du Québec.

Québec (Province) (1962), Commission d'étude des hôpitaux psychiatriques, *Rapport de la Commission d'étude des hôpitaux psychiatriques*, Québec, Les Publications officielles.

RENAUD, G. (1984), *À l'ombre du rationalisme*, Montréal, Éditions Saint-Martin.

RENAUD, G. (1978), *L'éclatement de la profession en service social*, Montréal, Éditions coopératives Albert Saint-Martin, 163 p.

RENAUD, M. (1977), « Réforme ou illusion ? Une analyse des interventions de l'État québécois dans le domaine de la santé », *Sociologie et sociétés*, vol. 9, n° 1, p. 127-152.

ROSANVALLON, P. (1992), *La crise de l'État-providence*, Paris, Seuil.

TREMBLAY, M. (1996), « Démocratisation et planification participative : du paradoxe à la complexité », dans M. Tremblay, H. Nguyen et J. Turgeon (dir.), *La planification régionale des services sociaux et de santé : enjeux politiques et méthodologiques*, Québec, Les Publications du Québec, p. 125-142.

TURGEON, J. et H. ANCTIL (1994), « Le Ministère et le réseau public », dans V. Lemieux, P. Bergeron, C. Bégin et G. Bélanger (dir.), *Le système de santé au Québec. Organisations, acteurs et enjeux*, Québec, Les Presses de l'Université Laval, p. 79-106.

VAILLANCOURT, Y. (1997), « La reconfiguration des paiements de transferts fédéraux : quelques enjeux sur le Québec », *Nouvelles pratiques sociales*, vol. 10, n° 2, p. 1-11.

VAILLANCOURT, Y. (1996), « Économie sociale et reconfiguration de l'État-providence », *Nouvelles pratiques sociales*, vol. 9, n° 1, p. 1-13.

VAILLANCOURT, Y. (1995), « Vers un nouveau contrat social », *Nouvelles pratiques sociales*, vol. 8, n° 2, p. 1-14.

VAILLANCOURT, Y. (1988), *L'évolution des politiques sociales au Québec, 1940-1960*, Montréal, Les Presses de l'Université de Montréal, 513 p.

SITES WEB
SITES WEB

World Wide Web Resources for Social Workers
http://nyu.edu/socialwork/wwwrsw
Ce site offre un moteur de recherche spécialisé traitant de l'ensemble des questions qui peuvent intéresser les travailleurs sociaux : pauvreté, intervention féministe, organisation communautaire, etc.

Revue canadienne de politique sociale
http://www.carleton.ca/crsp-rcps/
La Revue canadienne de politique sociale a rassemblé plusieurs sites canadiens traitant des politiques sociales. Ce site établit des liens avec les diverses agences gouvernementales canadiennes, provinciales, territoriales qui s'occupent de politiques sociales. Il permet également d'accéder à plusieurs sites d'organisations non gouvernementales internationales. Enfin, il présente une liste impressionnante de sites regroupés par problématique (sida/VIH, pauvreté, etc.).

LE TRAVAIL SOCIAL ET LE SYSTÈME PROFESSIONNEL

Jean-Claude Michaud
Travailleur social, consultant

chapitre 3

INTRODUCTION

LA profession de travailleur social est régie par le système professionnel québécois, système qui a été créé en 1973 par une loi spécifique, le Code des professions*. Cette loi a été adoptée afin d'assurer la protection du public qui reçoit les services des professionnels appartenant à ces ordres professionnels.

Nous verrons, dans la première partie de ce chapitre, en quoi consiste le système professionnel québécois, en situant les différents organismes qui le composent. En deuxième partie, nous présenterons l'Ordre professionnel des travailleurs sociaux du Québec, de ses origines à aujourd'hui, et discuterons de sa mission, de sa structure et de ses services. Nous traiterons enfin, dans la troisième partie, des enjeux qui confrontent la profession et des défis auxquels elle devra faire face au cours des prochaines années.

---

* L'auteur de ce chapitre désire remercier de façon toute particulière madame Louise Boulanger, travailleuse sociale, chargée d'affaires professionnelles à l'Ordre professionnel des travailleurs sociaux du Québec, pour l'aide précieuse qu'elle lui a apportée dans la préparation de ce document.

LE SYSTÈME PROFESSIONNEL QUÉBÉCOIS

Le Code des professions

C'est au milieu du XIXe siècle que sont apparues au Québec les premières corporations professionnelles, soit celles des notaires, des médecins et des avocats. Leur création « répondait à un besoin urgent de protéger leur clientèle et de garantir la réputation de la profession contre des imposteurs qui, étant donné l'absence de normes de formation bien définies, étaient très nombreux » (Conseil interprofessionnel du Québec, 1991 : 4).

Par la suite, plusieurs autres groupes de personnes qui exerçaient des activités demandèrent au gouvernement de se constituer en profession, si bien que, dans les années 1960, plusieurs autres professions virent le jour, dont la Corporation des travailleurs sociaux professionnels de la province de Québec (c'était le nom de l'Ordre à l'époque). En 1970, dans son rapport intitulé *Les professions et la société*, la Commission d'enquête sur la santé et le bien-être social remettait en cause l'organisation des professions et recommandait l'adoption d'un code des professions, qui fut effectivement créé par le gouvernement du Québec en 1973 (gouvernement du Québec, 1973). Celui-ci adopta ou modifia en même temps 21 lois professionnelles nouvelles ou existantes. Aujourd'hui, 44 professions existent au Québec, regroupant environ 260 000 membres.

Avec le Code des professions, le gouvernement du Québec mettait en place un système professionnel qui ne donnait ni aux ordres professionnels ni à l'État le contrôle total de l'exercice des professions. Il optait plutôt pour un système de responsabilité partagée, qui confiait aux ordres professionnels une certaine autonomie par rapport à l'État, ce dernier se réservant un rôle de surveillance afin de veiller à ce que chacun de ces ordres assume adéquatement son mandat de protection du public. À cette fin, il nommait un ministre responsable de l'application des lois professionnelles et créait un organisme gouvernemental autonome, l'Office des professions. Il créait également le Conseil interprofessionnel, qui regroupe et représente les ordres professionnels.

Le Code des professions contient un ensemble de dispositions réglementaires destinées à assurer la protection du public. Il définit les rôles, pouvoirs, responsabilités et modes de fonctionnement de chacune de ses composantes, soit l'Office des professions, le Conseil interprofessionnel et les ordres professionnels. Il spécifie notamment l'obligation pour chacune des professions d'adopter un code de déontologie, de faire l'inspection professionnelle de ses membres et d'avoir un système disciplinaire pour assurer la protection du public. Notons que le Code des professions a été modifié en octobre 1994, notamment en ce qui concerne le système disciplinaire, le processus réglementaire et l'admission des membres. L'appellation *corporation professionnelle* a également été changée à ce moment-là pour celle d'*ordre professionnel*. Le Code est mis à jour régulièrement. Au moment d'écrire ces lignes, la ministre responsable du système professionnel québécois projette de procéder à une mise à jour du système professionnel, qui vise trois objectifs principaux (gouvernement du Québec, 1999 : 1), soit un allègement et un assouplissement du cadre réglementaire, une efficience accrue des mécanismes de protection du public prévus dans le Code, et enfin une plus grande ouverture des milieux professionnels à la coexistence de plusieurs disciplines et à la mise en commun de leurs compétences respectives.

L'adoption du Code des professions au Québec a constitué une démarche assez unique au Canada, et les autres provinces l'ont utilisé comme modèle pour l'organisation de leur propre système professionnel. Dans toutes les provinces canadiennes, la profession du travail social est organisée pour assurer la protection du public par des lois spécifiques. Certaines ont pour ainsi dire adopté notre code, d'autres ont élaboré leur propre code. Par ailleurs, dans plusieurs provinces, il existe deux organismes distincts, soit une association professionnelle vouée à la promotion des intérêts des membres, et un organisme dont le mandat est d'assurer la protection du public. L'Association canadienne des travailleuses et travailleurs sociaux regroupe les associations professionnelles et les ordres professionnels de toutes les provinces.

Aux États-Unis, les façons de fonctionner varient beaucoup d'un État à l'autre. Il existe dans plusieurs États des *Boards* chargés de la protection du public, en plus de la *National Association of Social Workers*, qui regroupe les travailleurs sociaux à l'échelle nationale et qui a pour principal mandat la promotion de la profession.

La structure du système professionnel québécois

Le système professionnel québécois est formé de quatre composantes (Office des professions du Québec, 1991).

LE GOUVERNEMENT DU QUÉBEC établit les lois et règlements comme le Code des professions, approuve les règlements adoptés par les ordres professionnels et l'Office des professions, et nomme un ministre responsable de l'application du Code des professions et des lois professionnelles.

L'OFFICE DES PROFESSIONS est un organisme mandaté par le gouvernement pour veiller à ce que chaque ordre assure la protection du public, conformément aux dispositions du Code des professions. Il est doté de pouvoirs concrets pour assumer son mandat. Il peut notamment enquêter sur tout ordre professionnel qui ne remplit pas les devoirs qui lui sont imposés par le Code.

LE CONSEIL INTERPROFESSIONNEL DU QUÉBEC, formé des présidents ou représentants mandatés par leur ordre, est un organisme qui conseille les ordres professionnels, l'Office des professions et le gouvernement sur toute question de nature professionnelle.

LES ORDRES PROFESSIONNELS sont des entités juridiques constituées en vertu du Code des professions. Leur fonction principale est d'assurer la protection du public. Comme le stipule l'article 23 du Code, un ordre professionnel doit notamment contrôler l'exercice de la profession par ses membres. Comme nous l'avons déjà souligné plus haut, la mission d'un ordre professionnel est différente de celle d'une association professionnelle : celle d'un ordre professionnel est d'assurer la protection du public, tandis que celle d'une association professionnelle est d'assurer la protection ou la promotion de ses membres.

Il existe présentement 44 ordres professionnels au Québec, qui se répartissent en deux catégories : les ordres *d'exercice exclusif* (on en compte 24 actuellement) et les ordres à *titre réservé* (au nombre de 20).

- Les ordres d'exercice exclusif sont ceux où le droit de porter le titre et d'exercer une activité professionnelle donnée est réservé exclusivement aux membres de l'ordre professionnel concerné. Par exemple, seul un professionnel membre du Collège des médecins peut porter le titre de médecin et exercer la médecine.

- Les ordres à titre réservé, quant à eux, restreignent aux seuls membres de cet ordre le droit de porter un titre donné, sans limiter le droit d'exercer les activités professionnelles concernées. Par exemple, un diplômé universitaire en service social peut pratiquer le travail social, même s'il n'est pas membre de l'Ordre professionnel des travailleurs sociaux du Québec (OPTSQ), mais ne peut porter le titre de travailleur social.

Le Code des professions précise la structure administrative des ordres professionnels et prévoit divers mécanismes que les ordres doivent mettre en place pour s'acquitter de leur mission de protection du public, notamment le code de déontologie, l'inspection professionnelle, le syndic, le comité de discipline. Nous examinerons plus en détail ces divers éléments dans la prochaine partie qui traitera spécifiquement de l'Ordre professionnel des travailleurs sociaux du Québec.

L'ORDRE PROFESSIONNEL DES TRAVAILLEURS SOCIAUX DU QUÉBEC

Historique

Si la fondation de la *Corporation des travailleurs sociaux professionnels de la province de Québec* (première appellation) date de 1960, des regroupements de travailleurs sociaux existaient déjà depuis les années 1920. Il s'agissait de chapitres de l'Association canadienne des travailleurs sociaux, mise sur pied en 1925. (Le mot chapitre venait de l'anglais, *chapter*, et n'est plus utilisé aujourd'hui : de nos jours, on ne parle plus de chapitre mais d'exécutif régional.) Le premier chapitre fondé au Québec, en 1927, fut le chapitre anglais de Montréal. Vinrent ensuite le chapitre de Québec en 1946, puis le chapitre français de Montréal en 1955, et enfin le chapitre de l'Outaouais-Nord, en 1957 (Lamont et Jetté, 1997 : 5-7). En 1956, un comité conjoint formé de membres des trois chapitres existants au Québec fut chargé « d'établir les bases d'un organisme professionnel provincial revêtu de la personnalité juridique » (Lamont et Jetté, 1997 : 11).

Ce comité fit une demande d'incorporation, qui fut acceptée le 4 février 1960, par l'adoption de la loi 218, dite *Loi concernant la Corporation des travailleurs sociaux professionnels de la province de Québec*. Pour sa part, l'Association canadienne des travailleurs sociaux deviendra en 1975 une fédération d'associations provinciales. Elle continue de jouer un rôle important dans le développement du travail social sur le plan canadien et international.

Aujourd'hui, l'OPTSQ compte autour de 4 700 membres. Pour donner un ordre de grandeur approximatif de leur répartition selon leur milieu de pratique, disons qu'environ 1 200 travaillent dans les centres locaux de services communautaires (CLSC), 800 en milieu hospitalier, 400 dans les centres jeunesse, 350 en milieu d'hébergement et de réadaptation, 350 dans les organismes communautaires. Enfin, entre 700 et 800 déclarent exercer une pratique autonome, dont environ le quart à temps plein, et les autres à temps partiel. Certains règlements gouvernementaux s'appliquent aux travailleurs sociaux qui exercent une pratique en cabinet privé, dont le Règlement sur la procédure de conciliation et d'arbitrage des comptes des membres de l'OPTSQ (C 26, r.185.2), et le Règlement sur la cessation d'exercice d'un membre de l'OPTSQ (C 26, r.179.2).

La structure de l'Ordre professionnel des travailleurs sociaux

Pour pouvoir s'acquitter de sa mission de protection du public, l'Ordre s'est donné une structure administrative dont nous allons définir ici les principaux éléments, en nous basant sur le Code des professions (gouvernement du Québec, 1973) et sur les définitions de l'OPTSQ lui-même (OPTSQ, 1998a).

Le Bureau

L'OPTSQ est administré par un Bureau formé d'un président et de 24 administrateurs, dont 20 doivent être des membres de l'Ordre élus par leurs pairs, et quatre sont nommés par l'Office des professions. Parmi ces derniers, au moins deux ne sont pas membres d'un ordre professionnel. L'article 62 du Code des professions définit ainsi les devoirs du Bureau :

> Le Bureau est chargé de l'administration générale des affaires de l'ordre et de veiller à l'application des dispositions du Code des professions, de la loi ou des lettres patentes constituant l'ordre et des règlements adoptés conformément au présent code ou à ladite loi. Il exerce tous les droits, pouvoirs et prérogatives de l'ordre, sauf ceux qui sont du ressort des membres de l'ordre réunis en assemblée générale (gouvernement du Québec, 1973, art. 62).

L'assemblée générale

L'assemblée générale des membres de l'Ordre doit être tenue au moins une fois par année, dans les six mois qui suivent la fin de l'année financière de l'Ordre. Au cours de cette assemblée, les membres élisent les vérificateurs chargés de vérifier les livres et comptes de l'Ordre. Ils fixent également le montant de la cotisation annuelle des membres. Au cours de cette assemblée, le président produit un rapport sur les activités et les états financiers de l'Ordre. Sur tout autre sujet, l'assemblée générale joue un rôle consultatif auprès du Bureau.

Le comité administratif

Ce comité, composé du président de l'Ordre, des deux vice-présidents, du trésorier et d'un membre externe, s'occupe de l'administration courante des affaires de l'Ordre entre les réunions du Bureau. Il est assisté du directeur général de l'Ordre, qui est également secrétaire de l'Ordre. Soulignons que le président est le seul porte-parole officiel de l'Ordre.

Le syndic

Le syndic est un membre de l'Ordre nommé par le Bureau. À l'OPTSQ, le syndic est assisté de syndics adjoints. Le bureau du syndic a pour fonction de recevoir les plaintes formulées par le public à l'endroit de membres de l'Ordre, de procéder à l'enquête et, s'il y a lieu, de porter une plainte devant le comité de discipline de l'Ordre.

Le comité de discipline

Ce comité est formé d'au moins trois membres, dont un président désigné par le gouvernement et membre du Barreau, et de deux autres membres, dont un agit à titre de secrétaire du comité, nommés par le Bureau de l'Ordre. Il est saisi de toute plainte contre un professionnel qui lui est adressée par le syndic de l'Ordre ou par toute autre personne. Le comité de discipline fonctionne comme un tribunal : il tient des audiences, possède le pouvoir d'assigner des témoins à comparaître devant lui, de déclarer la personne qui a fait l'objet d'une plainte coupable ou non coupable d'une infraction. Dans le premier cas, il peut lui imposer des sanctions diverses : réprimande, radiation temporaire ou permanente du tableau des membres de l'Ordre (liste des membres de l'Ordre), amende, obligation de faire un stage ou de suivre des cours de perfectionnement, etc. Ajoutons que la décision du comité de discipline peut être portée en appel devant le Tribunal des professions.

Le comité de révision

Ce comité, formé de trois membres de l'Ordre, reçoit les demandes de révision d'un plaignant qui est en désaccord avec la décision du syndic de ne pas porter plainte devant le comité de discipline. Après avoir examiné le dossier et, s'il y a lieu, avoir entendu le syndic et la personne qui a demandé la tenue d'une enquête, le comité de révision émet un avis écrit dans lequel il peut conclure s'il y a lieu ou non de porter une plainte devant le comité de discipline. Il peut également suggérer au syndic de compléter son enquête, ou encore de porter plainte devant le comité d'inspection professionnelle.

Le comité d'inspection professionnelle

Ce comité, composé de cinq membres de l'Ordre nommés par le Bureau, a pour mandat de surveiller la compétence professionnelle des membres de l'Ordre. Il est également chargé d'établir un programme général d'inspection et de faire enquête sur la compétence professionnelle de tout membre, à la demande du Bureau ou à sa propre initiative. Pour remplir son mandat, le comité est assisté d'inspecteurs qui sont des travailleurs sociaux. L'inspection professionnelle s'adresse aux travailleurs sociaux en fonction, qu'ils soient à l'emploi d'organismes publics ou communautaires, ou en pratique autonome.

Les exécutifs régionaux

Les membres du Bureau sont élus par leurs pairs dans chacune des régions de l'Ordre et ils représentent leur région. Dans chacune de celles-ci existe un exécutif régional qui compte un ou plusieurs représentants régionaux qui siègent au Bureau. En outre, d'autres membres sont nommés par leurs pairs ou se proposent d'eux-mêmes. Le leadership est assumé par un coordonnateur régional, qui peut être le représentant au Bureau ou un autre membre. La fonction principale des exécutifs régionaux est de promouvoir le développement de la vie professionnelle dans la région, particulièrement par l'organisation d'activités de formation continue.

La permanence

Le directeur général de l'Ordre est assisté d'employés permanents qui assument différentes fonctions, dans l'un ou l'autre des services suivants :

Le *bureau du syndic*, comme il est prévu, assume toute la gestion des plaintes.

Le *service de l'inspection professionnelle* s'occupe de l'organisation du programme d'inspection professionnelle.

Le *service des affaires professionnelles* assume la responsabilité des dossiers d'ordre professionnel : avis professionnels, coordination des activités des comités et groupes de travail, information et référence, formation continue, recherche.

Le *service des communications et des publications* est responsable de l'organisation des congrès et colloques, des relations avec la presse, de la revue scientifique, du bulletin de nouvelles, de la publication des encarts, des rapports annuels et autres documents.

Enfin, les *services administratifs* sont responsables de la gestion administrative de l'Ordre.

Le comité de la formation

L'obligation de constituer ce comité est prescrite dans le Règlement sur le comité de la formation des travailleurs sociaux, règlement qui a été révisé en 1996. Comme l'indique l'article 2 dudit Règlement, il s'agit d'un comité consultatif au Bureau de l'Ordre ; il a pour mandat d'examiner, dans le respect des compétences respectives et complémentaires de l'Ordre, des établissements d'enseignement universitaire et du ministre de l'Éducation, les questions relatives à la qualité de la formation des travailleurs sociaux. La qualité de la formation peut être décrite comme l'adéquation de la formation aux compétences professionnelles à acquérir pour l'exercice de la profession de travailleur social.

Les comités consultatifs et les groupes de travail

Le Bureau s'est doté de différents comités consultatifs, tous formés de membres de l'Ordre, chargés de l'aider à s'acquitter de ses responsabilités :

Le comité des admissions a pour mandat principal d'étudier les demandes d'émission de permis et de faire les recommandations appropriées au Bureau, à partir des dossiers soumis.

Le comité de la formation continue évalue les besoins de formation continue des membres et élabore des programmes de formation continue de nature à favoriser le maintien et le développement des compétences professionnelles des travailleurs sociaux.

Le comité des enjeux a pour mandat de conseiller la direction de l'Ordre sur tout sujet concernant les politiques sociales ou la profession, de formuler des prises de position et de consulter par divers moyens les membres de l'Ordre sur ces sujets.

Les comités de la pratique dans des champs spécifiques. Le Bureau de l'Ordre s'est doté de différents comités consultatifs chargés de le conseiller et de favoriser le développement de la pratique dans des domaines spécifiques : CLSC, centres hospitaliers, milieux de travail, pratique privée. Ces comités, parfois aidés de groupes de travail, peuvent notamment :

- élaborer des moyens d'encadrement professionnel pour soutenir les travailleurs sociaux dans leurs diverses activités professionnelles ;
- analyser les actions à poser pour la promotion et la reconnaissance professionnelle des travailleurs sociaux et de leur rôle spécifique ;

– émettre des avis ou des prises de position en collaboration avec le comité des enjeux concernant les éléments de la pratique reliés au mandat de l'Ordre.

Le comité de rédaction de la revue *Intervention*. Le rôle du comité de rédaction est de déterminer l'orientation générale de la revue scientifique de l'Ordre, son contenu et ses modalités de production. La revue est publiée trois fois par année. Un comité de lecture évalue chacun des textes qui lui sont soumis de telle sorte que la qualité scientifique du contenu de la revue soit assurée.

Les mécanismes mis en place par l'OPTSQ pour accomplir sa mission de protection du public

Comme tous les ordres professionnels, l'Ordre s'acquitte de sa mission de protection du public par son bureau du syndic, son comité de discipline, son comité de révision et par son programme d'inspection professionnelle. Outre ces mécanismes, l'Ordre s'est également donné divers outils afin d'assurer le soutien et le développement de la compétence professionnelle des travailleurs sociaux : un code de déontologie, une définition élaborée de l'acte professionnel des travailleurs sociaux, des normes de pratique professionnelle et de tenue de dossiers, un programme de formation continue et des guides de pratique professionnelle.

Le Code de déontologie des travailleurs sociaux

L'article 87 du Code des professions stipule que « le Bureau doit adopter, par règlement, un code de déontologie imposant au professionnel des devoirs d'ordre général et particulier envers le public, ses clients et sa profession, notamment celui de s'acquitter de ses obligations professionnelles avec intégrité » (gouvernement du Québec, 1973). L'Ordre professionnel des travailleurs sociaux a adopté un code de déontologie (gouvernement du Québec, 1997) conforme aux exigences de cet article du Code des professions. Le Code de déontologie précise les devoirs et obligations du travailleur social envers le public, envers le client et envers la profession (voir le texte complet en annexe 1). Dans ce dernier cas, il énumère des actes dérogatoires à la dignité de la profession. Il prescrit enfin des restrictions et obligations relatives à la publicité des travailleurs sociaux.

Si l'on voulait résumer succinctement le Code de déontologie, on pourrait dire qu'il trace une série de balises devant guider les actes professionnels du travailleur social. Ces balises sont avant tout des règles de conduite morale qui encadrent l'exercice de la profession, de façon à assurer le respect des clients et de leurs droits. On y précise notamment que le travailleur social, dans l'exercice de ses fonctions, doit faire preuve d'intégrité, de respect des personnes et de la confidentialité, de désintéressement, d'objectivité, et doit se comporter de façon digne et irréprochable. Il doit avant tout subordonner son intérêt personnel à celui de ses clients.

On peut donc dire que le Code de déontologie des travailleurs sociaux trace un programme de vie très engageant pour le travailleur social, et constitue un des fondements essentiels sur lequel s'appuie sa pratique professionnelle. D'ailleurs, c'est le Code qui est le fondement de l'inspection professionnelle et des mécanismes disciplinaires.

La définition de l'acte professionnel du travailleur social

Le Code des professions donne une définition succincte des activités professionnelles du travailleur social : « Intervenir auprès des personnes, des familles, des groupes ou des collectivités dans le but d'améliorer leur fonctionnement social » (gouvernement du Québec, 1973). L'Ordre lui-même s'est donné une définition plus élaborée de l'acte professionnel du travailleur social, dans laquelle il précise le sens donné à plusieurs des éléments de sa définition : « **Intervenir au niveau du fonctionnement social, c'est-à-dire des interactions des individus, des familles, des groupes et des collectivités avec leur environnement dans un but mutuel de développement humain et social** » (OPTSQ, 1992).

Les normes de pratique professionnelle des travailleurs sociaux

Si le Code de déontologie a valeur légale et doit être respecté sous peine de sanctions, les normes de pratique professionnelle des travailleurs sociaux indiquent des façons d'agir hautement souhaitables, permettant de respecter les dispositions du Code de déontologie et du Code des professions. Elles n'ont pas d'impact légal.

L'Ordre définit une norme comme « un énoncé écrit traduisant des attentes généralement reconnues face aux services rendus par un travailleur social, énoncé qui sera évalué à partir des critères établis » (OPTSQ, 1993 : 2). Il précise également que « les normes ici sont définies comme des buts à poursuivre ; un modèle, ou un idéal à suivre ; des règles, des principes, ou des mesures par lesquels on peut juger si la pratique est de bonne qualité » (*idem*).

Les normes de pratique professionnelle des travailleurs sociaux portent sur les dix aspects suivants :

– les valeurs et les principes de la profession,

– la connaissance approfondie de l'acte professionnel,

– la connaissance et la mise en pratique du Code de déontologie,

– l'acquisition d'un niveau de performance autonome et avancé,

– l'établissement de relations constructives et appropriées avec les clients,

– le perfectionnement des habiletés dans le processus d'intervention,

– la tenue des dossiers,

– la préoccupation concernant les besoins des clients face aux institutions publiques,

– les principes fondamentaux de responsabilité professionnelle,

– l'avancement des connaissances en service social.

Les normes pour la tenue des dossiers des travailleurs sociaux

Une des obligations qui incombe aux travailleurs sociaux, qu'ils exercent en établissement ou en cabinet privé, est de tenir un dossier sur chaque personne à qui ils donnent des services. En s'appuyant notamment sur le *Règlement sur la tenue des dossiers et des cabinets de consultation des travailleurs sociaux* (gouvernement du Québec, 1993c), l'OPTSQ a élaboré des normes pour la tenue des dossiers des travailleurs sociaux. Dans le préambule du document, on précise que « ces normes ne sont pas des dispositions légales, mais elles explicitent le règlement en décrivant les obligations du travailleur social en matière de tenue de dossiers, tout en l'incitant à maintenir une rigueur constante » (OPTSQ, 1996b : 3).

Les guides de pratique professionnelle

L'OPTSQ a publié jusqu'ici plusieurs guides pour la pratique professionnelle : en milieu hospitalier, en milieu d'hébergement et de réadaptation, en CLSC et milieu scolaire, en protection de la jeunesse, en contexte multidisciplinaire, auprès des personnes suicidaires (voir les titres des guides, en bibliographie). L'Ordre a également publié une grille d'évaluation de la compétence des travailleurs sociaux en CLSC (OPTSQ, 1994a).

LA PROFESSION DU TRAVAIL SOCIAL : ENJEUX ET DÉFIS

Dans la troisième partie de ce chapitre, nous traiterons des enjeux qui confrontent la profession et des défis auxquels elle devra faire face au cours des prochaines années. Plusieurs de ces enjeux et défis ont été précisés lors des États généraux de la profession, que l'Ordre a tenus à l'automne 1998, en collaboration avec le Regroupement des unités de formation universitaire en travail social du Québec (RUFUTSQ). Ce dernier a mené sa propre démarche de réflexion sur l'avenir de la profession, a tenu une journée d'étude sur le sujet et a publié un document qui reprend le contenu de cette journée (RUFUTSQ, 1998).

Les États généraux de la profession ont porté sur les changements qui ont eu un impact sur la pratique des travailleurs sociaux, sur les enjeux qui confrontent la profession et sur les orientations qu'il faudrait adopter pour relever ces défis. Dans le cadre de ces travaux, un document de réflexion préparatoire à la tenue des forums régionaux a été rédigé (OPTSQ, 1998c) et distribué à tous les travailleurs sociaux et aux partenaires de l'Ordre, soit les regroupements d'employeurs de travailleurs sociaux et les milieux de formation en particulier. Des forums se sont tenus dans chacune des régions du Québec à l'automne 1998, suivis d'un forum national à Montréal le 14 novembre 1998. Des mémoires ont également été acheminés à l'Ordre par les partenaires concernés. À l'automne 1999, le rapport final des États généraux (OPTSQ, 1999b) a été adopté par le Bureau et diffusé aux membres et aux partenaires.

Les enjeux et défis dont nous traiterons ici s'inspirent en partie des États généraux de la profession.

L'OPTSQ comme acteur de changement social

Afin d'assumer sa mission de protection du public, l'OPTSQ participe aux débats sur les politiques sociales québécoises et canadiennes et sur les programmes de services à mettre en place afin d'apporter des solutions aux problèmes sociaux. Il se prononce aussi sur les enjeux qui concernent la profession elle-même.

Dans le rapport final des États généraux de la profession, l'Ordre s'engage à accentuer et à rendre plus visibles ses actions visant la promotion des droits des personnes et de la justice sociale. Il s'engage aussi à dénoncer les inégalités sociales et la violation des droits des personnes (OPTSQ, 1999b).

La protection du public et la promotion de la profession

La raison d'être d'un ordre professionnel est d'assurer la protection du public et non pas de faire la promotion de la profession, fonction qui relève d'une association professionnelle. Comme il n'existe pas d'association professionnelle des travailleurs sociaux au Québec, certains membres de l'Ordre peuvent avoir une perception un peu confuse du rôle de l'Ordre, et vouloir que celui-ci assure à la fois le rôle d'un ordre et d'une association professionnelle. Cette confusion doit être évitée.

Cependant, la mission de protection du public peut justifier, dans une certaine mesure, la promotion de la profession. L'acte professionnel qui doit être posé peut nécessiter l'intervention spécifique d'un travailleur social ; sinon il y a danger de causer un préjudice grave au client. La généralisation du travail en contexte multidisciplinaire augmente cette possibilité et justifie donc une certaine promotion de la profession, afin que le public soit bien informé sur les rôles et les compétences spécifiques du travailleur social. L'Ordre ne peut cependant dévier de sa mission première qui est d'assurer la protection du public.

L'évolution du membership de l'OPTSQ

L'OPTSQ étant un ordre à titre réservé, l'adhésion à l'Ordre n'est pas obligatoire dans tous les milieux de pratique. L'Ordre doit donc faire un travail soutenu auprès des diplômés universitaires en travail social pour les inciter à adhérer à ses rangs, ce qui représente un défi permanent, quelles que soient les conditions de la pratique. Soulignons que le membership de l'Ordre a doublé au cours des quinze dernières années ; certains facteurs ont pu contribuer à cette importante croissance, comme la dispersion des diplômés en travail social dans plusieurs organismes employeurs à la suite de la réforme des services de santé et des services sociaux. Les bacheliers en travail social se retrouvent souvent minoritaires dans des équipes multidisciplinaires. De plus, les frontières professionnelles ne sont pas toujours bien définies, et la compétition pour occuper le champ du travail social est parfois très vive. Il est devenu plus difficile pour le travailleur social d'affirmer sa spécificité et de défendre son territoire professionnel, ce qui peut l'inciter à joindre les rangs de l'OPTSQ.

L'appartenance du travailleur social à son ordre professionnel favorise le renforcement de son identité professionnelle ainsi que le maintien et le développement de sa compétence professionnelle. Par ailleurs, les employeurs semblent considérer de plus en plus l'appartenance à l'OPTSQ comme une garantie supplémentaire de compétence, étant donné le mandat de protection du public confié aux ordres professionnels. Ils exigent de plus en plus l'appartenance à un ordre professionnel comme critère d'embauche. Cela vaut même pour les organismes communautaires, où l'on remarque une tendance à la professionnalisation et à l'adhésion à l'OPTSQ.

Cependant, le fait que le travail social soit une profession à titre réservé favorise moins l'adhésion des membres que s'il s'agissait d'une profession d'exercice exclusif, étant donné que la pratique du travail social demeure ouverte à d'autres agents d'intervention sociale. Si l'intention du législateur, en adoptant le Code des professions, était d'assurer la protection du public, on peut dire qu'il a donné aux professions à titre réservé très peu de moyens pour assumer cette mission. De plus, l'État envoie un message contradictoire lorsque, d'une part, il adopte un code des professions pour protéger le public mais que, d'autre part, il n'oblige pas les spécialistes qu'il embauche à être membres de leur ordre professionnel. Qui plus est, l'État permet à plusieurs disciplines pratiques d'exercer les mêmes fonctions.

Le développement de l'identité professionnelle des travailleurs sociaux

Comme les États généraux de la profession du travail social l'ont fait ressortir, les travailleurs sociaux savent assez bien qui ils sont et ce qu'ils font, mais ils ont de la difficulté à l'expliquer aux autres, de façon claire et concise. L'Ordre s'est engagé, dans les orientations des États généraux, à définir à court terme le champ évocateur (le champ d'intervention) de la profession, de façon claire et concise (OPTSQ, 1999b : 17).

Le contexte de pratique multidisciplinaire qui se généralise oblige le travailleur social à affirmer son identité professionnelle et à se distinguer des autres professionnels. Pour sa part, l'Ordre collabore beaucoup avec les universités et les autres professions pour diminuer les zones grises entre les professions, dans le contexte de la réforme du système professionnel envisagée par le gouvernement du Québec. L'obtention d'actes réservés aux travailleurs sociaux pourrait éliminer certaines zones grises.

L'autonomie professionnelle des travailleurs sociaux

Dès lors qu'un travailleur social est à l'emploi d'un organisme, il doit s'attendre à ce que son autonomie professionnelle soit limitée jusqu'à un certain point. Dans les conditions actuelles de la pratique, les organismes occupent un rôle croissant dans la détermination des conditions de la pratique et de la pratique elle-même. Même s'il faut se garder de conclure que cette façon de faire existe partout, on peut observer des phénomènes inquiétants dans certains milieux : fixation du nombre ou parfois même de la durée des entrevues, imposition d'un modèle d'intervention unique, peu importe les besoins de la clientèle, standardisation des outils de collecte et d'analyse des données, etc. Comment, dans ces conditions, le travailleur social peut-il conserver un espace suffisant d'autonomie professionnelle pour intervenir dans le respect des valeurs de base et des méthodes d'intervention propres à sa profession ?

L'appartenance à l'OPTSQ peut servir de contrepoids à une tendance grandissante à la standardisation de la pratique professionnelle, et peut donner une voix aux travailleurs sociaux qui sont à l'emploi des organismes parapublics et communautaires. D'ailleurs, les guides pour la pratique publiés par l'Ordre sont des outils précieux à cet égard.

Le développement de la pratique autonome en travail social

La pratique autonome du travail social est très diversifiée et en développement constant. Les travailleurs sociaux autonomes font de l'intervention individuelle, conjugale, familiale et de groupe. Ils œuvrent dans les programmes d'aide aux employés, en médiation familiale, effectuent des expertises psychosociales, des évaluations en adoption internationale et pour la Curatelle publique, font de la psychothérapie, offrent de la supervision et de la consultation aux travailleurs sociaux et aux entreprises, dispensent de l'enseignement et de la formation en cours d'emploi, etc.

Au Québec, la non-reconnaissance par l'État des travailleurs sociaux comme professionnels de la santé, contrairement à d'autres provinces canadiennes, leur fait perdre des clients au profit des autres professionnels qui sont reconnus comme tels. Cependant, même si plusieurs compagnies d'assurances ne couvrent pas encore les services donnés par les travailleurs sociaux, la situation a tendance à évoluer positivement.

CONCLUSION

La profession du travail social s'est beaucoup développée depuis la fondation de la Corporation des travailleurs sociaux du Québec il y a quarante ans. L'Ordre a consolidé ses structures afin de s'acquitter de son mandat de protection du public, et cela, dans un contexte quasi permanent de changement dans les structures des services sociaux. Avec la participation active de ses membres, l'Ordre a également mis au point beaucoup d'instruments pour assurer le maintien et le développement de la compétence professionnelle des travailleurs sociaux. Mentionnons entre autres les nombreux avis professionnels donnés à ses membres et à ses partenaires, son programme annuel de formation continue, son colloque annuel, la publication depuis plus de trente ans d'une revue professionnelle de qualité, ses nombreuses prises de position dans le débat public, que ce soit sur les politiques sociales et les programmes sociaux, les multiples documents qu'il a publiés, notamment les normes professionnelles et les guides de pratique.

Tout cela a été réalisé avec des moyens financiers limités. Grâce à la collaboration bénévole de plusieurs de ses membres, l'Ordre a su offrir des services multiples à ses membres et à la communauté au cours de toutes ces années. La tenue des États généraux de la profession témoigne de la volonté constante de la profession de s'adapter aux réalités nouvelles et de relever les défis qui l'attendent. La collaboration croissante de l'Ordre avec les milieux de formation universitaire en travail social et avec les milieux de pratique témoigne également de la maturité d'une profession qui ne craint pas la confrontation de ses idées et positions avec celles de ses partenaires.

Pour ce qui est de l'avenir, l'Ordre s'est engagé à accentuer et à rendre plus visible sa présence dans le débat public pour promouvoir une société plus juste et plus respectueuse des individus et de leurs droits fondamentaux, et également pour dénoncer les injustices et les inégalités sociales. C'est là un engagement courageux qui va à contre-courant du discours néolibéral actuel.

Au terme de ce chapitre sur le travail social et le système professionnel, il faut souhaiter que l'État québécois devienne plus cohérent en ce qui concerne les ordres professionnels, et qu'il leur donne des moyens réels pour assumer le mandat de protection du public qu'il leur a confié. Il faut également souhaiter que les diplômés universitaires en travail social comprendront de plus en plus l'importance d'adhérer à leur ordre professionnel, non seulement en raison des avantages qu'ils pourront en retirer, mais également pour assurer la pérennité et le renforcement de la profession à moyen et à long terme. Une profession forte et solide pourra davantage promouvoir les valeurs de base et la vision du travail social, et ainsi mieux assurer la protection du public.

BIBLIOGRAPHIE COMMENTÉE

BIBLIOGRAPHIE

Ordre professionnel des travailleurs sociaux du Québec,

Les travailleurs sociaux à l'aube du troisième millénaire. Les États généraux de la profession, Document de réflexion préparatoire à la tenue des Forums régionaux, Montréal, juin 1998, 13 pages.

Les travailleurs sociaux à l'aube du troisième millénaire. Les États généraux de la profession, Rapport final, Montréal, décembre 1999, 19 pages.

Ces deux documents rendent compte de la réflexion menée par l'OPTSQ dans sa démarche des États généraux de la profession. Le premier est un document de réflexion préparatoire aux consultations auprès des travailleurs sociaux et des partenaires des travailleurs sociaux. On y expose d'abord, de façon très succincte, les changements qui ont un impact sur la profession et la pratique. Le document présente ensuite les grands enjeux qui confrontent la profession du travail social à l'aube du troisième millénaire. Enfin, dans les deux dernières pages, le document soumet à la consultation des travailleurs sociaux des questions qui portent sur les enjeux présentés.

Le rapport final des États généraux de la profession du travail social présente, quant à lui, les idées principales qui sont ressorties de la consultation des travailleurs sociaux et des partenaires ainsi que les orientations retenues par le Bureau.

Courriel : info.general@optsq.org

Regroupement des unités de formation universitaire en travail social du Québec, *L'avenir de la profession du travail social : le point de vue des universitaires*, Journée de réflexion tenue à Montréal, le 16 octobre 1998, 81 pages. (http:www.unites.uqam.ca/rufuts/)

Ce document rend compte des exposés présentés lors de cette journée par des professeurs des unités de formation universitaire en travail social, par le représentant du Conseil interprofessionnel du Québec, et enfin par le directeur général de l'Ordre professionnel des travailleurs sociaux du Québec. Il présente également les commentaires émis par les participants à la suite des exposés. On y trouve de plus les conclusions tirées par deux membres du RUFUTS, ainsi qu'une annexe sur la formation au travail social au Québec.

RÉFÉRENCES

Conseil interprofessionnel du Québec (1991), *Le système professionnel québécois*, Montréal.

Gouvernement du Québec (1999), *La mise à jour du système professionnel québécois*, Plan d'action présenté par madame Linda Goupil, ministre responsable de l'application des lois professionnelles, Québec.

Gouvernement du Québec (1997), *Code de déontologie des travailleurs sociaux*, L.R.Q., c. C-26, a. 87, r. 180, Québec.

Gouvernement du Québec (1993a), *Règlement sur la cessation d'exercice d'un membre de l'Ordre professionnel des travailleurs sociaux du Québec*, L.R.Q., c. C-26, a. 91, Québec.

Gouvernement du Québec (1993b), *Règlement sur la procédure de conciliation et d'arbitrage des comptes des membres de l'Ordre professionnel des travailleurs sociaux du Québec*, L.R.Q., c. C-26, r. 179.2, Québec.

Gouvernement du Québec (1993c), *Règlement sur la tenue des dossiers et des cabinets de consultation des travailleurs sociaux*, L.R.Q, c. C-26, r. 189.1, Québec.

Gouvernement du Québec (1973), *Code des professions*, L.R.Q., chapitre C-26, Éditeur officiel du Québec, Québec, mis à jour en août 1998.

Gouvernement du Québec (1970), Commission d'enquête sur la santé et le bien-être social. *Les professions et la société*, Québec, Les Publications officielles.

LAMONT, Suzanne et Christian JETTÉ (1997), *L'influence de la Corporation professionnelle des travailleurs sociaux du Québec sur les pratiques en travail social au Québec (1960-1980)*, Cahiers du LAREPPS, UQAM, Montréal.

Office des professions du Québec (1997), *Le système professionnel québécois de l'an 2000*, Avis au gouvernement du Québec transmis au ministre responsable de l'application des lois professionnelles, Québec.

Office des professions du Québec (1991), *Le système professionnel québécois, de plus près*, Québec.

Ordre professionnel des travailleurs sociaux du Québec (1999a), *Guide pour la pratique professionnelle des travailleurs sociaux exerçant en milieu hospitalier*, à jour, Montréal.

Ordre professionnel des travailleurs sociaux du Québec (1999b), *Les travailleurs sociaux à l'aube du troisième millénaire. Les États généraux de la profession*, Rapport final, Montréal.

Ordre professionnel des travailleurs sociaux du Québec (1998a), *Comités et mandats de l'OPTSQ*, Montréal.

Ordre professionnel des travailleurs sociaux du Québec (1998b), *Guide pour la pratique professionnelle des travailleurs sociaux exerçant en milieu d'hébergement et de réadaptation*, Montréal.

Ordre professionnel des travailleurs sociaux du Québec (1998c), *Les travailleurs sociaux à l'aube du troisième millénaire. Les États généraux de la profession*, Document de réflexion préparatoire à la tenue des forums régionaux, Montréal.

Ordre professionnel des travailleurs sociaux du Québec (1997), *Guide pour la pratique professionnelle des travailleurs sociaux exerçant en CLSC et en milieu scolaire*, Montréal.

Ordre professionnel des travailleurs sociaux du Québec (1996a), *De la multidisciplinarité vers l'interdisciplinarité. Guide à l'intention des travailleurs sociaux exerçant dans les établissements du réseau de la santé et des services sociaux*, Montréal.

Ordre professionnel des travailleurs sociaux du Québec (1996b), *Normes pour la tenue des dossiers des travailleurs sociaux*, Montréal.

Ordre professionnel des travailleurs sociaux du Québec (1995), *Guide pour la pratique professionnelle des travailleurs sociaux en protection de la jeunesse*, Montréal.

Ordre professionnel des travailleurs sociaux du Québec (1994a), *Grille d'évaluation de la compétence des travailleurs sociaux en CLSC*, Montréal.

Ordre professionnel des travailleurs sociaux du Québec (1994b), *Guide d'intervention auprès des personnes suicidaires*, Montréal.

Ordre professionnel des travailleurs sociaux du Québec (1993), *Normes de pratique professionnelle des travailleurs sociaux*, Montréal.

Ordre professionnel des travailleurs sociaux du Québec (1992), *Définition de l'acte professionnel des travailleurs sociaux*, Montréal.

Regroupement des unités de formation universitaire en travail social (1998), *L'avenir de la profession du travail social : le point de vue des universitaires*, Journée de réflexion tenue à Montréal, 81 pages. (http:www.unites.uqam.ca/rufuts/)

SITES WEB
SITES WEB

Association canadienne des travailleuses et travailleurs sociaux
http://casw-acts.ca

> C'est le site de l'association canadienne qui regroupe des travailleurs sociaux de tout le Canada. On y trouve des nouvelles sur les activités de l'Association, les conférences et événements qu'elle organise de même que des liens avec d'autres sites d'intérêt. Ce site est bilingue.

Ordre professionnel des travailleurs sociaux
http://www.optsq.org/

> Ce site contient des informations notamment sur l'historique et la mission de l'Ordre, sur les comités et leurs mandats, sur les instances de protection du public (syndic, comité de discipline, comité d'inspection professionnelle, comité de révision), sur les communiqués, lettres, mémoires et avis produits par l'Ordre, sur les conditions et procédures d'admission ; il contient également des informations sur le programme de formation continue. On peut aussi y retrouver les règlements, normes et guides de pratique professionnelle.

Office des professions du Québec
http://www.opq.gouv.qc.ca

> Le site de l'Office des professions permet d'entrer en contact avec chacune des professions reconnues. Il présente les travaux de l'Office, les dernières publications de même que les communiqués.

L'INTERVENTION INDIVIDUELLE EN TRAVAIL SOCIAL

Michèle Bourgon
avec la collaboration de Annie Gusew
Université du Québec à Montréal

« S'cuse-moi je m'en vais,
je reviens dans une heure,
Faut que j'aille changer le monde[1] ».

Richard Desjardins

INTRODUCTION

DEPUIS son origine, le propre du travail social a été d'intervenir sur les problèmes sociaux tels qu'ils sont vécus principalement par les familles et les individus plus démunis de notre société. Malheureusement, cet objet d'étude s'est la plupart du temps traduit par une individualisation des effets de ces problèmes sociaux. Dans une telle perspective, la personne est vue comme un problème à traiter et l'intervention sociale, comme une série d'opérations mécaniques visant presque uniquement à changer les individus concernés.

L'intervention individuelle en travail social ne peut s'inscrire dans une telle vision réductionniste des buts qu'elle doit poursuivre et ce chapitre aimerait en proposer une autre. Celle-ci cherche davantage à resituer et à comprendre la personne-cliente par rapport au monde qui l'en-

---

1. « Boum Boum », dans *Desjardins Boum Boum*, BMG musique Québec, 1998.

toure et à poser avec elle les jalons d'une démarche qui pourra lui permettre de se voir en sujet actif plutôt qu'en objet passif, soumis à une procédure d'intervention.

La perspective du travail social que nous préconisons dans ce chapitre prend racine dans le doute et la remise en question des analyses simplistes et unidimensionnelles des problèmes sociaux complexes et des personnes qui les vivent. Elle considère le rapport d'intervention comme une relation intersubjective et symbolique (entre sujets uniques et porteurs de sens mais aussi dotés de statuts et de pouvoirs particuliers) inscrite dans un cadre socio-organisationnel dont il faut tenir compte. Cette perspective implique aussi que chaque intervenante a la responsabilité de réfléchir à sa pratique, non seulement dans ses aspects méthodologiques, c'est-à-dire aux stratégies, approches et habiletés spécifiques, mais aussi et, surtout, au sens profond de son action. Autrement dit, l'intervenante doit se demander quels types de société, de rapports sociaux et de sujet social ses interventions contribuent à former.

Dans les pages qui suivent, nous illustrerons comment ces principes généraux peuvent se traduire dans une intervention individuelle en travail social. Pour ce faire, nous présenterons d'abord la nature, la fonction et la spécificité de l'intervention individuelle en travail social ; nous décrirons ensuite les principaux courants de ce mode d'intervention et les phases de son processus et, finalement, nous indiquerons deux des principaux défis auxquels auront à faire face ceux et celles qui pratiqueront l'intervention individuelle dans les années à venir.

ÉLÉMENTS DE L'INTERVENTION INDIVIDUELLE EN TRAVAIL SOCIAL

Définition de l'intervention individuelle

Lorsqu'au début des cours en intervention individuelle, on demande aux étudiantes quelles réponses elles sont venues chercher dans cette formation de 45 heures, elles nous parlent immanquablement de la spécificité de l'intervention en travail social par rapport à celle pratiquée, par exemple, en psychologie, sexologie, nursing ou psychoéducation. C'est effectivement une très bonne question car elle reflète bien deux réalités très présentes dans le champ de la pratique sociale en ce moment, à savoir toute la confusion entourant la spécificité des différentes professions dites d'aide mais aussi celle existant entre la finalité (le pourquoi) et les moyens (le comment) de notre intervention. Cette confusion fait d'ailleurs partie intégrante de ce que l'on nomme communément « la crise d'identité des travailleurs sociaux ». La nature et les diverses manifestations de cette crise sont très bien traitées dans les actes des États généraux de la profession tenus au cours de l'hiver 1999 et publiés par l'Ordre professionnel des travailleurs sociaux du Québec (1999).

Si, comme le prétendent certains, l'intervention individuelle en travail social désigne surtout des habiletés, des attitudes et des techniques dont il sera question dans une partie subséquente de ce chapitre, alors, toutes les professions d'aide font du travail social puisqu'elles y font toutes appel elles aussi ou, du moins, devraient le faire. En effet, ces techniques, habiletés et attitudes sont à la base de toute intervention d'aide, peu importe le professionnel qui la pratique : médecin, infirmière, psychologue, sexologue, etc. La nature spécifique du travail social individuel n'est donc pas de bien écouter, de bien refléter, de bien confronter et de bien paraphraser. Une travailleuse sociale peut, par exemple, poser les mêmes gestes, adopter les mêmes attitudes aidantes que celles de son collègue psychoéducateur mais elle le fera dans un but très différent du sien. L'intervention individuelle en travail social vise, d'une part, à accompagner une personne dans ses souffrances afin qu'elle puisse leur donner un sens et, d'autre part, à l'aider à obtenir le plus grand nombre de ressources possible afin qu'elle puisse participer activement à son devenir individuel et au devenir collectif de la société en tant qu'actrice sociale. Ainsi, contrairement à la plupart des autres professions d'aide, le travail social part du sens social et collectif que prennent les difficultés que vit une personne :

ses sentiments, ses actions, ses pensées sont situés dans son contexte familial, communautaire et sociétal. Le travail social intervient sur ce rapport plutôt que sur les déficiences de la personne elle-même. De plus, parce que le travail social reconnaît un sens social aux difficultés éprouvées, il s'ensuit que l'intervention individuelle doit s'inscrire dans un ensemble d'actions, de rôles et d'activités, d'une portée plus large et plus collective.

Bref, c'est la signification que nous accordons aux problèmes de la personne (le fait que nous les considérions dans le contexte social de la personne) et les buts que nous poursuivons par nos interventions (le soutien de la personne et l'obtention des ressources dont celle-ci a besoin pour agir sur son environnement) qui définissent la spécificité de la pratique individuelle en travail social par rapport à celle des autres professions. C'est cette finalité qui représente notre particularité et c'est elle aussi qui définit notre place spécifique sur l'échiquier des professions sociales[2].

Dans ce chapitre, nous mettons l'accent sur l'ensemble des rôles, des attitudes et des habiletés qu'adopte une travailleuse sociale dans son rapport professionnel avec une personne et dans la poursuite des finalités de son intervention qui s'inscrivent dans un contexte institutionnel et sociétal donné.

---

2. Les définitions de l'intervention individuelle abondent dans la littérature en travail social et chacune met en lumière des aspects particuliers. Par exemple, la National Association of Social Workers définit ainsi cette forme d'intervention: « L'orientation, le système de valeurs et le type d'intervention pratiquée par les travailleurs sociaux professionnels dans laquelle les concepts psychosociaux, comportementaux et systémiques se traduisent par des habiletés devant aider les personnes et les familles à solutionner leurs problèmes intra-psychiques, interpersonnels, socio-économiques et d'écologie sociale par des échanges interpersonnels directs » (Barker, 1995 : 351).

Activités et rôles

En travail social, l'intervention auprès d'un individu n'est pas une fin en soi. D'une part, elle s'arrime avec d'autres formes d'intervention. Ensuite, elle représente un type d'intervention qui peut et doit être complété par du travail auprès des familles, des groupes et des communautés. Pour réaliser ces divers types d'intervention, la travailleuse sociale joue différents rôles qui ne peuvent se résumer au seul rôle de personne-ressource ou de thérapeute, bien qu'elle doive, par moments, les assumer.

Pour illustrer comment ces différents rôles et ces diverses activités se complètent et forment un tout cohérent, nous nous référons aux propos et au tableau de Middleman et Goldberg (1974), deux théoriciennes américaines des années 1970 qui réussissent très bien, à notre avis, à démontrer la complémentarité des rôles et des activités des travailleuses sociales.

Pour ces auteures, faire du travail social veut dire accomplir quatre sortes d'activités et assumer quatre types de rôles complémentaires présentés ci-dessous :

Les activités

1. Travailler avec une personne-cliente afin de l'aider à obtenir les ressources dont elle a besoin pour changer la situation-problème à laquelle elle est confrontée. Il est question ici de ressources dites « dures » (l'argent, la nourriture, le logement, les services médicaux, les services de garde, etc.) et/ou de ressources dites « molles » (l'attention, le respect, la reconnaissance sociale, l'amour de soi et des autres, etc.). La présence des ressources molles dépend très souvent de l'accès aux ressources dures.

2. Travailler auprès d'individus, de groupes ou de collectivités non directement touchés par la situation de la personne-cliente mais qui sont en mesure de fournir certaines des ressources dont cette dernière a besoin.

3. Travailler avec un groupe de personnes vivant une situation-problème commune afin de les aider à obtenir les ressources dont elles ont besoin pour changer la situation-problème à laquelle elles sont confrontées.

4. Travailler auprès d'individus, de groupes ou de collectivités ne vivant pas nécessairement une situation-problème donnée mais qui sont en mesure de contribuer à la création de nouvelles ressources et au développement social plus large.

Les rôles

1. Rôle de personne-ressource, de consultante, de soignante dont les principales fonctions sont : a) de soutenir et de respecter la personne dans l'expression de sa souffrance ; b) de découvrir avec elle les ressources dont elle a besoin pour améliorer sa situation, de repérer celles qui existent, celles que l'on peut fournir soi-même, celles qui peuvent être obtenues ailleurs et celles qui doivent être créées ; c) de travailler avec la personne à obtenir ces ressources, soit en réalisant avec elle un plan d'intervention, soit en la dirigeant ailleurs.

2. Rôle de courtier dont les principales fonctions sont : a) d'inventorier et d'évaluer les ressources existantes ; b) d'établir et de maintenir de bons contacts avec les représentants de ces ressources ; c) de signaler tout manque sur le plan des ressources existantes et, dans la mesure du possible, de s'assurer que ces manques soient comblés.

3. Rôle de médiatrice dont la principale fonction est de favoriser une meilleure interaction entre les parties en cause, en recherchant les intérêts communs et identifiant les obstacles à éliminer.

4. Rôle d'avocate ou de défenseure des droits dont les principales fonctions sont : a) de lutter avec la personne ou en son nom pour défendre son droit à une ressource qui lui est refusée ; b) de regrouper les personnes aux prises avec le même manque de ressource et de les soutenir dans la lutte pour le respect de leurs droits.

À l'aide d'un exemple concret, voyons comment ces rôles et activités s'agencent et se complètent entre eux. Marie habite en milieu rural et elle est enceinte de huit semaines. Elle se présente au CLSC, ne sachant pas si elle veut ou non poursuivre sa grossesse. L'intervenante cherche d'abord à comprendre en quoi consiste exactement la demande d'aide de Marie. Lorsque cette dernière arrive à nommer son besoin comme étant celui de clarifier son choix, l'intervenante la soutient et l'appuie dans sa démarche. Quand Marie décide de se faire avorter, la travailleuse sociale lui fournit les informations pertinentes et défend le droit de celle-ci à une intervention rapide auprès des médecins de l'hôpital. Se rendant compte que les services d'avortement laissent à désirer dans la région, elle collectivise la situation de Marie (sans mentionner son nom, si tel est le souhait de cette dernière) en la présentant à un groupe de femmes de l'endroit. Elle pourra également faire part de l'inefficacité des services d'avortement à l'organisateur communautaire de son CLSC afin que ce dernier puisse mobiliser la communauté autour de cette question.

Dans cet exemple, l'intervenante travaille à plusieurs niveaux et fait appel à des ressources diversifiées. Son intervention individuelle avec Marie a des liens évidents avec son travail auprès des groupes de femmes et réciproquement. Elle offre à Marie certaines ressources pour que celle-ci puisse savoir et obtenir ce qu'elle veut vraiment ; elle intervient avec elle afin que ses droits soient respectés ; elle amène un groupe de femmes directement touchées par l'accès à l'avortement libre, gratuit et accessible, à revendiquer un droit qui leur appartient et ouvre la possibilité à une intervention communautaire.

La situation de Marie permet de voir comment l'intervention individuelle en travail social prend une connotation particulière. En effet, cet exemple démontre comment les activités et les rôles qu'adopte l'intervenante sont interreliés et poursuivent un but commun : celui de participer à l'obtention du plus grand nombre de ressources manquantes pour les personnes auprès de qui nous intervenons.

Mais les propos de Middleman et Goldberg (1974) ne seraient pas complets si nous n'ajoutions pas que ces rôles et ces activités sont aussi grandement déterminés par les contextes institutionnels dans lesquels ils s'inscrivent. En effet, le travail social, qu'il se pratique auprès des individus, des groupes ou des collectivités, s'exerce toujours à l'intérieur d'un contexte donné. Ce peut être en milieu hospitalier, en centre jeunesse, en CLSC, dans un groupe communautaire de services et/ou de défense des droits ou en pratique privée. Chacun de ces contextes définit ses paramètres d'intervention de manière très précise : par exemple, à l'intérieur des paramètres très particuliers du travail dans le domaine de la protection de l'enfance, le mandat des organismes, les rôles des différents acteurs en présence, la durée de l'intervention sont définis par une loi. Ces paramètres outrepassent les caractéristiques particulières de la personne-cliente ou de l'intervenante en place et renvoient à des instances sociétales beaucoup plus larges. Tout comme la personne devant elle, la travailleuse sociale « appartient » à ces diverses instances qui définissent les règles du jeu et elle doit composer quotidiennement avec les retombées de ses interventions. Elle aura à repousser souvent les limites de ses interventions hors des murs idéologiques et matériels de son institution et devra développer des liens de collaboration très étroits avec les groupes de pression et de services de la communauté qui ont un champ d'action plus large.

LES PRINCIPAUX COURANTS EN INTERVENTION INDIVIDUELLE

On retrouve actuellement quatre grands courants (ou métacourants) de pensée en intervention individuelle en travail social. Il s'agit du courant psychodynamique, du courant sociobéhavioral ou de la socialisation, du courant systémique et du courant de la libération ou de l'anti-oppression. Sous forme de tableau, nous présentons chaque courant selon cinq variables précises : 1) ses composantes théoriques ; 2) ses principes d'action ; 3) ses objets ou cibles d'intervention ; 4) ses objectifs d'intervention ; 5) les rôles attribués à l'intervenante.

Deux mises en garde s'imposent quant à l'utilisation de ce tableau. D'abord, comme tous les tableaux, celui-ci a l'avantage de présenter, de manière simple et succincte, des idées et des concepts fort complexes. Il a par contre l'énorme désavantage de réduire ces idées et ces concepts à leur plus simple et leur plus caricaturale expression. Nous recommandons donc aux lectrices et lecteurs de consulter les auteurs d'origine avant de prétendre adopter ou rejeter tel ou tel courant d'intervention. Cependant, la connaissance même rudimentaire de ces courants peut nous aider à comprendre certains propos que l'on entend en salle de classe ou qu'on lit dans certains textes.

La deuxième mise en garde rappelle que ce tableau des courants présente les principaux discours sur l'intervention individuelle en travail social et qu'aucun d'entre eux ne réussit à décrire la diversité, l'originalité, les contradictions aussi, des pratiques rencontrées sur le terrain. Il ne faut pas tenter de cataloguer de manière « scientifique » les pratiques qui émergent au jour le jour. Bien au contraire. En tentant d'imposer à ces pratiques une logique qui n'est pas la leur, nous risquons de passer à côté du savoir propre qui émerge de ces pratiques et qui nous en dit long sur les stratégies particulières que les praticiennes utilisent actuellement face aux problèmes auxquels elles sont confrontées. C'est d'ailleurs souvent ce décalage entre la logique des courants « théoriques » et celle des pratiques-terrain qui nous frappe lorsque nous comparons les actions des intervenantes aux catégorisations que l'on voudrait leur imposer.

Il est important de se rappeler que chacun de ces courants comporte l'avantage de nous aider à donner un sens cohérent aux réalités auxquelles nous sommes confrontés dans nos pratiques mais comporte également le danger que nous réduisions ces réalités complexes et multidimensionnelles à leur plus simple expression.

Tels qu'ils sont décrits, les courants sont en quelque sorte des types-idéaux qui ne se rencontrent pas tels quels dans la pratique : cependant, ils sont des points de repère utiles. Ces mises en garde étant faites, passons maintenant à ce tableau.

Les modèles en intervention individuelle

Variable	Modèle psychodynamique	Modèle sociobéhavioral ou de la socialisation	Modèle systémique	Modèle de la libération ou de l'anti-oppression
Composantes théoriques	– L'analyse de l'interaction des forces conflictuelles ou en opposition à l'intérieur d'une personne nous permet de comprendre la motivation humaine. – L'individu a en lui toutes les habiletés pour effectuer les changements nécessaires à son mieux-être.	– Le comportement humain est le produit de l'interaction entre les réalités personnelles de l'individu et ses réalités environnementales immédiates. – Le changement découle d'une intervention sur les événements antérieurs, les actions et perceptions inadéquates et les conséquences qui en résultent. – Les comportements et perceptions problématiques doivent être observables, et les résultats des changements, mesurables et prévisibles, en vue d'être reproduits dans des situations similaires.	– La relation entre les objets, les personnes, les groupes et les communautés peut expliquer comment ces derniers s'organisent seuls et entre eux. – Tout système recherche l'équilibre. Une trop grande perméabilité le rend dysfonctionnel et vulnérable aux systèmes qui l'entourent.	– Les comportements, sentiments, pensées d'un individu sont le produit de ses conditions objectives d'existence. – Les structures sociales oppriment et aliènent les gens selon qu'ils appartiennent à une classe sociale, un sexe, une race, une culture, etc., donnés. – Le mot d'ordre à adopter est le suivant : conscientiser les individus, c'est-à-dire leur offrir les moyens de développer une compréhension nouvelle et radicalement différente de leur économie psychique et de la société afin qu'ils puissent modifier les rapports de pouvoir et changer l'ordre social établi.
Principes d'action	– Les problèmes de fonctionnement d'un individu sont déterminés par un ensemble de facteurs intrapersonnels et interpersonnels. – Toute personne possède en elle les ressources nécessaires pour se développer et résoudre ses problèmes, pour peu qu'on lui fournisse les outils et les occasions pour le faire.	– Tout comportement et toute perception peuvent être modifiés par l'apprentissage, par une nouvelle socialisation et par la création de stimuli appropriés.	– Le fonctionnement d'un individu et les problèmes qu'il éprouve sont largement déterminés par les interactions fonctionnelles et dysfonctionnelles qu'il entretient avec les systèmes environnants.	– Le fonctionnement d'un individu et les problèmes qu'il éprouve sont le résultat et la manifestation de ses conditions matérielles et des rapports de pouvoir dans lesquels il se trouve.

Les modèles en intervention individuelle *(suite)*

Variable	Modèle psychodynamique	Modèle sociobéhavioral ou de la socialisation	Modèle systémique	Modèle de la libération ou de l'anti-oppression
Objets d'intervention	– Les défaillances et les forces de la pensée, des attitudes, des sentiments, des comportements ou des ressources de la personne, qui affectent son fonctionnement social, son état de réalisation ou la façon dont elle gère ses conflits intérieurs.	– Les comportements et perceptions observables et jugés inadéquats. – Les stimuli qui donnent lieu à l'acquisition ou à la modification des comportements, des perceptions ou à l'apprentissage de nouveaux rôles.	– Les obstacles qui bloquent les transactions fonctionnelles avec les autres systèmes et qui affectent le fonctionnement de la personne. – Les échanges et la recherche de complémentarité entre les différents systèmes en jeu. – Le déséquilibre entre les besoins de l'individu, ceux des groupes et les ressources du milieu.	– La conscience des individus et des groupes. – Les conditions d'oppression et les inégalités socio-économiques. – Les rapports de pouvoir entre personnes, groupes et institutions. – Les conditions matérielles d'existence.
Objectifs d'intervention	– Soutenir, modifier et reconstruire la personnalité en vue d'améliorer le fonctionnement social de l'individu ou sa faculté de gestion de ses conflits intérieurs. – Favoriser l'actualisation des forces et du potentiel de l'individu. – Libérer l'individu de ses blocages tant psychiques que physiques. – S'il le faut, procurer des ressources matérielles.	– Modifier, changer, éliminer, atténuer les perceptions et les comportements inadéquats. – Créer des conditions favorables à l'acquisition de nouveaux comportements et de nouvelles perceptions.	– Maintenir ou rétablir la réciprocité et l'équilibre entre l'individu et ses systèmes environnants.	– Conscientiser face aux conditions d'oppression et à l'organisation sociale qui engendre ces conditions. – Développer une solidarité entre personnes opprimées en collectivisant leurs luttes. – Travailler à créer des rapports sociaux plus égalitaires (*empowerment*). – Soulager les tensions immédiates produites par le système. – Défendre les droits et l'accès aux ressources des dominés.
Rôles de l'intervenant	– Psychothérapeute – Psychanalyste – Consultant – Facilitateur – Courtier (de ressources)	– Psychothérapeute – Consultant-expert – Formateur	– Psychothérapeute – Consultant – Médiateur – Courtier (de ressources)	– Consultant – Courtier (de ressources) – Médiateur – Défenseur de droits

LE PROCESSUS D'INTERVENTION AUPRÈS DES INDIVIDUS EN TRAVAIL SOCIAL

Peu importe le courant dans lequel s'inscrit la travailleuse sociale, toute intervention en travail social individuel suit, à peu de chose près, le même processus. La description des phases de ce processus s'apparente beaucoup au petit livre d'instructions que l'on remet à l'apprenti conducteur d'un véhicule en début de formation. Tout comme ce petit livret, notre grille joue un double rôle. Celui d'abord de découper en morceaux et en tranches un processus assez complexe où interagissent de nombreux facteurs. Ce procédé présente plusieurs avantages. D'abord, il facilite l'acquisition des habiletés, des techniques et des attitudes indispensables à la réalisation de l'opération. Ensuite, ce découpage permet de rassurer la débutante en lui donnant des repères qui pourront l'aider à mieux contrôler le sentiment de panique qui apparaîtra inévitablement lors de ses premiers essais-terrain. Mais tout conducteur d'expérience sait que, s'il applique à la lettre les instructions du manuel sans les adapter aux circonstances particulières dans lesquelles il se trouve, il pourrait éprouver des difficultés. Il en va de même pour l'application stricte de la grille des phases de l'intervention. En effet, il ne s'agit pas d'appliquer ces phases de manière linéaire alors que des considérations de divers ordres entrent en jeu : acteurs en place, contextes temporels et physiques spécifiques, événements imprévisibles, etc. Ce carcan aurait comme effet de figer l'élan propre à chaque intervention. Il s'agit plutôt de laisser les phases s'imbriquer les unes dans les autres de manière circulaire et continue et, surtout, de suivre le rythme de la personne qui se trouve devant nous.

Chacune des phases de l'intervention sera présentée selon le même schéma : une courte introduction suivie d'une illustration des principales composantes. Ces phases sont la syntonisation, le début de l'intervention, le travail et la terminaison.

La phase syntonisation

Cette phase se déroule avant la première rencontre et est de courte durée puisqu'elle n'implique que l'intervenante elle-même dans la quiétude de son bureau. Elle nous semble néanmoins très importante car elle permet à cette dernière de se préparer mentalement à rencontrer une personne qui vient demander de l'aide. Il est certainement utile que l'intervenante tente de préciser ses premières réactions aux informations souvent très succinctes qui lui ont été transmises sur la personne. Ceci lui permet d'aiguiser sa compréhension empathique de la réalité de l'autre et d'éviter les contre-transferts positifs et négatifs qui pourraient s'introduire dans leur rapport à son insu.

Dans cette phase précédant la rencontre, nous proposons la démarche suivante :

a) la travailleuse sociale sélectionne les données du dossier qu'elle trouve les plus pertinentes à considérer dans son premier contact avec la personne ;

b) elle tente d'établir un ou des liens entre le profil de la personne qui vient la rencontrer (classe sociale, sexe, état de santé, problème, etc.) et des personnes qu'elle a rencontrées dans des circonstances similaires. Au besoin, elle aura recours à ses dossiers pour se rafraîchir la mémoire ;

c) elle tente également de se rappeler les caractéristiques les plus significatives concernant les personnes ayant un profil semblable ; pour cela, elle recourt à son expérience de travailleuse sociale et aux connaissances acquises par la lecture, sa formation ou son perfectionnement ;

d) elle tente de clarifier ses propres valeurs, préjugés et difficultés face aux personnes qui vivent de telles situations-problèmes ;

e) elle tente de percevoir les orientations de son employeur face à la situation d'une telle personne ainsi que les messages dominants qui circulent dans la société par rapport à cette situation et aux personnes qui la vivent.

Le début de l'intervention

Cette deuxième phase du processus vise à cerner, avec la personne-cliente, les paramètres de la demande ou de l'imposition de services (le quoi, le pourquoi, le qui, le où, le quand et le comment) afin de déterminer si les deux parties peuvent ou non travailler ensemble et sur quelles bases. Cette phase est primordiale à la création d'un climat et d'un rapport de travail qui tiennent compte des déterminants sociopolitiques, idéologiques et symboliques en présence, dans le respect, la considération et la compréhension la plus honnête possible de l'autre. Il est important de noter que cette phase peut nécessiter plus d'une rencontre : il s'agit ici à la fois de suivre le rythme de la personne, d'obtenir les renseignements nécessaires pour comprendre ce qu'elle vit et de tenir compte des impératifs du cadre institutionnel dans lequel s'inscrit l'intervention (durée de la rencontre, nombre de rencontres possibles, etc.).

Ainsi, le but de cette première rencontre est d'abord d'établir les limites, les paramètres de l'intervention et ses modalités. Elle va permettre aussi de poser les fondements d'un rapport de réciprocité avec la personne et de bien saisir la nature de la demande formulée. Ce sera aussi l'occasion de négocier une entente qui reposera sur le pourquoi (nous travaillons ensemble), le comment (nous allons travailler ensemble), le rôle de chacune des parties (qui va faire quoi), et enfin de préciser les moments et les critères d'évaluation (quand et comment saurons-nous que le travail est terminé).

Pour réussir cette phase qui marque le début de l'intervention, les attitudes aidantes seront la compréhension empathique, le respect, l'authenticité et la précision dans l'expression. Ces attitudes aidantes pourront se traduire en faisant appel aux principales techniques décrites ci-dessous :

1. **Techniques d'écoute**
   - comportements non verbaux : contact du regard, position du corps, gestes, disposition des lieux physiques
   - encouragement verbal minimum
   - paraphrase : reprendre l'essentiel du message dans des mots différents et moins nombreux
   - clarification : préciser le sens d'un message obscur, compliqué ou confus
   - vérification : s'assurer de bien comprendre le message de la personne

2. **Techniques d'élaboration**
   - demande d'élaboration générale (De quoi voulez-vous parler ?)
   - demande d'élaboration spécifique (S'agit-il bien de parler de cela ?)
   - insistance sur un point précis du message (Nous allons parler de cela précisément.)
   - formulation de questions ouvertes plutôt que fermées

3. **Techniques de reformulation**
   - reformulation des sentiments
   - reformulation des idées
   - reformulation du non-verbal
   - reformulation qui combine plusieurs aspects

4. **Techniques de résumé synthèse**
   - résumé des propos de la personne
   - résumé des sentiments de la personne
   - résumé de l'effet du message

Le tableau ci-dessous aidera à mieux comprendre ces techniques. Une capacité d'écoute active et de respect précède leur utilisation.

Techniques d'aide à utiliser au début de l'intervention

1. **Comportements non verbaux :**
   Regardez la personne quand elle parle ;
   Gardez une position détendue qui traduit votre intérêt ;
   Utilisez des gestes qui vous sont naturels.

2. **Paraphrases :**
   Cherchez à saisir le message central de la personne ;
   Énoncez de façon claire et concise le message tel que vous le comprenez ;
   Cherchez une indication ou demandez ouvertement à la personne si votre paraphrase est juste et l'aide à comprendre sa situation.

3. **Clarifications :**
   Admettez votre confusion lorsque vous ne comprenez pas le sens du message de l'autre ;
   Tentez une reformulation de ce qui a été dit ou alors demandez à l'autre de répéter, de clarifier ou d'illustrer ses propos.

4. **Vérifications :**
   Paraphrasez ce que vous croyez avoir entendu ;
   Demandez explicitement une confirmation de votre perception ;
   Encouragez la personne à corriger votre perception du message si elle était fausse.

5. **Demandes d'élaboration générale :**
   Établissez clairement pour vous-même la raison pour laquelle vous voulez cette élaboration ;
   Gardez votre demande générale et délibérément vague ;
   Donnez à la personne le temps de réfléchir et de répondre ou non à votre demande.

6. **Demandes d'élaboration spécifique :**
   Établissez clairement pour vous-même la raison pour laquelle vous voulez cette élaboration ;
   Soyez précis sur ce que vous voulez que la personne développe plus longuement ;
   Laissez la personne libre de suivre ou non la direction de votre demande.

7. **Focalisation sur un point précis du message :**
   Servez-vous de votre propre confusion pour choisir les éléments à mettre en relief ;
   Soyez alerte aux réactions de la personne sur la priorité qu'elle accorde aux sujets qu'elle présente ;
   Aidez la personne à se centrer, nommez les sentiments qu'elle exprime avec difficulté.

8. **Reformulations :**
   Accueillez le message total — sentiments, idées et non-verbal — que vous envoie la personne ;
   Sélectionnez le meilleur mélange de contenu et de sentiment pour ce moment-ci de l'intervention ;
   Attendez la confirmation ou la négation de votre reformulation comme indication pour la suite de l'entretien.

9. **Résumés synthèses :**
   N'ajoutez rien à ce qui a été dit et décidez si vous feriez mieux de résumer les propos de la personne ou de lui demander de le faire.

10. **Questions ouvertes :**
    Posez des questions qui demandent comme réponse autre chose qu'un oui ou non ;
    Posez des questions qui aident la personne à clarifier ses propos plutôt qu'à fournir des informations à l'intervenante.

La phase travail

Cette troisième phase vise la réalisation de l'entente négociée à la phase précédente en intégrant les nouveaux éléments apportés par la personne en cours de route. Au cours de cette phase, l'intervenante doit pouvoir dépister les consensus artificiels et signaler le travail illusoire. Il faut aussi encourager la personne à aborder les sujets interdits et nommer les sentiments qui peuvent faire obstacle à la démarche. En renommant différemment les difficultés, les comportements, en désindividualisant la situation-problème et en démystifiant le rôle d'expert, on peut offrir un autre son de cloche sur la situation que vit la personne. Au besoin, la travailleuse sociale peut diriger la personne vers d'autres organismes.

À cette étape, l'intervenante fera appel à des attitudes et à des techniques spécifiques. Les attitudes les plus aidantes sont évidemment la compréhension empathique, le respect et l'authenticité. Cependant, certaines attitudes sont pertinentes seulement si le but est clair et le rapport entre les parties minimalement établi : la confrontation qui vise à nommer les contradictions et les limites de la situation ; l'immédiateté qui vise à utiliser ce qui se passe dans l'ici et le maintenant ; l'ouverture de soi qui se veut un partage de ses propres expériences avec la personne en vue de l'aider à régler ses difficultés.

Quant aux techniques, elles feront appel à la confrontation en vue de favoriser la remise en question par la personne elle-même tout en l'axant sur ses forces plutôt que sur ses faiblesses et en l'incitant à clarifier ses sentiments, pensées et actions. On fera appel aussi aux techniques d'interprétation, par exemple poser des questions et utiliser des interprétations métaphoriques.

La phase terminaison

Pressées que nous sommes par les exigences d'un rythme de travail effréné, nous escamotons souvent cette quatrième et dernière phase du processus par manque de temps et d'énergie. C'est fort dommage car la phase terminaison conclut tout le processus d'intervention en évaluant le travail accompli, en s'assurant que ses effets soient transférables dans la vie quotidienne et en dégageant l'intervenante et la personne-cliente du rapport dans lequel elles sont inscrites. Ces buts sont concrétisés par la poursuite des objectifs spécifiques suivants : mettre à jour les pensées, les sentiments et les actes provoqués par la séparation, expliciter les composantes du changement obtenu et démystifier et généraliser les apprentissages effectués dans le cadre de l'intervention. Les habiletés et les attitudes aidantes font appel à celles déjà utilisées dans les phases précédentes.

Plus précisément, il faut partager ses propres sentiments au sujet de la séparation, préciser avec la personne les résultats positifs et négatifs obtenus, lui demander de récapituler son apprentissage de solution de problème et souligner les limites de l'intervention individuelle comme moyen pour changer les rapports sociaux existants. Il est possible aussi que la personne refuse de reconnaître la fin imminente de l'intervention, qu'elle ait des attitudes régressives ou dépressives. Elle peut aussi avoir des réactions de transcendance, faire le point sur ce qu'elle a vécu et utiliser ce vécu pour aller vers d'autres expériences.

Pouvant s'étendre sur plus d'une rencontre, cette phase permet aux personnes concernées d'effectuer le bilan de ce qu'elles ont appris ensemble et de ce qui pourra leur être utile à toutes deux, dans leurs expériences ultérieures.

LES DÉFIS ET ENJEUX DE L'INTERVENTION INDIVIDUELLE EN TRAVAIL SOCIAL

Les nombreux chambardements tant économiques qu'idéologiques et sociaux, que certains ont nommé la crise de la modernité et qui découlent des choix sociétaux des dernières décennies, ont eu des impacts énormes sur une discipline professionnelle comme la nôtre dont le principal rôle est de gérer les retombées de ces mêmes chambardements. Confrontés à des modes d'exclusion sociale de plus en plus brutaux, nous sommes appelés à venir en aide à un nombre croissant de personnes qui en vivent les effets dévastateurs. Les différents contextes dans lesquels s'inscrivent nos pratiques sont également en mutation : réduction des dépenses publiques, abolition de postes permanents, communautarisation des services d'aide, financement éclaté par programmes et par projets, virages de tous genres, transferts de personnel, etc. En milieu institutionnel, plusieurs travailleurs sociaux se sentent mal équipés pour définir et défendre leur apport spécifique en équipe multidisciplinaire face à des mandats de plus en plus rigides comportant de multiples contraintes. En milieu communautaire, on déplore le temps et l'énergie énormes qu'exige la préparation continuelle des demandes de subventions dans un contexte d'alourdissement des problématiques et de priorité accordée aux services plutôt qu'aux luttes sociales.

Une telle conjoncture a et continuera d'avoir des répercussions importantes sur les pratiques individuelles en travail social au cours des années à venir et nous place face à des défis de taille. Nous en présentons deux, de manière succincte.

Éviter le piège de la technicité

Dans un contexte de pratique aussi mouvant que celui que nous venons de décrire, le risque est grand que l'on accepte de réduire notre travail auprès d'une personne à son unique critère d'efficacité technique (est-ce que ça marche, oui ou non ?). Cette technicisation de la pratique peut avoir un double effet : d'abord, celui de nous aliéner de nous-mêmes et de notre sens critique en nous rendant de simples exécutantes techniques de visions des problèmes sociaux qui ne sont pas les nôtres, tout en nous laissant croire que l'efficacité d'une intervention est tributaire uniquement des compétences et des habiletés de l'intervenante. Et ensuite, celui de contribuer à l'objectivation et à la normalisation encore plus grandes de personnes qui écopent, déjà plus souvent qu'à leur tour, des retombées des choix sociétaux en ce début de millénaire.

Effectuer la difficile réconciliation « acteur social/système social »

Nous croyons que l'un des principaux défis auxquels auront à faire face les intervenants sociaux des années à venir est celui de réunir les deux composantes du rapport individu/société dans un tout cohérent, sur le plan tant de leurs analyses que de leurs pratiques. Ceci n'est malheureusement pas le cas en cette période de dichotomisation (l'individu d'un côté, la société de l'autre) où l'on privilégie immanquablement un pôle au détriment de l'autre, ce qui amène des interventions partielles et réductionnistes. En intervention individuelle, cette dichotomisation donne lieu à des analyses et à des pratiques qui, trop souvent, extirpent la personne de son milieu et de ses conditions socio-économiques et ne s'intéressent qu'à ses motivations immédiates, en la rendant responsable quasi totalement de ce qui lui arrive. S'ensuit l'adoption d'attitudes, de paroles et de gestes « professionnels » qui ont pour effet d'humilier et d'ostraciser encore davantage une personne qui l'est déjà amplement de par sa situation d'exclue, un peu comme si l'on donnait la maladie comme traitement. Plutôt, il s'agit de toujours se demander si nos pratiques vont dans le sens d'une plus grande inclusion et d'une plus grande participation des gens dans la société. Dit autrement, il s'agit de se poser continuellement la question suivante : ma façon d'être et les gestes que je pose en tant que travailleuse sociale vont-ils aider ou nuire au développement d'un sens d'appartenance chez la personne qui se trouve devant moi ?

Il s'agit finalement de se rappeler que l'individu n'existe qu'à travers ses rapports politiques, économiques et symboliques avec les autres et les institutions auxquelles il se réfère. Ignorer la nature et la fonction de ces rapports dans l'intervention équivaut à ignorer l'individu lui-même et à ne pas intervenir sur sa situation. C'est là, nous en sommes convaincus, la réponse possible aux contraintes et contradictions de la situation actuelle du travail social. On peut donner un sens à l'intervention individuelle en tentant de développer avec la personne un rapport d'alliance, fondé sur le respect et la solidarité, et en l'aidant à retrouver son propre sens et ses propres moyens pour faire face à la réalité qui est sienne.

CONCLUSION

Les pages qui précèdent donnent un rapide coup d'œil sur la nature et les composantes de l'intervention individuelle en travail social, tel que nous la concevons en ce moment. En effet, comme tout texte de ce genre, le contenu n'est pas neutre et reflète une vision spécifique qui comprend trois composantes.

D'abord, cette vision reconnaît à chaque personne le statut de sujet social qui possède un savoir propre par rapport à sa situation et à ses expériences. Le statut de « client du travail social » s'explique d'abord et avant tout par sa position d'exclu dans la société actuelle. Dans une telle vision, les comportements, les pensées et les sentiments des personnes sont compris comme stratégies de survie à l'intérieur d'un système déshumanisant où chacun et chacune doit continuellement lutter. Comme le dit si bien De Gaulejac : « La dénégation, l'agressivité, la fuite de la réalité, la résignation, les conduites d'échec, sont autant de moyens pour supporter des conditions de vie qui se dégradent et la dévalorisation narcissique qui l'accompagne... Elles doivent être prises pour ce qu'elles sont, le symptôme de la désinsertion et non sa raison principale... » (De Gaulejac *et al.*, 1994 : 261).

Ensuite, cette vision octroie à chaque intervenante la responsabilité de se questionner continuellement par rapport à sa pratique et aux visions du monde, de la personne humaine, de la nature et de la fonction du travail social qui la sous-tendent (Schön, 1994). Les difficultés que l'on éprouve en intervention sont souvent liées aux échos, aux résistances, aux défenses non seulement des personnes exclues mais de l'intervenante elle-même (De Gaulejac *et al.*, 1994). Le statut d'intervenante professionnelle donne potentiellement à cette dernière le pouvoir d'imposer sa vision à la personne qui se trouve devant elle. Si une telle prise de conscience n'est pas effectuée, il risque fort de se produire ce que Khon appelle « un renforcement d'une attitude scientifique, morcellante et isolante, dite objective et neutre, le renforcement du pouvoir des savoirs institués » (1982 : 95).

Finalement, le rapport d'intervention est à la fois une relation intersubjective et un rapport sociopolitique et symbolique entre deux acteurs sociaux ayant chacun des intérêts à défendre. Il s'inscrit dans le cadre d'une institution dont les logiques peuvent être aux antipodes de celles des clients et de celles des travailleuses. Le risque est grand dans un tel contexte que, sans même le vouloir, ces dernières contribuent de par leurs actions à maintenir le processus de désinsertion à l'origine même des situations-problèmes. En conséquence, nous croyons qu'il est indispensable que soit établi un rapport d'intervention basé sur la réciprocité et le respect des différences. Un rapport qui permet l'apprentissage de part et d'autre, qui peut ainsi « contribuer à transformer la division sociale dominante en faisant comprendre au client qu'il "sait" lui aussi » (Mispelblom, 1982 : 83).

Nous espérons que ces quelques lignes ont réussi à traduire toute la passion que peut soulever une pratique auprès des individus en travail social. Cette passion se nourrit de la conviction profonde que nous pouvons encore, malgré des conditions par moments très difficiles, combattre les effets de l'exclusion sociale et de l'oppression en tendant l'oreille, la main et le cœur à ceux et à celles qui en souffrent le plus et ainsi les aider, à la mesure de nos moyens, à prendre la place qui leur revient dans notre société.

BIBLIOGRAPHIE COMMENTÉE

KHON, Ruth Canter (1982), *Les enjeux de l'observation*, Paris, Presses universitaires de France, collection « Pédagogie d'aujourd'hui », 210 pages.

Ce livre porte sur les enjeux reliés à nos façons de percevoir et de décrire les faits humains et présente une autre façon d'expliquer ce que nous constatons par l'observation. Il remet en question la neutralité bienveillante du professionnel et attire l'attention sur la nature symbolique de son pouvoir.

RENAUD, G. (1997), « Intervention : de la technique à la clinique ou de l'objet au sujet », dans C. Nélisse et R. Zuñiga (dir.), *L'intervention : les savoirs en action*, Sherbrooke, Les Productions GGC, p. 139-164.

RENAUD, G. (1995), « Système symbolique et intervention sociale », *Intervention*, n° 100, p. 12-22.

Ces deux articles portent sur la crise de la modernité et sur les impacts de cette dernière sur la nature symbolique du rapport d'intervention et la notion de sujet social en travail social.

GAULEJAC, V. de (1996), *Les sources de la honte*, Paris, Desclée de Brouwer, Sociologie clinique.

GAULEJAC, V. de, I. TABOADA-LEONETTI, F. BLONDEL et D.M. BOULLIER (1994), *La lutte des places: insertion et désinsertion*, Marseille, EPI, coll. «Hommes et perspectives».

Ces deux ouvrages analysent les nouvelles pratiques d'exclusion et la honte qu'elles provoquent chez ceux et celles qui sont exclus. Ils illustrent aussi la nécessité d'établir un rapport de réciprocité avec les personnes auprès de qui l'on intervient.

SCHÖN, D.A. (1994), *Le praticien réflexif: à la recherche du savoir caché dans l'agir professionnel*, Montréal, Éditions Logiques.

Cet auteur attire notre attention sur l'importance de tenir compte des théories informelles dont nous sommes tous porteurs et démontre en quoi une pratique de nature réflexive nous enrichit en tant qu'intervenants.

EGAN, G. et F. FOREST (1987), *Communication dans la relation d'aide*, Montréal, Éditions HRW.

Il s'agit d'un ouvrage de base pour ce qui est des habiletés, attitudes et techniques propres à chaque phase de l'intervention.

RÉFÉRENCES

BARKER, R.L. (1995), *The Social Work Dictionary*, 3e éd., Washington, National Association of Social Workers.

BOURGON, M. (1987), «L'approche féministe en termes de rapports sociaux», *Service social*, vol. 36, nos 2-3, p. 249-273.

GAULEJAC, V. de, I. TABOADA-LEONETTI, F. BLONDEL et D.M. BOULLIER (1994), *La lutte des places: insertion et désinsertion*, Marseille, EPI, coll. «Hommes et perspectives».

KHON, R.C. (1982), *Les enjeux de l'observation*, Paris, Presses universitaires de France, collection «Pédagogie d'aujourd'hui».

MIDDLEMAN, R.R. et G. GOLDBERG (1974), *Social Delivery: A Structural Approach to Social Work Practice*, New York, Columbia University Press.

MISPELBLOM, F. (1982), «Pistes pour pratiques silencieuses: ébauche d'une méthodologie d'analyse et d'intervention socio-historique en travail social individuel», *Contradictions*, no 32, p. 72-98.

Ordre professionnel des travailleurs sociaux du Québec (1999), *Les travailleurs sociaux à l'aube du troisième millénaire. Les États généraux de la profession*, Montréal.

RENAUD, G. (1997), « L'intervention : de la technique à la clinique ou de l'objet au sujet », dans C. Nélisse et R. Zuñiga (dir.), *L'intervention : les savoirs en action*, Sherbrooke, Les Productions GGC, p. 139-164.

RENAUD, G. (1990), « Travail social, crise de la modernité et post-modernité », *Revue canadienne de service social*, vol. 7, n° 1,)p. 27-48.

SITE WEB

National Association of social workers
http://www.socialworkers.org/pubs/standards/

Cette association américaine de travailleurs sociaux propose sur son site des normes de pratique dans plusieurs domaines d'intervention dont le domaine de la pratique clinique. Les normes sont présentées et commentées, ce qui fournit une information qualitative intéressante si l'on n'oublie pas qu'elles sont issues du contexte américain ; on y trouvera également le code d'éthique de l'Association qui est considéré comme la première norme à laquelle les travailleurs sociaux sont tenus de se conformer.

DOCUMENTS AUDIOVISUELS

Marcia X 4 : des travailleurs sociaux analysent une situation
Réalisateur : Yves Racicot, Université du Québec à Montréal, Service audio-visuel, 1989, vidéocassette, 148 minutes, VHS.

Ce vidéo présente les principaux courants en intervention individuelle tels qu'illustrés par quatre travailleurs sociaux confrontés à une même situation problème.

France consulte
Réalisateur : Jacques Archambault et Nathalie Dufresne, Université du Québec à Montréal, Service audio-visuel, 1996, 6 vidéocassettes, 178 minutes, VHS.

Ce vidéo présente les phases de l'intervention individuelle au cours de plusieurs entrevues faites auprès d'une jeune femme qui se présente dans un CLSC de Montréal.

PRINCIPES D'ÉVALUATION ET D'INTERVENTION AVEC LES FAMILLES

Amnon J. Suissa
Université du Québec à Hull

chapitre 5

INTRODUCTION

DANS la variété des interactions possibles entre les familles et les intervenants, les difficultés de communication, bien que non souhaitables, sont jusqu'à un certain point incontournables. Dans la mesure où l'intervention est avant tout une rencontre de deux systèmes, celui de l'intervenant avec son statut social, économique, culturel, sa personnalité, ses valeurs et ses normes, son mandat institutionnel, etc., et celui des familles avec leurs propres dynamiques internes et sociales, il est inévitable que des décalages surviennent parfois entre les attentes implicites ou explicites des systèmes en question. Le présent chapitre a comme objectif de partager certains repères théoriques et pratiques considérés comme des outils de base nécessaires à la compréhension des systèmes familiaux, d'une part, et à la saisie de certains principes d'intervention avec les familles, d'autre part. À cette fin, le présent chapitre sera partagé en quatre parties.

Dans un premier temps, il s'agira de faire un survol des changements sociaux contemporains ayant eu un impact sur les dynamiques familiales. Dans ce cadre, nous prétendons que chaque type de famille a son propre système d'adaptation; nous décrivons ensuite brièvement les écoles de pensée systémique ayant marqué le travail social avec les familles.

Dans un deuxième temps, il s'agira de se familiariser avec quelques concepts de base susceptibles de mieux cerner les problèmes psychosociaux liés à l'intervention auprès des familles : système, sommativité et totalité, équifinalité, homéostasie, seconde cybernétique et autoréférence, patient désigné et ensemble protectionniste, divers modes de communication, etc.

Dans un troisième temps, et afin de faire des liens entre les dynamiques familiales, l'intervention et la réalité plus globale du contexte et des rapports sociaux, il s'agira de mettre en lumière les thèmes suivants : les relations entre familles et intervenants comme une rencontre de deux systèmes psychosociaux ; le piège de l'étiquetage par les intervenants quand les problèmes sociofamiliaux sont associés à la déviance ; les conditions plus propices à l'évaluation des familles, entre autres le contexte familial, les frontières internes et externes, le système enchevêtré et désengagé ; la structure de pouvoir dans les familles, le processus de décision, les mythes familiaux, etc.

La quatrième partie tentera de répondre à certaines questions qui font souvent l'objet d'interrogations pratiques chez les travailleurs sociaux : Comment s'affilier et s'accommoder avec les familles ? Comment garder une neutralité active en intervention ? Comment rassembler de l'information pour mieux comprendre les dynamiques familiales ? Comment exploiter les métaphores comme mode de communication avec les familles ? Pourquoi les familles sont-elles compétentes malgré le fait qu'elles puissent vivre des difficultés importantes ? Devant ces questions, la familiarisation avec certains concepts clés (compétence, information pertinente, temps et chaos) devrait favoriser un plus grand transfert de pouvoir aux membres des familles et permettre aux intervenants de se sentir plus à l'aise avec les difficultés parfois chaotiques des familles. Enfin, la conclusion mettra en relief certains points à considérer dans la démarche globale d'intervention auprès des familles.

QUELQUES CHANGEMENTS STRUCTURELS ET SOCIAUX : IMPACT SUR LES FAMILLES

La famille est certainement l'un des micromilieux naturels qui accomplit, outre ses tâches spécifiques, la médiation entre l'individu et l'écosystème physique et social. Au-delà des changements sociaux, elle demeure le lieu où se construit le processus d'individuation et de socialisation de chaque être humain et l'endroit de bon nombre de conflits sociaux et familiaux. Les familles contemporaines expérimentent des changements sans précédent et doivent s'adapter à une variété de problèmes anciens et nouveaux. Dans son ouvrage intitulé *System Effects*, Jervis (1998) souligne que les relations sociales, souvent complexes dans et entre les systèmes, affectent directement les interactions avec l'environnement élargi et ont un impact significatif sur l'économie, la politique et l'ensemble des sous-systèmes dont les familles font partie.

À titre d'exemple, et même si le revenu n'est pas un indice direct de bien-être, les conditions économiques constituent une plaque tournante importante, non seulement dans la nature et la fréquence des problèmes sociaux et familiaux, mais également dans les modalités de résolution des conflits. Dans cette optique, nous remarquons que plus les revenus des familles augmentent, moins il y a de problèmes de comportements, de placements d'enfants, de manifestations de violence (Ryan et Adams, 1998). Parmi les autres changements de cette deuxième moitié de siècle, on peut noter que si neuf personnes sur dix se mariaient avant l'âge de 50 ans dans les années 1940-1950 au Québec, le mariage aujourd'hui se termine en divorce une fois sur deux et il continuera à décroître au profit des unions libres (Dandurand, 1991). D'ailleurs, à part l'Islande avec un taux de 60 %, 55 % des enfants au Québec naissent hors du mariage comparativement à 26 % dans le reste du Canada (Bouchard, 1999). Nous sommes donc passés d'une structure familiale considérée comme « stable » avec deux parents, trois à quatre enfants, des valeurs spirituelles et institutionnalisées de l'Église, à un modèle plus ouvert et en voie de devenir.

Pour le meilleur et pour le pire, ces transformations de ce début de millénaire ont fortement perturbé nos modes de vie et ont créé d'autres problèmes sociaux. À ce titre, mentionnons le phénomène de la pauvreté qui touche plus qu'avant les femmes et les jeunes, le double emploi parental (Descarries et Corbeil, 1996), le problème des enfants négligés ou abusés, les transformations des rôles parentaux et les difficultés financières et psychosociales sous-jacentes, le plus grand recours à des relations de dépendance et à la médicalisation (substances psychotropes, passion du jeu), le problème des adultes de 50 ans qui font les frais de nouvelles structurations des entreprises et des nouvelles technologies, le vieillissement de la population de même que l'augmentation significative des coûts sociaux et de santé liés à leur prise en charge, l'intégration des communautés ethnoculturelles dans les grands centres urbains, les familles aux prises avec des maladies graves telles que le sida, etc.

Comme effets de cette postmodernité, on peut dire que les bouleversements rapides ont introduit effectivement une certaine dislocation du social (Chossudovsky, 1998). L'augmentation des possibilités dans la société postmoderne a contribué également à remettre en question les valeurs traditionnelles considérées jusque-là comme sacrées, en imposant un rythme plus individualisant au détriment de structures et de réseaux de soutien et de solidarité. Selon McKenry et Price (1994), il y a un idéalisme du progrès selon lequel les percées scientifiques et technologiques font en sorte que la vie sera progressivement meilleure. Or, cette modernité produit également un recours plus grand à des modalités de contrôle des liens sociaux plus sophistiqués: médicalisation, pénalisation et criminalisation d'un plus grand nombre de comportements sociaux. Ces nouvelles formes de mesures de contrôle social ont un impact direct sur les solidarités familiales et les stratégies de survie de nature plus individuelle que sociale (Conrad, 1992; Horwitz, 1990).

Parallèlement à cela, et même si le tableau des problèmes sociaux apparaît plutôt sombre, il y a lieu de relativiser l'ampleur de ces problèmes car ces changements ont également permis certaines innovations qu'il y a lieu de souligner. Ainsi, le taux de négligence envers les enfants, quand il est comparé avec celui des États-Unis, par exemple, est quatre fois moindre, et ce, grâce aux politiques sociales et familiales en place au Québec et au Canada (Bouchard, 1999). On peut aussi divorcer plus vite si on est malheureux, faire appel à la médiation familiale comme substitut à la judiciarisation des relations conjugales et familiales, mieux défendre les enfants qui sont passés du statut d'objets à sujets de droit, bénéficier d'un meilleur congé parental qui peut s'étendre même aux travailleurs autonomes, avoir accès à des services de garderie à cinq dollars, etc.

Devant cette panoplie de contraintes et d'innovations, et dans la mesure où les familles ne vivent pas isolément mais font partie d'un contexte social plus large, le rapport individu/famille/environnement produit des effets importants de stress qui deviennent incontournables. La gestion de ce stress dépendra à son tour des habiletés d'adaptation de chaque famille, de son statut social et économique, de son réseau primaire, de la force de ses liens sociaux dans la résolution des contraintes et des problèmes inhérents à la vie sociale.

À chaque type de famille son système d'adaptation

Si les problèmes sociaux sont communs à l'ensemble des familles, les mécanismes d'adaptation dépendront du statut économique de chaque famille, de sa capacité d'avoir et de consolider une certaine flexibilité entre l'appartenance et la socialisation de ses membres; ces mécanismes dépendent également du processus d'individuation et du processus d'unicité permettant le développement psychosocial de chaque membre. À titre d'exemple, pensons au phénomène de la dépendance à l'alcool qui est un problème social et de santé publique important dans notre société. Les dynamiques des systèmes familiaux aux prises avec ce type de problème vont fortement varier selon les mécanismes d'adaptation propres aux types de familles en question.

Dans cette logique, McCubbin, Cauble et Patterson (1982) conçoivent l'adaptation comme un processus de pouvoir regénérateur qui dénote, jusqu'à un certain point, les habiletés propres à chaque système familial de passer à travers les crises et les stress inhérents de la vie. En d'autres mots, l'adaptation familiale peut être définie comme un degré par lequel le système familial altère ses fonctions externes liées aux exigences de l'environnement, d'une part, et les fonctions internes pouvant inclure les comportements, les règles, les rôles, les perceptions, d'autre part. Une fois ces ajustements effectués pour retrouver un certain équilibre, le système familial est toujours dans une dynamique d'autorégulation interne avec l'environnement social, qui lui dicte à son tour la marche à suivre pour maintenir le fonctionnement nécessaire à sa survie sur une base continue. Comme le soulignait un pionnier de l'approche systémique, « le processus de vie consiste non seulement dans l'adaptation du corps à son environnement, mais aussi dans l'adaptation de l'environnement au corps » (Minuchin, 1979 : 21). C'est dans ce contexte qu'on peut mieux comprendre les changements de comportements nécessaires à l'équilibre des systèmes familiaux.

Survol de la pensée systémique ayant marqué le travail social

La thérapie familiale dite structurale, c'est-à-dire l'approche qui considère l'individu dans son interaction avec le contexte social, s'est développée principalement au cours de la seconde moitié du vingtième siècle (Minuchin, 1979). Auparavant, c'est plutôt l'approche psychanalytique qui prévalait avec les théories d'inspiration freudienne. Il y avait alors une certaine fascination envers la psychopathologie individuelle où la personne était vue principalement comme détachée de son environnement, ce qui a produit, jusqu'à un certain point, une frontière entre l'individu et son milieu.

Dans ce contexte, et jusqu'aux années 1950, la majorité des thérapeutes ont cru que la maladie, par exemple, avait ses racines dans le patient, qu'elle était un phénomène intrapsychique (Lacroix, 1990). Selon Lacroix, des psychanalystes novateurs, entre autres Sullivan, Ackerman et Whitaker, réalisaient graduellement la limite de leurs actions thérapeutiques centrées sur l'individu et réexaminaient le rôle du milieu familial dans le traitement. Ils expérimentaient alors des approches qui incluaient tous les membres de la famille, car ils réalisaient que les symptômes et/ou problèmes d'un enfant, par exemple, n'étaient souvent que le signe extérieur de relations familiales ou conjugales perturbées. Jusqu'à cette période, les interventions se limitaient au milieu familial sans tenir compte des environnements extrafamiliaux (Satir, 1967). Par environnements extrafamiliaux, il faut entendre l'ensemble des conditions sociales qui maintiennent ou perpétuent une situation donnée.

À titre d'exemple, la pauvreté façonne le milieu social qui exerce une influence significative sur l'apparition des problèmes individuels et familiaux. Parmi les thérapeutes qui ont élargi le concept d'environnement familial pour inclure l'environnement extrafamilal ou les réseaux sociaux dits informels, il y a Minuchin (1979) avec l'approche structurale et Haley (1981) avec l'approche dite stratégique. Forts de plusieurs expériences sur le terrain, en particulier avec les adolescents de quartiers pauvres et des familles afro-américaines et portoricaines, et à la suite de la rencontre avec le courant du groupe de recherche dirigé par Bateson (1967, 1984) à Palo Alto en Californie, ces pionniers lancèrent la revue *Family Process* en 1957. Cette revue s'avère encore de nos jours une référence centrale en intervention familiale. Grosso modo, ce groupe de chercheurs insistait sur le fait que le travail effectué auprès des familles était nécessaire, mais demeurait insuffisant si l'on voulait s'attaquer à la racine des problèmes sociaux en interaction directe avec les comportements observés. Ils suggéraient alors de travailler à plusieurs niveaux en incluant les personnes significatives susceptibles de produire des changements dans les dynamiques familiales et sociales.

Dans cette lignée, Speck et Atteneave (1973) ainsi que Pincus et Minahan (1973) ont contribué à compléter cette conception dynamique des problèmes sociaux et familiaux en introduisant les notions de ressource et de réseau qui pouvaient réduire et soulager les problèmes vécus dans l'interaction entre les personnes et leur environnement. En posant des questions telles que : est-ce que la ressource nécessaire existe ? Répond-elle aux besoins du client ou lui nuit-elle ? Faut-il créer une autre ressource plus appropriée ?, ces auteurs ont réussi à démontrer l'importance des forces de l'environnement dans la recherche de solutions avec les clients et leurs familles. Ainsi comprise, l'interdépendance entre les personnes, les ressources, les réseaux formels et informels, est et reste au centre de l'évaluation et de l'intervention en travail social auprès des familles. Dans cette logique, on ne peut passer sous silence l'apport considérable des travaux de travailleurs sociaux québécois, dont ceux de Maurice Moreau qui s'inscrivent dans cette perspective thérapeutique de changement en travail social (Moreau, 1987). En bref, et dans la mesure où le travail social est une discipline interactionnelle — l'individu dans son rapport au contexte social —, on peut dire que la pensée systémique a eu un impact considérable sur les théories et les pratiques en travail social.

QUELQUES CONCEPTS THÉORIQUES POUR TRAVAILLER AVEC LES FAMILLES

La famille comme système

Les définitions possibles du terme système étant fort nombreuses, nous avons retenu ici celle qui met en relief les préoccupations générales du travail social dans une perspective de changement thérapeutique et social. La définition la plus courante du terme système désigne « un ensemble d'éléments en interaction telle qu'une modification quelconque de l'un d'eux entraîne une modification de tous les autres » (Bertalanffy, 1968). Cet essai de définition met en lumière la richesse de la théorie des systèmes, dans la mesure où sa conception comme un système vivant et ouvert permet, contrairement au système fermé, des changements possibles. Pour Watzlawick (1972), cet aspect est primordial car il tient compte de la globalité des interactions possibles du ou des systèmes dans l'environnement. En d'autres termes, on ne peut séparer un système de son environnement et vice versa, tout comme on ne peut séparer un système familial du contexte social qui lui a donné naissance. Conçu comme un tout, ouvert et vivant en interaction continue avec son environnement, un système forme à son tour un ensemble intégré de sous-systèmes.

Mentionnons trois sous-systèmes qu'on retrouve souvent dans les systèmes familiaux : le sous-système des partenaires où les époux ont besoin de leur espace personnel et de couple sans l'interférence des enfants ; le sous-système des parents où le défi est d'avoir des positions et des règles communes pour un fonctionnement vital des membres de la famille ; et, enfin, le sous-système filial où les enfants arrivent à faire leurs propres expériences relationnelles selon leur groupe d'âge. Dans cette optique, que ce soit un groupe social ou un système familial, le propre du système ouvert réside dans sa capacité de garder un certain équilibre qui permet les échanges et l'interaction sur une base rétroactive et continue.

La sommativité *versus* la totalité

Dans les caractéristiques multiples d'un système ouvert, la notion d'ensemble dynamique en interaction s'appuie fortement sur le principe de totalité. Contrairement au principe de sommativité qui dit que le tout est égal à la somme des parties, le principe de totalité postule que *le tout n'est pas égal à la somme des parties : il faut aussi tenir compte des interactions.* Si un changement dans une partie entraîne un changement dans toutes les parties et dans le système au complet, l'addition des différentes versions d'un problème familial donné, par exemple, ne peut expliquer le fonctionnement et l'organisation du système en question.

Quand un praticien intervient avec une famille, il ne peut se restreindre à n'être exposé qu'à une partie des éléments en présence par un membre unique de la famille, sinon il risque de n'avoir qu'une vision partielle de la dynamique familiale en question. En d'autres mots, le comportement d'un membre d'une famille n'est pas dissociable du comportement des autres membres : ce qui lui arrive modifie la famille dans son ensemble. Ainsi, si dans une famille le père influence la mère, la réponse de celle-ci influencera à son tour la réaction future du père, même si le motif de la consultation concerne leur enfant. Dans la mesure où les interactions entre les membres vont donner un sens dynamique à leur propre système familial, on ne peut prévoir *a priori* ce qui va se passer en termes d'échanges et de communications dans le temps. Il est donc important pour l'intervenant d'inclure dans son champ de vision le principe interactif de totalité.

L'équifinalité

En complémentarité au concept de totalité, celui de l'équifinalité s'avère également fondamental pour mieux saisir les diverses trajectoires des familles vues en intervention. En gros, le concept d'équifinalité s'appuie sur le principe *selon lequel différentes voies peuvent mener à un même but et, inversement, différents buts peuvent être atteints par une même voie.* Par exemple, si une personne peut être violente à cause de la violence familiale subie pendant l'enfance, de l'environnement violent dans lequel elle évolue, de son isolement social, d'une faible estime de soi, d'un manque d'habiletés dans la gestion du stress, du contexte de grande pauvreté et d'exclusion, etc., cette même personne peut sortir du cycle de la violence par des moyens différents propres à sa trajectoire personnelle, familiale et sociale. Même si le phénomène de la violence peut être commun à plusieurs personnes ou à un groupe social, le chemin emprunté pour y entrer et pour s'en sortir est et reste propre à chacun. Il en est de même avec le phénomène de l'alcoolisme : à part la substance alcool qui lie tous et chacun, chaque individu a développé sa dépendance pour des raisons psychosociales qui lui sont propres. À la lumière de ces explications, on peut dire que, non seulement différents états de départ peuvent donner des résultats identiques, mais en plus des résultats différents peuvent être obtenus à partir de situations de départ identiques. Dans la mesure où le système familial est la source de ses propres modifications, le principe d'équifinalité s'oppose donc à la causalité linéaire, c'est-à-dire une explication qui se restreint à la ligne cause-effet. Au contraire, l'équifinalité ouvre des espaces permettant des interactions favorables au changement personnel et social.

L'homéostasie

Décrit en 1932 par Cannon comme *une tendance d'un organisme vivant à maintenir son milieu interne constant* (Ausloos, 1981 : 188), le concept d'homéostasie a été longtemps restreint à la dynamique interne d'équilibration du système, mettant en veilleuse les interactions simultanées et changeantes du rapport entre le système et l'environnement. Depuis, il a été élargi pour inclure le *processus d'adaptation aux changements* inhérent à chaque système en interaction avec l'environnement. Comme tout système vivant, celui des familles développe également des mécanismes pour maintenir son homéostasie dans sa structure interne, d'une part, et d'adaptation aux changements externes, d'autre part. De par les règles qui sont instaurées par le système, chaque famille aura tendance à limiter le répertoire des interactions de ses membres à l'intérieur comme à l'extérieur (frontières internes et externes). Par exemple, les règles implicites de fonctionnement telles que les heures de sortie et de retour pour les adolescents, l'interdiction d'insultes dans la maison, le respect de l'autorité parentale, etc., constituent autant de repères importants dans le fonctionnement des systèmes familiaux. S'ils sont brisés, ces repères auront un impact certain sur les membres du système où l'homéostasie est maintenue à l'aide de rétroactions (*feedbacks*).

Devant les changements qui surgissent dans le cycle de la vie (naissance, décès, accident, perte d'emploi, mariage d'un enfant, départ d'un adolescent, etc.), le système familial activera généralement sa tendance homéostatique en cherchant à concilier ces changements avec la survie même de sa structure. Plus la famille est rigide, plus les changements passeront par des rétroactions douloureuses qui peuvent se traduire par des symptômes psychosomatiques, des désordres émotionnels, de la dépression, etc. De ce point de vue, on peut dire que tout système familial est vulnérable, car à tout moment il peut se briser sous l'influence des stresseurs internes et externes. D'ailleurs, Minuchin (1979) perçoit les familles en demande d'aide comme étant des systèmes en situation de transition et souffrant de douleurs d'adaptation à des circonstances nouvelles. Dans cette lignée, on peut imaginer les grands défis des familles immigrantes qui doivent trouver un équilibre entre la préservation de leur cohésion, leur identité personnelle et familiale et leur adaptation aux valeurs de la société d'accueil, parfois très distantes de leurs valeurs d'origine. En définitive, l'homéostasie familiale est la tendance qu'a le système à maintenir sa cohésion, sa stabilité et sa sécurité dans un processus de changement.

De la première à la seconde cybernétique et l'autoréférence

Jusqu'après la Seconde Guerre mondiale, la première vague de penseurs systémiciens s'appuyait sur le concept de la première cybernétique, à savoir que l'intervenant est un observateur extérieur du système à l'étude et que les propriétés de l'observateur ne doivent pas entrer dans la description des observations. On se centrait alors plutôt sur les mécanismes de maintien des comportements que sur les processus de décision des systèmes en question (Lamarre, 1998 : 77). Appliqué au travail social, cela voudrait dire que l'intervenant n'est pas considéré comme partie prenante du système thérapeutique en question : il est vu plutôt comme un observateur extérieur. Or, la seconde cybernétique, inspirée du mathématicien autrichien Heinz Von Foerster, nous rappelle qu'en intervention auprès des systèmes familiaux, il nous faut inclure l'observateur dans le système observé : c'est le tiers inclus. Plusieurs thérapeutes et chercheurs (Elkaïm, 1999 et 1989 ; Pauzé, 1996 ; Ausloos, 1995 ; Bateson, 1984) soulignent cette réalité incontournable et font appel au *concept de l'autoréférence* quand on intervient avec des systèmes humains et familiaux. Ce terme désigne l'activité de l'intervenant par laquelle celui-ci porte attention à sa propre expérience émotionnelle et s'y réfère afin de mieux comprendre la nature et le système thérapeutique en question. Ainsi, l'histoire personnelle et sociale de l'intervenant ne peut être détachée de la relation thérapeutique ; elle a une valeur fonctionnelle et heuristique par rapport à l'organisation et à la formation de ce système thérapeutique. Dans ce sens, l'autoréférence constitue un outil d'analyse qui permet à l'intervenant d'agir efficacement avec les familles sans se faire « avaler » par ces mêmes systèmes.

Le patient désigné et l'ensemble protectionniste

Le processus de désignation du patient désigné, c'est-à-dire les étapes par lesquelles le système familial en arrive à nommer tel ou tel membre de la famille comme étant la cause du problème, constitue une source d'informations précieuses dans la compréhension et la saisie des dynamiques familiales. Par exemple, on peut penser à un membre toxicomane dans une famille que les membres présentent au thérapeute comme étant la source du problème. Simultanément, on évacue le rôle souvent important, quelquefois primordial, que jouent les membres dans le processus de désignation, du maintien du *statu quo*, voire du bouc émissaire, etc. Sous cet angle, le comportement dit du patient désigné joue une fonction et un rôle particuliers propres au système familial qui lui a donné naissance. Ce comportement a été en fait sélectionné par le jeu des interactions, pour être ensuite amplifié dans une dynamique de rétroactions : c'est ce que Ausloos (1995) nomme le stade de la sélection-amplification. Suivra ensuite le stade de la cristallisation-pathologisation où le comportement sélectionné par les membres s'impose comme l'élément par lequel on identifie ce sujet dans le système familial. Ce processus est également connu sous le nom d'ensemble protectionniste avec les relations entre le protecteur et le protégé qui peuvent s'avérer néfastes pour l'autonomie des personnes, victimisation oblige (Lamarre, 1998).

Le concept de communication

À partir des travaux classiques de Watzlawick (1972) et de Bertalanffy (1968), voici quelques principes de base à considérer pour saisir le concept de communication, dans son sens le plus large, quand on travaille avec des personnes et des familles.

a) **Tout comportement est communication**

Ce principe indique qu'on ne peut pas ne pas communiquer et que tout comportement a une valeur de communication. Dans ce sens, le silence ou le retrait total d'une personne n'est pas une absence de communication mais bien un commentaire sur la relation en question.

b) **Deux niveaux dans la communication : le contenu et la relation**

Le contenu véhicule l'information pure et simple en transmettant le côté verbal du message tandis que le côté relationnel comporte tout ce qui est non verbal en donnant le ton au message.

c) **La métacommunication**

Axée sur le processus d'échange, la métacommunication sert à préciser la nature de la relation et de la communication sous-jacente. On peut métacommuniquer, par exemple, pour savoir si l'on est sur la même longueur d'onde avec les membres d'une famille, pour clarifier des désaccords, pour vérifier des hypothèses, etc.

d) **Deux modes de communication : digital et analogique**

Le mode digital est le langage verbal qui se réfère au contenu de l'information pure, tandis que le mode analogique renvoie plus au non-verbal. Quand il y a un décalage entre ces deux modes de communication, on note alors des difficultés à communiquer.

e) **Interaction symétrique et complémentaire**

On peut dire qu'une relation est basée sur la symétrie quand celle-ci est plutôt fondée sur l'égalité. Ainsi, chacun des partenaires se considère comme l'égal de l'autre en partageant les tâches dans le fonctionnement de la famille et en minimisant les différences de statut. Si elle n'est pas compensée par un mode complémentaire, la symétrie peut produire des conflits et mener à une escalade à cause du danger de la concurrence. Chacun des membres tente de prendre le contrôle de la relation en recourant à des moyens de plus en plus extrêmes. Quant à la relation complémentaire, elle est fondée sur un rapport de supériorité et d'infériorité. Si elle n'est pas rééquilibrée également par une relation symétrique, la relation devient rigide, excessive et permanente et se termine souvent par un effondrement du lien. Les phénomènes de violence conjugale et de système familial alcoolique, par exemple, illustrent bien ce type de relation complémentaire. Une relation équilibrée exige en fait un mélange bien dosé de symétrie et de complémentarité.

f) **La communication paradoxale**

Les travaux de Bateson sur l'origine familiale de la schizophrénie ont contribué à éclairer ce type de communication de nature plus pathologique. Connu également comme le message à double contrainte (*double bind*), ce type de communication s'appuie sur une affirmation qui s'exclut simultanément. Le titre du livre d'Elkaïm (1989), *Si tu m'aimes, ne m'aime pas*, illustre bien cette notion. D'un côté, la personne craint que l'amour ne soit suivi d'abandon ; de l'autre, elle a peur d'être aimée. Parmi d'autres exemples de communication paradoxale, on peut souligner les phrases suivantes : je veux que tu sois libre, soyez spontanés, ne lisez pas ceci, je mens, etc. Ainsi compris, le message à double contrainte signifie que, quoi que la personne entreprenne, elle sera dans un mode de communication paradoxale.

QUELQUES PRINCIPES À CONSIDÉRER DANS L'ÉVALUATION DES FAMILLES

Dans cette partie du chapitre, nous faisons un survol de quelques balises que nous estimons importantes à inclure dans le champ de vision des travailleurs sociaux lorsqu'ils interviennent auprès des familles.

Famille et intervenant : une rencontre de deux systèmes psychosociaux

La relation entre famille et intervenant est fondamentalement axée sur une dynamique de pouvoir dans la mesure où l'intervenant a généralement le pouvoir de définir la situation et de gérer, jusqu'à un certain point, le processus thérapeutique au moyen du mandat institutionnel, du savoir, du contrôle, etc. Ainsi comprise, l'intervention ne relève pas d'une neutralité en soi mais s'inscrit dans une relation complexe où plusieurs facteurs entrent en jeu. Si l'intervention sociale auprès des familles est souvent conceptualisée comme une relation d'aide qui renforce l'image de deux personnes, soit l'aidant et l'aidé, il n'en demeure pas moins que la relation thérapeutique constitue aussi une rencontre de deux systèmes psychosociaux où chacun des acteurs n'est pas un individu isolé, mais agit comme représentant de ses relations sociales, de ses valeurs et des normes qui lui sont propres. Cette réalité peut se traduire par une dialectique dans l'acte thérapeutique dans la mesure où l'intervenant peut axer son intervention sur le potentiel des membres de la famille et de leur pouvoir (*empowerment*) ou sur un contrôle social des problèmes compris comme des carences à normaliser.

L'étiquetage des problèmes sociofamiliaux par la déviance : défis et pièges pour l'intervenant

Sans prétendre répondre à l'ensemble des difficultés possibles que peuvent éprouver les intervenants en situation d'intervention avec les familles, il est important de souligner que la conception qu'ont les intervenants moule étroitement les gestes qui seront posés dans le processus d'intervention. Afin d'éviter une variété de pièges pouvant mener à des difficultés de communication et pour mieux évaluer les services aux familles, il est nécessaire que les intervenants se « libèrent », d'abord et avant tout, de leurs biais personnels et professionnels associés aux normes propres aux familles de type nucléaire. Sous cet angle, certains chercheurs précisent qu'il est utile pour les intervenants de concevoir la famille dite moderne comme « deux ou plusieurs personnes liées ensemble par des appartenances de partage et d'intimité » (Hepworth et Larsen, 1996 : 278). Cette définition plus flexible de la famille contemporaine devrait aider les intervenants à rencontrer les différentes clientèles sur leur propre terrain et à les accompagner dans le processus d'aide tout en tenant compte de différentes formes d'aide et des raisons sous-jacentes à leur choix de style de vie. Elle permet également de réduire les préjugés sociaux associés à la déviance et appliqués aux personnes selon leur statut économique et culturel : familles monoparentales ou reconstituées, assistés sociaux, personnes seules, immigrants, groupes sociaux minoritaires, etc.

Face à ces défis, Rondeau et Roy (1990) nous rappellent que la perception que nous nous faisons d'un groupe de personnes oriente nécessairement la définition de leurs besoins et, par conséquent, détermine les services eux-mêmes. Autrement dit, lorsqu'on juge qu'une personne ou une famille est inadéquate ou irresponsable, on aura tendance à agir en conséquence de cette perception et à mettre en veilleuse les forces et les compétences des personnes. De plus, il y aura une tentative explicite ou implicite à isoler les problèmes vécus par les familles sous l'angle de la psychopathologie, en intervenant plus sur les symptômes visibles au détriment d'un travail sur les structures ayant engendré les difficultés en question. À titre d'exemple, si nous intervenons auprès d'assistés sociaux et leur attribuons des carences selon leur statut d'assistés, nous avons en quelque sorte édifié une logique d'intervention axée sur le contrôle de cette carence à réduire ou à éliminer et il est plus difficile alors de créer des liens menant à la collaboration et au partenariat.

Suis-je à l'aise dans mon évaluation des familles ?

L'évaluation des familles en travail social sous-tend généralement une objectivité. Or, l'inclusion des connaissances et des valeurs de l'intervenant, comme nous l'avons vu précédemment avec la seconde cybernétique et l'autoréférence, révèle au grand jour la réalité plutôt subjective de la relation en question. À ce titre, Lacroix (1990) recommande de nous interroger sur nos propres biais quand nous intervenons avec les familles en évaluation. Ce que nous voyons dans telle ou telle famille nous met-il à l'aise pour les accompagner ? Comment concilier nos valeurs personnelles et sociales avec celles du client qui parfois posent problème (abus physique ou sexuel, négligence, inceste, etc.) ? Comment adopter une certaine distance face à ces problèmes tout en montrant une ouverture et une empathie dans le processus thérapeutique et de résolution des conflits ? Devant ces questions de fond, qui peuvent constituer des espaces d'impuissance pour l'intervenant, il est clair que celui-ci doit faire une démarche critique par rapport à ses fonctions réelles dans la sphère sociale élargie. En d'autres termes, il pourrait se questionner sur la portée de ses actes thérapeutiques dans le rétablissement de l'équilibre des familles en cause, d'une part, mais aussi se demander si les gestes posés contribuent aussi à une appropriation du pouvoir (*empowerment*) par les personnes vues en intervention dans une perspective de changement social, d'autre part.

Hepworth et Larsen (1996) enrichissent ces propos en nous suggérant d'explorer et d'organiser la collecte de données afin de mieux nous préparer à évaluer les aspects fonctionnels ou dysfonctionnels quand on intervient avec les systèmes en question. À cette fin, ces chercheurs proposent de considérer les dimensions suivantes : le contexte familial, les frontières internes et externes, le système fermé ou désengagé, la structure du pouvoir dans la famille, le processus de décision, et les mythes familiaux afin de les inclure dans le champ d'observation de l'intervenant.

Le contexte familial

L'intervenant ne doit pas perdre de vue que l'assistance aux familles pour les besoins de survie tels que la nourriture, la santé, le logement, l'aide financière, etc., doit avoir préséance sur l'intervention axée sur le changement des dynamiques familiales ou l'enseignement des habiletés parentales et éducationnelles. Comme dit le proverbe, il faut manger pour penser. Ainsi, rassembler l'information pour évaluer les familles constitue en fait une tâche importante, étant donné la dynamique interne propre à chaque culture familiale, à son milieu et au choix du style de vie. D'ailleurs, le fait que la définition du terme famille diffère d'une culture à une autre ajoute une certaine dose de complexité que l'intervenant doit inclure dans l'évaluation. Face à cette réalité, et afin de situer les problèmes présentés par la famille dans le contexte social où celle-ci évolue, il est recommandé d'adopter une perspective dite dualiste, c'est-à-dire déterminer les zones de conflit entre les valeurs et attitudes du système social élargi et celles plus immédiates des personnes dans leur système familial proprement dit. Cette perspective permet, jusqu'à un certain point, de saisir le degré de fonctionnalité des familles entre ce qui est considéré comme le « normal fonctionnel » et « l'anormal dysfonctionnel ».

Les frontières internes et externes

En tant que système vivant faisant partie de systèmes plus larges, la famille vit nécessairement diverses transactions avec l'environnement. Étant donné le lien entre l'individu et la société, la famille doit relever généralement deux défis pour garder son équilibre. D'un côté, cultiver le sens d'appartenance et de socialisation ; de l'autre, favoriser l'individuation de chaque membre ou son unicité. Cette transaction suppose donc une capacité d'ouverture et de fermeture du système familial entre les dynamiques interne et externe. À défaut de maintenir cette flexibilité pour être capable de changer tout en gardant sa structure, ceci peut nous amener à un système de type fermé ou désengagé.

Système fermé et système désengagé

Bien qu'il existe plusieurs types de familles tels que la famille à complémentarité biaisée ou la famille fonctionnelle (Lacroix, 1990), notre choix se limitera aux systèmes familiaux qui risquent le plus de se retrouver en travail social, soit le système fermé et le système désengagé. Les caractéristiques du système fermé révèlent que la survie de la famille repose sur la survie du système plutôt que sur les personnes. À titre d'exemples, on peut penser aux systèmes gérés généralement à l'interne par le code du secret relativement à des problèmes tels que l'inceste, la violence, la toxicomanie, l'alcoolisme, l'anorexie, la boulimie, etc. Dans ce type de famille, l'autonomie des membres est souvent sacrifiée au nom de l'affiliation à la famille ; le conflit direct entre les membres est évité afin de prévenir l'éclatement au grand jour du système si le problème est connu dans l'espace social public.

Pour ce qui est du système désengagé ou trop ouvert, on peut penser aux caractéristiques suivantes : famille confrontée à des problèmes multiples, difficile à joindre, désorganisée, souvent pauvre et délinquante. N'ayant pas de pouvoir comme système familial, et devant l'absence de règles de fonctionnement, de loyauté entre les membres et de rétroactions dans la famille, ces personnes vivent leur souffrance sur une base plutôt privée. Pour toutes ces raisons, ces deux types de familles se retrouvent souvent comme clientes des services sociaux, en particulier en contexte d'autorité, c'est-à-dire en protection de la jeunesse, en centre d'accueil, en milieu carcéral, etc.

La structure de pouvoir dans la famille

Toute famille développe une structure de pouvoir qui définit l'influence relative que chaque membre exerce sur les autres membres du système. Par exemple, le niveau élevé de revenu ou d'éducation d'un membre peut augmenter son pouvoir au sein de la famille. À l'opposé, le pouvoir d'un membre peut diminuer si celui-ci n'est plus à la hauteur des besoins ou des attentes des autres membres. À titre d'illustration, une famille immigrante peut constater une perte de pouvoir chez le père quand celui-ci ne peut obtenir un emploi dans son pays d'adoption. Des personnes peuvent aussi exercer un pouvoir par des symptômes émotionnels ou physiques. On peut penser aux adolescents qui vivent des périodes difficiles à ce stade de leur développement psychosocial et sexuel et qui peuvent exprimer leur souffrance par un retrait, des fugues, des symptômes psychosomatiques. Ausloos (1995) donne l'exemple de la jeune fille anorexique qui ne peut s'approprier le pouvoir sur son système familial que dans la mesure où les autres membres révèlent leur impuissance à l'égard de ce comportement. Selon ce chercheur, le pouvoir est inhérent au système et chaque membre de la famille participe à sa distribution, à sa gestion et à son utilisation.

L'évaluation du pouvoir dans la famille (à savoir qui détient la balance du pouvoir) peut être faite en se posant les questions suivantes : qui parle pour qui ? Qui parle en premier ? Qui interrompt qui ? Qui est d'accord avec qui ? Qui occupe le plus de place en termes de parole ? Qui décide pour qui ? À qui appartiennent les idées généralement adoptées dans le processus de décision ? Qui semble détenir l'autorité ultime dans les décisions ? En notant les redondances dans les interactions et les échanges, l'intervenant peut mieux repérer les porte-parole des systèmes familiaux en question.

Le processus familial de décision

L'efficacité de la prise de décision en famille exige généralement des rétroactions ouvertes (*feedbacks*) et la possibilité de partager librement ses opinions personnelles. Quand ces conditions ne sont pas réunies, il y a un risque de déséquilibre dans le processus de décision. En lien étroit avec les questions de pouvoir, le type familial joue également un rôle important dans le processus de décision. Si un système familial est de type fermé, les membres doivent être vigilants par rapport à ce qu'ils vont dire, l'attente étant qu'ils doivent avoir les mêmes opinions, sentiments et désirs, de peur de faire éclater le système. Par ailleurs, un système de type désengagé permettra aux membres de converser librement et de communiquer sans peur de jugement négatif. Contrairement au système fermé, les différences d'opinions y sont comprises comme « naturelles » et les membres peuvent dire ce qu'ils pensent et ressentent sans risque de s'autodétruire ou de détruire les autres membres. Toutefois, le manque de règles ou de rituels dans un système désengagé ou trop ouvert, combiné à une absence de rétroactions à l'intérieur du système (chacun vit sa vie privée comme il l'entend), produit également un système où le potentiel d'éclatement individuel et privé est omniprésent.

Familles et mythes familiaux

Les mythes familiaux trouvent leur expression dans des affirmations du genre « nous sommes une famille très unie » (mythe de l'harmonie), « on se dit tout » (mythe du partage sans aucune frontière). En fait, le mythe familial est une image que la famille a d'elle-même et qu'elle désire projeter socialement à l'extérieur. Dans la mesure où l'image à usage interne diffère nécessairement de l'image que la famille montre d'elle à l'extérieur, le mythe familial joue un rôle tampon et de régulation pour assurer une certaine stabilité de la famille. C'est comme si nous sélectionnions les plus belles photos de notre album parmi l'ensemble des photos, en mettant en veilleuse celles que nous considérons moins réussies. Ce concept d'image de qualité a d'ailleurs été l'objet de plusieurs recherches par William Glasser (1965) dans ses travaux sur la thérapie de la réalité. En bref, le mythe familial sera sollicité en réaction à l'intensité du problème vécu par un ou plusieurs membres de la famille. Plus il y a de la pathologie, plus le recours au mythe sera grand et vice versa.

QUELQUES PRINCIPES POUR INTERVENIR AUPRÈS DES FAMILLES

Comment s'affilier et s'adapter au système familial

Si l'intervenant ne réussit pas à créer une affiliation et une accommodation avec la famille, ses efforts pour former le système d'intervention seront vains. Selon Saint-Yves (1992 : 138), s'affilier consiste à s'harmoniser au style de langage, aux gestes et aux centres d'intérêt de la famille. Pour être capable de se relier aux membres de la famille, cet auteur suggère, par exemple, d'appeler chaque membre par son prénom sans nécessairement le tutoyer, et ce, afin de mettre à l'aise les personnes. En d'autres termes, les gestes chaleureux et respectueux posés envers chacun des membres lors des premières rencontres d'accueil s'avèrent primordiaux pour donner le ton et créer des conditions d'affiliation propices à une démarche d'intervention thérapeutique. Si les membres de la famille ne se sentent pas à l'aise lors de l'accueil, la formation du système thérapeutique sera plus difficile à maintenir.

Le fait de s'accommoder au système familial correspond à la capacité de l'intervenant à respecter le type d'organisation et le style de famille pour mieux s'y adapter et s'y fondre. Ainsi que nous l'avons mentionné dans le paragraphe sur la rencontre entre familles et intervenants en tant que deux systèmes psychosociaux, le défi de s'accommoder peut être, par exemple, de s'adapter à un langage totalement différent, même s'il ne correspond pas à ce que nous sommes comme intervenants. Dans cette optique, l'intervenant doit suivre les voies de communication utilisées dans la famille, découvrir celles qui sont ouvertes et celles qui le sont moins, et apprendre à mieux connaître les modes de communication et de transaction dans les relations entre les membres. Jusqu'à un certain point, cette logique s'applique également à la famille, dans la mesure où celle-ci doit faire des efforts pour s'affilier et s'accommoder à l'intervenant.

Enfin, il faut rappeler que la phase d'accueil implique nécessairement la pratique de la ventilation, c'est-à-dire l'expression des sentiments négatifs par les membres lors de la clarification et de l'entente sur le motif de consultation. Par l'écoute active et la re-formulation, cette étape préalable est primordiale pour créer des conditions favorables à l'intervention.

Enjeux des alliances ou comment garder une « neutralité active »

S'affilier et s'accommoder pour l'intervenant ne veut surtout pas dire entrer en alliance avec un membre contre un autre. Généralement, chaque membre de la famille aura tendance à vouloir créer, consciemment ou inconsciemment, une certaine alliance avec l'intervenant afin de faire valoir son point de vue. Si l'intervenant entre visiblement en alliance avec un membre, ceci peut être ressenti par l'autre membre comme une coalition qui est dirigée contre lui : c'est ce qu'on appelle une dyade. Cette condition d'alliance à deux crée alors des sentiments d'exclusion d'un membre dans le système thérapeutique qui sont souvent néfastes à la poursuite de la démarche thérapeutique et à la « neutralité active ». Par neutralité active, il faut entendre l'art de montrer de l'empathie à chacun des membres, par l'écoute active et la circularité de l'information, sans se faire prendre dans ce qu'on peut appeler « la toile d'araignée » familiale.

Dans une consultation avec un couple, par exemple, l'intervenant doit garder le contrôle de la triade, c'est-à-dire le leadership sur le système thérapeutique à trois en démontrant qu'il n'y a pas de favoritisme d'un membre au détriment d'un autre. Prendre le rôle « d'outsider » (étranger) qui fait circuler l'information constitue un instrument thérapeutique incontournable chez l'intervenant pour réussir à avoir l'aval de toutes les parties de la famille vers une démarche d'objectifs communs à atteindre. Dans des cas d'abus graves tels l'inceste et la violence, il peut arriver que se créent des alliances temporaires avec les victimes, le temps de permettre une réorganisation du système. Ce type d'alliance temporaire n'est qu'une étape dans la démarche thérapeutique et non une fin en soi.

La circularité : un outil efficace pour rassembler l'information

Selon Selvini et ses collaborateurs (1982), la circularité peut être définie comme une manière de rassembler l'information en se basant sur les rétroactions (*feedbacks*) de la famille en réponse aux questions de l'intervenant. Dans la mesure où il est plus facile de décrire la relation à d'autres personnes que de décrire sa propre relation par rapport à quelqu'un, il y a généralement moins de résistance à collaborer à la démarche thérapeutique. Sous cet angle, la circularité permet de rassembler beaucoup d'informations générales, parfois très précieuses, sur les rapports à l'intérieur des familles. Ce type d'information est décrit par Ausloos (1995) comme étant une information pertinente dont nous parlerons plus bas. En s'inspirant de Van Caloen (1989), voici quelques méthodes qui peuvent s'avérer utiles dans l'application du principe de la circularité en vue de rassembler l'information pertinente. À cette fin, l'intervenant peut poser les questions sous les angles suivants :

a) *comportements* dans des circonstances spécifiques. Ex. : quand ton père est intoxiqué ou est violent, que fait ta mère ? Comment ton frère réagit-il à ce qui se passe ? Et toi, que fais-tu ?

b) *différences* dans le comportement. Ex. : quand ton frère est insupportable, qui réagit le plus dans la famille ?

c) *échelles* en fonction d'un comportement précis où nous invitons les différents membres de la famille à ranger par ordre d'importance l'événement et ses effets sur la dynamique familiale. Ex. : ta sœur semble souffrir beaucoup dernièrement, qui peut mieux la consoler ? toi ? ta mère ? ton père ?

d) *avant et après* un événement précis. Ex. : à ton avis, est-ce que tes parents se disputent plus ou moins depuis que ta mère est malade ?

e) *événement hypothétique*. Ex. : si ta mère était hospitalisée durant plusieurs mois, qu'est-ce qui serait le mieux pour vous ?

Ce type de questions contribue en définitive à nous faire découvrir un peu plus le fonctionnement interne familial en vue de mieux le connaître et de suggérer alors des pistes de solution appropriées. Dans cette optique, il est recommandé d'éviter de poser des questions comportant des *pourquoi*, ceci pouvant avoir des connotations d'accusation, pour privilégier plutôt le *comment* des choses et des événements.

L'usage précieux des métaphores par l'intervenant

La métaphore peut être utilisée comme technique pour pallier des situations trop statiques dans le couple ou la famille. Par définition, une métaphore renvoie à une image, à un langage non précis, voire symbolique. Appliquée au contexte d'intervention, la métaphore exprime souvent des émotions fortes et des situations difficiles qui, autrement, auraient du mal à être explicitées par les membres d'un système familial. Quand une métaphore est utilisée lors d'interventions familiales, il est fortement suggéré de la récupérer et de la renvoyer dans le système afin de rejoindre les membres dans leur réalité, leur propre langage, leur état d'âme, leur style de vie, etc. De plus, dans la mesure où c'est un membre dans le couple ou la famille qui émet la métaphore et non l'intervenant, son usage par le thérapeute démontre une marque d'écoute active et d'empathie. Voici quelques exemples de métaphores utilisées en intervention qui expriment le langage analogique en relation avec les enjeux réels des dynamiques familiales.

- *Nous sommes comme chien et chat* (problèmes de désaccord).

- *Nous sommes dans un cul-de-sac, au bout du rouleau* (sentiments de désespoir et incapacité d'agir).
- *On est dans la brume* (sentiments de confusion).
- *C'est un jeu d'échecs* (rapport de confrontation).
- *Nous sommes sur une corde ou pente raide* (rapport de force et de pouvoir).
- *On est dans une cage* (sentiment de solitude, système fermé, liens sociaux faibles).

La reprise et l'intégration des métaphores dans la démarche thérapeutique permet de développer des espaces de complicité entre les membres de la famille et l'intervenant, d'une part, et de faire état des changements dans les dynamiques familiales, d'autre part. Ainsi, l'intervenant peut demander aux membres d'une famille : comment va votre cage ou votre cul-de-sac depuis la semaine passée ? Les membres peuvent aussi exprimer les changements qu'ils vivent en reprenant les métaphores utilisées lors de sessions antérieures : il y a moins de brume dans notre vie de famille (indice de changement) ; c'est le calme après la tempête (lueur d'espoir), etc.

Pour une intervention d'*empowerment* auprès des familles

Dans son ouvrage intitulé *La compétence des familles*, Ausloos (1995) s'attaque aux difficultés, malheureusement fréquentes en intervention auprès des familles, en nous proposant quatre paramètres de travail qui favorisent le pouvoir d'agir des personnes vues en intervention : la compétence, l'information pertinente, le temps et le chaos.

La compétence

Ce premier paramètre nous invite à déconstruire nos propres étiquettes sociales qui associent généralement les comportements des familles en termes de difficultés, de faiblesses, de manque d'habiletés, voire de déviance. Considérant ce piège dans le transfert de pouvoir aux personnes en situation de fragilité, Ausloos (1995) nous propose justement de mettre l'accent sur les compétences si l'on veut promouvoir la prise en charge des familles. En d'autres termes, le défi de transférer du pouvoir aux personnes vivant en situation de crise ou de difficulté ne peut être possible que si nous réussissons effectivement à les percevoir sous l'angle de la compétence. Dans la mesure où cela exige des compétences pour rester en équilibre dans des conditions difficiles, parfois chaotiques, ce postulat nous renvoie aux forces des familles plutôt qu'aux symptômes de leurs faiblesses et manques. À ce sujet, Minuchin (1979), un des pionniers de l'approche systémique avec les familles, nous rappelle qu'on doit garder à l'esprit qu'un système familial, aussi perturbé soit-il, représente toujours un certain équilibre. Ainsi, une famille change non pas parce qu'on a interprété verbalement ses conflits mais parce qu'elle a fait l'expérience d'une possible solution de rechange. L'idée suivante résume bien cette perspective : « Une famille ne peut se poser que des problèmes qu'elle est capable de résoudre » (Ausloos, 1995 : 29).

L'information pertinente

Ce second paramètre renvoie à l'information significative qui circule dans la famille et qui y retourne pour informer le système sur son propre fonctionnement, ou comme dirait Bateson, la différence qui fait la différence. Faire circuler l'information entre les membres du système familial ne peut se limiter à recueillir des données mais devrait leur faire découvrir des choses qu'ils ne savaient pas sur leurs relations. Ce principe de circularité d'une information pertinente constitue donc un facteur central dans les dynamiques thérapeutiques, dans la mesure où il permet aux familles de trouver leurs propres solutions. Ces deux postulats, compétence et information pertinente, représentent en fait l'activation du processus familial où le changement devient possible.

Le temps

La façon dont nous vivons et percevons le temps diffère fortement selon les cultures, les contextes, les circonstances, les lieux, les sujets, les sensations agréables ou désagréables, etc.

Ainsi compris, le temps n'est pas le même pour les familles et les intervenants. Cette perception différente du temps peut intervenir dans la production de la pathologie et de son maintien comme dans la conduite du traitement. Le temps dont les familles ont besoin pour observer, expérimenter, changer, et le temps que le thérapeute doit apprivoiser dans sa démarche d'intervention sont à considérer. Si, par exemple, cela a pris vingt ans pour développer un problème d'alcoolisme, il serait utopique de penser que vingt et un jours de désintoxication ou dix rencontres suffisent pour traiter efficacement le problème en question. Toujours par rapport à la notion de temps, on ne peut *a priori* déterminer à l'avance le temps qu'une démarche thérapeutique va exiger. Ceci est intimement lié à la situation particulière de chaque famille et au stade où chacun des membres est rendu dans sa trajectoire personnelle. Dans la mesure où cela prend du temps pour tâtonner, essayer, créer et s'ajuster, on peut dire alors *qu'on travaille plus avec les personnes qu'avec les problèmes*. Cette approche du temps a des effets bénéfiques sur l'intervenant car elle contribue à créer des conditions de coresponsabilité propices aux changements selon les rythmes propres aux systèmes familiaux.

Le chaos

En tenant compte du principe d'équifinalité, à savoir que plusieurs voies peuvent mener à un même but et vice versa, nous débouchons nécessairement sur la notion d'imprévisibilité. Comme intervenants, nous ne pouvons pas savoir au départ ce qui a mené à tel ou tel problème, et encore moins ce qui permettra de le résoudre. C'est dans le cours des échanges et des contenus avec les personnes, non connus *a priori*, que nous trouvons souvent des solutions créatrices. Dans cette optique, le terme de chaos s'avère très utile dans la mesure où le potentiel de créativité et d'imprévisibilité est infini. Bien que le chaos soit souvent associé à échec, aliénation, dégradation, il faut y voir également la source de vie et du changement. Pour reprendre les termes d'Ausloos (1995), n'essayons-nous pas, comme intervenants, de « normaliser », c'est-à-dire de ramener à la norme, de raboter ce qui nous dépasse, de couper les ailes de l'imagination et de l'imprévu ? Apprendre à lâcher prise, c'est abandonner les constructions théoriques pour nager avec les membres des familles, tout en sachant que notre compétence de thérapeute et celle de la famille restent une réalité bien vivante en voie d'équilibration et de changement. Ainsi comprises, les compétences des membres de la famille, combinées à un certain confort du thérapeute axé sur la collaboration plutôt que sur le contrôle, constituent un chaos créateur vers les multiples possibilités en intervention.

CONCLUSION ET PERSPECTIVES

En résumé, nous considérons qu'apprivoiser l'intervention auprès des familles au moyen de la compétence et de l'information pertinente représente un atout précieux pour redonner aux personnes leur pouvoir et favoriser ainsi un contexte d'*empowerment*. La création de conditions propices à un partenariat sur une base conjointe représente un préalable pour entamer une démarche d'appropriation du pouvoir par les personnes qui vivent des périodes de fragilité (Bouchard, Pelchat et Boudreault, 1996). Dans cet esprit, nous avons tenté de démontrer, à travers cet article, l'importance d'inclure dans le champ de vision de l'intervenant les notions de système, de totalité, d'équifinalité, de seconde cybernétique, d'homéostasie, d'autoréférence, afin de nous familiariser et de nous sentir plus à l'aise avec la complexité des systèmes familiaux en contexte d'intervention. Nous avons vu également comment la rencontre de la famille avec l'intervenant était en fait une rencontre de deux systèmes psychosociaux et comment les divers modes de communication constituaient des atouts pour mieux saisir les diverses dynamiques familiales. Par l'approche de certains concepts (affiliation et accommodation, dyades et triades, circularité, métaphores, information pertinente, temps, chaos, etc.), nous avons montré comment leur intégration par l'intervenant lui permettait de jouer un rôle important dans la recherche de solutions avec les membres des familles tout en s'occupant de sa propre santé mentale.

Pour reprendre les propos de Lamarre (1998 : 156), il est sage également de prévoir l'échec éventuel de nos interventions, car nous évoluons dans des contextes qui permettent les essais mais aussi les erreurs. L'intervenant n'a pas à se sentir inadéquat s'il échoue dans tel ou tel geste, le défi véritable étant de trouver avec les personnes des solutions sans vouloir toujours avoir raison. Dans cette perspective, et sur le plan de l'intervention clinique auprès des familles, il est suggéré de privilégier le *comment* plutôt que le *pourquoi* dans le but d'éviter de blâmer tel ou tel membre et promouvoir ainsi des changements qui permettent l'autoréorganisation des systèmes familiaux en question. C'est par ce moyen que nous pouvons favoriser la collaboration et la concertation plutôt que le contrôle avec les familles. En résumé, et comme le dit si bien Goulding (1978), le pouvoir réel est dans le patient et le défi en intervention réside dans notre capacité de le mettre en valeur chez la personne sans «tomber» dans le piège de l'étiquetage.

BIBLIOGRAPHIE COMMENTÉE

ACKERMAN, Nathan (1970), *Family therapy in transition*, Boston, Little Brown.

SATIR, Virginia, J. STACHOWIAK, H.A. TASCHMAN (1975), *Helping families to change*, New York, Jason Aronson Inc.

HALEY, Jay (1981), *Nouvelles stratégies en thérapie familiale*, Montréal, Éditions France Amérique.

Ces trois ouvrages traitent de la question du changement à l'intérieur des systèmes familiaux et de leur adaptation à l'environnement. L'auto-organisation, la création de conditions thérapeutiques propices au changement et quelques stratégies concrètes d'intervention sont également abordées.

MINUCHIN, Salvador (1979), *Familles en thérapie*, Montréal, Éditions France Amérique.

Considéré comme un classique de la thérapie familiale, ce livre nous introduit bien à l'approche systémique en thérapie avec les familles tout en expliquant les fondements sous-jacents.

LACROIX, Jean-Luc (1990), *L'individu, sa famille et son réseau*, Montréal, Érès.

Écrit par un travailleur social du Québec, cet ouvrage nous trace un portrait intéressant des enjeux psychosociaux et des écoles de pensée entourant l'approche systémique en travail social.

GUAY, Jérôme (1999), *L'intervention clinique communautaire : familles en détresse*, Montréal, Presses de l'Université de Montréal.

Cet ouvrage nous familiarise avec la nécessité d'inclure la communauté dans notre champ de vision quand on travaille avec des familles en détresse.

VILLENEUVE, Claude et Angeles TOHARIA (1999), *La thérapie familiale apprivoisée*, Montréal, Presses de l'Université de Montréal.

ELKAÏM, Mony (1999), *La thérapie familiale en changement*, Institut synthé – Labo, Le Plessis – Robertson, France, Collection « Les Empêcheurs de penser en rond ».

Ces deux livres contiennent une diversité d'articles écrits par des chercheurs experts dans le champ de la thérapie familiale. On y traite de la formation des systèmes thérapeutiques avec les thérapeutes, de l'autoréférence, de la crise et du changement, des résonances, etc.

RÉFÉRENCES

AUSLOOS, G. (1995), *La compétence des familles*, Montréal, Éditions Érès.

AUSLOOS, G. (1981), « Système-homéostase-équilibration », *Thérapie familiale*, Genève, vol. 2, n° 3, p. 187-203.

BATESON, G. (1984), *La nature et la pensée*, Paris, Éditions du Seuil.

BATESON, G. (1967), *Vers une écologie de l'esprit*, Paris, Éditions du Seuil.

BÉDARD, J. (1998), *Famille en détresse sociale : repères d'action,* t. 1, « Du social au communautaire », Sillery, A. Sigier.

BERTALANFFY, L.V. (1968), *General system theory,* New York, Éditions George Braziller.

BOUCHARD, C. (1999), *Les politiques sociales familiales au Québec,* Conférence prononcée au Congrès des sciences humaines et sociales, Sherbrooke, 6 juin.

BOUCHARD, J., D. PELCHAT et P. BOUDREAULT (1996), « Les relations parents et intervenants : perspectives théoriques », *Apprentissage et socialisation,* vol. 17, nos 1-2, p. 21-34.

CHOSSUDOVSKY, M. (1998), *La mondialisation de la pauvreté,* Éditions Écosociété.

CONRAD, P. (1992), *Deviance and medicalization,* 3e éd., Philadelphie, Temple University Press.

DANDURAND, R. (1991), « Transformation et diversification de la famille québécoise de 1940 à 1990 », *Intervention,* no 88, p. 26-35.

DESCARRIES, F. et C. CORBEIL (1996), *Famille et travail : double statut... double enjeu pour les mères en emploi,* Institut de recherches et d'études féministes, UQAM.

ELKAÏM, M. (1999), *La thérapie familiale en changement,* Collection « Les Empêcheurs de penser en rond », Institut synthé – Labo, Le Plessis – Robertson, France

ELKAÏM, M. (1989), *Si tu m'aimes ne m'aime pas,* Paris, Éditions du Seuil.

GLASSER, W. (1965), *Reality therapy : a new approach to psychiatry,* New York, Harper and Row.

GOULDING, R.L. (1978), *The power is in the patient,* San Francisco, T.A. Press.

HALEY, J. (1981), *Nouvelles stratégies en thérapie familiale,* Montréal, Éditions France Amérique.

HEPWORTH, D.H. et J.A. LARSEN (1996), *Direct social work practice : Theories and skills,* New York, Wiley and Sons Publishing.

HORWITZ, A. (1990), *The Logic of social control,* New York, Plenum Press.

JERVIS, R. (1998), *System Effects,* Princeton, Princeton University Press.

LACROIX, J. (1990), *L'individu, sa famille et son réseau*, Montréal, Éditions Érès.

LAMARRE, S. (1998), *Aider sans nuire*, Montréal, Éditions Lescop.

LESEMANN, F. (1989), « Les nouveaux visages de la pauvreté », *Santé mentale au Québec*, vol. 14, n° 2, p. 581-603.

McCUBBIN, H.I., A.E. CAUBLE, J.M. PATTERSON (1982), *Family stress, coping, and social support*, Springfield, Charles C. Thomas.

McKENRY, P. et S. PRICE (1994), *Families and change : coping with stressful events*, Thousand Oaks, Calif., Sage Publications.

MINUCHIN, S. (1979), *Familles en thérapie*, Montréal, Éditions France Amérique.

MOREAU, M. (1987), « L'approche structurelle en travail social : implications pratiques d'une approche intégrée conflictuelle », *Service social*, vol. 36, n°s 2-3, p. 227-247.

PAUZÉ, R. (1996), « Présentation de modèles théoriques qui ont influencé les pratiques des thérapeutes familiaux systémiques », *Intervention*, n° 100, p. 31-40.

PINCUS, A. et A. MINAHAN (1973), *Social work practice and methods*, Ithasca, Ill., Peacock Press.

RONDEAU, M. et S. ROY (1990), *Évaluer les forces et les besoins de la personne dans le plan de services individualisés*, Montréal, Éditions Agence d'Arc.

RYAN, B. et G. ADAMS (1998), « How do families affect children's in school ? », dans le cadre de la conférence *Investing in children : A national research conference*, Ottawa, octobre, Château Laurier.

SAINT-YVES, A. (1992), *Perturbations familiales et analyse transactionnelle thérapeutique*, Sillery, Presses de l'Université du Québec.

SATIR, V. (1967), *Conjoint family therapy*, Harvard, Harvard University Press.

SELVINI, P. *et al.* (1982), « Hypothétisation, circularité, neutralité », *Thérapie familiale*, vol. 3, n° 3, p. 117-132.

SPECK, R.V. et C.L. ATTENEAVE (1973), *Family networks*, New York, Pantheon Books.

SUISSA, A.J. (1998), *Pourquoi l'alcoolisme n'est pas une maladie*, Montréal, Éditions Fides.

Suissa, A.J. (1994), «Violence, toxicomanie et dynamique familiale : Qui est responsable ?», *Intervention*, n° 99, p. 64-69.

Van Caloen, B. (1989), Recueil de textes du cours *Dynamiques familiales et toxicomanies*, Faculté de l'éducation permanente, Université de Montréal.

Watzlawick, P. (1972), *La logique de la communication*, Paris, Éditions du Seuil.

SITES WEB

Conseil de développement de la recherche sur la famille (CDRFQ)
http://www.uqtr.uquebec.ca/cdrfq/

Fondé en 1989 et situé à l'Université du Québec à Trois-Rivières, ce centre organise des activités de perfectionnement et de formation à l'intention des milieux institutionnels, communautaires et familiaux. Des individus comme des organisations peuvent en être membres. Le centre conduit divers projets de recherche; en outre, il organise un symposium biennal dont il publie les actes.

Famili@, Banque de données de la recherche sur la famille au Québec
http://familia.inrs-ucs.uquebec.ca/presentation.htm

Cette banque de données recense les recherches faites sur la famille depuis 1980. Toutes les disciplines, dont le travail social, sont représentées. Ce site offre aussi plusieurs liens avec d'autres sites francophones.

Centre national d'information sur la violence dans la famille (CNIVF)
http://www.hc-sc.gc.ca/hppb/violencefamiliale/

Hébergé par Santé Canada, ce site bilingue est une mine d'informations sur différents aspects touchant la violence dans la famille. Outre les publications sur les résultats de recherche, il offre aussi des vidéos intéressants ainsi que de nombreux liens avec d'autres sites.

Organisation mondiale pour les familles
http://www.familis.org/

Ce site offre des liens avec des sites anglais, français et espagnols. Outre son objectif de promouvoir la recherche sur la famille, cette organisation veut aussi servir de point de ralliement aux intervenants qui œuvrent dans ce secteur.

LE SERVICE SOCIAL DES GROUPES : CONCEPTS ET PRATIQUE

chapitre
6

Jocelyn Lindsay
Université Laval

INTRODUCTION

AU Québec comme probablement dans plusieurs pays de l'Occident, la pratique du service social de groupe est à la fois dynamique et fragile. Dynamique, parce qu'elle utilise souvent la marge de manœuvre des praticiens, qu'elle est un véhicule d'innovation et qu'elle est une méthode dont les applications dépassent souvent la reconnaissance officielle. Elle est aussi fragile, parce qu'elle est vulnérable aux soubresauts organisationnels et qu'elle est parfois une « seconde méthode » dans l'arsenal de l'intervenant. Le présent texte a comme objectif de décrire la nature et les caractéristiques du service social des groupes dans son évolution actuelle. Pour ce faire, nous aborderons successivement la nature du service social des groupes, son évolution historique, les types de pratique qui se sont développés, les raisons de son utilisation, les phases de l'intervention et enfin les compétences de l'intervenant.

UNE DÉFINITION DU SERVICE SOCIAL DES GROUPES

Tel qu'il est enseigné et pratiqué au Québec, le service social des groupes a été majoritairement influencé par le modèle de réciprocité, qui a aussi pris l'appellation de courant central (Papell et Rothman, 1983), dont nous préciserons plus bas quelques caractéristiques avec la notion d'aide mutuelle. Toseland et Rivas (1998) ont défini le service social des groupes comme une activité orientée vers un but auprès d'un petit groupe de personnes, afin de répondre aux besoins sociaux et émotifs de celles-ci, et d'accomplir des tâches. Cette activité est dirigée vers les membres individuels du groupe et vers le groupe comme un tout dans un organisme qui dispense des services. Reprenons successivement les principaux éléments de cette définition.

Le travail de groupe est une activité orientée vers un but, ce qui renvoie à une façon de procéder comprenant des tâches planifiées, ordonnées de façon méthodique et exécutées dans le cadre d'une pratique en service social. Dans la perspective qu'en donnent les auteurs précités, le travail de groupe permet à des personnes de satisfaire certains besoins, par exemple d'apprentissage ou de soutien, tout comme il permet à des groupes d'accomplir des tâches, comme peut le faire une équipe de travail. Nous reviendrons plus loin sur cette distinction, mais cet élément de la définition indique de façon claire que l'intention du service social de groupe est de provoquer un changement dont les buts sont voulus et planifiés, et dont les opérations sont en lien direct avec ces buts.

Le groupe n'est pas une simple addition d'individus : il possède des processus qui lui sont propres, des étapes de développement, une réalité externe avec laquelle il transige. Sa vie implique aussi une forme d'engagement réciproque entre les personnes qui en font partie. Le concept d'aide mutuelle, comme phénomène naturel par lequel les membres du groupe s'apportent un soutien qui est réciproque, est ici central. De plus, la définition renvoie au fait de travailler avec de petits groupes, dans lesquels les individus ont la capacité de s'identifier comme membres, de s'engager dans des interactions face à face, et d'échanger entre eux des pensées et des sentiments par des communications verbales et non verbales. Cette forme d'intimité et de climat de partage est évidemment propice à la résolution de problèmes personnels et sociaux. Un grand groupe permet beaucoup moins d'interactions face à face et l'entente autour de buts communs exige plus d'énergie. Souvent, les membres des grands groupes se voient comme un auditoire dans lequel l'aspect participatif est plus restreint.

La définition indique également que le travail de groupe permet de répondre aux besoins des membres et d'accomplir des tâches. En effet, certains groupes sont plus centrés sur les besoins des membres (par exemple, des groupes de thérapie, d'éducation, de soutien social) alors que d'autres ont plutôt une fonction d'accomplissement de tâches (par exemple, des groupes d'action sociale ou des équipes de travail). Ceci dit, aussi claire que soit cette distinction, les buts d'un groupe peuvent se modifier en cours de route et un même groupe peut poursuivre des buts différents au cours de son existence. Nous pensons ici entre autres à une intervention menée à Québec (Côté, 1994), étalée sur plus de quinze ans et qui a traversé les étapes suivantes, toujours en travail de groupe :

– une intervention éducative et structurée auprès de parents divorcés ;

– une intervention axée sur l'aide mutuelle auprès de la même clientèle ;

– une intervention axée sur l'aide mutuelle auprès d'enfants de parents divorcés ;

– une intervention éducative sur la recomposition familiale ;

– la mise sur pied d'une association de familles reconstituées.

Si l'intervenant doit agir dans une perspective groupale, il ne délaisse pas pour autant son attention aux individus. Ainsi, il tient compte de facteurs d'homogénéité et d'hétérogénéité dans la composition du groupe ; il fait en sorte que les membres développent un intérêt commun malgré leurs différences ; il reconnaît leurs compétences et leurs ressources d'aide en les considérant comme membres du groupe plutôt que comme des clients ou des patients.

Enfin, un groupe n'existe pas dans un vacuum mais en relation avec plusieurs systèmes, dont l'organisme employeur qui cautionne et influence ses buts. Ainsi, par exemple, la composition d'un groupe peut être conditionnée par le territoire desservi par l'organisme qui emploie l'intervenant, tout comme celui-ci peut être influencé par de nouveaux besoins qu'un groupe peut contribuer à mettre en évidence. Il faut toutefois préciser qu'un groupe, surtout dans le secteur communautaire, ne s'inscrit pas toujours à l'intérieur d'un organisme et d'une programmation ; très souvent, l'intervenant fera preuve de ce qu'on peut appeler l'adaptation continue.

Voici donc, regroupés et esquissés à grands traits, les principaux éléments de la définition du service social des groupes. Il s'agit d'une représentation simplifiée de la réalité et nous ne prétendons pas que toutes les pratiques soient fidèles à cette définition, même si nous pensons que la majorité des pratiques actuelles en service social des groupes s'y retrouve.

L'ÉVOLUTION DU SERVICE SOCIAL DES GROUPES

Historiquement, et particulièrement aux États-Unis et en Angleterre, le service social des groupes a d'abord été une pratique avant d'être conceptualisé comme champ de connaissances. Il est important de retracer quelques jalons historiques du développement de cette méthode dans le monde occidental. Généralement, on distingue trois phases dans l'évolution du service social des groupes (Paré, 1956). D'abord, des deux côtés de l'Atlantique, comme conséquence à l'industrialisation et à l'urbanisation, des centres appelés *settlements* et des mouvements de jeunesse ont été des lieux de pratique importants, de 1850 à 1900. Ensuite, de 1900 à 1945, la pratique dominante a été le travail de groupe en institution. Au Québec, on retrouve les traces de pratiques de groupe en institution en milieu anglophone, dans les années 1940.

Enfin, de 1945 à 1960, dans une démarcation souvent confuse avec l'organisation communautaire, on note des pratiques hors les murs (par exemple, le travail de rue) et de l'animation, surtout dans des zones urbaines à haut taux de pauvreté. Dans le milieu francophone, Simone Paré, à l'Université Laval où elle a enseigné à partir du début des années

1950, a été une pionnière inlassable. Elle a aussi aidé à démarrer des pratiques dans les paroisses, dans des centres sociaux, en éducation populaire comme dans des institutions d'accueil et de réadaptation (Paré, 1980) ; ces initiatives se sont largement répandues dans les années 1950 et 1960.

C'est aussi dans les années 1960 qu'on retrouve aux États-Unis une consolidation importante du travail de groupe comme partie prenante du travail social (Papell et Rothman, 1966). En même temps et jusqu'à la fin des années 1970, on note une interinfluence et une différenciation progressive des champs d'étude connexes comme les relations humaines dans l'entreprise, les groupes de formation, la dynamique des groupes et la psychothérapie de groupe (Tropp, 1978 ; Rondeau, 1980).

Dans les années 1970, la création de l'Association for the Advancement of Social Work with Groups (dont un point fort est son symposium annuel) et l'apparition de la revue *Social Work with Groups* (Alissi, 1982) sont deux importants facteurs de développement. Un peu plus tard, d'autres lieux de réflexion se sont aussi développés comme, en France, l'Association nationale des travailleurs sociaux pour le développement du travail social avec les groupes et, en Angleterre, le Congrès européen de travail social de groupe. Au Québec, l'œuvre de Simone Paré se continue par une fondation qui porte son nom et à laquelle elle a généreusement contribué. L'École de service social de l'Université Laval publie la collection des *Cahiers du service social des groupes* et organise depuis 1992 des journées d'étude annuelles, portant le nom des Journées Simone-Paré.

Dans les années 1970, compte tenu de la reconfiguration du système québécois de services sociaux, le service social des groupes a été de plus en plus pratiqué dans les centres de services sociaux qui dispensaient des services généraux et spécialisés dans leurs succursales comme dans des contextes hospitaliers ou scolaires. Dans ces mêmes années, le travail de groupe s'est progressivement différencié de l'organisation communautaire, à la lumière d'expériences d'animation et d'éducation populaire en milieu rural ou urbain.

Vers les années 1980, on pouvait noter que les organismes de plus grande taille et mieux structurés utilisaient le groupe davantage dans la gestion, alors que les plus petits s'en servaient dans la pratique directe (Darveau-Fournier et Home, 1983). De plus, le milieu scolaire représentait un lieu de pratique dominant pour le groupe. Les changements sur le plan des services sociaux ont aussi fait que plusieurs centres locaux de services communautaires, avec les nouvelles populations desservies, ont fait du travail de groupe une activité importante dans les champs de la prévention et de la réadaptation. On peut aussi observer, à partir de la même période et dans les années qui ont suivi, un certain nombre d'autres mutations dans la pratique de groupe. Ainsi, les groupes d'entraide (*self-help groups*) se multiplient, posant entre autres le problème de la définition du rôle de l'intervenant formel et de sa différenciation avec le bénévole. On voit alors se développer un secteur communautaire de services et aussi de défense des droits, dans lequel la pratique de groupe est présente : ce secteur remet en question les rapports avec le réseau public de services. On peut aussi noter que la pratique de groupe prend une place importante dans le travail sur certaines problématiques comme la maladie mentale, les personnes âgées ou la violence familiale et conjugale (Lindsay, 1990).

En bref, le service social des groupes a su tirer des leçons utiles de son histoire, tout en devenant plus spécialisé, plus polyvalent et en se différenciant des pratiques des années antérieures (Breton, 1990). Ainsi, du mouvement des *settlements*, il faut retenir la création de liens directs et égalitaires avec les pauvres ; de l'intérêt pour la récréation et les loisirs, il faut retenir l'objectif de prévention primaire et l'utilisation d'activités autres que la discussion ; du mouvement de l'éducation civique et progressiste, il faut retenir l'idée d'une solidarité qui dépasse les cadres du petit groupe.

LES TYPES DE PRATIQUE
EN SERVICE SOCIAL DES GROUPES

D'une façon générale, on distingue les groupes qui se ratta-chent à la satisfaction personnelle des membres qui en font partie, des groupes dont les membres se réunissent afin d'ac-complir ensemble une tâche qu'ils considèrent importante et pour laquelle ils doivent mettre leurs efforts en commun. De-puis la distinction classique de Papell et Rothman (1966) entre les modèles de réadaptation, de réciprocité et d'action sociale, d'autres auteurs ont proposé diverses typologies (Toseland et Rivas, 1998). Sans avoir la prétention de trancher ce débat portant sur la classification des pratiques en groupe, nous proposons ici une description de cinq types de pratique, des-cription qui a l'avantage d'être simple et d'englober un grand nombre de pratiques.

Les pratiques dites de traitement ont comme objectifs de corriger une difficulté de fonctionnement, de modifier un comportement, ou de remédier à un état émotionnel. Les per-sonnes qui composent ces groupes vivent des difficultés ou outrepassent les normes sociales. S'inspirant largement de théories psychothérapeutiques, l'intervenant, souvent ratta-ché à des contextes institutionnels, occupe un rôle dit de thé-rapeute et vise un changement personnel selon les problèmes présentés par les individus. Un exemple serait ici un groupe d'enfants âgés de 8 à 12 ans qui ont été témoins ou victimes de violence dans leur famille, ou un groupe de couples qui vi-vent des difficultés d'ordre conjugal.

Les pratiques dites d'éducation ont comme objectifs le déve-loppement de connaissances, l'apprentissage d'habiletés ou la réflexion sur un savoir-être. On retrouve souvent ici des person-nes pour lesquelles le thème du groupe représente un intérêt commun. S'inspirant majoritairement des théories de l'appren-tissage mais aussi de la psychologie existentielle, l'intervenant, qu'on peut retrouver dans des organismes ayant une fonction d'éducation et de prévention, occupe un rôle qui s'apparente à celui du formateur. En effet, il vise le développement des indivi-dus dans une démarche d'apprentissage commune. On pourrait ici penser à des groupes sur l'éducation sexuelle pour des adolescents, des interventions portant sur l'affirmation de soi ou sur la gestion des conflits, ou des formations pour des couples qui veulent devenir familles d'accueil.

Les pratiques dites de soutien social ont comme objectifs de briser l'isolement des personnes, de développer l'entraide, de recréer un tissu social. Ce sont les interventions les plus fréquentes dans le service social de groupe. Les participants à ces groupes vivent des situations existentielles semblables, dans lesquelles le stress est souvent une composante commune. S'inspirant prioritairement du modèle de réciprocité et plus globalement des théories des systèmes et des réseaux sociaux, les intervenants, dans des contextes de pratique très variés et souvent dans des organismes communautaires, se définissent comme des personnes qui facilitent l'émergence de l'aide mutuelle. Leur rôle se modifie donc selon le degré d'autonomie du groupe. On retrouve ici souvent des groupes de personnes qualifiées d'aidants naturels (par exemple, les enfants de personnes âgées), des personnes qui doivent composer avec une même maladie ou d'autres qui, simplement, vivent une situation semblable (par exemple, des parents qui veulent discuter de l'éducation de leurs enfants).

Les pratiques dites de fonctionnement organisationnel ont comme objectifs le développement et la qualité des services ainsi que l'adaptation de l'organisme à la population desservie. On peut penser ici à des équipes multidisciplinaires ou unidisciplinaires de travail, à des rencontres de coordination de plans d'intervention, à des rencontres de formation du personnel, à des comités, ou à des conseils d'administration. On note de plus en plus d'affinités entre le service social des groupes et ces pratiques, que l'on peut retrouver dans tous les organismes, qui sont fort variées et qui s'inspirent souvent des théories liées à la psychologie des organisations. L'animation est souvent liée au poste que la personne occupe, qu'il s'agisse de la conduite d'une réunion spécifique ou de la direction d'un projet dans son entier.

Dans les pratiques dites d'action sociale, qui sont à la frontière entre le travail de groupe et l'organisation communautaire, les membres s'engagent dans une action planifiée qui aura des impacts par-delà le groupe, c'est-à-dire sur l'environnement social ou physique. Souvent, de telles pratiques partagent certains traits avec celles décrites précédemment et elles se situent en continuité par rapport à celles-ci. Tiré du champ de la santé mentale, l'exemple qui suit montre la nécessité pour l'intervenant à la fois de demeurer à l'écoute des besoins du milieu et de transformer son rôle en conséquence. Une travailleuse sociale de la région de Québec (Boulianne, 1991) a mis au point un groupe pour les proches de personnes maniaco-dépressives ; il s'agit ici d'un problème pour lequel les statistiques officielles sont toujours très conservatrices. Son groupe, de type éducatif, avait comme principaux objectifs de partager les informations sur la maladie, d'augmenter l'estime de soi, d'aider à l'affirmation personnelle et de faire connaître ce qu'il faut faire en situation de crise. Une association a par la suite été mise sur pied, ajoutant des services d'écoute téléphonique, de parrainage, d'entrevue individuelle et d'accompagnement à la cour de justice. Les proches retirent de leur participation des bénéfices assez évidents et il semble aussi que les personnes atteintes réduisent l'ampleur et le nombre de leurs périodes de crise. Mais retenons simplement ici la présence de composantes reliées à la fois à l'éducation, au soutien et à l'action sociale.

Une fois de plus, soulignons le fait que cette typologie ne doit pas être vue de façon statique et que ses divisions ne sont pas immuables. Cependant, elle fournit des points de repère utiles.

L'UTILISATION DU GROUPE
DANS LA PRATIQUE DU SERVICE SOCIAL

Pourquoi pouvons-nous privilégier le petit groupe comme médium d'aide ou comme mode d'intervention, que ce soit seul ou en interaction avec d'autres interventions connexes ? Cette question est d'autant plus importante qu'il faut parfois préciser avec des personnes quelle aide leur serait plus bénéfique et que, par ailleurs, les organismes de services ont souvent une rationalité d'efficience dans laquelle il faut donner le meilleur service au moindre coût. Il faut ici avouer qu'il n'existe pas de critères précis qui énonceraient sans erreur vers quels buts, pour qui et sous quelles conditions tel mode d'intervention est le plus approprié. Néanmoins, il est possible de fonder un rationnel permettant de justifier l'utilisation différenciée de l'aide individuelle et de l'aide de groupe.

La plupart des auteurs (Northen, 1988 ; Garvin, 1997 ; Steinberg, 1997) s'entendent pour considérer le groupe comme un puissant moyen de changement. Les ingrédients actifs expliquant l'efficacité du groupe peuvent se résumer comme suit :

1) un soutien par les pairs s'ajoute à l'aide apportée par l'intervenant formel et ce soutien est parfois mieux accepté ;

2) la participation à un groupe peut combler un besoin fondamental chez les personnes, soit le besoin d'appartenance ;

3) l'observation de personnes partageant les mêmes difficultés ou le même vécu atténue l'impression d'être seul à vivre telle situation, ce qui peut augmenter l'estime de soi ;

4) un sentiment d'espoir peut prendre place en voyant d'autres personnes qui ont cheminé dans des situations semblables ;

5) les membres apprennent que non seulement ils reçoivent de l'aide, mais qu'ils peuvent en donner, ce qui a des effets bénéfiques sur l'identité personnelle et sur le comportement ;

6) le groupe fournit un cadre sécuritaire pour apprendre de nouvelles connaissances, pour expérimenter de nouveaux comportements, pour remettre en question certaines opinions ;

7) l'acceptation par les autres d'une expression appropriée des idées et du vécu réduit l'anxiété, libère des énergies pour atteindre des buts ;

8) chaque membre peut utiliser le groupe de façon flexible, à son rythme, selon sa préparation à vivre telle expérience ;

9) la réflexion, l'observation et les opinions des autres permettent de mieux comprendre différentes dimensions de sa personnalité et de ses interactions ;

10) le fait de comparer ses perceptions à celles des autres réduit les risques de déformer la compréhension de soi, des autres et des situations vécues ;

11) comme tout groupe comporte certaines normes ou certains contrôles, il peut représenter un contexte d'apprentissage intéressant pour la vie en société ;

12) l'union fait la force et le groupe peut procurer un médium important pour influencer un système plus large vers un changement souhaité.

Nous insistons donc ici sur des motifs d'utilisation du groupe inhérents à sa dynamique propre. D'autres raisons doivent aussi être mentionnées, comme les caractéristiques personnelles d'individus susceptibles de profiter du groupe, les intérêts et les choix des intervenants et les orientations des organismes quant aux modalités d'intervention privilégiées.

Mais comment évolue actuellement l'utilisation de cette méthode ? Dans une étude portant sur les pratiques actuelles en service social des groupes au Québec, Turcotte et Fournier (1994) affirment que les problématiques les plus fréquentes sont le développement des compétences parentales, l'acquisition d'habiletés sociales, le contrôle de la violence intrafamiliale et l'adaptation à une perte (deuil, divorce, diminution physique). Ces thèmes semblent assez courants dans la tradition du service social des groupes et on a raison de croire que leur fréquence se maintiendrait dans la pratique. Cependant, sans nier l'importance de ces questions, on a aussi vu apparaître dans les dernières années des problématiques telles que la diversité culturelle, l'âgéisme, ou les nouvelles formes de pauvreté. De plus, la prolifération de la technologie, avec les nouvelles possibilités qu'elle permet, provoque aussi des déséquilibres dans les milieux de travail. Qu'on pense de plus aux impacts psychosociaux d'actes biomédicaux (par exemple, les nouvelles techniques de reproduction) subis par des personnes, ou aux nouvelles possibilités de communication que fournit la technologie (par exemple, aux États-Unis, des groupes se forment de plus en plus par l'intermédiaire du téléphone ou d'Internet).

Il convient de ne pas voir le travail de groupe uniquement dans des projets à long terme, à partir de groupes montés de toutes pièces par l'intervenant. En fait, les occasions de mettre à profit les compétences du groupe sont nombreuses: travail d'équipe, rencontres familiales, groupes d'une seule rencontre, animation de diverses formes de groupe de travail. On se situe ici à la périphérie du travail de groupe classique mais de telles occasions se rencontrent trop fréquemment pour qu'on ne puisse pas y voir un champ d'action du travail de groupe. Il y a une tendance actuelle à évoluer vers des pratiques plus concrètes, limitées dans le temps, dont les objectifs et le programme sont établis en majeure partie par l'intervenant et non par les membres (Turcotte et Fournier, 1994). Il faut faire attention à ce que cette pratique n'évolue pas vers des programmes immuables, faits à l'avance, vus comme des remèdes universels pour toutes les clientèles, dont les membres seraient ici privés de la possibilité de définir leurs besoins, ainsi que les objectifs et les activités de leur groupe.

LES PHASES D'INTERVENTION EN GROUPE

On peut concevoir le travail de groupe comme un ensemble de techniques et d'activités mises en place par l'intervenant durant la vie du groupe. Toutefois, pour faciliter la compréhension, ce processus est généralement décrit en quatre phases consécutives: la planification ou prégroupe, le début, le milieu ou phase de travail et la fin. Le travail de groupe peut être vu comme un processus de changement planifié et servir de cadre de référence à partir duquel on peut établir des actions utiles pour l'animation des groupes. Ceci peut être vrai pour un groupe à court comme à long terme, ou pour un groupe dont le membership est ouvert ou fermé. Dans les paragraphes qui suivent, nous allons énumérer quelques actions importantes de l'intervenant à chacune de ces phases.

phase 1

Voyons au départ la phase prégroupe ou de planification. Il n'y a à ce moment qu'une idée vague qu'un groupe puisse être formé et celle-ci peut venir d'un intervenant, d'individus vivant une situation, d'un groupe existant ou d'un organisme. Après une première reconnaissance de l'existence d'une situation sur laquelle travailler, l'intervenant évalue le besoin et porte un premier jugement sur l'utilité du travail de groupe. Il examine les possibilités du contexte organisationnel et détermine des buts potentiels pour le groupe. Il peut alors procéder à la composition du groupe, recruter des membres et les rencontrer individuellement, préparer une première rencontre, faire des lectures sur des projets semblables déjà effectués et se préparer psychologiquement à participer comme animateur à ce groupe. Ce sont là quelques tâches, mais non les seules. Plusieurs décisions sont prises à ce moment, comme la taille du groupe et la sélection des membres, et celles-ci ont des répercussions sur l'ensemble du projet. Même s'il peut y avoir plusieurs modalités de structuration de la phase prégroupe, celle-ci est un préalable essentiel à l'intervention et ses effets se mesurent en termes de présence et d'engagement des membres, tout comme dans l'atteinte des objectifs.

phase 2

La phase de début commence par une première rencontre de tous les membres. Ceux-ci amorcent une interaction en face à face et l'intervenant aide à construire un contexte relationnel, surtout en clarifiant le but du groupe. Dans cette phase, l'intervenant et les membres déterminent des buts individuels et collectifs, et mettent en place un contrat qui sera réalisé par la suite. Une difficulté de cette phase tient souvent au fait que les membres viennent, à la lumière de leurs expériences précédentes en groupe, chercher des réponses à des besoins tout en craignant de s'engager dans une expérience dont ils ne contrôlent pas toutes les variables. Pour l'intervenant qui en est à ses premières armes dans le travail de groupe, il y a souvent la peur de laisser le groupe aider un membre, la crainte de perdre le contrôle à cause de la grande quantité d'interactions, et la difficulté d'accepter la remise en question de sa façon de procéder (Home, 1980). Un concept ici utile est celui d'étapes de développement du groupe (Berman-Rossi, 1993). Il renvoie au fait que chaque groupe vit une expérience unique, possède une « personnalité » propre et traverse des phases prévisibles au cours de sa vie socio-émotive. La connaissance et le repérage de ces étapes permettent à l'intervenant de mieux saisir les caractéristiques du groupe et le comportement des membres, et de faire des interventions plus appropriées au vécu du groupe.

Pendant la phase de travail, l'intervenant aide le groupe à structurer son action et à mettre en place une dynamique faisant en sorte qu'il puisse atteindre ses buts. Ceci demande à l'intervenant d'évaluer constamment la situation, tant par rapport aux individus qu'au groupe et à l'environnement. Selon les buts du groupe et le cadre théorique choisi, différentes techniques et activités seront utilisées. D'une façon générale, la phase de travail a beaucoup plus d'ampleur que la phase de début ou celle de la fin. En résumé, c'est celle pendant laquelle se concrétisent les objectifs établis et acceptés réciproquement dans la phase précédente. L'intervenant saura donc planifier ses rencontres de façon adéquate, tout comme aussi utiliser positivement des situations imprévues. Cette phase peut varier considérablement selon la durée du groupe et ses caractéristiques ou avec l'addition possible de membres à chaque rencontre. Outre les discussions, des activités, par exemple des visites, des jeux de rôle, le dessin ou la présence d'invités, sont fréquemment utilisées comme stratégies pour atteindre les objectifs ou pour contribuer au développement du groupe.

À la phase de la fin, l'intervenant aide le groupe à bien utiliser le temps encore disponible pour atteindre ses buts. C'est le moment pendant lequel il y a lieu d'évaluer l'atteinte des objectifs déterminés au moment du contrat et la satisfaction des membres. L'intervenant aide ceux-ci, surtout dans des groupes orientés vers des changements personnels, à maintenir dans la vie quotidienne les changements amorcés dans le groupe et à préciser des façons de continuer le travail entrepris. Il faut se préoccuper de la façon dont les membres mettent fin à leur association ou terminent leur travail en commun dans le groupe car cette phase soulève différentes réactions émotives. C'est une période qui peut être très productive, si elle est menée avec doigté : l'intervenant fera prendre conscience du chemin parcouru, indiquera de nouveaux systèmes de soutien, analysera les réactions de l'environnement, fera les rencontres de relance appropriées.

Dans la formation en groupe, on insiste souvent sur le besoin de systématiser les interventions, de façon à les documenter et à les évaluer pour les améliorer et justifier des ressources adéquates. De façon minimale, ceci suppose dans la pratique de mettre au point les éléments suivants :

- un projet de groupe écrit, qui permet à l'intervenant de préciser ses idées et d'échanger avec d'autres collègues ;

- une brève synthèse de chaque réunion (présences, objectifs, activités, thèmes abordés, fonctionnement du groupe, rôle de l'intervenant, idées pour la prochaine rencontre) ;

- une évaluation périodique qui peut être faite sous diverses formes, pour prendre conscience du progrès réalisé, pour connaître la satisfaction des membres et pour définir les priorités pour le temps qui reste ;

- une évaluation sommative qui permet de voir l'atteinte des objectifs individuels et de groupe, l'évolution du groupe et la satisfaction des membres.

Selon notre expérience, une telle systématisation a permis de modifier des interventions, de mieux les intégrer dans les organismes et, parfois, d'aider à préciser des questions de recherche.

LES COMPÉTENCES DE L'INTERVENANT

Pour la personne qui désire utiliser cette méthode, il est important de développer des compétences d'analyse et d'intervention sur le petit groupe, comme aussi sur les autres systèmes pris en considération. L'intervenant s'intéresse à des concepts comme le leadership, les rôles, les normes, le but du groupe, le processus de prise de décision, chacun d'eux représentant une perspective par laquelle il devient possible de comprendre ce qui se passe dans cette réalité mouvante et, ultérieurement, d'intervenir. Il y aurait également lieu d'insister ici sur les connaissances que doit posséder l'intervenant sur le développement des individus, tout comme sur la réflexion qu'il doit faire par rapport à lui-même comme personne en action.

Il faut aussi noter que tout le domaine de l'animation de groupe, à l'intérieur comme à l'extérieur du service social, a permis de relever et de définir beaucoup d'habiletés d'intervention, que celles-ci soient axées sur la tâche à accomplir ou sur la vie du groupe, tout comme sur des individus particuliers ou sur l'ensemble du groupe. Middleman et Goldberg (1990) ont, parmi d'autres, développé une typologie des habiletés dont le point fort est de mettre l'accent sur le groupe comme un tout plutôt que sur les personnes prises individuellement. Ces auteures relèvent trois habiletés fondamentales à utiliser de façon simultanée, soit celle de penser en termes de groupe et de voir celui-ci d'abord comme une entité, celle d'embrasser du regard le groupe dans son entier (même si une personne domine la communication) et enfin celle de favoriser la cohésion par un moyen aussi concret que de parler du groupe en utilisant le « nous » et le « notre » de façon à bien marquer l'entreprise d'aide mutuelle et sa propre position dans le groupe.

S'appuyant sur la confiance dans le potentiel des membres et dans leurs capacités d'aide mutuelle, l'intervenant joue un rôle qui se caractérise par une polyvalence des fonctions, par une communication ouverte et explicite, par une position qui s'éloigne de l'expert sur son piédestal, par l'utilisation de plusieurs relations aidantes (autant qu'il y a de membres) et par un regard qui donne priorité au groupe dans son entier. Pour l'intervenant, c'est un rôle important de faire émerger ce soutien car de nombreux obstacles peuvent survenir, comme la difficulté de se faire aider dans une société où l'indépendance est valorisée, la résistance à aborder des sujets tabous, ou la douleur de partager certaines expériences.

Au Québec, les contextes de pratique ont changé et exigent que les intervenants en service social de groupe développent de nouvelles compétences. En effet, les organismes auparavant dits de « services sociaux » sont de moins en moins unidisciplinaires sur le plan de la composition de leur personnel et les travailleurs sociaux y ont perdu du pouvoir et du terrain au profit de professions connexes. Il s'ensuit donc que les travailleurs sociaux doivent plus que jamais être capables de pratiquer dans un contexte multidisciplinaire. D'autre part, l'émergence de divers types d'organismes communautaires est aussi un phénomène très important. Dans ce nouveau contexte, les intervenants doivent apprendre comment travailler non seulement avec d'autres professionnels mais avec des autodidactes de l'action communautaire qui sont souvent des bénévoles de très grande expérience qui ont été formés sur le terrain et dont la compétence est reconnue.

Si l'on interrogeait présentement les praticiens sur les difficultés à faire du groupe dans les contextes où ils œuvrent, ils énuméreraient sûrement les programmations serrées et le surplus de travail, la présence d'un modèle plus individuel de gestion de cas et la difficulté de donner priorité aux pratiques préventives (souvent réalisées par du travail de groupe).

Ces difficultés, toutes réelles qu'elles soient, ne doivent pas conduire à un pessimisme qui éliminerait toute avenue de développement. Les organismes dans lesquels fleurit la pratique de groupe comprennent des équipes où plusieurs intervenants s'y intéressent, d'où émergent une synergie productive et un développement continu d'une culture « groupe ». C'est souvent au sein de ces équipes que se négocient le temps de réflexion nécessaire, les ressources pour l'animation et la coanimation et les besoins en formation continue. Du côté des organismes communautaires, les intervenants en service social de groupe doivent être capables de travailler dans un contexte de partenariat, de coordination de ressources et de concertation sur un territoire donné (Duval, 1990). Ceci est fort visible dans une problématique comme la violence familiale, que ce soit au niveau du travail de cas ou de l'élaboration de positions communes face à des événements ou lors de consultations gouvernementales. Un travail en comité s'inspirant du service social des groupes permet des réflexions et des actions partagées, une meilleure communication entre les intervenants, une solidarité pour contrer l'isolement auquel confinent souvent de telles pratiques, et le dépassement d'interventions surspécialisées en faisant des liens entre les différentes formes de manifestations de la violence et entre les actions des divers organismes concernés.

Le développement des connaissances en service social des groupes est un facteur d'évolution important de celui-ci et il incite les intervenants à une mise à jour de leurs compétences. Si cette méthode a trouvé depuis la fin des années 1970 une unité dans le modèle de courant central, la notion d'*empowerment* a pris beaucoup d'importance au Québec dans les dernières années. Mentionnons à cet égard les apports de Judith Lee (1994) aux États-Unis, d'Audrey Mullender et David Ward (1991) en Angleterre et de Margot Breton (1991) au Canada. On peut évidemment parler de développement du pouvoir sous différents aspects : posséder un sentiment de compétence personnelle, augmenter sa capacité d'influence interpersonnelle, développer le pouvoir de certains groupes dans la société. D'une façon générale, les groupes inspirés par la notion d'*empowerment* sont davantage orientés vers l'action sociale et il n'est pas suffisant de se concentrer sur le développement du sentiment de compétence personnelle, d'habiletés interpersonnelles ou de changement social ; au contraire, une pratique inspirée de l'*empowerment* comprend une combinaison de ces trois éléments.

CONCLUSION

Nous avons voulu, dans les pages qui précèdent, faire un bref tour d'horizon du service social des groupes. Il ne faut pas oublier que la profession du travail social se situe aux confins du personnel et du social, qu'elle est perméable aux mutations sociales, et que son objet et son intérêt ont oscillé entre les difficultés personnelles et les questions collectives. Ainsi, en Amérique du Nord, les changements socio-économiques et politiques survenus au cours du dernier siècle, que l'on parle de la Dépression, de l'après-guerre, des tensions raciales et de la guerre à la pauvreté, ont modelé le développement des pratiques du service social (Franklin, 1990).

Dans le service social des groupes, l'aide mutuelle est une notion centrale et fondamentale. William Schwartz (1961), qui a beaucoup contribué à intégrer ce concept dans cette méthode, rappelait, il y a près de quarante ans, que les professions ont une façon typique d'évoluer par des cycles périodiques dans lesquels une vieille vérité réapparaît avec la vigueur et la fraîcheur d'une nouvelle idée. En tenant compte des transformations sociétales et organisationnelles évoquées plus haut, nous sommes probablement loin d'avoir exploité toute la richesse de l'aide mutuelle à l'intérieur des groupes, des organismes, des communautés, comme dans la société plus large.

BIBLIOGRAPHIE COMMENTÉE

DE ROBERTIS, Cristina et Henri PASCAL (1981), *L'intervention collective en travail social: l'action auprès des groupes et des communautés*, Paris, Le Centurion, collection « Socioguides ».

Ce livre a l'originalité de présenter une même perspective d'analyse pour le travail de groupe et le travail communautaire. Par ailleurs, cette perspective d'analyse est beaucoup plus étendue que ce qu'on retrouve généralement dans les volumes sur le service social des groupes. Sur le plan de l'intervention, on y exploite surtout le groupe de travail, l'utilisation des activités et quelques dimensions de l'évaluation.

GARVIN, Charles (1997), *Contemporary Group Work*, Boston, Allyn and Bacon.

Plus que tout autre, ce livre inclut des dimensions organisationnelles et environnementales dans les analyses de la pratique du groupe. L'originalité de ce livre tient en un chapitre sur les facteurs thérapeutiques et en la description du travail avec divers types de groupes. La dimension pédagogique est particulièrement soignée dans ce livre.

HEAP, Ken (1987), *La pratique du travail social avec les groupes*, Paris, Éditions Sociales Françaises.

Ce livre est probablement celui qui a été le plus utilisé en français dans les deux dernières décennies. Tout en étant centré sur les phases de travail de groupe, l'auteur tient bien compte de divers éléments dynamiques comme les modes de communication, les étapes de développement, ainsi que la structure et la culture du groupe. L'ouvrage comprend aussi des chapitres intéressants sur les activités et la coanimation.

SHULMAN, Lawrence (1992), *The Skills of Helping Individuals, Families and Groups*, Itasca, Ill., Peacock Publishers.

Après une description du modèle privilégié par l'auteur (modèle appelé interactionnel et fondé sur la réciprocité et l'aide mutuelle), on trouve quatre parties qui correspondent au travail avec les individus, les familles, les groupes et les systèmes organisationnels. Une des forces de ce volume est l'abondance d'exemples tirés de la pratique de l'auteur.

TOSELAND, Ronald et Robert RIVAS (1998), *An Introduction to Group Work Practice*, Boston, Allyn and Bacon.

Cet ouvrage comprend une typologie des pratiques de groupe de plus en plus acceptée. C'est un livre à recommander particulièrement aux étudiants gradués, à cause de la référence constante aux résultats de recherche.

Les Cahiers du service social des groupes, Laboratoire de recherche, École de service social, Université Laval.

Cette collection, amorcée en 1992 en même temps que le début des Journées Simone-Paré, comprend jusqu'ici treize publications dont les textes sont de longueur limitée et produits par des étudiants, des praticiens et des professeurs.

Service social (1997), vol. 46, n°s 2-3.

Ce numéro comprend essentiellement les communications les plus importantes du symposium de l'Association pour le développement du service social des groupes, tenu à Québec en octobre 1997. À noter que la revue avait aussi des numéros spéciaux sur le groupe en 1966, 1980, 1983 et 1990.

RÉFÉRENCES

ALISSI, A. (1982), « The social group work method : toward a reaffirmation of essentials », *Social Work with Groups*, vol. 5, n° 3, p. 3-17.

BERMAN-ROSSI, T. (1993), « The tasks and skills of the social worker across stages of group development », *Social Work with Groups*, vol. 16, n°s 1-2, p. 69-81.

BOULIANNE, H. (1991), *Le groupe comme solution pour les gens qui vivent avec une personne atteinte de trouble bipolaire*, Essai de maîtrise, École de service social, Université Laval.

BRETON, M. (1990), « Leçons à tirer de nos traditions en service social des groupes », *Service social*, vol. 39 , n° 1, p. 13-26.

BRETON, M. (1991), « Toward a model of social group groupwork with marginalized populations », *Groupwork*, vol. 4, n° 1, p. 31-47.

CÔTÉ, I. (1994), *Les effets du programme « Les enfants de la rupture » sur l'estime de soi et les croyances des enfants de 8-11 ans dont les parents sont séparés depuis moins d'un an*, Mémoire de maîtrise, Faculté des études supérieures, Université Laval.

DARVEAU-FOURNIER, L. et A. HOME (1983), « Les groupes de service social à Québec : recherche des rapports entre théorie et pratique », *Service social*, vol. 32, n°s 1-2, p. 129-155.

DUVAL, M. (1990), « L'implantation de la concertation contre la violence privée », *Intervention*, n° 77, p. 7-15.

FRANKLIN, D.L. (1990), « The cycles of social work practice : social action vs individual interest », *Journal of Progressive Human Services*, vol. 1, n° 2, p. 59-80.

GARVIN, C. (1997), *Contemporary Group Work*, Boston, Allyn and Bacon.

HOME, A. (1980), « Le passage à l'intervention auprès des petits groupes et des collectivités », *Service social des groupes*, vol. 29 , n°s 1-2, p. 191-205.

LEE, J.A. (1994), *The Empowerment Approach to Social Work Practice*, New York, Columbia University Press.

LINDSAY, J. (1990), « Le service social des groupes : vers l'an 2000 », *Intervention*, n° 85, p. 4-10.

MIDDLEMAN, R. et G. GOLDBERG (1990), « Habiletés propres au travail avec le groupe comme entité », *Service social*, vol. 39, n° 1, p. 151-159.

MULLENDER, A. et D. WARD (1991), *Self-Directed Groupwork. Users Take Action for Empowerment*, London, Whiting & Birch.

NORTHEN, H. (1988), *Social work with Groups*, New York, Columbia University Press.

PAPELL, C. et B. ROTHMAN (1966), « Social group work models : Possession and heritage », *Journal of Education for Social Work*, vol. 2, n° 2, p. 66-77.

PAPELL, C. et B. ROTHMAN (1983), « Le modèle de courant central du service social des groupes en parallèle avec la psychothérapie de groupe et l'approche de groupe structuré », *Service social*, vol. 32, n°s 1-2, p. 11-31.

PARÉ, S. (1956), « Trois phases de l'histoire du service social des groupes », *Service social*, vol. 6, n° 1, p. 10-18.

PARÉ, S. (1980), « Le petit groupe hier et aujourd'hui à Québec », *Service social*, vol. 29, n°s 1-2, p. 5-15.

RONDEAU, R. (1980), *Les groupes en crise*, Montréal, Fides.

SCHWARTZ, W. (1961), « The social worker in the group », *The Social Welfare Forum*, New York, Columbia University Press, p. 146-177.

STEINBERG, D. (1997), *The Mutual-Aid Approach to Working with Groups*, Northvale, N.J., Jason Aronson.

TOSELAND, R. et R. RIVAS (1998), *An Introduction to Group Work Practice*, Boston, Allyn and Bacon.

TROPP, E. (1978), « Whatever happened to group work ? », *Social Work with Groups*, vol. 1, n° 1, p. 85-94.

TURCOTTE, D. et J.R. FOURNIER (1994), « Les pratiques actuelles en service social des groupes – Nature et contraintes », *Les Cahiers du service social des groupes*, n° X, École de service social, Université Laval.

SITES WEB

Association for the Advancement of Social Work with Groups
http:www.aaswg.org

Cette page fournit des informations importantes sur cette association, telles les structures, les chapitres et les publications. Un groupe de discussion est également accessible en communiquant par courriel à : listerv@listserv.barry.edu.

Association for Specialists in Group Work
http://asgw.educ.kent.edu

Cette association a été fondée pour promouvoir la formation au travail de groupe au niveau international. Elle regroupe des praticiens, des chercheurs et des professeurs dans le domaine. C'est une division de l'*American Counseling Association*. Ce site contient des renseignemens sur l'association comme telle mais aussi suggère des liens avec d'autres sites d'intérêt.

DOCUMENTS AUDIOVISUELS

Le travail en équipe
Réalisateur : Lucien Foisy, Service pédagogique de l'École polytechnique de Montréal, 1988, vidéocassette, 21 minutes, VHS.

Cet enregistrement vidéo présente quatre situations de groupe (leadership, tenue de réunion, membre difficile et prise de décision) qui sont des déclencheurs sur le travail en équipe.

Au pied du mur
Réalisateur : Claude Boissol, Les Films de la Maîtrise, Saint-Cloud, France, 1980, vidéocassette, 45 minutes, VHS.

Malgré une présentation vétuste, cet enregistrement vidéo présente très bien plusieurs aspects importants de la dynamique des groupes. C'est un sociodrame dans lequel neuf individus sont invités à faire l'unanimité et à prendre une décision sur un projet qu'ils ont eux-mêmes élaboré.

L'ORGANISATION COMMUNAUTAIRE ET LE TRAVAIL SOCIAL | chapitre 7

Clément Mercier
Université de Sherbrooke

INTRODUCTION

L'EXISTENCE de l'organisation communautaire repose sur l'idée que les problèmes sociaux sont de nature collective. En conséquence, l'intervention de service social ne peut se limiter à soutenir les individus, les familles ou les groupes ; elle doit aussi faire appel à des solutions de nature collective. Devenue pratique professionnelle reconnue depuis longtemps comme méthode du travail social, l'organisation communautaire est aussi une pratique sociale issue de projets d'autodéveloppement ou d'action sociale des associations volontaires, des syndicats et des mouvements sociaux (Doré, 1985 ; Favreau, 1989 ; Bélanger et Lévesque, 1992 ; Doucet et Favreau, 1992 ; Mayer, 1994 ; Lamoureux *et al.*, 1996). Elle est également une méthode souvent qualifiée de « macro-pratique », en raison de la portée de son action sur les orientations de la politique sociale et sur les acteurs de l'administration sociale.

Dans le présent chapitre, nous évoquerons d'abord brièvement les origines et l'évolution de cette méthode au Québec, et établirons ensuite les principales composantes qui la définissent. Nous la situerons dans un troisième temps dans ses dimensions pratiques, par les formes qu'elle prend et dans les lieux où on la pratique. En quatrième partie, nous nous arrêterons sur les stratégies et modèles d'intervention les plus courants qui caractérisent l'organisation communautaire ; puis, nous présenterons le processus d'intervention lui-même, comme méthodologie spécifique suivant des étapes obéissant à des exigences particulières. Enfin, nous ferons état des rôles inhérents à cette pratique particulière du travail social.

BREF HISTORIQUE DE L'ORGANISATION COMMUNAUTAIRE AU QUÉBEC

L'émergence de l'organisation communautaire au Québec est généralement située au début des années 1960, tout comme on fait souvent naître le Québec moderne à cette période. Cela occulte les pratiques sociales développées entre les années 1930 et 1960 au sein des institutions de développement social contrôlées par l'Église et dans le cadre des organisations communautaires, syndicales et coopératives. Celles-ci ont en effet à leur façon contribué à la gestation des profonds changements sociaux qui vont s'actualiser avec la Révolution tranquille (Doucet et Favreau, 1992 ; Doucet, 1994 ; Lamoureux *et al.*, 1996). Cette réserve étant faite, on doit reconnaître que le virage des années 1960 constitue un tournant déterminant par les pratiques nouvelles qui y seront développées, notamment l'animation sociale urbaine et rurale[1].

Les années 1960-1980 : de l'animation sociale urbaine et rurale au développement du mouvement communautaire autonome

Le Québec « social » des années 1960 vit au rythme du monde par l'influence qu'auront deux grands courants de pensée et de pratique de portée mondiale. D'une part, on sera très proche des mouvements américains de contestation sociale, eux-mêmes liés au travail d'animation en rénovation urbaine ef-

---

1. Le court rappel historique ici évoqué pourra être complété par la lecture des textes suivants : Doucet et Favreau (1992 : 35-56) ; Doucet (1994 : 47-56) ; Favreau (1989) ; Bélanger et Lévesque (1992) ; Mayer (1994) ; Mayer, Lamoureux et Panet-Raymond (1996 : 7-72).

fectué dans des *Settlements Houses* ; mais on le sera également de l'action de mobilisation des minorités, les communautés noires en particulier, des grandes campagnes de lutte à la pauvreté, des mouvements sociaux de contestation étudiante — contre la guerre du Viêt-nam notamment —, du mouvement féministe, et de la contre-culture — *flower power, beat nick*. D'autre part, les mouvements de contestation de la société de consommation, de recherche de l'autogestion ouvrière et sociale et de libération nationale exerceront aussi des influences importantes. On s'inspirera notamment d'expériences d'aménagement rural en Europe et de développement communautaire en Afrique, ainsi que des pratiques d'inspirations socialiste et chrétienne radicale en provenance de l'Amérique latine, notamment les projets d'alphabétisation et de conscientisation de Paulo Freire (1973), et la théologie de la libération. Les principales composantes de ces nouvelles pratiques sont bien représentées à cette époque au Québec par les comités de citoyens en milieu urbain et l'intervention du Bureau d'aménagement de l'est du Québec (BAEQ) en milieu rural.

Les comités de citoyens sont nés de revendications limitées, dans une approche de pressions auprès des autorités publiques. Le premier comité de citoyens s'est formé dans le quartier Saint-Henri à Montréal, avec comme animateur social, Michel Blondin, un ancien militant des chantiers étudiants de l'Université de Montréal (Blondin, 1965 ; Côté et Harnois, 1978). Il s'agissait en quelque sorte d'une recherche de participation des exclus aux mécanismes démocratiques de la société. La portée de l'animation sociale s'élargira graduellement aux conditions de vie (écoles, santé, loisirs, habitation, aide sociale, garderies) ; elle contribuera à créer des organisations autonomes de services à l'intention de clientèles de quartiers pauvres. L'animation sociale élargira son action au fil des années à plusieurs quartiers de Montréal et à d'autres villes de taille moyenne. Elle débouchera dans plusieurs cas sur l'action politique organisée au niveau municipal et sur une politisation plus large amenant de nombreux militants et militantes à s'engager dans des causes et partis associant la question nationale et la question sociale (Deslauriers, 1985).

La première grande expérience de développement régional a été vécue à travers le Bureau d'aménagement de l'est du Québec. Ce projet d'aménagement global du territoire du Bas-Saint-Laurent et de la Gaspésie (1963-1966) aura des répercussions profondes non seulement dans cette région, mais bien au-delà, par les pratiques nouvelles de développement qu'il va engendrer dans l'ensemble du Québec. Ce projet s'attaquait à la problématique de sous-développement de plus en plus endémique de cette région, en cherchant à combiner les études techniques et scientifiques des différents secteurs d'activités socio-économiques, et les actions de formation, d'information et de mobilisation de la population dans les différentes localités du territoire. Le plan d'aménagement qui en est issu (Bureau d'aménagement de l'est du Québec, 1966) sera plutôt décevant pour les milliers de citoyens qui avaient participé aux travaux de planification à travers la véritable mosaïque de comités locaux d'aménagement et de programmes d'éducation des adultes mis en place par l'équipe des animateurs sociaux composée en grande partie de jeunes diplômés de travail social (Dionne, 1985). On doit par contre lui donner le crédit, et c'est en partie à l'animation sociale qu'on le doit, d'avoir suscité un nouveau leadership local, qui sera à l'origine des Opérations Dignité. Celles-ci ont été de grandes actions collectives qui ont produit par la suite plusieurs mouvements de mobilisation des milieux ruraux et donné lieu à des projets d'aménagement intégré du territoire, réalisés par les citoyens eux-mêmes. L'expérience de développement agroforestier regroupant les municipalités de Saint-Just, Auclair et Lejeune au Témiscouata (Deschênes et Roy, 1994) est l'exemple le mieux connu de ce type de projet.

Durant la période des années 1960-1970, il importe de souligner aussi l'intervention importante de l'État dans plusieurs autres projets d'animation sociale de quartiers urbains et de régions rurales : l'animation sociale étudiante, la Compagnie des jeunes Canadiens (pendant des Volontaires pour la paix américains) qui soutenait de jeunes volontaires dans les interventions de développement des communautés. On relève aussi l'importance des programmes d'éducation populaire combinant la formation scolaire et non scolaire et le recours aux médias, des programmes d'aide à l'emploi ouverts sur l'expérimentation sociale et le développement des milieux. C'est en 1974 que seront créés les premiers CLSC, où les équipes d'organisateurs communautaires occuperont une place importante. L'éducation populaire qui s'exerce dans les groupes communautaires sera reconnue comme pratique autonome par le ministère de l'Éducation en 1975 grâce au programme OVEP[2]. Les groupes communautaires existants se consolideront et se regrouperont autour de problématiques comme celles de la condition des femmes, des jeunes, des immigrés, du travail sous-payé, des accidentés du travail, etc. On voit aussi un début de professionnalisation dans ces groupes, par la présence de militants et militantes qui assurent la coordination de ces groupes.

Les années 1980-2000 :
du développement local communautaire au partenariat

Le début des années 1980 est marqué par un contexte de crise politique et économique grave. Les préoccupations pour le chômage accru et la pauvreté sont dominantes, alors que s'amorce le désengagement de l'État-providence. Les conditions de vie qui se détériorent mobilisent de nouveaux acteurs à travers les actions concertées pour le développement de l'emploi sur les plans local et sectoriel ainsi que pour le maintien des programmes sociaux d'assurance-emploi et de sécurité du revenu. Les préoccupations pour la défense de droits ou la redéfinition de l'identité (femmes, jeunes, troisième âge, analphabétisme, racisme, orientation sexuelle, etc.) prennent plus d'importance dans l'action communautaire. Des causes nouvelles (environnement, paix, rapports interculturels, etc.) mobilisent de plus en plus des citoyens et citoyennes des classes moyennes (Jacob, 1985 ; Favreau, 1989).

En ce qui concerne les formes d'action, les pratiques communautaires seront marquées au niveau local par la collaboration et la concertation entre groupes communautaires et

---

2. Organisme volontaire d'éducation populaire.

institutions à travers des tables de concertation sectorielle, par grandes problématiques ou clientèles (santé mentale, femmes, jeunes, personnes âgées, etc.). Le nombre de groupes communautaires visant l'entraide des individus augmentera substantiellement. Ces groupes se retrouveront en compagnie de groupes de bénévoles et de groupes communautaires centrés sur l'action sociale dans les nouvelles instances de concertation et de représentation (Panet-Raymond, 1985).

La problématique du développement économique des quartiers urbains en déclin devient aussi une priorité, ce qui entraîne des stratégies de concertation des principaux acteurs de ces communautés. Dans le mouvement communautaire, la visée de transformation sociale est toujours présente. Celle-ci passe cependant maintenant par des stratégies de concertation, de « coopération conflictuelle » à l'occasion ; celle-ci s'appuie sur la reconnaissance d'intérêts divergents dans la poursuite de buts communs, à travers des efforts de transformation de la vie quotidienne, dans l'immédiat, là où c'est possible.

La réforme des services sociaux et de santé de 1991 entraînera des changements considérables pour les groupes communautaires, qui deviendront des « organismes communautaires » reconnus formellement comme partenaires du réseau sociosanitaire public (Caillouette, 1992, 1994 ; Panet-Raymond, 1994 ; Redjeb, 1994). Ils deviennent alors des acteurs significatifs auprès des régies régionales de la santé et des services sociaux et dans les nouveaux mécanismes de concertation. La concertation multisectorielle sur le plan régional amène les groupes communautaires engagés dans la dispensation de services à agir comme interlocuteurs des établissements de services et des instances de planification et de gestion. Sur le plan local, le mouvement communautaire devient aussi un acteur engagé dans le développement des communautés de base, y apportant une vision alternative du développement intégrant l'économique et le social et les problématiques de l'exclusion sociale. Exerçant de plus en plus des mandats de service public, bénéficiant d'une reconnaissance et d'un financement plus stable, les groupes communautaires sont par ailleurs confrontés au défi de conserver leur autonomie et leur identité originales, tout en participant à des structures et des opérations de concertation où le partenariat égalitaire avec les acteurs institutionnels est loin d'être acquis (Guay, 1994 ; Lamoureux, 1994 ; Lamoureux, 1999). Pour certains, le partenariat annoncé par les politiques gouvernementales, et souhaité par le mouvement communautaire, tourne souvent au « paternariat » (Panet-Raymond et Bourque, 1991).

Dans la dernière moitié des années 1990, les services de santé vivront une autre restructuration profonde à travers le « virage ambulatoire », soit le recours à l'intervention médicale de courte durée dans les services hospitaliers. Les soins à domicile comme mode de suivi postopératoire et l'orientation des consultations médicales mineures vers la première ligne amèneront les CLSC à accentuer leur rôle, d'une part, de porte d'entrée de l'ensemble du réseau de services et, d'autre part, de suivi posthospitalier pour les services spécialisés.

La pratique d'organisation communautaire en CLSC se transforme également. Les intervenants doivent de plus en plus assumer des mandats définis par des programmes régionaux de santé publique et des tâches de développement et de coordination de ressources et de tables de concertation ; ils doivent aussi composer avec les nouveaux acteurs que sont les regroupements locaux et régionaux d'organismes communautaires, dont les corporations de développement communautaire (CDC) et les regroupements d'organismes communautaires en santé et services sociaux (ROC) sont des exemples. Ceux-ci assurent le développement, le soutien et la coordination des ressources communautaires, rôles assumés principalement jusque-là par l'organisation communautaire en CLSC[3].

---

3. Pour en savoir plus sur l'évolution des pratiques d'organisation communautaire en CLSC, voir Favreau et Hurtubise (1993) ; Favreau, Lachapelle et Chagnon (1994) ; Fédération des CLSC du Québec (1994) ; Mercier *et al.* (1995).

L'ORGANISATION COMMUNAUTAIRE COMME MÉTHODE D'INTERVENTION EN TRAVAIL SOCIAL

Comme méthode d'intervention, l'organisation communautaire comporte des valeurs et des principes qui lui sont propres, ainsi qu'un objet spécifique d'intervention, les communautés de base. C'est par ces éléments que nous la définirons.

Les valeurs et les principes de l'organisation communautaire

L'organisation communautaire doit d'abord être considérée comme un processus d'intervention de changement planifié dans une communauté locale, amorcé par un agent externe à la communauté ou au groupe de personnes qui vit un problème. Kramer et Specht (1983, cités dans Doucet et Favreau, 1992 : 12) en présentent une vision mettant l'accent sur l'intervenant professionnel et le processus d'aide :

> [...] elle réfère à différentes méthodes d'intervention par lesquelles un agent de changement professionnel aide un système d'action communautaire composé d'individus, groupes ou organisations à s'engager dans une action collective planifiée dans le but de s'attaquer à des problèmes sociaux, en s'en remettant à un système de valeurs démocratique. Sa préoccupation touche des programmes visant des changements sociaux en relation directe avec des conditions de l'environnement et des institutions sociales.

Pour Doucet et Favreau (1992), au Québec, si ce processus vise aussi à susciter la participation de groupes et de populations locales, sa finalité est le renforcement de la communauté elle-même comme système et l'accroissement de son pouvoir :

> Plus spécifiquement pour le Québec, l'organisation communautaire prend la forme d'une intervention de microdéveloppement, soit une intervention sociale dont le but arrêté est de susciter l'organisation et la

mobilisation des populations ou des parties des populations de ces communautés locales en vue de leur assurer plus de force et de pouvoir social (1992 : 12).

De ces définitions, nous pouvons retenir que l'organisation communautaire est une méthode d'intervention ayant statut de pratique professionnelle, dans le sens qu'elle s'appuie sur des connaissances systématisées tirées de l'observation de la pratique et de diverses disciplines des sciences sociales (sociologie, science politique, génagogie, éducation). Elle s'appuie aussi sur des habiletés et méthodes d'analyse et d'intervention auprès de personnes, groupes et communautés — un savoir et un savoir-faire. Enfin, elle repose sur des principes et des perspectives qui la conditionnent et l'orientent comme méthode de travail social :

- la volonté et la capacité d'intervenir sur les problèmes sociaux collectifs vécus par les personnes appauvries économiquement, marginalisées socialement et culturellement ou discriminées politiquement ;

- l'analyse de ces problèmes en fonction, non pas d'une faiblesse des personnes qui les vivent, mais d'une distribution inégale du pouvoir — social, économique et politique — et dont les solutions passent par le renforcement du pouvoir des communautés de base, l'*empowerment* des individus et des communautés ;

- un parti pris pour la démocratie et l'autogestion des communautés de base, et une croyance dans leurs capacités de définir les problèmes qui les confrontent et de devenir des acteurs de changement social.

Il importe par ailleurs de rappeler que le travail social est plus que tout autre une profession marquée dans ses origines, son évolution et même dans son code d'éthique actuel par des choix de valeurs qui s'appuient sur une lecture critique des problèmes sociaux et un engagement social certain. Les valeurs et principes présentés dans les normes de pratique de l'Ordre professionnel des travailleurs sociaux du Québec (1993) rejoignent à plusieurs égards les principes et orientations que nous venons d'énoncer pour l'organisation communautaire. Aussi peut-on conclure que la pratique de l'organisation communautaire comporte des choix éthiques et professionnels semblables à ceux de l'ensemble de la profession du travail social.

L'objet de l'intervention en organisation communautaire : les communautés de base

De façon générale, le concept de communauté renvoie à un espace intermédiaire entre la société globale et l'individu et les groupes primaires (famille, amis, petits groupes) qui l'entourent et répondent à ses premiers besoins de socialisation. Nous lui donnons ici le sens de la communauté de base, soit la réalité collective qui rejoint les individus dans leur quotidien et par laquelle se réalise leur insertion dans la société. En organisation communautaire, le concept de communauté recouvre généralement trois types de réalité : la communauté géographique, la communauté d'intérêts et la communauté d'identité.

– La **communauté géographique** se définit par la combinaison de deux facteurs : un ensemble de personnes qui partagent un territoire et l'organisation sociale qui les caractérise. Outre la réalité territoriale, la communauté géographique comporte quatre dimensions qui sont interreliées : la dimension démographique, définie par les caractéristiques de la population occupant un territoire donné ; la dimension psychosociologique, qui traduit les affinités interpersonnelles et le sentiment d'appartenance qu'on éprouve à l'égard de la communauté ; la dimension culturelle, qui fait référence aux modes de vie qu'on partage ainsi qu'aux valeurs et croyances qui sont propres à cet ensemble de personnes ; la dimension institutionnelle, soit le réseau d'organismes publics ou privés par lesquels la population participe à la vie sociale et trouve réponse à ses besoins de base (Médard, 1969).

– La **communauté d'intérêts** désigne des groupes de personnes ayant des conditions socio-économiques communes, parce qu'elles partagent des problèmes financiers ou matériels, des conditions de travail ou de vie (Mathieu et Mercier, 1992). Ce sont, par exemple, les travailleurs à petits salaires et qui vivent des conditions de travail difficiles, les chômeurs, les étudiants, les locataires, les personnes assistées sociales, les personnes retraitées, les accidentés du travail, les consommateurs, les résidents d'un quartier, les victimes d'un problème d'environnement, etc. La communauté d'intérêts peut aussi se constituer sur le plan des droits, des idées et des valeurs, à travers une problématique sociale pour laquelle on défend une cause (ex. : l'école laïque, le droit des détenus, l'intégration des immigrants, le droit à l'avortement, etc.). Sur ce plan, si elle a souvent pour origine la notion d'identité que nous verrons plus loin, elle est habituellement le versant économique et politique d'une revendication mise de l'avant. Elle peut correspondre alors à la notion traditionnelle de groupe de pression.

– La **communauté d'identité** désigne un regroupement de personnes pour qui le partage de certaines caractéristiques sociales et/ou culturelles les distingue et les singularise dans la société. Cette reconnaissance par la société peut devenir l'objet premier et central d'un mouvement de revendication. Les mouvements sociaux issus d'une communauté identitaire ont une présence importante dans la société et contribuent à son évolution ; il suffit de penser aux mouvements des femmes, des jeunes, des minorités ethniques, des personnes âgées ou retraitées, aux groupes autochtones, aux groupes de gais et lesbiennes, aux groupes de santé mentale, etc.[4]

Ces trois types de communautés constituent des idéaux qui existent rarement à l'état pur dans la réalité. Il est plus réaliste de considérer que les groupes évoluent d'un type à l'autre, chaque communauté de base se définissant à un moment donné par l'accent qui est mis sur l'un ou l'autre type, mais pouvant aussi à l'occasion combiner les trois types.

---

4. Pour en savoir plus sur les mouvements sociaux, voir Melucci (1983, 1990) ; Maheu et Descent (1990) ; Touraine (1978).

LES CHAMPS DE PRATIQUE DE L'ORGANISATION COMMUNAUTAIRE

L'organisation communautaire s'exerce dans des lieux de pratique très diversifiés. Plusieurs groupes, organismes et instances institutionnelles en permettent la pratique sous ses diverses formes, aussi bien professionnelle et salariée que bénévole et militante. Aux groupes communautaires issus des comités de citoyens du début des années 1960, se sont ajoutés les organismes communautaires de services reconnus dans le champ sociosanitaire et dans le développement de l'employabilité. Sous une taille très variable et sous le mode du groupe d'entraide, du groupe bénévole ou du groupe communautaire, ces organismes associent le service aux personnes, la participation à des instances de concertation et partenariat, et l'action politique de revendication. Les intervenants de ces organismes doivent pouvoir y assumer des tâches combinant à des degrés divers l'activité clinique ou le service personnel, la participation à la programmation des activités, l'élaboration de projets et l'action politique.

L'action de ces organismes et groupes s'exerce aussi à travers les regroupements locaux et régionaux de groupes et d'organismes qui, sur un plan sectoriel ou intersectoriel, ont comme fonctions de soutenir l'action de ces groupes (aide technique au fonctionnement, mise en commun de ressources, développement d'outils d'intervention et de formation), de les représenter auprès des instances institutionnelles et gouvernementales, et de faire la promotion de leur secteur ou du communautaire en général. Les fonctions à ce niveau sont plus typiques de l'organisation communautaire classique, soit la coordination de ressources et d'activités, l'élaboration de programmes et la représentation.

À ce chapitre, les préoccupations des groupes communautaires jusque-là plus sectorielles, centrées sur leur problématique, ont commencé à s'élargir à celles de leur territoire d'appartenance. Le mouvement communautaire s'inscrit lui-même comme agent de développement local à travers les corporations de développement communautaire (CDC), qui regroupent les organismes communautaires d'un territoire, permettent de les soutenir dans leur action, d'en faire la promotion dans leur milieu et de se faire porteur d'une vision plus sociale du développement. Fondé à Victoriaville au début des années 1980 (Ninacs, 1992), ce mouvement est maintenant en voie de s'implanter un peu partout au Québec, dans le cadre d'une politique de reconnaissance coordonnée par la Table nationale des CDC.

Le mouvement communautaire a aussi contribué en milieu urbain à de nouvelles formes de partenariat à travers les corporations de développement économique communautaire (CDEC). Celles-ci, qui ont émergé au milieu des années 1980, se sont donné plus spécifiquement comme mandat le développement des milieux appauvris. Elles utilisent des approches intégrées combinant les dimensions économiques et sociales, et mettent l'accent sur les besoins des personnes marginalisées à l'aide des stratégies de renforcement des milieux et des personnes (*empowerment*) faisant appel à la formation et à la mobilisation. Les organisateurs communautaires qu'on y retrouve jouent le rôle d'agents de développement communautaire. Le communautaire devient ainsi le partenaire de l'entreprise privée, des municipalités et d'institutions locales — CLSC, écoles, églises — dans des actions de mobilisation pour le développement local. Concept d'abord montréalais, emprunté encore une fois aux Américains, la CDEC s'est implantée plus récemment en région sous la forme du centre local de développement (CLD) dans la foulée de l'adoption d'une nouvelle politique de développement régional (gouvernement du Québec, 1998).

Du côté institutionnel, les CLSC demeurent des lieux importants où se pratique l'organisation communautaire. Le rôle principal qu'on y assume comporte toujours des dimensions de support technique aux groupes et organismes du milieu, d'aide à la mobilisation et à l'organisation au regard de nouveaux problèmes et besoins, parfois de développement de nouvelles ressources. À ce mandat plus spécifique des professionnels de l'organisation communautaire, s'ajoute la participation des intervenants médicaux et sociaux à des équipes de projets-milieux, à travers l'approche communautaire (Gingras, 1992 ; Bourque, 1985).

STRATÉGIES D'INTERVENTION ET MODÈLES DE PRATIQUE

En organisation communautaire, le choix de la stratégie[5] nous amène à agencer des actions et des moyens pour atteindre un objectif. L'intervention repose autant sur des valeurs que sur des analyses théoriques et des choix idéologiques quant aux problèmes sociaux vécus par des personnes et groupes marginalisés et sur la façon dont le changement social peut se faire en général et à leur endroit en particulier. La stratégie d'intervention s'appuie en quelque sorte sur une stratégie de changement social.

D'une portée plus large, le modèle[6] de pratique fournit un cadre de référence pour l'action au regard d'une situation particulière. Il est utilisé comme un guide général pour définir le problème sur lequel on veut intervenir, déterminer les objectifs de l'action, le rôle joué par l'intervenant et le choix de la stratégie d'intervention.

En organisation communautaire, la littérature traditionnelle s'est longtemps alimentée à deux grands pôles, soit la stratégie consensuelle et la stratégie conflictuelle. Dans un premier temps, nous présenterons brièvement ces deux grandes stratégies, ainsi que quelques variantes, pour introduire ensuite des notions de base sur les modèles de pratique et les rôles qui leur sont associés.

---

5. « La stratégie est l'art de coordonner des actions, de manœuvrer habilement pour atteindre un but » (*Petit Larousse*, 1999).
6. Le concept de modèle peut prendre plusieurs sens, et est à l'occasion assimilé à celui de stratégie. Il a cependant une portée plus large, qui englobe la stratégie. Au sens formel, c'est la « représentation schématique d'un processus, d'une démarche raisonnée », ou encore la « structure formalisée utilisée pour rendre compte d'un ensemble de phénomènes qui possèdent entre eux certaines relations » (*Petit Larousse*, 1999).

Les stratégies de changement social

La stratégie dite consensuelle constitue l'une des premières formalisations théoriques de l'organisation communautaire à partir de la conciliation des principes de participation démocratique et de revendication des droits. Selon l'analyse sous-jacente à cette stratégie, les intérêts peuvent à l'occasion diverger entre les différents groupes d'acteurs dans une communauté, et la distribution du pouvoir et des ressources entre ceux-ci peut être insatisfaisante ; il est cependant possible de trouver un arrangement plus satisfaisant pour les parties à travers une approche de coopération au sein de la communauté. La mobilisation des citoyens passe par une organisation qui se développe dans l'action et qui, par sa crédibilité, réussit à se faire accepter et à convaincre les autres parties du bien-fondé du changement désiré. À la base, le problème ressenti est attribuable à un état plus ou moins dysfonctionnel des systèmes locaux, qui peut mener à un état de désorganisation de la communauté. L'organisation communautaire peut contribuer à y remédier en introduisant un processus

> [...] par lequel une communauté identifie ses besoins ou objectifs, ordonne ces besoins ou objectifs, développe la volonté et la confiance à travailler à ces besoins ou objectifs, trouve les ressources (internes et/ou externes) pour y faire face, agit par rapport à ces derniers et ce faisant, étend et développe des pratiques de coopération et de collaboration dans la communauté (Ross, 1955 : 39).

La conception de la communauté repose ici nettement sur un postulat d'intérêts communs, sinon de différences conciliables, et le changement peut provenir de la participation des différentes couches de la population à la définition des problèmes de même qu'à la formulation et à l'application de solutions collectivement acceptées. Le changement à obtenir, qui concerne l'ensemble de la communauté, est donc avant tout une affaire de processus d'interaction par lequel des membres représentatifs et organisés de la communauté sont stimulés ou interpellés dans un processus de résolution de problèmes impliquant l'ensemble de la communauté (Mayer et Panet-Raymond, 1992).

La stratégie conflictuelle procède d'une analyse plus critique des problèmes sociaux au sein de la communauté et s'appuie sur des tactiques et techniques de mobilisation empruntées à l'organisation syndicale. Selon Alinsky (1976), le principal concepteur et artisan de cette stratégie, la désorganisation qui existe dans une communauté s'explique par des rapports inégaux de pouvoir et par des intérêts divergents. L'intérêt personnel, qu'il faut reconnaître comme légitime, constitue le moteur de l'agir humain et le changement social passe par le conflit, qui doit cependant s'exprimer de façon non violente. Pour obtenir un changement favorable aux plus faibles, il faut que ceux-ci se donnent eux aussi du pouvoir ; celui-ci s'acquiert par une bonne organisation et par des actions efficaces sur le plan des tactiques de confrontation avec les acteurs et décideurs locaux concernés.

Bien que procédant d'une vision différente des rapports sociaux et du changement social, ces deux grandes stratégies peuvent se retrouver dans la pratique concrète, selon l'évolution de l'action et la définition de la situation-problème et du changement désiré. Certains les distingueront par une différence de degré plus que de nature (Mayer et Panet-Raymond, 1992). Certains auteurs font aussi référence à une stratégie d'action intermédiaire entre le consensuel et le conflictuel, soit la stratégie de négociation. Celle-ci s'apparente à la coopération conflictuelle, en assumant « qu'il y a accord sur l'objectif général, soit la solution d'un problème reconnu par les parties, mais qu'il existe un différend important sur les moyens ou modalités pour y parvenir » (Lavoie et Panet-Raymond, 1996 : 132). Il importe également de souligner que des approches définies par un processus large et générique d'intervention (éducation populaire, prévention) ne comportent pas nécessairement de référents bien définis et articulés quant aux grandes stratégies de changement social que nous venons d'évoquer.

Des stratégies aux modèles

On peut examiner les pratiques d'organisation communautaire sous l'angle de plusieurs grilles et modèles d'analyse (Doré, 1985 ; Lamoureux *et al.*, 1996). Nous nous limiterons ici à présenter celle qui a encore, selon plusieurs auteurs, la portée la plus globale et la plus représentative de la pratique de l'organisation communautaire au Québec, à savoir celle de Rothman (1995). Celui-ci a dégagé des pratiques communautaires observées aux États-Unis trois grands modèles intégrant un ensemble de dimensions ou variables ayant trait à l'action elle-même (la finalité de l'action, la conception de la communauté et du problème, la stratégie de changement), au rôle de l'organisation communautaire, à la population cliente et aux rapports entre celle-ci et l'organisation communautaire. Les modèles retenus sont le développement local communautaire, le planning social et l'action sociale[7].

Le **développement local communautaire** (DLC) est le modèle qui s'inspire le plus directement de l'analyse sous-jacente à la stratégie consensuelle. Il est issu des pratiques de développement des régions rurales en déclin des pays dits développés, et des pratiques d'intervention dans les pays en développement. L'expérience du BAEQ présentée précédemment en est un exemple typique. Pour le DLC, le problème en cause relève de la communauté locale comme système global plus ou moins bloqué ou dysfonctionnel, qu'on cherchera à mobiliser ; l'action vise également à accroître le potentiel d'auto-prise en charge, en créant des conditions et occasions d'engagement des citoyens dans la définition et la résolution de leurs problèmes. L'action menée passe souvent par des projets de nature socio-économique pour lutter contre l'appauvrissement général d'un milieu ; elle mise tout autant sur un processus global de développement à enclencher que sur des tâches et contenus spécifiques à réaliser. Par exemple, elle visera le renforcement des infrastructures économiques et des services de base, le changement des attitudes et valeurs face aux conditions d'appauvrissement, la revitalisation des réseaux de communication et des mécanismes de

---

7. Pour une présentation plus détaillée, voir Doucet et Favreau (1992 : 5-31) ; Doucet (1997 : 7-25).

participation interne, le développement de nouveaux mécanismes de pouvoir.

Le **planning social** est sans doute le modèle qui se rapproche le plus de l'intervention sociale menée dans les cadres professionnels et institutionnels des programmes sociaux et des structures de services sociaux. Dans ce contexte de pratique, la tâche consiste à apporter des solutions à des problèmes sociaux importants dans une communauté, tels qu'ils sont définis à un moment et dans un contexte donné, dans une démarche de changement planifié. Cette démarche peut venir de la communauté elle-même, à partir de choix de valeurs qui lui sont propres et à travers un processus autocentré ; elle procède aussi à partir de paramètres et de processus déterminés de l'extérieur, dans le cadre de programmes institutionnels et de systèmes de normes reconnues ou édictées au niveau régional, national ou international. La politique de santé mentale, les programmes de maintien à domicile des personnes âgées, les tables de concertation régionale sur différentes problématiques et l'action de Centraide sont des exemples de planning social. La stratégie utilisée est généralement de type consensuel, fondée sur une analyse des besoins et des décisions qui se veulent rationnelles, en fonction d'une méthodologie de résolution de problèmes ; elle peut cependant donner lieu à l'action conflictuelle, selon les écarts qui existent entre les normes et les processus d'évaluation des instances décisionnelles et l'évaluation des besoins et des solutions qu'en fait la communauté.

Le modèle de l'**action sociale** correspond en grande partie aux pratiques militantes développées par les comités de citoyens et les groupes communautaires à partir des années 1960. C'est ce qui évoque le plus directement le rapport au mouvement social ainsi qu'aux liens à établir entre une lutte concrète, circonscrite dans le temps et l'espace, et les enjeux plus globaux de changement social que celle-ci porte. L'action sociale émane de la mobilisation de personnes — qui se définissent comme exploitées ou opprimées — et qui créent une organisation autour de conditions de vie jugées insatisfaisantes ou d'un aspect important du mode de vie non reconnu ou respecté, souvent à partir d'une problématique de communauté d'intérêts ou d'identité. La finalité de l'action porte sur le renforcement du pouvoir d'individus ou de communautés (*empowerment*) et sur une distribution plus équitable des ressources ou, à un niveau plus large et fondamental, sur un changement sur le plan des valeurs et des structures sociales. Aussi la stratégie s'appuie souvent sur le conflit ou sur la « coopération conflictuelle ». Elle passe par le recours à des organisations et actions de masse, en vue de situer l'action dans le cadre de processus politiques plus ou moins larges selon l'importance des enjeux : parfois, c'est un segment défavorisé de la communauté qui revendique auprès d'une structure de pouvoir local désignée comme la cause du problème et, donc, la cible d'action ; ce peut aussi être l'action d'un groupe local mobilisé comme partie d'un mouvement social plus large, demandant des changements profonds dans la structuration des rapports sociaux et dans les choix dominants de société.

La formalisation des pratiques communautaires en de tels modèles peut laisser croire qu'elles se réduisent forcément à ces trois idéaux types. Il faut d'abord considérer qu'aucun groupe concret ne correspond entièrement à l'un de ces modèles : ils décrivent des pratiques, des conduites, des actions et non des groupes réels, inscrits dans la durée et dans la complexité de la permanence. Il est aussi important de reconnaître que les groupes eux-mêmes peuvent évoluer d'un modèle à un autre au cours de leur existence, et même combiner simultanément en leur sein des éléments de plus d'un modèle. Doucet (1997) signale que, dans la réalité, on voit plutôt des chevauchements de modèles, des « approches multimodales » où s'associent le planning social et le développement local, le planning social et l'action sociale, de même que le développement local et l'action sociale. Il faut donc aborder une telle grille de modèles avec prudence : un modèle est une tentative incomplète et mouvante de représenter la réalité d'une pratique dans l'ensemble de ses composantes — théoriques, normatives et méthodologiques — et qu'il ne faut pas ériger comme l'état fini d'une pratique par définition issue de l'action humaine, construite dans et par les rapports sociaux.

Les rôles en organisation communautaire

En lien avec les trois modèles de pratique présentés, nous esquisserons les principaux rôles exercés en organisation communautaire.

En développement local, l'organisation communautaire est souvent liée à une structure locale dans le cadre d'une collaboration à un projet collectif, à travers l'intervention de petits groupes de tâches. Le rôle est alors celui de catalyseur (susciter des actions structurantes et mobilisantes), de coordonnateur et de formateur (familiariser des personnes et des groupes avec des outils, processus et valeurs permettant l'analyse et la résolution de problèmes).

Dans le contexte du planning social, le rôle de l'organisation communautaire s'exerce au sein de mécanismes, de processus et d'institutions responsables de la définition et de la gestion des politiques et des programmes publics, de différents niveaux (municipal, québécois, canadien); à ce titre, elle est redevable à une structure externe aux groupes autonomes de la communauté. Les fonctions seront souvent liées à l'élaboration de programmes et à l'analyse de problèmes, mais dans le cas de certains mandats institutionnels comme l'action communautaire en CLSC, et en fonction de l'orientation communautaire qu'a pu garder le CLSC, elles pourront aussi amener à agir comme personnes-ressources auprès de groupes de la communauté comme soutien à leurs besoins de fonctionnement et dans des démarches de mobilisation du milieu par rapport à des problématiques nouvelles, spécifiques ou globales.

Le rôle de l'organisation communautaire dans le contexte d'une pratique d'action sociale est varié. Son rapport au système-client peut certes s'inscrire dans une relation d'employeur-employé, mais il suppose toujours un certain engagement envers la cause défendue par l'organisme. Selon que l'intervenant est membre, associé ou employé du groupe qui porte l'action, il verra donc son rôle osciller entre celui de militant, partisan, négociateur, ou avocat-militant; dans ce dernier cas, il peut être porte-parole ou défenseur du point de vue d'un groupe ou d'un mouvement, qui demeure maître « politique » de ses orientations et de ses tactiques et techniques d'action.

LE PROCESSUS D'INTERVENTION
EN ORGANISATION COMMUNAUTAIRE

Comme toute pratique d'intervention, l'organisation communautaire s'appuie sur une méthodologie éprouvée opérant selon les principes généraux d'un processus de résolution de problèmes. Si elle n'exclut pas le recours à l'intuition ni le jugement de valeurs dans l'évaluation des situations de même que dans la planification et la réalisation des actions, la méthodologie doit permettre de recadrer ces éléments dans une démarche rigoureuse d'objectivation[8] dans l'analyse et de rationalisation dans l'agir. En cela, la méthodologie de l'organisation communautaire n'est pas, comme processus général, différente des autres méthodes du travail social, et même d'autres disciplines sociales. Les grandes étapes ou cycles de l'intervention sont les mêmes.

Les étapes de l'intervention peuvent être présentées en un grand nombre de dimensions distinctes — certains la décomposent en onze étapes (Lavoie et Panet-Raymond, 1993) — mais, généralement, elles reposent sur une structure à quatre volets (Doucet et Favreau, 1992) :

1) l'exploration et l'analyse de la situation-problème ;

2) la planification et l'organisation de l'action ;

3) la réalisation de l'action ;

4) l'évaluation du résultat et de la démarche de l'intervention.

Ce processus général comporte des variantes importantes selon les contextes de pratique et les situations-problèmes.

---

8. L'objectivation consiste en une démarche systématique visant à atteindre une connaissance et une compréhension méthodiques d'une situation-problème, qui, tout en s'appuyant sur des grilles de lecture théorique et normative, permet de porter un jugement rigoureux sur la situation. Elle ne prétend pas atteindre l'objectivité absolue, encore moins la neutralité.

Afin de fournir une représentation plus élaborée de ce que peut être le déroulement d'une intervention, nous en illustrerons sommairement certaines composantes selon les étapes[9].

Exploration : analyse de la situation-problème ou du milieu

Dans un contexte de planning social ou d'action sociale, ce qui entraîne l'intervention d'organisation communautaire provient de la présence d'un problème social défini comme important dans une communauté locale, soit par ceux qui le vivent, soit par des intervenants professionnels ou par des institutions. Dans un contexte de développement local, c'est l'ensemble de la communauté qui est l'objet de la mobilisation. À cette étape de l'intervention, quel que soit le contexte de pratique, c'est la gravité de la situation reconnue objectivement ou subjectivement qui est le déclencheur de la volonté éventuelle d'agir. L'exploration de la situation-problème passe par deux sous-étapes en principe séquentielles, mais qui peuvent aussi se produire en concomitance :

a) la connaissance de la communauté et du problème, qui exige de recueillir et de considérer un ensemble d'informations de nature objective et subjective sur le milieu, la population ciblée ou le problème ;

b) la définition des problèmes et l'analyse des besoins du milieu, qui amènent à se donner une représentation diagnostique des situations qui commandent des actions et des potentialités de les réaliser.

Pour cela, l'intervenant fera usage des données d'enquêtes disponibles, sous forme d'études préalables ou de données statistiques officielles, effectuera une enquête nouvelle, procédera à l'observation directe du milieu, rencontrera des informateurs clés, réalisera une observation participante dans certains lieux et groupes significatifs. L'information ainsi recueillie est un préalable pour bien comprendre et éva-

---

9. Pour en savoir plus sur le processus et les outils d'intervention, on pourra consulter Marcotte (1986) et Lamoureux *et al.* (1996).

luer toutes les dimensions de la situation, en termes de problèmes, certes, mais aussi de conditions particulières du milieu sur les plans culturel, politique, socio-économique (conditions et niveau de vie), ressources humaines et matérielles, habitat, etc. ; elle permet de dégager les bases d'une éventuelle intervention spécifique d'organisation communautaire. Elle est nécessaire à une équipe d'intervenants sociaux qui adoptent l'approche communautaire pour encadrer leurs actions individuelles. En ce sens, la mise à jour continue de la connaissance de la communauté constitue une condition incontournable de toute démarche de planification et de programmation de services.

Cette démarche d'enquête et d'analyse peut faire appel à des « experts » ou à des professionnels de la recherche, mais elle est d'abord et avant tout l'affaire des individus et groupes concernés par la situation-problème. Il est indispensable que ceux-ci aient la possibilité sinon de contrôler, du moins d'influencer le déroulement de la démarche, de participer aux activités de collecte des données, de contribuer à la définition des problèmes et de s'approprier les informations recueillies.

La planification et l'organisation de l'action

Cette étape consiste à prendre les dispositions pour que soient choisies collectivement, parmi toutes les actions possibles, celles qui sont les plus prioritaires pour les personnes et qui apparaissent les plus réalisables compte tenu des ressources disponibles. Il s'agit d'un moment clé, qui exige qu'à partir de l'évaluation de la situation-problème et du diagnostic des besoins, forces et faiblesses, etc., les priorités retenues se traduisent en un plan d'action conséquent. Si, à l'étape précédente, on peut parler d'exercice d'objectivation des perceptions et connaissances du problème et du milieu, la formulation du plan d'action constitue l'effort de rationalisation et de formalisation de l'agir collectif. Il s'agit d'une mise en forme des changements désirés en les traduisant sous les aspects suivants :

- objectifs généraux : orientations à plus ou moins long terme ;

- objectifs spécifiques : changements concrets recherchés sous forme de résultats précis, observables et évaluables ;

- choix de stratégies d'action : consensuelle, conflictuelle, coopération conflictuelle ;

- moyens ou tactiques, en fonction de l'analyse de la situation : monter un dossier, préparer un mémoire, recourir à des manifestations, recourir aux médias, faire des représentations publiques, du lobbying privé, préparer de la formation pour les membres du groupe, sensibiliser le public sous forme de colloques, utiliser des recours judiciaires, etc. ;

- organisation concrète de l'action : échéancier fixant les étapes dans le temps, mode de fonctionnement assurant une répartition efficace des mandats et des tâches entre les personnes, et entre les instances formelles et *ad hoc* (comités, conseil d'administration, assemblée générale), stratégie de communication et de coordination interne, recherche et choix d'outils de travail adéquats (documentation, équipement, contenus de formation, outils de recherche) et de moyens financiers ;

- choix de procédures et d'outils d'évaluation.

Cette étape est souvent celle qui est la plus escamotée dans la pratique courante, parce qu'elle exige un certain effort de rationalisation perçu comme exigeant en termes de rigueur et de temps. Il faut se méfier de la fébrilité bien normale que ressent tout groupe de personnes engagées dans cette démarche et qui pousse à désirer passer à l'action au plus vite ; le temps et l'effort consacrés à la planification sont en effet souvent les garants du succès de l'action. Il faut par ailleurs, à ce stade, être attentif au choix de la méthode de travail. Celle-ci doit demeurer assez souple et légère pour se révéler utile à partir d'un investissement raisonnable en temps, tout en étant accessible à des personnes dont la formation et l'expérience sont limitées dans les domaines de la recherche et de l'organisation.

La réalisation de l'action

Si cette étape constitue normalement la mise en œuvre du plan d'action, elle n'exclut pas le retour à des éléments d'exploration et de planification, sur des objets plus limités ou encore en fonction du déroulement de l'action. Passer à l'action en organisation communautaire signifie recourir à une kyrielle d'activités et de moyens possibles, en fonction de la nature du problème, des projets et actions choisis, et de l'état d'organisation du groupe ou du milieu.

Ainsi, on pourra à cette étape de l'action recourir à des activités d'analyse, d'animation de rencontres de groupe, de formation, de communication, de gestion d'activités administratives (budget, comptes rendus, suivis de décisions) et d'organisation (constitution et coordination de comités, recrutement de membres, démarches légales, etc.). S'agissant d'une démarche collective, il faut constamment avoir le souci de faire cheminer un projet ou une action en étroite association avec les personnes concernées, et en conséquence choisir les actions que les personnes elles-mêmes sont en mesure de réaliser, selon des degrés variables d'engagement dans le temps et selon les volets de l'action, dans une perspective d'apprentissage permettant l'*empowerment* personnel et collectif.

L'évaluation des résultats de l'action et de la démarche

Cette étape survient bien sûr après un temps d'action, après la réalisation d'activités significatives, comme un colloque ou une formation, ou au terme d'une période prédéfinie d'activités, sur une base annuelle par exemple. Il s'agit alors de prendre un temps d'arrêt pour faire un bilan de l'action. Quels sont les résultats précis de l'action réalisée ou de l'ensemble du plan d'action choisi ? Les objectifs ont-ils été atteints, dans quelle mesure, et les moyens utilisés étaient-ils adéquats ? Y a-t-il d'autres résultats imprévus, comme les apprentissages qu'ont faits les personnes qui ont participé, l'émergence de nouvelles alliances, la formation de nouveaux leaders, la sensibilisation accrue du public, une définition plus complète et juste du problème? Quels que soient les résultats, il importe de se donner du temps et des moyens pour préciser les forces et les faiblesses de la démarche suivie, et dégager les correctifs qui pourraient être apportés à sa poursuite, à l'une ou l'autre des trois étapes préalables, en vue d'une prochaine planification ou pour la poursuite de l'action en cours.

Le temps et les modes d'évaluation sont déjà normalement prévus au plan d'action, mais encore là, il s'agit d'une étape qui exige une certaine discipline et méthode. À cette étape, les variations ne porteront pas tant sur les modèles de pratique que sur la modulation qui en sera faite en fonction du déroulement de l'action. Il faut choisir des façons de faire qui allient rigueur et simplicité, mais en même temps il faut s'assurer que les participants aient la possibilité d'exprimer démocratiquement et dans le respect des personnes les éléments forts et faibles de l'action menée et du fonctionnement du groupe. Il importe d'en faire un moment structurant du groupe comme de la démarche elle-même, et souvent l'évaluation se fait mieux à travers des activités qui allient la fête — lorsqu'il y a un succès, c'est plus facile — au bilan et à la relance de l'action. Le succès obtenu dans la démarche demeure toujours le premier moteur de l'action, mais il faut aussi s'assurer que l'action elle-même demeure une source de satisfaction et d'apprentissage pour les personnes qui y ont contribué.

Un guide pour l'action

Signalons enfin que, comme toute pratique professionnelle, le processus d'intervention est le produit des efforts faits dans et à partir de la pratique pour formaliser celle-ci en étapes séquentielles, dans un ordre qui respecte une logique progressive. Ces étapes apparaissent utiles pour se représenter le processus dans toutes ses composantes, mais on doit éviter d'en fixer les bornes et la direction de façon mécanique. Le processus ne peut dans la pratique se produire de façon linéaire; les temps d'exploration sont certes déterminants au début d'une action, mais il est rare qu'on puisse les limiter à un moment précis, tout comme la planification ne peut se mettre au point par la seule vertu de la conceptualisation d'un plan d'action. C'est parfois dans l'action, par un processus itératif d'effort de théorisation et d'expérimentation, d'essai et d'erreur, qu'on poursuit l'exploration, qu'on apprend à mieux définir les objectifs, à se donner des modes de fonctionnement plus adéquats et plus satisfaisants pour soi, en fonction de sa propre pratique comme groupe et comme individu. Le processus devient alors davantage une méthode de travail qui permet d'aborder la pratique avec rigueur, comme un soutien permettant de lier rapidement et logiquement l'analyse et l'action, sans s'imposer comme cadre rigide qui détermine techniquement l'agir des intervenants et des acteurs en organisation communautaire.

CONCLUSION : UNE PRATIQUE PROFESSIONNELLE MARQUÉE PAR LE CHANGEMENT SOCIAL

Nous avons tenté dans ce texte d'introduction d'établir les bases de la méthode d'organisation communautaire, en fixant les principaux éléments historiques, théoriques et méthodologiques, en espérant avoir aidé ainsi à faire comprendre la place et le rôle qu'elle joue dans la pratique sociale. Rappelons que cette méthode a connu depuis les années 1960 des transformations importantes, étroitement liées aux enjeux sociaux qui ont marqué l'évolution du Québec. Au début, elle se définissait en étroite liaison avec les institutions de services sociaux régies par l'Église et la profession émergente du travail social, comme processus d'intervention de changement planifié introduit de l'extérieur des communautés, suivant en cela la tradition américaine qui nous inspirait. Sous l'influence des courants réformistes nord-américains et européens qui ont amené l'intervention vers des pratiques de développement local et d'action sociale, elle deviendra aussi une pratique sociale que se sont réappropriée les groupes et les communautés de base. Du côté institutionnel, la première phase d'implantation des CLSC sera dans plusieurs cas marquée par les choix de valeurs et de stratégies que véhiculaient les groupes et organismes issus de ces interventions d'animation sociale, dont l'organisation communautaire en CLSC prendra souvent le relais.

L'organisation communautaire demeure une pratique professionnelle définie par ces deux grands traits, quels que soient les lieux où elle se pratique et les formes qu'elle prend : d'une part, elle est une méthode constituée de choix normatifs, d'exigences méthodologiques et de connaissances bien délimitées, développées principalement dans le cadre du travail social ; d'autre part, elle est une pratique sociale déterminée par des valeurs et principes entraînant une lecture critique des problèmes sociaux et une option pour le changement social opéré à partir des communautés de base.

Il fut un temps où, dans les écoles de travail social au Québec, les méthodes d'orientation dites clinique — individuelle et de groupe — et collective ou communautaire se voyaient presque en opposition les unes par rapport aux autres. Aujourd'hui, on conçoit davantage le travail social comme une pratique globale intégrant l'ensemble des méthodes (Regroupement des unités de formation universitaire en travail social du Québec, 1993). On reconnaît en effet que celui-ci doit s'appuyer sur une vision globale des problèmes sociaux, qui associe les dimensions individuelles et collectives à travers des approches intégrées ouvrant sur la dimension communautaire de l'intervention sociale (Lévesque et Panet-Raymond, 1994). C'est ce qui ramène plus que jamais dans l'actualité de la pratique et de la formation en travail social la perspective communautaire véhiculée par l'organisation communautaire aussi bien que la méthode elle-même qu'elle constitue.

BIBLIOGRAPHIE COMMENTÉE

DOUCET, L. et L. FAVREAU (dir.) (1992), *Théorie et pratiques en organisation communautaire*, Sillery, Presses de l'Université du Québec, 464 p.

Écrit au début des années 1990, cet ouvrage collectif mettant à contribution plus de quinze professeurs et intervenants en organisation communautaire demeure pertinent par le regard théorique et pratique qu'il permet sur l'ensemble des pratiques d'organisation communautaire au Québec. Il fournit un bon recadrage historique des années 1960-1990 et offre une présentation intéressante des trois modèles de Rothman : le développement local, le planning social et l'action sociale.

LAMOUREUX, H., J. LAVOIE, R. MAYER et J. PANET-RAYMOND (1996), *La pratique de l'action communautaire*, Sillery, Presses de l'Université du Québec, 436 p.

Ce livre contient des pièces fouillées sur l'évolution des pratiques et les fondements éthiques, ainsi qu'une bonne discussion sur les enjeux et défis récents de l'action communautaire. La plus grande partie du livre porte sur des éléments de savoir-faire : les étapes du processus d'intervention, des approches et outils de recherche et d'analyse des communautés, des éléments de stratégie et de techniques selon les phases du déroulement de l'action.

MARCOTTE, F. (1986), *L'action communautaire : ses méthodes, ses outils, ses rouages et sa gestion*, Montréal, Éditions Saint-Martin, 141 p.

Petit livre qui se veut un guide pratique d'intervention collective. On y trouve des notions de base sur le fonctionnement des groupes de tâche, ainsi que des outils d'analyse des problèmes et de planification de l'action. Il présente plusieurs grilles utiles pour l'analyse et la gestion quotidienne du travail des groupes engagés dans l'action communautaire.

Intervention (1997), *L'action communautaire en service social*, numéro 104, 80 p.

Ce numéro de la revue *Intervention* contient six textes qui constituent la mise en perspective la plus récente des pratiques d'organisation communautaire au Québec. On y trouve une présentation actualisée des trois modèles de Rothman, et une analyse du nouveau contexte social et politique encadrant et conditionnant la pratique de l'organisation communautaire.

DUMAS, B. et M. SÉGUIER (1997), *Construire des actions collectives. Développer les solidarités*, Lyon, Chronique sociale, 236 p.

> Ce livre présente un appareil conceptuel qui intègre un cadre théorique et une démarche méthodologique qui prennent la marginalité et l'exclusion comme cibles, et l'action collective de développement social local comme perspective d'intervention. La démarche proposée fait appel à une multitude de grilles d'analyse et d'intervention très articulées, qui peuvent être d'une grande utilité pour les intervenants et acteurs qui veulent situer leur action dans une perspective large et critique de l'action communautaire.

RÉFÉRENCES

ALINSKY, S. (1976), *Manuel de l'animateur social*, Paris, Seuil.

BÉLANGER, P. et B. LÉVESQUE (1992), « Le mouvement populaire et communautaire : de la revendication au partenariat (1963-1992) », dans G. Daigle, et G. Rocher (dir.), *Le Québec en jeu : comprendre les grands défis*, Montréal, Presses de l'Université de Montréal, p. 713-748.

BLONDIN, M. (1965), « L'animation sociale en milieu urbain : une solution », *Recherches sociographiques*, vol. 6, n° 3, p. 293-304.

BOURQUE, D. (1985), « L'approche communautaire en CLSC : les enjeux en cause et les conditions requises », *Service social*, vol. 34, n°s 2-3, p. 328-339.

Bureau d'aménagement de l'est du Québec (1966), *Plan de développement. Région-pilote : Bas-Saint-Laurent, Gaspésie et Îles de la Madeleine*, Mont-Joli, Bureau d'aménagement de l'est du Québec, 10 volumes.

CAILLOUETTE, J. (1992), « La Réforme Côté ou l'ambivalence de l'État à l'égard du communautaire », *Service social*, vol. 41, n° 2, p. 115-131.

CAILLOUETTE, J. (1994), « L'État partenaire du communautaire : vers un nouveau modèle de développement », *Nouvelles pratiques sociales*, vol. 7, n° 1, p. 161-176.

CÔTÉ, C. et Y. HARNOIS (1978), *L'animation au Québec : sources, apports et limites*, Montréal, Éditions coopératives Albert Saint-Martin.

DESCHÊNES, M.A. et G. ROY (1994), *Le JAL, trajectoire d'une expérience de développement local*, Groupe de recherche interdisciplinaire de l'est du Québec, Université du Québec à Rimouski.

DESLAURIERS, J.-P. (1985), « De l'animation à la révolution », *Service social*, vol. 34, nos 2-3, p. 369-388.

DIONNE, H. (1985), *Animation sociale, participation populaire et développement régional : le cas du BAEQ*, Université Laval (thèse de doctorat en sociologie).

DORÉ, G. (1985), « L'organisation communautaire : définition et paradigme », *Service social*, vol. 34, nos 2-3, p. 210-231.

DOUCET, L. (1994), « Histoire de l'organisation communautaire au Québec », dans L. Favreau, R. Lachapelle et L. Chagnon (dir.), *Pratiques d'action communautaire en CLSC, acquis et défis d'aujourd'hui*, Sillery, Presses de l'Université du Québec, p. 47-56.

DOUCET, L. (1997), « Les modèles de Rothman : "blue chips" de l'organisation communautaire », *Intervention*, no 104, p. 7-25.

DOUCET, L. et L. FAVREAU (dir.) (1992), *Théorie et pratiques en organisation communautaire*, Sillery, Presses de l'Université du Québec.

FAVREAU, L. (1989), *Mouvement populaire et intervention communautaire, de 1960 à nos jours*, Montréal, Éditions du Fleuve/Centre de formation populaire.

FAVREAU, L. et Y. HURTUBISE (1993), *CLSC et communautés locales : la contribution de l'organisation communautaire*, Sillery, Presses de l'Université du Québec.

FAVREAU, L., R. LACHAPELLE et L. CHAGNON (dir.) (1994), *Pratiques d'action communautaire en CLSC, acquis et défis d'aujourd'hui*, Sillery, Presses de l'Université du Québec.

Fédération des CLSC du Québec (1994), *Pratiques d'action communautaire en CLSC*, Montréal.

FREIRE, P. (1973), *Pédagogie des opprimés*, Paris, Maspéro.

GINGRAS, P. (1992), « L'approche communautaire », dans L. Doucet, et L. Favreau (dir.), *Théorie et pratiques en organisation communautaire*, Sillery, Presses de l'Université du Québec, p. 187-200.

Gouvernement du Québec (1998), *Politique de soutien au développement local et régional* (livre blanc), Secrétariat au développement des régions, Québec, Les Publications du Québec.

GUAY, L. (1994), « Le choc des cultures », *Nouvelles pratiques sociales*, vol. 4, n° 2, p. 43-58.

JACOB, A. (1985), « Des enjeux pour l'action militante des années 80 », *Service social*, vol. 34, n°ˢ 2-3, p. 353-368.

LAMOUREUX, H. (1999), *Les dérives de la démocratie (Questions à la société civile québécoise)*, Montréal, VLB Éditeur.

LAMOUREUX, H., J. LAVOIE, R. MAYER et J. PANET-RAYMOND (1996), *La pratique de l'action communautaire*, Sillery, Presses de l'Université du Québec.

LAMOUREUX, J. (1994), *Le partenariat à l'épreuve*, Montréal, Éditions Saint-Martin.

LAVOIE, J. et J. PANET-RAYMOND (1993), *L'action communautaire (Guide de formation sur les étapes de l'intervention communautaire)*, Montréal, Centre de formation populaire.

LAVOIE, J. et J. PANET-RAYMOND (1996), « Les étapes du processus d'intervention communautaire », dans H. Lamoureux, J. Lavoie, R. Mayer et J. Panet-Raymond (dir.), *La pratique de l'action communautaire*, Sillery, Presses de l'Université du Québec, p. 115-151.

LÉVESQUE, J. et J. PANET-RAYMOND (1994), « L'évolution de la pertinence de l'approche structurelle dans le contexte social actuel », *Service social*, vol. 43, n° 3, p. 23-40.

MAHEU, L. et D. DESCENT (1990), « Les mouvements sociaux : un terrain mouvant », *Nouvelles pratiques sociales*, vol. 3, n° 1, p. 41-52.

MARCOTTE, F. (1986), *L'action communautaire : ses méthodes, ses outils, ses rouages et sa gestion*, Montréal, Éditions Saint-Martin.

MATHIEU, R. et C. MERCIER (1992), « L'organisation communautaire avec les assistés sociaux, sans emploi, locataires, consommateurs », dans L. Doucet, et L. Favreau (dir.), *Théorie et pratiques en organisation communautaire*, Sillery, Presses de l'Université du Québec, p. 351-376.

MAYER, R. (1994), « Évolution des pratiques communautaires au Québec », *Revue canadienne de service social*, vol. 11, n° 2, p. 238-260.

MAYER, R., H. LAMOUREUX et J. PANET-RAYMOND (1996), « Évolution des pratiques communautaires au Québec », dans H. Lamoureux, J. Lavoie, R. Mayer et J. Panet-Raymond (dir.), *La pratique de l'action communautaire*, Sillery, Presses de l'Université du Québec, p. 7-72.

MAYER, R. et J. PANET-RAYMOND (1992), « L'action communautaire de défense des droits sociaux », dans L. Doucet, et L. Favreau (dir.), *Théorie et pratiques en organisation communautaire*, Sillery, Presses de l'Université du Québec, p. 97-118.

MÉDARD, J.F. (1969), *Communauté locale et organisation communautaire aux États-Unis*, Paris, Éditions Armand Colin.

MELUCCI, A. (1990), « Les adversaires du vide », *Nouvelles pratiques sociales*, vol. 3, n° 1, p. 29-40.

MELUCCI, A. (1983), « Mouvements sociaux, mouvements post-politiques », *Revue internationale d'action communautaire*, n° 10/50, p. 13-30.

MERCIER C., C. GENDREAU, J.-O. DOSTIE et L. FONTAINE (1995), *Au cœur des changements sociaux : les communautés et leurs pouvoirs*, Actes du IVᵉ Colloque du Regroupement québécois des intervenantes et intervenants en action communautaire en CLSC et en Centre de santé, Sherbrooke, Productions GGC.

NINACS, W. (1992), « L'organisation communautaire en milieu semi-urbain/semi-rural », dans L. Doucet, et L. Favreau (dir.), *Théorie et pratiques en organisation communautaire*, Sillery, Presses de l'Université du Québec, p. 257-272.

Ordre professionnel des travailleurs sociaux du Québec (1993), *Les normes de pratique professionnelle des travailleurs sociaux*, Montréal.

PANET-RAYMOND, J. (1985), « Nouvelles pratiques des organisations populaires... Du militantisme au bénévolat au service de l'État », *Service social*, vol. 34, n°ˢ 2-3, p. 340-352.

PANET-RAYMOND, J. (1994), « Les nouveaux rapports entre l'État et les organismes communautaires à l'ombre de la loi 120 », *Nouvelles pratiques sociales*, vol. 7, n° 1, p. 79-94.

PANET-RAYMOND, J. et D. BOURQUE (1991), *Partenariat ou pater-nariat (La collaboration entre établissements publics et organismes communautaires œuvrant auprès des personnes âgées à domicile)*, École de service social, Université de Montréal.

REDJEB, B. (1994), « Du communautaire dans la réforme Côté : analyse de l'affirmation de la normativité des systèmes », *Nouvelles pratiques sociales*, vol. 7, n° 1, p. 95-110.

Regroupement des unités de formation universitaire en travail social du Québec (1993), *Les orientations de la formation en travail social au Québec*, Rapport final, Montréal.

Ross, M. (1955), *Community Organization : Theory, Principles and Practice*, New York, Harper and Row.

Rothman, J. (1995), « Approaches to Community Intervention », dans J. Rothman, J. Erlich et J. E. Tropman (dir.), *Strategies of Community Intervention*, Itasca, Ill., Peacock Publishers, p. 26-63.

Touraine, A. (1978), *La voix et le regard*, Paris, Seuil.

SITES WEB

Communautique
http:// communautique.qc.ca

> Ce projet de site communautaire, mené par l'Institut canadien d'éducation des adultes et la Puce communautaire, vise à rassembler, dans une communauté « réseautique », les organismes communautaires œuvrant dans les domaines de l'éducation, de la citoyenneté et du développement local, et ce, tant dans les centres urbains qu'en région. Il contient une foule d'informations sur des événements du monde communautaire au Québec, sur d'autres sites pertinents et il donne accès à la documentation produite par plusieurs groupes associés au projet.

Le site des organisateurs communautaires en CLSC
http://www.rqiiac.qc.ca/

> Cette page des organisateurs communautaires de CLSC contient des liens vers des documents locaux logés sur ce site ou encore vers d'autres sites pertinents aux pratiques communautaires. Plusieurs textes portant sur l'économie sociale et solidaire, le capital social, ainsi que certains textes tirés de la revue *Interaction communautaire* y sont rendus disponibles.

Web Network community
http://community.web.net/

> Ce site canadien de grande envergure est consacré aux organismes sans but lucratif et à l'action sociale.

The On-Line Conference on Community Organizing and Development
http://comm-org.utoledo.edu/

> Ce site de recherche propose un répertoire de ressources et de documents sur l'organisation communautaire à travers le monde.

Développement économique communautaire

http://www.enterweb.org/commun-f.htm

Cette page fournit une liste annotée de ressources électroniques dans le domaine du développement économique communautaire, qui proposent des voies alternatives de lutte contre le chômage et de développement économique axées sur le niveau local plutôt que global. «Pensez global, mais agissez local».

Site for social action

http://www.jps.net/dcasner/

Site sur la défense de l'environnement et des droits de la personne.

Praxis

http://caster.ssw.upenn.edu/~restes/praxis.html

Ressources télématiques pour le développement économique et social.

Horizon Local

http://www.globenet.org/horizon-local/index.html

Cette base documentaire est consacrée au développement local, à la solidarité internationale, à l'économie solidaire et au développement durable. Ce site répertorie de façon régulière et rend disponibles des textes pertinents tirés de revues consacrées à ces thèmes.

DOCUMENTS AUDIOVISUELS

L'organisation communautaire

Réalisateur: Réal Bourget, Service de ressources pédagogiques, Québec, Université Laval , trois vidéocassettes, environ 27 minutes chacune, couleur, VHS, 1995.

Ces trois vidéos illustrent par une expérience concrète chacun des trois modèles d'organisation de Rothman: le développement local, le planning social et l'action sociale. Dans un but pédagogique, le professeur Yves Hurtubise présente des notions théoriques qui permettent d'analyser ces modèles.

L'analyse des besoins en organisation communautaire

Réalisation: Nancy Lemay et Réjean Mathieu, Service de l'audiovisuel, Montréal, Université du Québec à Montréal, vidéocassette, 23 minutes, couleur, VHS, 1999.

Ce vidéo présente quelques notions théoriques sur l'analyse des besoins en organisation communautaire. Il donne deux projets en appui où des praticiennes expliquent comment elles s'y sont prises pour connaître les besoins de leur milieu.

Le soir même, on s'est organisé

Réalisation : Jean Frenette et Jean-Pierre Deslauriers, Bureau de production audiovisuelle, Hull, Université du Québec à Hull, viséocassette, 39 minutes, couleur, VHS et guide d'utilisation pédagogique, 1997.

Ce vidéo relate le combat victorieux mené par les citoyennes et citoyens du quartier Montcalm, à Hull, contre l'implantation d'une usine de cogénération à proximité de leur demeure.

L'ADMINISTRATION SOCIALE

Martin Poulin
Université Laval

chapitre 8

INTRODUCTION

COMPTE tenu du contexte dans lequel se situe le chapitre sur l'administration sociale, soit dans un volume d'introduction au service social, il importe de bien situer la perspective à adopter pour traiter le sujet. À quoi peut-on se référer pour définir cette perspective ? La littérature américaine est la plus riche sur ce thème, en particulier les volumes d'introduction au service social et les volumes spécialisés en administration sociale. S'il arrive aux auteurs de volumes d'introduction au service social de négliger l'administration sociale comme pratique d'intervention en service social, d'autres l'abordent sous un angle souvent trop abstrait, se contentant d'exposer les théories du management accompagnées de quelques considérations reliées au service social. Les volumes spécialisés dans les domaines de l'administration sociale, de l'administration des services sociaux ou de l'administration des services de bien-être couvrent, quant à eux, des contenus très variés correspondant à la matière d'enseignement d'une spécialisation dans le domaine. Il serait onéreux et téméraire de vouloir, en un seul chapitre, couvrir l'ensemble des thématiques habituellement traitées dans un volume d'administration. Ainsi faut-il, afin d'éviter l'éparpillement, orienter et limiter le contenu de ce chapitre en fonction d'objectifs précis.

Nous concevons les objectifs du chapitre dans une perspective d'apprentissage de la discipline par des étudiants qui sont en début de cheminement dans leur formation professionnelle. Il nous apparaît important, dans ce contexte, de nous centrer sur le travailleur social comme intervenant. À cet égard, le contenu du chapitre cherche à répondre à certaines questions concernant l'administration sociale que peut se poser un étudiant en début de formation : Quelle signification et quelle portée l'administration sociale peut-elle avoir pour le travailleur social ? En quoi est-il concerné par les enjeux administratifs ? Pourquoi le travailleur social devrait-il se soucier des dimensions administratives dans sa pratique professionnelle ? Quelle importance celles-ci peuvent-elles avoir par rapport à son milieu de pratique ? Son intervention est-elle influencée par les conditions administratives et organisationnelles existantes dans son milieu de travail ? Quels rôles peut-il ou doit-il y jouer ? S'il veut devenir gestionnaire, quelles habiletés devrait-il posséder ou développer ?

Le contenu de ce chapitre ne prétend pas apporter une réponse exhaustive à toutes les questions qui précèdent. Il présente des éléments susceptibles de provoquer une réflexion sur la portée, la pertinence et la présence de l'administration sociale dans la pratique du travailleur social, en tenant compte de milieux de pratique différents mais complémentaires que sont les services sociaux publics et les organismes communautaires. En nous situant toujours du point de vue de l'intervenant, nous suggérons aussi quelques considérations sur les rôles d'un gestionnaire mais surtout sur les habiletés nécessaires à l'exercice de fonctions administratives. Les objectifs du chapitre peuvent donc s'énoncer comme suit :

- Faire connaître et comprendre la définition et la portée de l'administration sociale dans la pratique du service social ;

- Situer l'importance des enjeux administratifs pour le travailleur social œuvrant tant dans le réseau des services publics que dans celui des organismes communautaires ;

- Donner un aperçu des rôles des gestionnaires et des habiletés nécessaires à l'exercice d'une fonction administrative.

DÉFINITION ET PORTÉE DE L'ADMINISTRATION SOCIALE

L'administration sociale est traditionnellement conçue comme une méthode d'intervention en service social (Perron, 1986 : 32-33 ; Skidmore, 1983 : 12 ; Trecker, 1977 : 32). Cette vision est particulièrement présente dans la littérature américaine du service social. Dès 1959, le Council on Social Work Education, organisme américain d'agrément des programmes de formation en service social, publie un rapport intitulé *The Administration Method in Social Work Education* (Spencer, 1959). Les expressions anglophones les plus fréquemment employées pour traduire l'engagement des travailleurs sociaux dans la gestion sont « Social Work Administration » (Trecker, 1977 ; Skidmore, 1983 ; Perlmutter, 1990 ; Skidmore *et al.*, 1997), « Social Administration » (Slavin, 1985a et 1985b). D'autres auteurs abordent la question sous l'angle de la présence de la gestion ou du management dans les services de bien-être (*Management for the Human Services*, Crow et Odewahn, 1987) ou dans le travail social (Coulshed, 1990). Pour sa part, Zastrow (1995), dans son volume d'introduction au service social, parle de la pratique du travail social avec les organisations (chap. 9 : « Practice with Organizations » : 267-285). Par ailleurs, le seul volume de langue française et d'inspiration nord-américaine a été écrit par Jules Perron en 1986. L'auteur d'*Administration sociale et services sociaux* discute abondamment, à partir des écrits de plusieurs auteurs, anglais et américains surtout, des notions d'administration des services sociaux, d'administration du bien-être et d'administration sociale[1].

---

1. Pour une discussion élaborée sur la définition de l'administration sociale et son évolution, nous référons le lecteur aux pages 7 à 38 du volume de Perron.

Quant à nous, nous retenons la définition du dictionnaire du service social qui nous apparaît des plus intéressantes en raison de l'étendue et de la portée de sa signification :

> Administration in social work : Methods used by those who have administrative responsability to determine organizational goals for a social agency or other unit ; acquire resources and allocate them to carry out a program ; coordinate activities towards achieving selected goals ; and monitor, assess, and make necessary changes in processes and structure to improve effectiveness and efficiency. In social work, the term is often used synonymously with management. For social work administrators, implementation of administrative methods is informed by professional values and ethics with the expectation that these methods will enable social workers to provide effective and humane services to clients. The term also applies to the activities performed in a social agency that contribute to transforming social policy into social services (Barker, 1999 : 8).

Cette définition de l'administration sociale met l'accent sur la méthode d'intervention de ceux qui détiennent des responsabilités administratives au sein des organismes de services sociaux. Elle inclut une description du processus administratif : la détermination des objectifs, l'acquisition et l'allocation des ressources, l'organisation et la coordination des activités afin d'atteindre les buts choisis dans les programmes. La définition introduit également l'obligation d'apporter les changements nécessaires dans les processus et les structures pour assurer l'efficacité et l'efficience dans la dispensation des services. Les pratiques administratives doivent être cohérentes avec les valeurs et l'éthique de la profession du service social de façon à permettre aux travailleurs sociaux de dispenser des services humains et efficaces. La notion d'administration sociale s'étend aussi aux activités qui contribuent à la transformation des politiques sociales en services sociaux.

Tout en étant en accord avec cette définition, il nous paraît inadéquat de restreindre la notion d'administration sociale aux seuls gestes de ceux qui détiennent des postes administratifs dans les établissements de services sociaux et communautaires. C'est autant dans la perspective de l'intervenant social que dans celle du gestionnaire qu'il importe de situer la définition de l'administration sociale. Le travailleur social gestionnaire est plus directement responsable du groupe qu'il encadre. Par contre, en tant que professionnel, le travailleur social a aussi un rôle à jouer dans l'administration de son établissement et du réseau auquel cet organisme appartient. Dans le cadre de ses activités quotidiennes, il pose un grand nombre de gestes administratifs qui lui incombent en vertu du poste qu'il détient comme intervenant. Ainsi, lorsqu'il complète des formalités administratives pour que son client reçoive les services requis, soit dans un autre service de son établissement ou un autre organisme du réseau de services sociaux, il participe à l'administration sociale. Il y participe de la même façon quand il compile les statistiques sur ses activités ou qu'il soumet un rapport concernant celles-ci. L'intervenant d'un organisme communautaire qui organise une collecte de fonds ou prépare une demande de subvention au nom de son organisme pose un geste de nature administrative en soi, même si celui-ci peut se situer dans une démarche d'engagement social au nom des membres de son groupe. D'autre part, le travailleur social doit aussi intégrer à ses activités professionnelles une participation aux instances de consultation, d'étude et de décision qui le concernent comme intervenant. Cette exigence prévaut tant pour l'intervenant en milieu communautaire que pour celui du réseau de services publics. L'expertise qu'ils possèdent dans leur domaine, l'un comme l'autre, doit être mise à contribution pour tenter d'influencer le plus possible les décisions administratives dans le sens de l'activité professionnelle qu'ils poursuivent en tant que travailleurs sociaux.

Sur le plan du vocabulaire, nous allons donc utiliser des termes comme administration sociale, administration et gestion des services sociaux et communautaires, pour désigner un ensemble de tâches et d'activités administratives accomplies dans les différents milieux de travail où œuvrent les travailleurs sociaux. Notre conception de l'administration sociale concerne autant le travailleur social qui contribue à l'exercice de fonctions administratives dans le cadre de ses activités d'intervenant que celui qui occupe un poste de gestionnaire ou de cadre dans le réseau des services sociaux et communautaires. Le champ d'application de l'administration sociale ne se limite pas, dans notre perspective, aux services sociaux et de santé du secteur public financés par l'État. Aux fins de ce chapitre, les organismes communautaires œuvrant dans le champ de la santé et des services sociaux sont considérés comme faisant partie de ce réseau, au moins de façon complémentaire, qu'ils soient engagés dans la distribution de services ou qu'ils poursuivent des objectifs de défense des droits ou de promotion des intérêts des groupes les plus démunis.

IMPORTANCE ET DIFFÉRENCE DES ENJEUX ADMINISTRATIFS SELON LES MILIEUX DE PRATIQUE

L'importance des enjeux administratifs se présente différemment selon que le travailleur social exerce ses fonctions dans des établissements appartenant au secteur public et parapublic ou qu'il œuvre au sein d'organismes communautaires. Le mode d'organisation des deux milieux de travail colore largement, non seulement le type d'intervention du travailleur social, mais aussi sa plus ou moins grande emprise sur les décisions administratives qui contribuent à définir les conditions de sa pratique professionnelle.

Dans le réseau public de services sociaux

Pour le travailleur social du réseau public de services sociaux, les enjeux liés à l'administration sociale peuvent apparaître, à première vue, moins évidents. On peut cependant les percevoir autrement si on analyse plus en profondeur le contexte de pratique. La structure fortement bureaucratisée de ce type d'organismes fait en sorte qu'un grand nombre de fonctions administratives sont accomplies par du personnel professionnel spécialisé dans les tâches administratives. La gestion des ressources humaines, la gestion financière et des ressources matérielles sont sous la responsabilité de services spécialisés. Les personnels de ces services opèrent en fonction de critères professionnels propres à leur discipline ou en rapport avec des contraintes définies de l'extérieur de l'organisation. Pensons aux conventions collectives négociées à l'échelle provinciale, aux contrats de fournisseurs gérés par des normes contractuelles définies sur le plan régional, aux avis légaux donnés par les services juridiques des établissements, etc.

D'autre part, les travailleurs sociaux, avec d'autres groupes de professionnels au sein de l'organisation, sont placés au bas de la ligne hiérarchique pour offrir les services directs aux usagers. Il existe une distance entre les intervenants et les gestionnaires appelés à prendre des décisions importantes à leur endroit et concernant leur pratique. Ces gestionnaires, tout en étant les responsables des services sociaux, ne possèdent souvent pas de formation dans cette discipline. Le caractère multidisciplinaire des milieux de pratique impose des conditions d'encadrement et de supervision du travail professionnel souvent incompatibles avec les normes et l'éthique d'une pratique professionnelle du service social. Les difficultés vécues à cet égard par les intervenants dans les centres locaux de services communautaires (CLSC) en constituent des exemples patents. Dans ce contexte, s'installent une répartition des tâches et une division du travail entre les gestionnaires et les intervenants, de façon telle que chaque groupe se perçoit et se comporte en opposant, au lieu d'agir de façon concertée. Il est aussi fréquent de voir se développer un comportement empreint de passivité et de désengagement face aux enjeux administratifs et au vécu organisationnel. L'absence des travailleurs sociaux dans les moments et les lieux stratégiques de la gestion des organisations et des services crée un vacuum néfaste, à long terme, pour la pratique du travail social.

De cette situation découlent principalement deux enjeux pour le travailleur social. Un premier enjeu concerne sa compétence et son habileté à pouvoir influencer son milieu de travail dans l'exercice de sa fonction d'intervenant social. L'absence de connaissances administratives ou l'impossibilité de comprendre le fonctionnement du milieu organisationnel où il exerce sa profession peut le rendre très vulnérable à une quantité d'influences externes dont la source et les valeurs peuvent être totalement étrangères, sinon en opposition, avec ses valeurs professionnelles et celles de sa pratique. Sans une connaissance des fondements d'une gestion appropriée aux valeurs véhiculées par sa discipline, sans une compréhension des mécanismes associés à une organisation fortement bureaucratisée, sans une initiation aux concepts et au langage inhérent aux processus administratifs, comment pourra-t-il exercer une influence valable sur la définition et l'orientation des services et sur les conditions de sa pratique ? Cette première dimension de l'enjeu administratif questionne la formation de l'intervenant social.

Un deuxième enjeu est étroitement lié au premier. Il s'agit de l'exercice des fonctions administratives par les travailleurs sociaux eux-mêmes. Dans la littérature sur l'administration des services sociaux, cette question est maintes fois traitée. Il existe une concordance de pensée chez bien des auteurs selon laquelle les postes de gestion dans les services sociaux et communautaires doivent être occupés par des travailleurs sociaux lorsqu'il s'agit d'encadrer du personnel de travail social (Coulshed, 1990 : 23 ; Perlmutter, 1990 : 5-6 ; Skidmore, 1983 : 32). On sait par ailleurs que le milieu gestionnaire véhicule couramment l'idée contraire et les faits le révèlent d'ailleurs. Nombre de travailleurs sociaux sont supervisés, dans le cadre de leurs activités professionnelles, par des intervenants appartenant à d'autres disciplines. Il s'agit d'un enjeu très important pour la pratique du travail social. Les travailleurs sociaux doivent développer des stratégies pour occuper le plus possible les postes d'influence au sein de leur milieu de travail s'ils veulent conserver une emprise réelle sur leur pratique professionnelle et sur l'orientation et la définition des services sociaux et communautaires. Il ne suffit pas d'investir les seules fonctions administratives internes aux organisations et établissements sociaux et de bien-être, mais aussi celles des réseaux plus larges où s'effectuent les arbitrages relatifs à l'application des politiques sociales et à la distribution des services sociaux. Les instances de concertation et de développement de partenariats sont autant de lieux où les choix administratifs et les décisions qui s'y dessinent ont un impact direct sur les pratiques professionnelles et les services aux personnes, aux groupes et aux collectivités.

Dans les organismes communautaires

Le secteur communautaire constitue un milieu de travail différent de celui des établissements publics du réseau de la santé et des services sociaux (Guberman *et al.*, 1994). Sur le plan structurel, l'organisme communautaire jouit d'une quasi-autonomie, ou d'une autonomie complète, mais son existence est souvent menacée par la précarité des ressources dont il dispose. Le statut d'organisme autonome, sans but lucratif, implique souvent des obligations majeures en matière de recherche de financement auprès de différents bailleurs de fonds. Le financement à l'aide de projets subventionnés par des sources diversifiées constitue, pour bien des organismes, des conditions essentielles à leur existence et à leur survie. La présentation de demandes de subventions ou de projets à plusieurs organismes et l'organisation de campagnes de financement constituent une surcharge administrative importante pour plusieurs d'entre eux. Comme il s'agit la plupart du temps de fonds publics, les organismes contractent par le fait même l'obligation de rendre compte de leurs activités et de l'utilisation de leurs fonds auprès d'autant d'organismes subventionnaires. À cet égard, les organismes communautaires ont, comme les établissements du secteur public, à répondre aux mêmes exigences de rigueur et de transparence concernant la qualité de leur gestion. Cependant, en cumulant la double obligation de collecte de fonds et de reddition de comptes auprès de plusieurs sources de financement, les organismes communautaires sont placés en condition de surcharge administrative par rapport à leurs activités d'intervention. Cette situation n'est pas sans avoir d'effets sur les intervenants qui ont, eux aussi, à cumuler au quotidien de multiples tâches administratives, en plus d'assumer leurs obligations en matière d'intervention.

D'autre part, le statut d'organisme employeur autonome impose aux organismes communautaires, dès qu'ils atteignent une certaine dimension, d'autres obligations administratives beaucoup plus étendues que dans les établissements du secteur public. Ils ont à définir leur mode d'incorporation, à établir leurs politiques de gestion et leurs procédures administratives, à déterminer les conditions de travail de leurs employés, à embaucher du personnel et à gérer des horaires de travail. Ils ont aussi à assumer les pleines responsabilités en matière de gestion des ressources financières et matérielles. Dans le secteur public, une grande partie des pratiques administratives est déterminée par des prescriptions légales ou réglementaires, par des conventions collectives ou des ententes de partenariat négociées à l'extérieur de l'établissement. Leur gestion est confiée à du personnel spécialisé regroupé dans les différents services administratifs. Les organismes communautaires, de leur côté, ne bénéficient pas des mêmes ressources pour accomplir ces tâches, lesquelles sont, encore là, le plus souvent partagées par l'ensemble des intervenants à l'emploi des organismes.

Dans ce contexte, la fonction de travailleur social n'est pas isolée de l'ensemble des fonctions administratives à assurer pour maintenir et développer les services offerts par l'organisme. La division du travail entre dirigeants, d'une part, et intervenants d'autre part, plus présente dans le réseau des établissements publics, ne se transpose pas intégralement dans les organismes communautaires. En plus des tâches administratives inhérentes à la fonction d'intervenant, les travailleurs sociaux se voient, dans les faits, rapidement confier des fonctions ou des parties de fonctions administratives, voire de coordination ou de direction de services ou d'organismes.

Le type de fonctionnement propre aux organismes communautaires ne permet donc pas aux travailleurs sociaux d'y concevoir leur rôle comme simples intervenants, sans égard aux exigences administratives et aux conditions organisationnelles dans lesquelles ils évoluent. L'existence et la survie de l'organisme en dépendent et, par voie de conséquence, leur propre engagement social et leur intervention professionnelle également. Voilà l'enjeu majeur découlant de la situation d'intervenant en milieu communautaire. Il remet en question, comme dans le cas des établissements publics, la préparation et la formation nécessaires aux travailleurs sociaux pour qu'ils puissent assumer adéquatement les tâches administratives qui leur incombent dans ce contexte.

LES RÔLES DU GESTIONNAIRE

Le concept de rôle est utilisé dans la littérature pour décrire la nature des responsabilités du gestionnaire, tant dans le domaine de l'entreprise privée que dans celui de la gestion des organisations dispensatrices de services aux personnes. Le volume intitulé *Management for the Human Services* de Richard Crow et Charles A. Odewahn (1987) définit la gestion à partir des rôles dévolus aux gestionnaires. Les auteurs s'inspirent en cela d'un volume paru en anglais en 1977 et traduit en français en 1984 sous le titre *Le manager au quotidien* d'Henry Mintzberg. L'auteur y énumère « les dix rôles professionnels du cadre » (1984 : 65-111) regroupés en trois catégories :

Les rôles interpersonnels : 1) Le cadre comme symbole, 2) Le cadre comme leader, 3) Le cadre comme agent de liaison ;

Les rôles liés à l'information : 4) Le cadre comme observateur actif, 5) Le cadre comme diffuseur, 6) Le cadre comme porte-parole ;

Les rôles décisionnels : 7) Le cadre comme entrepreneur, 8) Le cadre comme régulateur, 9) Le cadre comme répartiteur de ressources, 10) Le cadre comme négociateur.

Le lecteur intéressé à approfondir ces notions peut se référer aux deux volumes mentionnés plus haut. On y trouvera une conceptualisation très intéressante de la fonction administrative vue dans la perspective de la personne qui occupe une responsabilité hiérarchique d'encadrement à quelque niveau que ce soit dans l'organisation. Les rôles sont interreliés et aucun d'entre eux ne peut être absent de l'exercice de la fonction sans compromettre l'ensemble de l'activité gestionnaire. En d'autres termes, le gestionnaire doit accomplir obligatoirement chacun de ces rôles, certes avec des nuances variables, selon les contextes et les situations de gestion. Ces rôles peuvent également être partagés dans l'organisation. Sans être formellement décrits ni explicitement établis au sein d'une organisation, ils seront accomplis même si l'organisation est très petite et très peu structurée. Ils s'inscrivent dans les activités quotidiennes du responsable du fonctionnement de l'organisation ou d'une partie de celle-ci, comme un service ou un département. À ce titre, ils sont aussi appropriés pour décrire la fonction d'un coordonnateur d'organisme communautaire que celle d'un directeur ou d'un cadre œuvrant dans un établissement de services sociaux et de santé du secteur public.

LES COMPÉTENCES REQUISES POUR L'EXERCICE D'UNE FONCTION ADMINISTRATIVE

Il est assez bien accepté dans la littérature de la gestion de répartir les types de compétences requises du cadre et du gestionnaire en trois catégories : les compétences techniques, les compétences conceptuelles et les compétences relationnelles (Schermerhorn *et al.*, 1994 : 45 ; Edwards, Yankey et Altpeter, 1998 : 7-8). Les ***compétences techniques*** sont celles qui sont reliées au domaine spécialisé auquel s'applique la gestion. Dans le contexte de ce chapitre, les compétences techniques sont celles reliées à la connaissance et à la maîtrise de principes, de valeurs, de méthodes, de processus et de règles propres à la discipline du service social et à sa pratique. L'ensemble de ces acquis propres au travailleur social constitue un bagage sur lequel s'appuie l'exercice d'une fonction administrative dans les services sociaux.

Les ***compétences conceptuelles*** sont également nécessaires à une pratique professionnelle quelle qu'elle soit, mais ici il est question de la capacité du gestionnaire à comprendre et à interpréter l'environnement organisationnel, à analyser le contexte d'une prise de décision ou d'un problème pour en dégager une solution appropriée. Cette habileté à diagnostiquer et à discerner ce qui est important et significatif pour résoudre un problème ou gérer une situation de crise n'est pas essentiellement différente de celle nécessaire au travailleur social dans le cadre de sa pratique régulière. Elle s'applique cependant à un contenu dont l'ampleur est souvent beaucoup plus large que celle d'une pratique individualisée. Ces habiletés couvrent, par exemple, tout le secteur communautaire, interorganisationnel et institutionnel de la distribution des services sociaux et communautaires.

Les considérations applicables aux ***compétences relationnelles*** touchent les personnes, les groupes et les communautés. Le travailleur social possède par sa formation disciplinaire des acquis indéniables qui sont tout à fait transposables dans le domaine de la gestion. La nécessité de se connaître comme personne et de bien connaître ses valeurs, ses capacités et ses limites s'impose autant au gestionnaire qu'au travailleur social. Les qualités d'empathie et d'écoute sont tout aussi utiles et nécessaires dans les fonctions d'intervenant et de gestionnaire, à plus forte raison dans un milieu de travail dont la propriété essentielle est d'œuvrer dans le domaine des relations humaines. L'habileté à susciter des collaborations et à exercer un leadership fait également partie des compétences relationnelles du gestionnaire.

LES QUALITÉS ATTENDUES DU GESTIONNAIRE DE SERVICES SOCIAUX

Les écrits sur les qualités et les habiletés du gestionnaire sont nombreux tant dans la littérature sur la gestion des entreprises (Schermerhorn *et al.*, 1994 : 43) que dans le domaine de l'administration des services sociaux (Trecker, 1977 : 49-50 ; Skidmore, 1983 : 29-40 ; Coulshed, 1990 : 105-128), et des organisations à but non lucratif et des services publics (Ginsberg et Keys, 1995, chap. 2 ; Edwards, Yankey et Altpeter, 1998). Nous avons retenu les qualités le plus souvent mentionnées comme nécessaires à l'exercice de la fonction de gestionnaire dans les services sociaux.

La capacité d'analyse et de pensée critique figure en tête de liste des qualités d'un gestionnaire. Le gestionnaire doit constamment être à l'écoute et à l'étude de l'environnement pour en saisir les signes, en interpréter les tendances, en lire les besoins de façon à les transformer en actions au service de la communauté, des usagers des services et des populations les plus démunies.

De cette qualité découle celle d'agent de changement. Il est de la responsabilité du gestionnaire d'amorcer le changement autour de lui : dans son organisation, dans la réponse aux besoins des collectivités, dans l'aménagement des services, dans les relations organisationnelles.

L'esprit d'initiative et de changement ne peut exister sans l'exercice d'un *leadership proactif* de la part du gestionnaire (Perlmutter, 1990 : 5). La façon de l'actualiser peut varier et s'adapter constamment au contexte, aux circonstances, aux personnes et aux groupes avec lesquels il travaille. Il lui revient cependant, qu'il soit chef d'équipe, coordonnateur, directeur de services, d'agir comme porteur de la responsabilité de l'action et de la faire partager aux membres de son organisation.

La capacité d'influencer et de convaincre est essentielle aux habiletés du gestionnaire. Intimement lié à l'exercice du leadership, le pouvoir d'influencer constitue un atout appréciable à l'exercice de toute fonction de responsabilité. La capacité d'influencer touche tous les niveaux et toutes les parties, non seulement de l'organisation ou du service dont le gestionnaire est responsable, mais des réseaux au sein desquels il doit agir.

Pour être efficace, un gestionnaire doit démontrer une habileté à organiser et à s'organiser. La capacité de percevoir et de concevoir comment doit s'effectuer un travail, comment structurer une démarche, comment organiser son temps et celui des autres constitue une habileté fondamentale du cadre. Le responsable administratif est soumis à de multiples sollicitations, fréquemment dérangé par les situations urgentes et confronté à mener de front un grand nombre de dossiers. Ses « activités sont caractérisées par la brièveté, la variété et la fragmentation » (Mintzberg, 1984 : 63). Dans ce contexte, l'habileté du gestionnaire à définir des objectifs et à fixer des priorités devient déterminante pour la réussite de son action.

L'objectivité dans l'appréciation des situations, dans l'évaluation de ses capacités et de celles de ses collaborateurs, dans l'analyse de ses compétences professionnelles et de celles des autres est primordiale pour que le gestionnaire s'établisse une crédibilité. Les jugements de valeurs et la subjectivité suggérée par les impulsions du moment ne peuvent servir de fondement à l'action administrative. Le gestionnaire doit développer une distance réflexive devant les situations difficiles et les décisions délicates.

L'esprit de décision est au cœur des qualifications requises du gestionnaire. L'habileté à percevoir le moment d'amorcer une prise de décision, à définir avec qui et comment elle doit être prise et enfin à déterminer le moment et le sens de cette décision constitue une des qualités les plus essentielles à la pratique d'une gestion efficace.

En plus de l'esprit de décision, le gestionnaire doit démontrer des capacités à prendre des risques et à œuvrer dans l'incertitude. En service social, comme en d'autres domaines d'ailleurs, les informations pertinentes à une prise de décision éclairée sont le plus souvent partielles et dépendantes du jugement humain. La tolérance à l'incertitude devient un atout important pour maîtriser et surmonter les situations stressantes.

L'habileté à porter des jugements équilibrés sur les situations et les personnes est certes une des qualités les plus fondamentales que doit posséder le gestionnaire. On pourrait invoquer que cela est nécessaire à l'exercice de toute profession ou de toute fonction. Il importe cependant d'insister sur cette dimension de la fonction administrative. L'expérience démontre avec grande éloquence à quel point le jugement intervient quotidiennement dans les situations de décision. Même dans des contenus décisionnels d'apparence hautement technique ou quantitative, il arrive fréquemment que la prise de décision repose, plus ou moins explicitement, sur un jugement de valeur impliquant un choix philosophique, idéologique, éthique ou moral.

Dans le contexte de services sociaux et communautaires, l'habileté à exercer une autorité selon un modèle démocratique[2] s'impose comme une qualité essentielle à une pratique gestionnaire respectueuse des valeurs de la profession et des caractéristiques du milieu organisationnel. La conscience et la connaissance de la culture de son organisation doivent constamment amener le gestionnaire à consulter sur la pertinence et l'orientation d'une décision avant de poser des gestes susceptibles d'influencer l'avenir d'un grand nombre de personnes. Les principes de participation, de partage et de transparence doivent guider son action dans toutes les étapes de l'activité administrative.

L'habileté du gestionnaire à intervenir en situation de crise et à dénouer les conflits repose en grande partie sur ses capacités à négocier et à arbitrer les rapports entre des intérêts opposés. Les situations conflictuelles, sans être toujours dramatiques, sont fréquentes dans le fonctionnement des organisations. Elles se développent entre les personnes, les groupes et les institutions. Le gestionnaire est souvent au cœur de ces conflits en raison de sa position d'autorité et de son pouvoir de décision.

La capacité de superviser et d'encadrer du personnel sur le plan professionnel, donc en rapport avec des contenus théoriques et pratiques du travail social, fait partie des habiletés que doit maîtriser le gestionnaire des services sociaux. Peu importe le contexte où il opère, le gestionnaire doit transmettre et faire en sorte que se développent chez ses subordonnés ou ses collaborateurs des connaissances, des habiletés et des pratiques de service social et de saine gestion. La fonction pédagogique associée à l'enseignement et à la transmission du savoir fait partie intégrante des habiletés que le gestionnaire doit maîtriser.

---

2. En ce qui concerne le modèle démocratique appliqué aux organismes communautaires, voir Panet-Raymond et Lavoie (1996 : 314-333).

La capacité à travailler avec des bénévoles est particulièrement importante dans le contexte de la gestion des organismes communautaires (Perlmutter, 1990 : 104-116). La facilité à motiver les bénévoles, à développer et à maintenir des relations harmonieuses entre le personnel permanent et les bénévoles est cruciale dans un milieu où la participation volontaire constitue, dans bien des cas, l'essentiel de l'action d'un organisme communautaire. Le gestionnaire doit faire en sorte que se partagent non seulement des valeurs et une idéologie communes parmi le personnel et les bénévoles membres de son organisation, mais qu'il s'y développe un profond respect des compétences et des responsabilités propres à chacun des groupes[3].

D'autres habiletés plus générales reliées à la communication écrite et verbale, au travail en équipe et à l'établissement d'un climat harmonieux dans le milieu de travail pourraient aussi être invoquées. Nous avons explicité les qualités qui nous paraissaient plus primordiales à l'exercice responsable et efficace de fonctions administratives dans les services sociaux et communautaires. La conception des rôles et des habiletés du gestionnaire que nous venons de décrire, on le voit bien, rejoint très étroitement la problématique de l'intervenant social en situation de pratique, que ce soit auprès des individus, des groupes ou des collectivités. En ce sens, la gestion en service social est tout à fait compatible avec la pratique directe et doit en être le prolongement et l'instrument.

CONCLUSION

Au terme de ce chapitre, nous espérons avoir montré l'importance de l'exercice d'une fonction administrative compétente, assumée le plus possible par les travailleurs sociaux, pour soutenir une pratique d'intervention sociale respectueuse des valeurs et des principes de la discipline. Comme nous l'avons vu,

---

3. Pour une discussion très pertinente sur les relations entre les membres (bénévoles) d'un organisme communautaire et ses employés, voir Panet-Raymond et Lavoie (1996 : 335-340), section 2.3 : La gestion des ressources humaines, et plus particulièrement la page 339.

le contexte oblige non seulement à une prise de conscience, mais surtout à un investissement, par les travailleurs sociaux, des lieux de pouvoir et d'influence au sein des organisations et des réseaux de services sociaux et communautaires. Cela implique une préparation et une formation auxquelles tous les acteurs des réseaux doivent collaborer. Il est temps de dépasser le préjugé défavorable entretenu depuis trop longtemps, dans bien des milieux de pratique et de formation en service social, à l'égard de l'administration et de ses gestionnaires. Il faut, au contraire, comme professionnels du travail social, adopter une attitude proactive et acquérir les compétences et les habiletés nécessaires à l'exercice des fonctions administratives. Les étudiants, dès le début de leur formation, ont à se définir en rapport avec cette problématique, et surtout à faire des choix de formation dans les programmes d'études qui tiennent compte des enjeux administratifs et organisationnels liés à la pratique professionnelle en service social.

Dans ce chapitre, nous avons proposé une définition de l'administration sociale, nous avons insisté sur sa portée et sa signification pour l'intervention du travailleur social, sur les enjeux qu'elle représente selon les milieux de pratique du service social et sur les compétences et les habiletés attendues d'un intervenant social désirant assumer des fonctions de gestion. Il nous est apparu important que les étudiants en formation dans la discipline puissent entrevoir, dès le début de leur carrière professionnelle, que l'administration des services sociaux et communautaires fait partie de leur horizon de pratique professionnelle. Peu importe leur position, leur statut ou leur niveau de responsabilité au sein des organisations où ils œuvrent, les travailleurs sociaux ont un rôle important à jouer sur le plan administratif. Il n'en tient qu'à eux que les organismes sociaux et les services publics évoluent dans le sens des intérêts des personnes à aider et de la qualité des services à leur offrir.

BIBLIOGRAPHIE
COMMENTÉE

BIBLIOGRAPHIE

Administration in Social Work

Cette revue américaine est spécialisée dans le domaine de la gestion des services sociaux. On y traite des principes, des processus et des pratiques administratives et de management dans les services sociaux et humains. C'est un lieu d'échange et de discussion d'idées sur les théories, les problèmes et les recherches de pointe en matière de gestion des services sociaux. On peut trouver sur le site Internet de la maison d'édition (www.haworthpressinc.com) une description détaillée de la revue et de ses caractéristiques.

COULSHED, Veronica (1990), *Management in Social Work*, British Association of Social Workers, Basingstoke, Macmillan, 209 pages.

Le volume de Coulshed est le seul à aborder la question sous l'angle de la présence du management dans l'exercice de la profession du service social. L'auteure adopte, dès le premier chapitre, une position originale : les travailleurs sociaux sont tous des managers. En plus de traiter des thèmes habituellement reliés à la gestion, l'auteure se démarque lorsqu'elle aborde les questions d'équité dans le traitement des personnes et de la place des femmes et des minorités dans la gestion des services sociaux. Ses propos sont nuancés et d'une grande justesse. Un volume à consulter.

PERLMUTTER, Felice DAVIDSON (1990), *Changing Hats. From Social Work Practice to Administration*, Silver Spring, MD, NASW Press, 172 pages.

L'auteure se place dans la perspective d'une personne qui assume une fonction administrative. Elle situe clairement les obligations qui en découlent pour que la pratique du service social et la distribution des services sociaux atteignent leurs buts. Elle tient compte, entre autres, des dimensions politiques, des rôles du gestionnaire, des relations interorganisationnelles et du travail avec les bénévoles. Ce volume, par son approche, apporte une contribution importante à la réflexion et à la définition du métier d'administrateur de services sociaux.

PERRON, Jules (1986), *Administration sociale et services sociaux*, Chicoutimi, Gaëtan Morin Éditeur, 285 pages.

Ce volume a le grand mérite d'être la seule publication de langue française dans le domaine de la gestion des services sociaux. Il comporte aussi l'avantage de se situer dans la tradition du service social et dans le contexte des services sociaux québécois. Vu que la publication de ce volume remonte à plusieurs années, une partie de son contenu a perdu de son actualité. Par exemple, le chapitre 7 sur le système québécois de distribution de services sociaux ne conserve qu'une valeur historique. Par contre, les autres parties du volume contiennent des chapitres très pertinents et des réflexions toujours d'actualité sur l'administration sociale et l'analyse de sa dynamique.

Skidmore, Rex A. (1983), *Social Work Administration, Dynamic Management and Human Relationship*, Englewood Cliffs, N.J., Prentice-Hall inc., 271 pages.

Les thèmes développés dans le volume de Skidmore sont comparables à ceux traités dans le volume de Trecker. La publication est plus récente et présentée de façon plus attrayante et plus moderne. On y trouve de nombreux tableaux exposant le contenu de façon plus synthétique et plus pédagogique. Les chapitres sont plus courts et couvrent l'ensemble des outils et techniques de gestion appliqués aux services sociaux et communautaires.

TRECKER, Harleigh B. (1977), *Social Work Administration, Principles and Practice*, édition révisée, New York, Association Press, 345 pages.

Ce volume a été publié il y a plus de vingt ans mais demeure d'une grande pertinence en raison des nombreux aspects couverts et de la perspective avec laquelle ils sont traités. L'auteur discute principalement des principes à la base de l'administration des services sociaux. Sa réflexion se situe cependant sur le plan très concret de la relation que doit entretenir une agence de service social avec sa communauté. La conceptualisation qui s'ensuit est très centrée sur l'obligation faite à l'organisme de répondre aux besoins de la collectivité qu'il dessert.

RÉFÉRENCES

BARKER, Robert L. (1999), *The Social Work Dictionary*, 4ᵉ éd., Washington, D.C., NASW Press, 584 pages.

BLANCHET, Jean (1990), *Gestion du bénévolat*, Montréal/Paris, Éditions Agence d'Arc inc./Economica, 107 pages.

COULSHED, Veronica (1990), *Management in Social Work*, British Association of Social Workers, Basingstoke, Macmillan, 209 pages.

CROW, Richard T. et CHARLES A. ODEWAHN (1987), *Management for the Human Services*, Englewood Cliffs, N.J., Prentice-Hall Inc., 283 pages.

EDWARDS, Richard L., John A. YANKEY et Mary A. ALTPETER (1998), *Skills for Effective Management of Nonprofit Organizations*, édition révisée, Washington, D.C., NASW Press, 585 pages.

GINSBERG, Leon et Paul R. KEYS (1995), *New Management in Human Services*, 2ᵉ éd., Washington, D.C., NASW Press, 279 pages.

GUBERMAN, Nancy, Danielle FOURNIER, Josée BELLEAU, Jennifer BEEMAN et Lise GERVAIS (1994), « Des questions sur la culture organisationnelle des organismes communautaires », *Nouvelles pratiques sociales*, Sainte-Foy, Presses de l'Université du Québec, vol. 7, nᵒ 1, p. 45-62.

MINTZBERG, Henry (1984), *Le manager au quotidien*, Montréal/Paris, Éditions Agence d'Arc inc./Éditions d'organisation, 224 pages.

NETTING, F. Ellen, Peter M. KETTNER et Steven L. MCMURTRY (1993), *Social Work Macro Practice*, New York, Longman, 295 pages.

PANET-RAYMOND, Jean et Jocelyne LAVOIE (1996), « L'organisation démocratique et la gestion des organismes communautaires », chapitre 8, p. 311-352, dans H. Lamoureux, J. Lavoie, R. Mayer et J. Panet-Raymond (dir.), *La pratique de l'action communautaire*, Sainte-Foy, Presses de l'Université du Québec, 436 pages.

PERLMUTTER, Felice Davidson (1990), *Changing Hats. From Social Work Practice to Administration*, Silver Spring, MD, NASW Press, 172 pages.

PERRON, Jules (1986), *Administration sociale et services sociaux*, Chicoutimi, Gaëtan Morin Éditeur, 285 pages.

SCHERMERHORN, John R., ANDREW J. TEMPLER, R. Julian CATTANEO, James G. HUNT et Richard N. OSBORN (1994), *Comportement humain et organisation*, Adaptation française de Bernard Garnier, Saint-Laurent, Éditions du renouveau pédagogique inc., 456 pages.

SKIDMORE, Rex A. (1983), *Social Work Administration, Dynamic Management and Human Relationship*, Englewood Cliffs, N.J., Prentice-Hall Inc., 271 pages.

SKIDMORE, Rex A., Milton G. Thackeray et O. William Farley (1997), *Introduction to Social Work*, 7e éd., Boston, Allyn and Bacon, 402 pages.

Slavin, Simon (1985a), *An Introduction to Human Services Management. Volume I of Social Administration : The Management of the Social Services*, 2e éd., New York, Haworth Press, 376 pages.

SLAVIN, Simon (1985b), *Managing Finances, Personnel, and Information in Human Services. Volume II of Social Administration : The Management of the Social Services*, 2e éd., New York, Haworth Press, 406 pages.

SPENCER, Sue (1959), *The Administration Method in Social Work Education*, New York, Council on Social Work Education, 87 pages.

TRECKER, Harleigh B. (1977), *Social Work Administration, Principles and Practice*, édition révisée, New York, Association Press, 345 pages.

ZASTROW, Charles (1995), *The Practice of Social Work*, 5e éd., Pacific Grove, CA, Brooks/Cole Publications Co., 732 pages.

SITES WEB

SITES WEB
SITES WEB

The National Network for Social Work Managers
www.socialworkmanager.org

L'organisme se présente comme une ressource réseau dont la fonction est de soutenir, outiller, développer et faire la promotion des gestionnaires de services sociaux. On y trouve un texte sur les fondements (« Platform » en anglais) d'une conception de la gestion centrée sur les personnes. Ce texte contient des énoncés concernant les buts, la mission, les croyances, les valeurs et la vision de l'organisme. Ce contenu s'inscrit dans la même ligne de pensée et la même compréhension de la gestion des services sociaux que nous avons véhiculées dans ce chapitre.

Association for Community Organisation and Social Administration (ACOSA)
www.acosa.org

L'association regroupe les intervenants intéressés par la pratique sociale à titre d'organisateurs communautaires, de planificateurs, d'administrateurs ou de spécialistes des politiques sociales provenant de diverses professions. Le contenu du site est orienté davantage vers l'organisation communautaire. Son intérêt principal provient de la sélection de liens Internet. Il s'agit d'un site en développement qui n'a pas encore atteint sa maturité. Selon l'orientation qui sera privilégiée, il pourra acquérir une plus grande pertinence pour les personnes intéressées à la gestion des services sociaux.

VALEURS ET ÉTHIQUE EN TRAVAIL SOCIAL

René Auclair
Université Laval

chapitre 9

INTRODUCTION

L'ÉTHIQUE abordée ici est d'abord un questionnement radical : « Que faut-il faire, que faut-il choisir, que voulons-nous devenir, dans le contexte de la présente mutation sociale ? » C'est aussi une recherche en profondeur, car elle s'ouvre sur des choix fondés sur des valeurs et sur des actions délibérées qui visent finalement le développement de la personne et de la collectivité. En tout temps, bien sûr, chaque personne et chaque société refont pour elles-mêmes, dans des situations données, une démarche éthique où elles précisent leurs choix et leurs positions de valeurs.

Dans ce chapitre, nous présentons sommairement l'importance de l'éthique aujourd'hui et quelques distinctions qui s'imposent à ce sujet. Les questions éthiques fondamentales en philosophie permettent de nous interroger sur les valeurs et sur ce que peut nous apprendre l'histoire de l'éthique. À la suite de cette réflexion, nous proposons aux travailleurs sociaux une démarche à suivre dans la prise de décision éthique ainsi que des moyens pour s'assurer que cette démarche se réfère aux valeurs professionnelles et sociales.

IMPORTANCE DE L'ÉTHIQUE AUJOURD'HUI

Il suffit d'écouter les médias, de regarder autour de soi et de s'ouvrir à ce qui se passe dans le monde pour saisir un peu partout l'émergence d'un nouveau questionnement éthique. Les progrès de la science et de la technique, l'ouverture des sociétés, la transformation des liens sociaux et familiaux, la préoccupation de la qualité de la vie sur la planète ou encore la prise de conscience des formes diverses de violence posent des questions, forcent à réfléchir sur les valeurs en cause et interpellent les personnes et les groupes au cœur de leur action quotidienne (Fortin et Boulianne, 1998).

En effet, depuis les années 1990, de graves conflits d'ordre moral portant atteinte au bien-être individuel et collectif font tous les jours la manchette des journaux. Ces conflits s'observent aussi bien sur la scène publique que politique et professionnelle. Nous faisons référence ici à des dilemmes moraux comme le droit à la vie et à la mort, l'accès équitable à des techniques thérapeutiques coûteuses ou la préservation de la vie privée et de la confidentialité compte tenu de l'informatisation des dossiers-clients. Plus près de l'univers du travail social, la réduction des programmes sociaux et de la sécurité du revenu entraîne des dilemmes moraux chroniques pour les technocrates, les planificateurs, les cadres intermédiaires et les praticiens de première ligne ; ils sont aux prises avec des questions d'attribution de ressources insuffisantes et de priorités à établir dans les programmes et services à offrir.

Ces dernières années, le public a été inondé d'exemples, de plus en plus fréquents et sordides, de professionnels qui ont abusé de la confiance de leurs clients. Exposée dans les enquêtes publiques, devant les organes disciplinaires professionnels et les tribunaux, l'inconduite morale de membres du clergé, de médecins, de dentistes, d'avocats, d'administrateurs, de travailleurs sociaux, de toutes sortes de conseillers et de thérapeutes, a fait perdre aux professionnels le prestige singulier dont ils avaient l'habitude de jouir aux yeux du public.

Des questions plus graves que jamais sont soulevées au sujet de la capacité des professions de surveiller leurs membres, de sanctionner leur inconduite et de protéger le public au service duquel elles se sont mises. On voit maintenant plus nettement, et on comprend mieux, la vulnérabilité et l'impuissance potentielles du client qui demande les services d'un professionnel (Cossom, 1993 : 85-91 ; Des Jardins, 1995 ; Desaulniers *et al.*, 1997).

MORALE ET ÉTHIQUE

Certes, les mots sont en quelque sorte des conventions et leur sens n'est pas figé définitivement par quelque autorité que ce soit. C'est justement pour cela qu'il importe de dire, dès le départ, le sens que l'on donnera à quelques mots importants. Ainsi, la démarche éthique qu'on vient d'évoquer fait appel au cheminement des personnes et des groupes, appelés à choisir et à agir de façon responsable, dans des situations concrètes, en référence à des valeurs.

Deux concepts sont importants à retenir et nous nous référons à Pierre Fortin qui distingue et résume les termes *morale* et *éthique* de la façon suivante :

MORALE « La morale est de l'ordre du devoir. Elle nous aide à répondre à la question « Que dois-je faire ? » Elle peut être définie comme l'ensemble des règles qui guident les êtres humains dans leur appréhension du bien et du mal et qui régissent leurs conduites individuelles et collectives » (Fortin, 1995b : 28).

Selon Fortin, cette définition comprend trois éléments essentiels : 1) l'affirmation de fins particulières et d'une fin ultime que doit rechercher tout être humain, et la promotion de moyens pour y parvenir ; 2) un ensemble de valeurs, c'est-à-dire des critères permettant de juger les actions à poser et les personnes qui les accomplissent ; 3) un ensemble de prescriptions formulées en vue d'atteindre la fin qui s'impose. Quant à l'éthique, Fortin la définit ainsi :

ÉTHIQUE « L'éthique nous aide à répondre à la question « Comment vivre ? » Elle peut être définie comme la réflexion — l'analyse et la critique — sur les règles et les fins qui guident l'action humaine, c'est-à-dire les jugements d'appréciation sur les actes qualifiés de bons ou de mauvais. Elle peut donc être considérée comme la recherche d'un art de vivre qui fait appel à la créativité et à la responsabilité au-delà des exigences de la morale » (Fortin, 1995b : 28).

Cette définition comporte un art de vivre, en esquissant un projet de vie individuelle et collective. Ce projet remet en question la règle, étudie, analyse et critique les mœurs, la morale officielle d'une société et d'une époque.

Les grandes questions philosophiques

Qu'est-ce qui peut nous aider à vivre bien ? Toutes les personnes ont envie de le savoir, mais il n'est pas facile de distinguer clairement ce qu'il faut considérer comme « bien » et ce qu'il faut considérer comme « mal ».

Dans l'Antiquité classique (Canto-Sperber, 1997), convaincu que le bonheur constituait le bien suprême, on faisait porter les recherches sur ce qui rapprochait ou éloignait l'humanité du bien. L'éthique, née avec Aristote en tant que science du bonheur, étudie ce qui est à accepter ou à refuser, à encourager ou à condamner dans le comportement des individus. Dans le monde romain, l'orateur Cicéron introduit un terme latin, équivalent du grec « éthique », en forgeant le mot « morale » (de *mores*, « habitudes, coutumes »), qui connaîtra un immense succès au cours des siècles suivants. Naturellement, l'éthique, ou morale, ne consiste pas seulement dans les actions et les comportements habituels d'une personne ou d'un groupe, mais aussi dans ce qu'ils estiment juste de faire, ce qui peut être bien différent de la manière dont ils se conduisent en réalité.

Qu'est-ce qui est préférable ? Agir en fonction de notre strict intérêt et ne s'abstenir de faire tort aux autres que pour éviter d'éventuelles mesures de rétorsion, ou bien tenir compte des besoins et des intérêts de tous, pour favoriser la qualité de la vie et la convivialité d'une communauté, même s'il nous convient moins bien d'agir de la sorte ? On discute de questions de ce genre depuis des millénaires. Du fait que chacun apporte dans le monde des intérêts et des aspirations qui ressemblent à ceux des autres autant qu'ils en diffèrent, il est très difficile d'établir les fondements d'une morale qui favoriserait les intérêts d'une personne en même temps que ceux des autres.

Il est révélateur que des termes comme « bien » et « mal » (ainsi que d'autres couples de mots apparentés, comme « bon » et « méchant », « juste » et « injuste », « beau » et « laid ») peuvent s'appliquer aussi bien à la santé, à l'aspect physique ou à la psychologie d'une personne qu'aux vicissitudes de l'existence, ou encore à ce qui est moralement louable ou condamnable. Cette extension de leur usage montre bien qu'ils expriment des notions fondamentales. S'ils sont universels, c'est seulement parce qu'ils appartiennent à tout le monde, et non parce qu'ils ont le même sens pour tout le monde.

Le souci de distinguer le bien du mal est très ancien et révèle l'exigence d'éviter ou de résoudre des situations de conflit. Il apparaît clairement, dès les plus anciens témoignages, que les règles qui en décident ne sont pas égales pour tous. Les recueils de lois promulguées par des rois de Babylone, voici quatre mille ans, affichaient leur intention d'établir la justice dans le pays et d'en extirper le mal (le mot qui désignait chez eux la justice signifiait littéralement « ce qui est droit » ; nous aussi, nous parlons de « rectitude » et de « droit »). Selon ces lois, lorsqu'un aristocrate a subi un dommage, on applique la loi du talion, « œil pour œil, dent pour dent » ; si la victime appartient aux classes inférieures, il suffit d'une sanction pécuniaire.

L'humanité n'est pas aujourd'hui en train d'inventer la démarche éthique ; celle-ci s'enracine, depuis toujours, au cœur de l'existence quotidienne des individus et du destin historique des groupes humains. Dans toute vie et à toute époque, elle a été interrogation, choix, action et désir d'accomplissement. La démarche éthique dont on parle ici est justement celle d'une conscience qui choisit d'agir dans des situations, individuellement et collectivement, en référence à des valeurs qui visent l'accomplissement de l'être humain. Mais ce qui est nouveau, aujourd'hui, c'est la mutation sociale inédite dans laquelle s'enracine cette démarche ; c'est l'universalité du questionnement ; c'est aussi l'intériorisation du cheminement.

La sagesse occidentale et orientale

Résumons ce que peuvent nous apprendre les philosophes. Si l'on examine l'histoire de l'éthique, il s'avère difficile de trouver une maxime plus convaincante que celle qu'on appelle la règle d'or et qui fut exprimée par Bouddha, Confucius et le Christ : « Fais aux autres ce que tu voudrais qu'on te fasse[1] ». Et, négativement : « Ne fais pas aux autres ce que tu ne voudrais pas qu'on te fasse[2] ».

La formule positive énonce un principe de conduite altruiste, la formule négative, un principe d'abstention : elle invite en substance à laisser les gens libres d'agir à leur gré pourvu qu'ils ne fassent de mal à personne. La formulation négative semble préférable dans la mesure où elle prône une attitude de grande tolérance. La perception de la réalité, les aspirations personnelles, les appréciations sur la valeur de telle ou telle chose, varient énormément d'un individu à

---

1. Bouddha dans le *Dhammapada*, 10,1 ; le Christ dans Matthieu, VII,12 ; et Luc, VI,31. Aristote, « quand on lui demanda comment on devait se comporter envers ses amis, répondit : "Comme nous voudrions qu'ils se comportent envers nous" » (Diogène Laërce, *Vies des philosophes illustres*, V,21). L'affirmation est symptomatique de l'attitude des philosophes de l'Antiquité classique, qui — sauf quelques exceptions remarquables — excluent du monde moral les barbares, les esclaves, les femmes et les enfants et ne jugent dignes de considération que ceux qui aiment la sagesse et cherchent la vérité.
2. Voir Confucius, *Anolètes*, 15,23 : « Ne fais pas aux autres ce qui ne te plairait pas ». Se mettre à la place d'un autre — c'est le contexte de l'énoncé — est un principe de conduite qui n'a pas de limites, et qui peut servir de règle de morale toute la vie.
   Voir aussi *Tobie*, 4,15 : « Ne fais à personne ce qui ne te plaît pas » dans la Bible.

l'autre. Il y a des gens qui voudraient imposer aux autres leurs propres désirs : les tenants d'un État totalitaire, pour prendre un exemple typique, aimeraient l'imposer aux autres, mais cela ne leur donne certainement pas le droit de le faire. Rien n'assure qu'une personne partage nos désirs, mais nous pouvons être certains qu'elle a les siens propres. Il paraît plus sage de s'abstenir d'actions qui entraîneraient des conséquences négatives — c'est le précepte essentiel de Bouddha — que de vouloir faire du bien à tout prix alors qu'il n'y a pas de consensus unanime et explicite sur ce qu'il faut entendre par le mot « bien ».

Sous sa forme négative, la règle ne semble pas comporter de contre-indications. Elle est avant tout garante d'une extrême liberté : on imagine que, dans un monde où l'on observerait ce précepte, chacun aurait un très grand respect pour les opinions, les sentiments, les initiatives des autres. En recevant en retour des autres les mêmes égards, chacun se verrait garantir une parfaite autonomie de pensée et d'action. Ce comportement inspirerait des styles de vie d'une variété et d'une richesse extraordinaires, sans autre limite à la liberté d'action que le souci de ne pas compromettre la liberté des autres. Ce serait très encourageant de vivre dans un monde de ce genre.

Ce précepte a d'autres avantages. C'est une règle qui peut s'appliquer dans mille circonstances de la vie. Pour la suivre, il est nécessaire de se mettre pour un temps à la place d'un autre. Elle oblige en somme à réfléchir, à porter une attention aux autres — pas seulement aux proches mais aussi aux personnes qui nous sont étrangères —, qui se manifesterait difficilement de manière spontanée. Elle nous rend plus conscients de l'existence des autres.

En outre, la règle d'or met en évidence la responsabilité personnelle de chacun : il est facile d'en déduire que celui qui accomplit des actions qu'il ne voudrait pas subir lui-même s'expose à être payé de la même monnaie.

Éthique, droit et déontologie professionnelle

L'éthique s'exprime à travers les actes. La nature sociale des êtres humains, qui constituent des communautés importantes et complexes, exige que la vie en commun soit réglée par des lois et des coutumes. Les systèmes de pensée et les lois de chaque société cherchent ainsi à codifier une morale idéale, ou du moins réaliste et souhaitable. Mais ce sont les actions et non les paroles qui font l'histoire.

Le principe de l'égalité de tous devant la loi est apparu très tard dans l'histoire humaine. Au Canada par exemple, la Charte canadienne des droits et libertés existe depuis 1981 et, au Québec, la Charte québécoise des droits et libertés de la personne existe depuis 1975. Aux États-Unis, la fin de la discrimination juridique fondée sur la couleur de la peau remonte aux années 1960. La Déclaration universelle des droits de l'homme date de 1948 ; bien qu'elle ait été approuvée à l'unanimité par l'Assemblée générale des Nations Unies, on compte, parmi ses membres, plus de cent pays, dont quelques-unes des plus grandes nations de la planète, qui violent systématiquement ces droits. Parmi les six milliards d'êtres humains qui habitent la Terre, combien ont eu l'occasion de lire cette Déclaration universelle ? Combien sont-ils à en connaître seulement l'existence ?

À cela il faut ajouter la liste des conventions internationales sur les droits humains qui ont été développées par la suite sous l'égide de l'Organisation des Nations Unies (ONU) :

1965 Convention internationale sur l'élimination de toutes formes de discrimination raciale ;

1966 Convention internationale sur les droits civiques et politiques ;

1966 Convention internationale sur les droits économiques, sociaux et culturels ;

1979 Convention internationale sur toutes formes de discrimination contre les femmes ;

1984 Convention internationale contre la torture et tout autre traitement cruel, inhumain et dégradant ;

1989 Convention internationale sur les droits des enfants ;

1990 Convention internationale sur la protection des immigrants et de leurs familles.

Dans son livre *Études de sociologie du droit et de l'éthique*, Rocher étudie notamment les rapports entre les normes du droit et de l'éthique comme modes de régulation sociale. Deux modes de régulation sociale qui, quoi qu'on en dise, sont bien près l'un de l'autre, prenant souvent appui l'un sur l'autre (Rocher, 1996).

Lorsqu'on applique les principes éthiques à une profession, on utilise alors l'expression « déontologie professionnelle ». Louis O'Neill nous rappelle que les termes *éthique* et *déontologie* sont parfois utilisés l'un pour l'autre. Au sens strict, la *déontologie* connote plus directement les normes qui régissent la conduite de certaines catégories de personnes dans l'accomplissement de leurs devoirs professionnels.

DÉONTOLOGIE PROFESSIONNELLE
La déontologie professionnelle campe à mi-chemin entre l'éthique générale et l'éthique sociale. Elle vise à guider le comportement moral de catégories d'individus s'adonnant à des activités spécifiques qui font appel à des connaissances techniques particulières et qui, par suite de leurs conditions d'exercices, exigent un niveau élevé de responsabilité morale et de conscience dite professionnelle (O'Neill, 1998).

Parmi les problèmes de déontologie auxquels les codes accordent une attention particulière, nous énumérerons les problèmes suivants : les honoraires, le secret professionnel, les abus de confiance, les conflits d'intérêts, la solidarité et la connivence, l'incompétence et le recyclage, les relations interprofessionnelles et les recours contre les actes dérogatoires.

Dans cet exercice, la *conscience professionnelle* intervient à titre de norme ultime qui garantit la qualité du service, assurant ainsi la protection des personnes qui y font appel (Université Laval, Institut supérieur des sciences humaines, 1977).

LA PRISE DE DÉCISION ÉTHIQUE ET SES CONSÉQUENCES

Est-il possible de déterminer des paramètres de la meilleure décision qui puisse être prise pour toutes les personnes concernées dans des circonstances données ? Il existe plusieurs modèles d'aide à la décision et chacun reflète l'enracinement des auteurs dans une tradition culturelle tout en insistant sur une caractéristique du processus complexe de l'action.

La décision délibérée est un mode de décision qui est proposé aux étudiantes et aux étudiants en sciences humaines qui se préparent à intervenir dans le domaine psychosocial (Legault, 1999). Comme un juge ou un jury, on analyse les faits d'une situation, en tenant compte des parties en cause, des intérêts et des valeurs conflictuelles, de leurs conséquences, ce qui nous conduit à une prise de décision.

Les travailleurs sociaux ne devraient jamais prendre les dilemmes et les difficultés d'ordre éthique à la légère ; ils doivent apprendre à composer avec eux. Nous présentons diverses conceptions qui ont aidé les travailleurs sociaux dans leur quête d'une prise de décision plus efficace sur le plan moral. Ce ne sont là ni des formules magiques ni des prescriptions sûres, mais des guides pouvant indiquer la voie à suivre.

Il importe de rappeler qu'en service social la prise de décision éthique s'insère dans le contexte des valeurs professionnelles. Ces valeurs prônent « l'importance, la dignité et l'unicité de toute personne, tout autant que ses droits et les possibilités auxquelles elle a droit, [...] et [...] favorisent les conditions qui y contribuent » (Association canadienne des travailleurs sociaux, 1994 : 7). L'ensemble des valeurs du service social est essentiellement le reflet d'une éthique démocratique qui reconnaît l'importance de l'accomplissement de la personne et du groupe, le respect des personnes et de leurs dissemblances, tout en reconnaissant la nécessité de l'entraide et du soutien de la société pour que chacun puisse se réaliser dans son intégralité. La recherche de l'équilibre entre les possibilités et les responsabilités de la personne et celles de la collectivité est un dilemme qui n'est pas exclusif aux travailleurs sociaux. Cependant, dans cet équilibre les décisions d'ordre éthique se prennent manifestement suivant un modèle démocratique.

La question de la prise de décision éthique est de loin trop complexe pour permettre l'élaboration d'un modèle axé simplement sur le « comment faire ». Nous voulons néanmoins indiquer un certain nombre d'étapes qui contribueront, croyons-nous, au renforcement de l'aptitude des travailleurs sociaux à prendre des décisions d'ordre éthique. Il nous faut cependant donner d'abord un avertissement. Même ceux qui rejettent la philosophie relativiste vis-à-vis de l'éthique s'accorderont pour dire qu'en intervention il n'existe aucune règle éthique pour toutes les situations. Par exemple, il n'est pas bon de mentir ; toutefois, si nous avions vécu en Allemagne nazie et que la Gestapo se soit présentée chez nous à la recherche de Juifs, l'éthique aurait commandé de nier que nous cachions des Juifs. Une telle situation n'enlève pas la valeur de la vérité mais semble indiquer qu'il existe probablement des exceptions pour chaque ensemble de valeurs et de principes moraux.

Le paradigme que nous suggérons pour la prise de décision éthique englobe les étapes suivantes :

1) Clarification de ses propres valeurs.

2) Clarification des valeurs de la société.

3) Participation des clients à la prise de décision sur leur situation problématique.

4) Utilisation de mécanismes de soutien à la prise de décisions éthiques des travailleurs sociaux.

5) Mécanismes de plaintes et développement de la réflexion éthique.

Bien que ce paradigme paraisse, à tort, très simple, il est nécessaire de le détailler davantage. Il nous faut également souligner les limitations et les pièges qui contraignent les travailleurs sociaux lorsqu'ils visent le renforcement de leurs mécanismes de prise de décision éthique. Ce paradigme est axé principalement sur le travailleur social lui-même. D'une certaine façon, c'est là quelque chose de malheureux, voire d'injuste, puisqu'un trop grand poids pèse sur lui. Les mécanismes de soutien pour aider le professionnel à porter ce fardeau, pourtant nécessaires, ne sont maintenant qu'embryonnaires. Au Québec, tous les établissements qui sont assujettis à la Loi sur les services de santé et les services sociaux (loi 120), adoptée en 1991, ont élaboré un code d'éthique qui régit leurs relations avec la clientèle. Ce code doit être remis sur simple demande. Le code de déontologie de l'Ordre professionnel des travailleurs sociaux du Québec (voir annexe 1) est un autre outil professionnel qui peut être utile pour baliser l'action. Cependant, les travailleurs sociaux ont un besoin pressant de mécanismes de soutien supplémentaires pour les aider en ce domaine. Nous en suggérerons certains dans la dernière partie du présent chapitre en nous inspirant de Patenaude et Legault (1996).

Première étape
Clarification de ses propres valeurs

« Sois vrai avec toi-même... Tu ne pourras alors trahir personne ». Tel fut le conseil que Polonius donna à Laertes dans *Hamlet* (Shakespeare, 1601). Le même conseil peut aussi aider les travailleurs sociaux à prendre des décisions sur le plan de l'éthique. Mais l'authenticité vis-à-vis de soi-même nécessite la connaissance de ses croyances profondes. Il ne suffit pas de se contenter de généralités que pour la forme et de s'en tenir là. Au lieu de cela, le travailleur social doit examiner minutieusement ses propres valeurs et les clarifier. Ainsi, tout être de raison reconnaît aujourd'hui l'importance de l'égalité et abhorre la discrimination ou l'exploitation axée sur la race, le sexe ou l'âge. Mais jusqu'où va un tel engagement vis-à-vis de l'égalité ? S'étend-il aux personnes de différentes tendances sur le plan sexuel ? Aux personnes ayant différents styles de vie ? Se limite-t-il aux humains ou touche-t-il également les animaux, comme le préconisait Peter Singer, philosophe australien (Singer, 1997) ? De même, les personnes qui prônent l'avortement doivent-elles aussi préciser ce qu'elles défendent ? Jusqu'à quel mois les avortements devraient-ils être permis ? On prétend qu'ils sont acceptables au cours des six premiers mois de grossesse — jusqu'à la fin du sixième mois. Par conséquent, est-il aussi acceptable de tuer un enfant déficient, né prématurément au début du sixième mois ? Le fait que ce corps déficient soit à l'intérieur ou à l'extérieur du sein de la mère fait-il une différence quelconque ?

Nous n'avons pas l'intention ici de prendre position sur ces questions ou sur d'autres questions posant également certaines difficultés morales. Nous ne faisons que les soulever pour souligner la nécessité pour les travailleurs sociaux de clarifier leur propre position sur le plan des valeurs s'ils veulent être authentiques vis-à-vis d'eux-mêmes.

Bien qu'elle soit recommandée comme une étape préliminaire dans notre paradigme, la clarification de ses propres valeurs ne résoudra pas par elle-même les dilemmes sur ce plan. Ces conflits apparaissent chaque fois que le travailleur social préconise deux valeurs qui, dans une situation donnée, dictent des voies antagonistes. Par exemple, il peut prôner les valeurs suivantes :

1) Une femme a le droit de décider si elle veut mener ou non sa grossesse à terme.

2) Un travailleur social est contraint, dans son intervention, de respecter les directives de l'établissement qui l'emploie.

Par le passé, de telles valeurs plaçaient nombre de travailleurs sociaux devant une sérieuse contradiction sur le plan moral. Encore aujourd'hui, elles peuvent créer un pareil dilemme d'ordre moral pour celui qui travaille dans un établissement qui interdit aux travailleurs sociaux qu'il emploie d'aider leurs clientes à se faire avorter.

Que signifie clarifier ses valeurs ? Ce n'est pas seulement se référer à des normes et obligations légales mais c'est aussi reconnaître les motivations profondes qui nous poussent à agir (Legault, 1999). À moins que le travailleur social ne puisse clarifier sa propre position sur le plan des valeurs, la prise de décision éthique manquera de consistance et reflétera n'importe quelle position en vogue à une époque donnée. Certains prétendront que cela n'est guère désirable en soi. Toutefois, en ce qui nous concerne nous croyons que, du point de vue des valeurs, les modes ne sont pas toujours des guides sûrs, surtout dans des situations particulières où aucune ligne de conduite n'a été établie.

Deuxième étape
Clarification des valeurs de la société

Beaucoup de travailleurs sociaux ont vu, pendant leur vie, les valeurs sociales se transformer radicalement. Les valeurs que leurs parents ou leurs grands-parents considéraient comme sacrées ont été balayées ou se sont transformées au point de devenir méconnaissables. Bien que les changements dans les valeurs gravitant autour des styles de vie et des relations sexuelles attirent généralement l'attention, les changements les plus fondamentaux se sont produits sur le plan de l'égalité des personnes. Il n'y a pas si longtemps, l'inégalité des personnes était encore sous-entendue : une personne âgée n'avait pas les mêmes droits qu'un travailleur, les femmes étaient inférieures aux hommes et les Blancs étaient considérés comme supérieurs entre tous. Des gens sérieux et respectables prônaient ouvertement de telles idées. Certaines politiques de l'État étaient conçues de façon à refléter et à soutenir ces valeurs. Aucune analyse en profondeur n'est nécessaire ici pour souligner les métamorphoses qui se sont produites. Bien que le racisme, le sexisme et la discrimination à l'égard des personnes âgées continuent d'exister dans notre société, on ne reconnaît plus les valeurs qui y sont reliées et on ne les respecte plus.

Tout comme la notion d'égalité des personnes, bien d'autres valeurs se sont transformées. Dans la mesure où le comportement éthique est le reflet des valeurs sociales, le travailleur social doit connaître la position de la société. « Le fait de savoir » ne signifie pas une approbation inconditionnelle de sa part. Endosser les normes sociales devient tout particulièrement difficile lorsqu'une société donnée accepte des valeurs qui, en général, ne sont pas respectées. Par exemple, le travailleur social qui œuvre dans un État policier totalitaire doit-il accepter les valeurs qui y sont reconnues, y compris la suppression de tout ennemi politique, ou a-t-il le devoir de prôner des valeurs plus élevées? Nous devons ici faire mention d'une discussion préalable sur les fondements philosophiques de la morale professionnelle. Selon nous, les réponses ne viendront pas toujours des valeurs sociales. Dans certaines situations, le travailleur social pourra non seulement être justifié mais tenu d'aller à l'encontre des diktats de la société. Mais dans chaque cas, il a le devoir de clarifier la nature des valeurs sociales elles-mêmes. Comment? Par l'analyse des dispositions légales et réglementaires, par l'analyse des règles non écrites du milieu et par l'analyse des normes morales en cause, le cas échéant (Legault, 1997). Il n'est pas inutile de rappeler que le partage de telles réflexions avec des collègues de travail — notamment les plus expérimentés — est un moyen efficace de clarification des valeurs dominantes dans la société.

Troisième étape
Participation des clients
à la prise de décision sur leur situation problématique

Au cours des deux premières étapes, il fut question de clarification, de compréhension et de connaissance. Au cours de l'étape qui suit, il sera question de ce que les travailleurs sociaux font lors de l'entrevue initiale et de certains éléments qui contribueront à une prise de décision plus efficace sur le plan de l'éthique.

Le cas de Claude

Claude est un travailleur social qui œuvre dans un organisme communautaire dévoué aux personnes polytoxicomanes. C'est dans ce contexte de travail professionnel de relation d'aide, où la misère humaine est présente sous diverses formes, que Claude est placé devant la situation suivante: Paul, qui est en processus de désintoxication, est accompagné par Claude. Récemment, il a appris qu'il est séropositif. Cause probable: l'utilisation de la seringue d'une autre personne. Paul vit avec une compagne qui l'aide à se sortir de sa toxicomanie. Lors d'une rencontre,

> *Paul révèle à Claude qu'il est séropositif et lui demande son soutien de professionnel pour l'accompagner dans cette nouvelle réalité qui bouleverse sa vie. Après quelques rencontres qui ont permis à Paul de dépasser le premier état de choc, Claude soulève enfin la question délicate des relations sexuelles avec son amie et aborde avec lui le sujet de rapports sexuels protégés afin d'éviter la transmission du VIH. Plus tard, il lui demande s'il ne serait pas préférable qu'il informe sa partenaire de son état. Mais la crainte de perdre son amie, la peur de la solitude, de l'abandon et du retour aux drogues, comme seul moyen de survie, empêchent Paul d'avouer son état à sa partenaire. Plus tard, il avouera même à Claude qu'il a déjà eu des rapports sexuels non protégés avec elle. Claude est secoué par cet aveu et il se met à réfléchir* (Legault, 1999 : 99).

Cet exemple montre bien que plusieurs « problèmes » peuvent exercer une influence sur l'entrevue initiale et que les perspectives et les valeurs du client font effectivement partie des questions à examiner. Ce qui importe, dans l'amorce de l'entrevue initiale, ce n'est pas uniquement que le travailleur social prenne note des valeurs, attitudes et perspectives du client ; c'est aussi qu'il réagisse de manière à procurer un soutien au client, mais non pas nécessairement à ses opinions.

La participation intégrale des clients — tout en reconnaissant les restrictions possibles d'âge, de sexe ou des cadres imposés — pourra faciliter la prise de décision des travailleurs sociaux sur le plan de l'éthique. La passation de contrats pourra pareillement aider à délimiter et à clarifier la nature des relations entre le travailleur social et le client et les tâches à entreprendre.

Passation de contrats

La passation de contrats est un moyen par lequel on peut faire participer le client à la prise de décision. Par contrat, on fait référence à une « entente consensuelle et mutuelle et à l'acceptation d'obligations et de responsabilités réciproques, avec promesse de remplir certaines tâches et de remettre certains biens avant la fin d'une période donnée » (Siporin, 1975).

L'établissement d'un contrat entre un client et un travailleur social restreint et clarifie la nature de l'aide recherchée et le type de tâches qui seront entreprises pour atteindre des résultats particuliers. En permettant le repérage de secteurs de services donnés, pareil contrat aide à circonscrire les problèmes éthiques vécus par un travailleur social — à les limiter, non pas à les éliminer. L'exemple de la demande de Paul sert à illustrer une démarche éthique.

Avant d'aller plus avant, Claude doit négocier un contrat avec Paul. Il voudra partager ses conclusions avec lui, mais la décision de travailler ou non sur ses problèmes de transmission du VIH dépendra de lui en tant que client. Par contre, si Paul insiste en disant qu'il ne veut de l'aide que pour son problème de séropositivité, le travailleur social aura besoin de déterminer si le fait de travailler sur ce problème se justifie sur le plan professionnel. En d'autres termes, la passation de contrats ne libère pas le travailleur social de la prise de décision, mais elle introduit une relation vraiment réciproque dans laquelle le jugement professionnel joue un rôle de prime importance.

Cette étape, la passation de contrats, déplace l'objet du problème visé par la prise de décision : celui-ci ne sera plus l'exclusivité ou la priorité du travailleur social mais sera résolu grâce à une relation mutuelle où participeront client et travailleur social tout à la fois, chacun ayant une importance et des responsabilités égales. Un tel déplacement d'objet n'éliminera pas les problèmes d'éthique mais contribuera grandement à circonscrire leur étendue et leur amplitude.

Quatrième étape
Utilisation de mécanismes de soutien
à la prise de décisions éthiques des travailleurs sociaux

Les mécanismes de soutien à la prise de décisions éthiques des travailleurs sociaux ne sont plus des rêves ou un idéal : à une époque de défense des droits des consommateurs et de prise de responsabilités, l'évaluation est nécessaire pour toute profession qui désire survivre en tant que telle. Mais l'évaluation a un sens particulier pour ce qui est de la prise de décision éthique. Pendant longtemps, les travailleurs sociaux ont eu recours à un mécanisme non officiel d'évaluation entre collègues pour vérifier si leurs impressions s'accordaient avec celles des autres travailleurs sociaux. Cependant, des discussions non officielles autour d'une table ne se substituent pas à des évaluations officielles, conformes à certaines règles.

Le conseil d'administration et la direction générale d'un établissement ou d'un organisme communautaire sont le principal soutien à la prise de décision. En effet, le conseil d'administration est responsable du fonctionnement d'ensemble d'un ou de plusieurs établissements. Ses membres sont non seulement des représentants de la clientèle mais également, dans le cas des établissements, en vertu d'une autorité déléguée, des représentants de la ministre de la Santé et des Services sociaux.

Ils décident des orientations et des priorités qui constituent autant de points de repère pour appuyer les travailleurs sociaux dans leur prise de décision.

En outre, les membres du conseil d'administration ont comme principales responsabilités de s'assurer des aspects suivants :

- pertinence, qualité et efficacité des soins et des services dispensés ;
- respect des droits des usagers et traitement diligent de leurs plaintes ;
- participation, mobilisation et développement des ressources humaines ;
- utilisation économique et efficiente des ressources humaines, matérielles et financières ;
- complémentarité des services offerts par tout établissement dont le conseil est responsable (Hoshino, 1978).

Ces membres sont responsables de leurs décisions et de leurs actes devant la communauté et leurs bailleurs de fonds.

L'adoption formelle d'un code d'éthique par un établissement ou un organisme communautaire est un outil essentiel, comme l'indique la Fédération des CLSC.

Le code d'éthique constitue l'expression écrite des valeurs partagées de l'organisation et de ses intervenants: la formulation des normes éthiques ne pourra donc émerger que d'une méthodique réflexion collective. Il serait périlleux et contraire aux objectifs de l'exercice que d'en rédiger *a priori* le contenu pour passer ensuite celui-ci au crible de la discussion. C'est plutôt en délimitant l'univers commun des convergences, en identifiant les valeurs collectives qui recueillent l'adhésion inconditionnelle des intervenants que l'on pourra conditionner la détermination ultérieure des normes de pratiques et de conduites.

Par l'adoption d'un cadre de référence, les responsables du projet de code d'éthique peuvent ainsi circonscrire un système de repères par rapport auxquels chacun aura à se situer: quels sont les jugements qui unissent les intervenants, quelles sont les valeurs et les croyances partagées en regard de la mission de l'établissement et de la prestation des services (Fédération des CLSC du Québec, 1993 : III).

L'adhésion aux mêmes croyances et la poursuite de mêmes objectifs constituent les deux conditions essentielles qui sont propres à conduire les intervenants d'un même établissement à un engagement authentique à l'égard du client.

Un autre mécanisme formel pouvant être d'une certaine utilité pour les travailleurs sociaux est un comité sur l'éthique de l'intervention en service social, groupement analogue au comité sur l'éthique de la recherche qui existe dans chacun des organismes axés sur la recherche. Ce comité, composé d'un groupe représentatif de travailleurs sociaux professionnels, fait partie intégrante du cadre régulier d'un établissement de santé et de services sociaux. Les praticiens conscients des problèmes d'éthique pourraient les lui soumettre pour consultation.

Des consultants internes et externes pourront aussi renseigner les membres du personnel sur les complexités des questions éthiques et de la prise de décision : ils pourront les sensibiliser aux problèmes éthiques et les aider à prendre de meilleures décisions à cet égard.

La pratique privée soulève des préoccupations spéciales au regard de la prise de décision éthique. La pratique privée place le travailleur social dans une situation d'isolement, où les occasions d'échanges avec des collègues de la profession peuvent être restreintes. C'est aussi une situation dans laquelle la régulation qu'il exerce et les responsabilités qu'il assume ne reposent que sur sa sensibilité et sur ses connaissances. Alors que les travailleurs sociaux œuvrant dans des établissements subissent la pression de leurs collègues, pareille pression est moins évidente pour le travailleur social en pratique privée. Les intervenants en pratique privée pourront vouloir mettre sur pied certains services de révision et de consultation réciproques, spécialement conçus pour la prise de décision éthique, afin de garantir une qualité optimale à leurs décisions professionnelles sur ce plan.

Cinquième étape
Mécanismes de plaintes et développement de la réflexion éthique

Malgré toutes les précautions que peuvent prendre les travailleurs sociaux dans les questions éthiques y compris le recours à des mécanismes de soutien dont nous venons de faire état, ils ne sont pas à l'abri de plaintes que des clients ou des citoyens peuvent déposer à leur égard. La société, en effet, reconnaît le droit à toute personne de déposer une plainte contre un professionnel ou contre un établissement. Deux types de mécanismes sont alors en place pour faciliter l'exercice de ce droit : des mécanismes liés à la profession et des mécanismes généraux qui couvrent la profession du service social mais aussi toutes les autres professions et organismes qui ont une responsabilité publique. Ces mécanismes peuvent à certaines conditions devenir des instruments de développement de la réflexion éthique chez les professionnels comme dans l'ensemble de la société. Nous proposerons des pistes d'action allant en ce sens.

a) Mécanismes de plaintes liés à la profession

Le premier mécanisme qui encadre l'action des travailleurs sociaux sur le plan de leur conduite professionnelle est le code de déontologie de l'Ordre dont nous avons parlé plus haut. Un client qui a des motifs de se plaindre de la conduite éthique d'un travailleur social professionnel peut s'adresser au syndic de l'Ordre qui fait enquête et, le cas échéant, dépose une plainte au comité de discipline.

L'Ordre professionnel des travailleurs sociaux, comme les autres ordres professionnels, pourrait assurer le développement de la réflexion éthique de ses membres :

1) en formant des groupes officiels pour étudier et réviser les décisions éthiques découlant des expériences d'intervention effectives de son comité de déontologie ;

2) en traitant exhaustivement de l'éthique au cours des conférences et des programmes de formation continue ;

3) en créant une banque de données sur la prise de décision éthique des travailleurs sociaux.

Pour ce qui est de l'élaboration d'une banque de données, il est souhaitable que les travailleurs sociaux commencent à recueillir des données sur la prise de décision éthique, en y incluant les erreurs et les situations délicates qu'ils ont connues. Les dilemmes éthiques vécus par les travailleurs sociaux pourraient y être décrits, de même que les solutions qu'ils auront choisies et les résultats qu'ils auront obtenus. La collecte de ces données servira aux intervenants et aux étudiants voulant approfondir leurs réflexions sur l'éthique et la déontologie et constituera un ensemble de cas types — similaire à la jurisprudence en droit — grandement nécessaires à l'élaboration d'un système de connaissances dont le service social a un urgent besoin (Dubois et Miley, 1999).

Les travailleurs sociaux comme les autres intervenants dans le domaine de la santé et des services sociaux et les établissements eux-mêmes doivent se conformer à un code d'éthique adopté par chacun des établissements. Par la loi 120 adoptée en 1991 et portant sur les services sociaux et les services de santé, le gouvernement du Québec exigeait que tous les établissements de santé et de services sociaux adoptent un code d'éthique qui «indique les droits des usagers et les pratiques et conduites attendues des employés, des stagiaires, y compris des résidents en médecine et des personnes qui exercent leur profession dans un centre exploité par l'établissement à l'endroit des usagers» (gouvernement du Québec, 1991, article 233). Selon la loi, ce code doit être remis à tout usager qui en fait la demande. En pratique, il n'est pas rare de voir ce code d'éthique affiché dans la salle d'attente d'un CLSC ou d'un hôpital. Cette obligation légale faite aux établissements d'adopter un code d'éthique qui leur soit particulier a permis des démarches de réflexion collective — notamment dans les CLSC — sur les problèmes éthiques et déontologiques auxquels leurs employés étaient confrontés dans leur travail. Les personnes qui fréquentent un établissement peuvent connaître facilement leurs droits mais aussi les mesures d'accompagnement mises à leur disposition pour le dépôt d'une plainte. La procédure d'examen des plaintes des usagers du ministère québécois de la Santé et des Services sociaux est entrée en vigueur le 1er avril 1993 et est disponible sur le site Internet du ministère (voir l'adresse à la fin de ce chapitre).

Comme dans le cas de l'Ordre professionnel des travailleurs sociaux, il serait souhaitable que le milieu de la santé et des services sociaux puisse réfléchir sur les difficultés d'ordre éthique et déontologique auxquelles sont confrontés les professionnels et les établissements et que la réflexion puisse s'approfondir au fur et à mesure que des cas se présentent.

b) Mécanismes généraux de plaintes

D'autres mécanismes de plaintes existent dans la société québécoise et sont probablement mieux connus que ceux que nous venons de signaler. C'est en raison de leur caractère public que ces institutions font parler d'elles. Pensons au Protecteur du citoyen qui reçoit les plaintes de citoyens concernant notamment les services fournis par des établissements publics, là où se retrouvent les travailleurs sociaux. Le Protecteur du citoyen remet un rapport annuel à l'Assemblée nationale, ce qui permet à l'ensemble de la société québécoise d'être alerté et de réfléchir sur des pratiques qu'il juge répréhensibles. Le Curateur public et le Tribunal administratif du Québec sont aussi des institutions qui constituent autant de recours pour les citoyens dans le but de faire entendre leurs doléances contre des professionnels ou des établissements de services. Ces mécanismes servent à rectifier certaines erreurs qui ont pu être commises. Ils sont autant de chiens de garde que la société se donne pour faire en sorte que les valeurs fondamentales sur lesquelles repose notre vie collective soient respectées par les institutions tels les ministères, les établissements tels les hôpitaux, les centres d'accueil et les CLSC, et les professionnels tels les travailleurs sociaux.

CONCLUSION

Dans ce chapitre, nous avons présenté sommairement des questions fondamentales telles que l'importance de l'éthique aujourd'hui et avons fait un bref rappel historique des principales positions philosophiques à ce sujet. Nous avons énuméré, par la suite, les idées et les mécanismes qui ont aidé les travailleurs sociaux dans leur quête d'une prise de décision plus efficace sur le plan de l'éthique. Les valeurs du service social en tant que profession forment l'arrière-plan de la prise de décision éthique de chacun des intervenants.

Nous venons de décrire un projet de paradigme pour la prise de décision sur ce plan. Cette marche à suivre commence par la clarification de ses propres valeurs : les travailleurs sociaux qui cherchent à améliorer leur prise de décision éthique doivent constamment chercher à connaître leurs croyances profondes. Au-delà de la clarification de leur propre position sur le plan des valeurs, il importe pour eux de clarifier les valeurs de la société et celles des nombreux sous-groupes avec qui ils travaillent. Cette clarification pourra accroître leur prise de conscience des oppositions possibles au regard de leurs propres valeurs et du choc des valeurs de la société, de celles de la clientèle et des établissements qui les emploient.

D'autres mécanismes pourront également servir à l'amélioration de la prise de décision des travailleurs sociaux sur le plan de l'éthique. Des mécanismes de soutien, comme l'adoption d'un code d'éthique, et plusieurs types de consultations internes et externes pourront être utilisés : services de consultation professionnelle, Protecteur du citoyen, procédure de révision administrative et de recours, et comités axés sur l'éthique de l'intervention en service social. La mise sur pied de groupes d'étude officiels, la multiplication de conférences et l'intensification de la formation continue pourront également y contribuer. La création d'une banque de données sur la prise de décision éthique et l'élaboration d'une documentation à partir de cas types pourront construire des connaissances systématiques et accroître la compréhension en ce domaine en utilisant les expériences quotidiennes des travailleurs sociaux. Intensifier sans cesse le respect de l'éthique dans la profession elle-même est un idéal auquel tous les travailleurs sociaux devraient souscrire.

BIBLIOGRAPHIE COMMENTÉE

FORTIN, Pierre (dir.) (1999), *La réforme de la santé au Québec*, Montréal, Éditions Fides, Cahiers de recherche éthique 22.

Huit universitaires, engagés dans les recherches sur les enjeux éthiques, proposent dans ce cahier une série d'analyses et d'études de nature à susciter une réflexion sur un des aspects de la réforme des services de santé et des services sociaux que l'on est souvent porté à oublier dans son application, à savoir les enjeux éthiques qu'elle soulève.

PATENAUDE, Johane et Georges A. LEGAULT (dir.) (1996), *Enjeux de l'éthique professionnelle*, tome I, *Codes et comités d'éthique*, Sainte-Foy, Presses de l'Université du Québec.

Ce volume propose une vue plus globale des enjeux éthiques qui traversent les milieux institutionnels et professionnels. Les auteurs décrivent les missions sociales des divers comités d'éthique, soulèvent les enjeux de la formation des professionnels à l'éthique ainsi que le mouvement institutionnel vers la responsabilisation dans les entreprises.

LEGAULT, Georges A. (1999), *Professionnalisme et délibération éthique*, Sainte-Foy, Presses de l'Université du Québec.

Cet ouvrage présente d'abord l'éthique professionnelle en la situant dans le contexte actuel des professions. Il propose ensuite, dans le style des manuels et de l'analyse de cas, une démarche systématique de délibération éthique dont le but est de favoriser la prise de décision responsable et dialogique.

O'NEILL, Louis (1998), *Initiation à l'éthique sociale*, Montréal, Fides.

Ce traité de base présente la pensée sociale chrétienne en tant qu'instrument d'évaluation morale, guide pour l'engagement social et l'évaluation éthique des idéologies et questions sociales contemporaines. L'auteur aborde des problématiques économiques et sociales sous l'angle éthique.

RÉFÉRENCES

Association canadienne des travailleurs sociaux (1994), *Code de déontologie*, Ottawa.

CANTO-SPERBER, Monique (1997), *Dictionnaire d'éthique et de philosophie morale*, Paris, Presses universitaires de France.

COSSOM, John (1993), « Que savons-nous de l'éthique du service social ? », *Le travailleur social*, vol. 61, n° 2, p. 85-91.

DESAULNIERS, M.-P., F. JUTRAS, P. LEBUIS et G.A. LEGAULT (1997), *Les défis éthiques en éducation*, Sainte-Foy, Presses de l'Université du Québec.

DES JARDINS, Joseph R. (1995), *Éthique de l'environnement*, Sainte-Foy, Presses de l'Université du Québec.

Dubois, Brenda et Karla Krogsrud Miley (1999), *Social Work, An Empowering Profession*, Boston, Allyn and Bacon.

Fédération des CLSC du Québec (1993), *L'adoption d'un code d'éthique, document de démarrage*, Montréal.

Fortin, Pierre (1995a), *La morale, l'éthique et l'éthicologie*, Sainte-Foy, Presses de l'Université du Québec.

Fortin, Pierre (1995b), *Guide de déontologie en milieu communautaire*, Sainte-Foy, Presses de l'Université du Québec.

Fortin, Pierre et Bruno Boulianne (1998), *Le suicide*, Sainte-Foy, Presses de l'Université du Québec.

Gouvernement du Québec (Province) (1991), *Loi sur les services de santé et les services sociaux*. Québec : Éditeur officiel du Québec.

Hoshino, George (1978), « Social Services : The Problem of Accountability », dans Simon Slavin (dir.), *Social Administration*, New York, Haworth Press, p. 299-309.

Legault, Georges A. (dir.) (1997), *Enjeux de l'éthique professionnelle*, tome II, *L'expérience québécoise*, Sainte-Foy, Presses de l'Université du Québec.

Legault, Georges A. (1999), *Professionnalisme et délibération éthique*, Sainte-Foy, Presses de l'Université du Québec.

O'Neill, Louis (1998), *Initiation à l'éthique sociale*, Montréal, Éditions Fides.

Parizeau, Marie-Hélène (1995), *Hôpital et éthique, Rôles et défis des comités d'éthique clinique*, Sainte-Foy, Les Presses de l'Université Laval.

Patenaude, Johane et Georges A. Legault (dir.) (1996), *Enjeux de l'éthique professionnelle*, tome I, *Codes et comités d'éthique*, Sainte-Foy, Presses de l'Université du Québec.

Rocher, Guy (1996), *Études de sociologie du droit et de l'éthique*, Montréal, Les Éditions Thémis.

Singer, Peter (1997), *Questions d'éthique pratique*, Paris, Éditions Bayard.

Siporin, Max (1975), *Introduction to Social Work Practice*, New York, Macmillan.

Université Laval, (Institut supérieur des sciences humaines) (1977), *La déontologie professionnelle au Québec : rapport de recherche*.

SITES WEB

SITES WEB

Centre for Applied Ethics

http://www.ethics.ubc.ca

> Fondé en 1993, ce centre interdisciplinaire est situé à l'Université de la Colombie-Britannique. Il couvre un large domaine de recherche allant de la santé aux affaires en passant par les questions éthiques soulevées par les nouvelles techniques d'information et les questions environnementales.

Center for Professional and Applied Ethics

http://www.umanitoba.ca/vpresearch/resctre/prof&app.htm

> Ce centre a été mis sur pied à l'Université du Manitoba en 1985 pour stimuler les échanges et la recherche dans le domaine professionnel.

Commissaire aux plaintes

http//www.plaintes.sss.gouv.qc.ca

> Ce site présente la procédure d'examen des plaintes des usagers du ministère québécois de la Santé et des Services sociaux.

Institut interdisciplinaire d'éthique et des droits de l'homme

http://www.unifr.ch/iiedh/

> Situé à l'Université de Fribourg, en Suisse, ce centre interdisciplinaire s'intéresse à l'éthique et aux droits de l'homme.

L'INTERDISCIPLINARITÉ : UNE ÉQUIPE MULTIDISCIPLINAIRE EN ACTION

chapitre
10

Michel Hébert
Travailleur social
Hôpital Sainte-Justine

INTRODUCTION

Il existe plusieurs façons d'aborder les problèmes humains, que nous pensions à l'approche individuelle ou à l'approche d'équipe fondée sur l'intervention d'un regroupement d'intervenants[*]. Néanmoins, devant le constat de la nature complexe des besoins exprimés par les clients, l'intervention en équipe a pris de plus en plus d'ampleur au cours de ces dernières années. Ainsi, des équipes multidisciplinaires ont été créées pour tenter de répondre le mieux possible à cette diversité des besoins. Cette manière de faire se base sur le fait qu'une équipe d'intervenants peut être plus efficace que l'intervention d'une seule personne.

Ces équipes multidisciplinaires réunissent ordinairement un ensemble d'intervenants de disciplines différentes. Nous parlons alors de psychologues, de travailleurs sociaux, de psychoéducateurs, d'organisateurs communautaires, d'auxiliaires, de médecins, d'infirmières et autres. Ces équipes se constituent en lien avec les besoins exprimés par la clientèle et en lien avec la mission et les budgets des organisations qui les regroupent. Par exemple, l'équipe d'un CLSC qui travaille auprès de futures mères de quartiers défavorisés sera bien différente d'une équipe de soins

---

[*] Je remercie Marie-Josée Dubé, travailleuse sociale, pour la relecture de ce texte et ses judicieux conseils.

tertiaires que nous retrouvons dans un hôpital. Dès lors, il peut se poser dans ces équipes l'épineuse question des relations de pouvoir et du politique qui devient souvent un frein au travail d'équipe. Par exemple, est-ce qu'un professionnel pourra considérer un non-professionnel comme ayant autant de crédibilité que lui ? Est-ce qu'un type de professionnel ayant une forte reconnaissance sociale pourra déléguer une partie de son pouvoir au profit du travail d'équipe ? Comment alors arriver à animer ces équipes de façon à reléguer au second plan ces jeux de coulisses pour mettre le personnel en place au profit du client ? De plus, comme l'approche individuelle est bien différente du travail d'équipe, il peut devenir difficile pour les intervenants de faire la transition de l'une à l'autre. Dans un tel contexte, l'interdisciplinarité a été proposée, au fil du temps, comme l'une des solutions aux problèmes que vivent les équipes multidisciplinaires. Il s'agit d'un nouveau concept de plus en plus populaire, mais il n'est pas la seule manière de faire pour tenter de mettre en scène une équipe multidisciplinaire. L'Ordre professionnel des travailleurs sociaux rappelait que :

> L'intervention interdisciplinaire maximise l'efficience et l'efficacité des interventions des professionnels, sans être, bien évidemment, la seule façon d'y arriver (OPTSQ, 1996 : 5).

La littérature sur le sujet nous démontre que l'interdisciplinarité semble d'abord avoir été développée dans le domaine de la santé. Par la suite, le concept de l'interdisciplinarité s'est étendu dans plusieurs autres champs de pratique. Lindsay et ses collaborateurs (1999) recensent un ensemble d'écrits sur cette forme de pratique dite interdisciplinaire dans le domaine de la santé et des services sociaux. Dans le domaine de la santé, ils rapportent des expériences d'interdisciplinarité qui touchent à la fois le domaine de la santé physique (Mesters, Meertens et Mosterd, 1991 ; Fair, 1993 ; Hackl *et al.*, 1997), du vieillissement (Comité de coordination de l'Hôpital d'Youville, 1990) ou, encore, le domaine de la néonatalogie relativement aux problèmes de prématurité chez le nouveau-né (Macnab *et al.*, 1985). Ils recensent aussi d'autres écrits dans le domaine de la santé mentale (Birch et Martin, 1985 ; Paradis, 1987 ; Uribe et Nélisse, 1994).

Dans le domaine des services sociaux, Lindsay et ses collaborateurs (1999) rapportent certains travaux en équipe interdisciplinaire dans le domaine de la protection de l'enfance (Johnson, 1987 ; Sullivan et Clancy, 1990), de la délinquance (Keung Ho, 1977) et de l'intervention auprès de victimes de stress post-traumatique (Pope, Campbell et Kurtz, 1992). Nous avons également recensé d'autres travaux dont l'un tente de traduire une expérience d'interdisciplinarité entre établissements dans le domaine de la toxicomanie et de la négligence (Dubé, 1998). D'autres travaux tentent pour leur part de définir ce qu'est l'interdisciplinarité et essaient d'en cerner les avantages et les limites (Hébert, 1997 ; Barr, 1997 ; Tremblay, 1999 ; Briggs, 1999 ; Lindsay *et al.*, 1999).

Nous le voyons, l'interdisciplinarité, comme concept du fonctionnement des équipes multidisciplinaires, gagne du terrain et fait l'objet d'études récentes et variées. Bien que n'étant pas la seule manière d'organiser le travail d'équipe, elle se veut une façon de maximiser l'efficacité des interventions des professionnels. Nous tenterons dans ce chapitre d'en faire ressortir les grandes lignes d'application. Il ne s'agit pas d'une revue exhaustive de la littérature sur le sujet, ni d'une quête de la vraie définition de l'interdisciplinarité. Il s'agit plutôt de poser les jalons de ce que peut être le travail en équipe multidisciplinaire dans une perspective interdisciplinaire. Notre réflexion sera aussi nourrie de notre propre expérience de travail dans le domaine de la santé et des services sociaux au sein des équipes auxquelles nous avons participé jusqu'ici. Nous espérons que le lecteur pourra en élargir les principes dans d'autres champs de pratique. Nous proposerons donc dans un premier temps une définition de l'interdisciplinarité, pour ensuite en décrire les conditions d'application. Nous en verrons les avantages, les limites et les contraintes, pour terminer sur les enjeux reliés plus spécifiquement au travail social. Finalement, nous chercherons à tirer un certain nombre de conclusions pour nourrir la réflexion sur ce sujet.

Définition

Nous l'avons dit, l'interdisciplinarité est souvent proposée comme l'une des solutions aux problèmes d'organisation du travail des équipes multidisciplinaires. D'entrée de jeu, nous déterminerons donc l'interdisciplinarité comme une manière d'animer l'équipe multidisciplinaire. À notre avis, elle se veut d'une certaine façon le moyen de dépasser la spécialisation des intervenants des équipes multidisciplinaires et ainsi d'éviter le morcellement, voire le chevauchement dans l'évaluation et le plan d'intervention. L'interdisciplinarité dépasse donc le concept de multidisciplinarité qui se définit par la juxtaposition de plusieurs disciplines devant un problème donné :

> Alors que la multidisciplinarité (ou la pluridisciplinarité) ne nécessite que la présence de plusieurs disciplines rassemblées autour de l'analyse d'un objet commun (évaluation ou intervention), l'interdisciplinarité exige en plus une synthèse et une harmonisation entre les points de vue qui s'intègrent en un tout cohérent et coordonné (Hébert, 1997 : 2).

Ainsi comprise, l'interdisciplinarité apparaît comme l'être-ensemble d'une équipe qui œuvre de concert à la compréhension globale d'une personne, d'un groupe ou d'une communauté en vue d'une intervention concertée à l'intérieur d'un partage complémentaire des tâches (Hébert, 1997).

En fait, selon nous, le concept d'interdisciplinarité qualifie le mode de travail souhaité face aux problèmes et aux situations présentés à l'équipe multidisciplinaire. L'interdisciplinarité renvoie à la dynamique interprofessionnelle. Il va sans dire que l'interdisciplinarité n'est pas synonyme du concept de polyvalence interdisciplinaire où un même intervenant serait appelé à effectuer les tâches dévolues à deux disciplines différentes (ACTS, 1999). L'intervention interdisciplinaire présuppose plutôt que les membres de l'équipe sont en interaction les uns avec les autres, et ce, que nous soyons bénévoles, médecins, travailleurs sociaux ou auxiliaires. Un des éléments principaux de l'interdisciplinarité serait donc l'interaction entre les différentes disciplines :

Cette interaction peut aller de la simple communication des idées jusqu'à l'intégration mutuelle des concepts directeurs, de l'épistémologie, de la terminologie, de la méthodologie, des procédures, des données et de l'organisation de la recherche et de l'enseignement s'y rapportant. Un groupe interdisciplinaire se compose de personnes qui ont reçu une formation dans différents domaines des connaissances (disciplines) ayant chacun des concepts, méthodes, données et termes propres (Lindsay *et al.*, 1999 : 6).

L'objectif de ce type d'intervention consiste à faire l'évaluation d'une situation donnée à partir de disciplines différentes, dans le but d'offrir un plan d'intervention qui cherche à circonscrire l'ensemble des facettes du problème présenté. L'intervention interdisciplinaire cherche à respecter la complexité des humains et de l'environnement dans lequel ils évoluent en favorisant la contribution unique de chacun des intervenants concernés par l'évaluation et le plan d'intervention. Du même fait, elle vient appuyer les compétences de chaque discipline. Chaque intervenant a donc un rôle essentiel à jouer selon son champ de compétence et chacun d'eux se doit d'interagir en complémentarité avec les autres membres de l'équipe.

De la multidisciplinarité à l'interdisciplinarité

L'approche interdisciplinaire comporte des conditions préalables pour assurer son fonctionnement optimal. Ces conditions peuvent se traduire par les questions suivantes : quels seraient les prérequis à la création de l'équipe interdisciplinaire ? Quel serait le niveau de collaboration souhaitable entre chacune des disciplines pour assurer le fonctionnement de l'équipe ? Quelle en serait la forme ? Quel en serait le but ? Voilà autant de questions que nous proposons d'explorer dans cette partie pour faire ressortir les éléments permettant le passage de la multidisciplinarité à l'interdisciplinarité.

Les composantes essentielles

Plusieurs équipes se définissent comme fonctionnant en interdisciplinarité. Bien souvent, nous pouvons constater qu'elles évoluent en multidisciplinarité : les intervenants y fonctionnent en parallèle plutôt qu'en collaboration. De plus, il est souvent difficile pour les intervenants de bien saisir ce qu'on attend d'eux lorsqu'il s'agit du travail d'équipe. En effet, ce type de travail est bien différent de leur travail quotidien. D'autant plus que chaque professionnel a son propre langage, sa propre perception de son rôle et de celui des autres professionnels ; chaque discipline définit son rôle et ses buts selon ses valeurs et sa propre culture (Abramson et Mizrahi, 1996). De plus, lorsqu'il y a création d'une équipe, ou encore lorsqu'il y a ajout d'un membre à une équipe, il n'y a pas nécessairement une définition des rôles et des règles établis. Le tout est bien souvent pris pour de l'acquis. Il en va de même pour le fonctionnement. Si bien que les intervenants qui se retrouvent dans ce type d'équipe ont l'impression que l'interdisciplinarité est une pure création de l'esprit.

En fait, pour qu'il y ait une chance de succès, il faut qu'un ensemble de conditions soient respectées pour parvenir à travailler en interdisciplinarité. Tout d'abord, il faut que les rôles et les tâches de chacun soient bien définis et que les aspirations professionnelles soient exprimées et intégrées au travail à faire en groupe (Hébert, 1997). L'intervention interdisciplinaire présuppose un travail préliminaire de clarification des rôles et des attentes dès sa création et même lors de l'ajout d'un membre. Cette première étape favorise l'instauration d'une certaine forme d'énergie de « solidarisation » qui renvoie à la cohésion des membres de l'équipe. Cette énergie pourra se transformer par la suite en énergie « d'entretien » qui permet de surmonter les difficultés que vit l'équipe et de « production » qui permet d'atteindre l'objectif de travail (Hébert, 1997).

Le travail en interdisciplinarité ne s'improvise pas. Au contraire, il se prépare et se façonne au fur et à mesure que croît l'équipe. Cette dernière devra prévoir un temps pour se structurer en interdisciplinarité en définissant les rôles de chacun, en se donnant des règles, des priorités et des objectifs de travail. Elle devra prévoir aussi en cours de route des temps de retour sur le travail d'équipe. De plus, il serait souhaitable qu'il y ait une formation préalable au travail interdisciplinaire. Nous rejoignons ici les propos de Lindsay et de ses collaborateurs :

> [...] il peut être intéressant d'offrir une formation aux membres de l'équipe avant le début du travail en tant que tel. Cela permet de clarifier les attentes, d'outiller les participants et d'établir un niveau de connaissances plus uniforme. La mise en place d'une équipe interdisciplinaire ne devrait donc pas se faire au hasard. Au contraire, il s'avère beaucoup plus profitable de planifier ce projet [...] (Lindsay *et al.*, 1999 : 15).

L'organisation, la coordination et la formation s'avèrent donc certaines des clés de la réussite. Cependant, une fois la formation complétée et les rôles clarifiés, il faut que chacun des intervenants réalise les limites de sa propre intervention. Autrement dit, il faut que chacun respecte le travail fait par l'autre, pour que l'équipe arrive à fonctionner de façon complémentaire. Pour ce faire, chaque discipline doit sacrifier une partie de son autonomie pour que s'installe un tel processus de résolution de problèmes (Abramson et Mizrahi, 1996). Dès lors, si un membre de l'équipe prend des décisions qui engagent toute l'équipe dans une direction ou qu'il décide de faire les choses à sa façon, l'équipe éprouvera des difficultés. Chacun de ses membres devra donc croire en l'interdisciplinarité et avoir une vision interdisciplinaire de l'organisation des services (OPTSQ, 1999b). Ainsi pourra s'installer la synergie essentielle (énergie de solidarisation) dont parle Hébert (1997) pour dépasser la simple addition d'intervenants que nous retrouvons dans le concept de multidisciplinarité. Briggs (1999) utilise la métaphore de la symphonie pour décrire le niveau de collaboration à atteindre. Chaque individu doit maîtriser son instrument, mais il doit être capable de le jouer en harmonie avec les autres. Elle souligne aussi l'importance que l'équipe ait des orientations philosophiques, des pratiques et des valeurs communes. En fait, ce sont ces éléments qui lieront les individus entre eux.

De plus, la coordination des interventions s'avère essentielle pour assurer la continuité et la complémentarité des actions de l'équipe (Larivière, 1995). En effet, l'équipe devra être organisée afin que les intervenants ne perdent pas de vue l'objectif principal de l'intervention. Une personne devra tenir ce rôle de coordonnateur. Elle devrait être, préférablement, celle qui détient des compétences dans ce domaine et non la personne qui a le plus de pouvoir par son titre professionnel ou autrement. Cette fonction est le nerf de la guerre parce qu'elle cristallise la transition entre le multi et l'interdisciplinaire :

> Ainsi, si plusieurs professionnels de formation différente doivent donner des services à la même personne, il y a nécessité d'un chef d'orchestre qui veille à l'harmonisation de tous ces services, pour le bien-être de la personne (OPTSQ, juin 1999b : 3).

Naturellement, il ne s'agit pas d'une fonction de pouvoir, mais d'une fonction d'animation, de facilitation au partage du pouvoir et à la focalisation sur la mission à poursuivre (Hébert, 1997). La transition de l'équipe multidisciplinaire à l'équipe interdisciplinaire tient en partie aux qualités de l'animateur, mais encore, au partage du pouvoir (énergie d'entretien). Il n'y a donc pas de hiérarchisation possible lorsque nous parlons d'interdisciplinarité. Tous les membres de l'équipe interviennent auprès du client avec le même pouvoir. En fait, ils interviennent au nom de l'équipe avec leur champ de compétences respectives. L'intervention d'équipe dans une telle logique a la primauté sur ses membres. Pour ce faire, l'établissement de lignes directrices quant au fonctionnement interne et aux modes de communication devient un atout de taille (ACCES, 1994). Autrement dit, l'équipe devra établir qui fait quoi, comment et quand. Elle devra établir comment se fait le partage de l'information et comment celle-ci est livrée au client :

> L'efficacité constitue le défi auquel doivent faire face toutes les équipes interdisciplinaires. Il importe que le travail interdisciplinaire soit efficace, de façon à éviter que cet aspect consomme du temps et des énergies qui pourraient autrement être mieux utilisées. Pour ce faire,

il importe d'établir des règles, notamment en ce qui concerne le mode officiel de l'interdisciplinarité, c'est-à-dire les réunions d'équipe. Ces règles doivent préciser qui participe à ces rencontres et pour quelle raison, quel est l'horaire et le mode de convocation, comment doivent se dérouler les réunions et quel est le rôle de chacun des intervenants, tant au niveau de la préparation et de la participation à la réunion que de l'application du plan d'intervention convenu. Il importe également que ces réunions fassent l'objet d'un compte rendu porté au dossier du sujet (Hébert, 1997 : 17).

Partant de ces constats, la transition entre le multi et l'interdisciplinaire tient à la volonté des professionnels qui veulent travailler en équipe de le faire en collaboration continue et en concertation, mais elle tient plus que tout à l'importance du principe qui consiste à travailler pour le client. L'objectif commun est le service au client (OPTSQ, 1996). Autrement dit, l'équipe doit être créée pour servir le client et non les intervenants ou encore des intérêts économiques d'organisation du travail. Le client doit être au cœur de toute motivation d'équipe interdisciplinaire (énergie de production) (Hébert, 1997).

Les lieux où s'exerce l'interdisciplinarité

Cette organisation du travail peut se faire à l'intérieur d'un même établissement de manière formelle ou informelle (Hébert, 1997). Le mode informel renvoie aux discussions entre deux ou plusieurs intervenants qui partagent leurs perceptions et le travail fait avec le client en dehors du cadre de la réunion multidisciplinaire. Hébert (1997) le qualifie d'interdisciplinarité de « bureau », de « poste infirmier », de « chevet » ou de « corridor ». Ces discussions surviennent lorsque la situation du client évolue ou que le besoin s'en fait sentir. Elles peuvent être planifiées ou improvisées. Le mode formel, quant à lui, fait appel aux réunions périodiques qui visent à partager les informations pertinentes pour l'évaluation et le plan d'intervention. Ces réunions précèdent ou suivent le travail proprement dit avec le client. Elles sont l'occasion d'entendre les perceptions de chacun des intervenants et d'établir les objectifs. Elles sont aussi l'occasion de planifier l'action à entreprendre en fonction de l'évaluation faite pour réaliser le plan d'intervention.

Un autre type d'intervention interdisciplinaire peut aussi avoir lieu entre des intervenants d'organismes différents qui décident de façon spontanée de travailler ensemble auprès d'un client. Ce type d'organisation du travail en interdisciplinarité sera plus « éphémère ». Il durera aussi longtemps que les interventions auprès d'un client seront nécessaires. Cette organisation du travail tiendra alors beaucoup plus de la volonté des intervenants d'être en interrelation concernant une situation problème dans l'intérêt du client qu'à une volonté institutionnelle d'organisation du travail par exemple. C'est le type d'intervention qui arrive lorsque plusieurs intervenants se trouvent engagés dans une situation particulière. Ces derniers décident d'un commun accord de dépasser la simple juxtaposition de leurs interventions et/ou les jeux de pouvoir entre institutions. Ils entrent en interrelation après avoir obtenu l'accord du client dans une perspective de complémentarité des services. En fait, nous serions tentés de dire que ce type d'intervention interdisciplinaire est la forme idéale, parce qu'il n'y a pas de compétition ou peu de jeux de pouvoir entre les intervenants. Il traduit tout simplement une volonté de bien servir le client :

> Les professionnels [...] travaillent en collaboration réelle et continue, en concertation pour un même objectif, le service au client. Sans perdre l'identité qui leur est propre (le « chœur »), chaque discipline s'influence mutuellement et se transforme réciproquement. C'est le travail en interdisciplinarité (OPTSQ, 1996 : 4).

Finalement, l'intervention interdisciplinaire peut avoir lieu entre des organismes distincts qui ont une volonté de se regrouper pour répondre de manière plus efficace aux besoins d'une clientèle qui leur est commune. C'est le cas du programme JESSIE qui s'adresse aux parents toxicomanes dont les enfants sont victimes de négligence (Dubé, 1998). Il s'agit d'un partenariat entre différents intervenants de centres spécialisés qui ont réalisé que l'intervention auprès de mères toxicomanes et négligentes constitue un défi de taille, qui nécessite le dépassement des luttes de pouvoir et de l'intervention en vase clos. L'équipe inter-établissements est formée d'intervenants des Centres jeunesse et du Centre Dollard-Cormier (Dubé, 1998). Bien que ce programme ne se décrive pas comme utilisant l'interdisciplinarité, il en applique les principes directeurs que nous retrouvons plus haut.

Nous le voyons, l'intervention interdisciplinaire peut revêtir plusieurs formes. Cependant, pour qu'elle puisse être possible, elle doit comporter un ensemble de conditions et d'étapes essentielles à sa réalisation : un objectif commun, des valeurs communes, un mandat précis et une reconnaissance de l'autonomie professionnelle et de la complémentarité des professions (OPTSQ, 1996). Son organisation n'est pas simple et elle semble dans bien des cas être un idéal inaccessible. En fait, il s'agit d'un type d'intervention vers lequel il faut tendre si nous croyons à ses principes.

Les avantages de l'interdisciplinarité

Il devient de plus en plus difficile pour une personne de trouver une réponse à un problème donné auprès d'un seul professionnel dans la logique actuelle de surspécialisation. Ainsi, l'intervention interdisciplinaire est un avantage certain pour le client devant la spécialisation de plus en plus importante de chacune des professions. Par exemple, l'interdisciplinarité permet d'éviter au client de répéter son histoire plusieurs fois pour obtenir des services puisqu'il y a partage de l'information. Elle lui permet aussi d'obtenir un éventail de services différents au sein d'une même équipe. Dès lors, l'interdisciplinarité permet de dépasser la fragmentation des interventions.

Évidemment, les évaluations d'un même problème réalisées par deux intervenants de disciplines différentes seront spécifiques à leur champ d'expertise. Bien qu'il puisse y avoir des zones grises entre les champs d'expertise, les besoins exprimés seront vraisemblablement différents et complémentaires. Le partage de l'évaluation de la situation problème permettra d'en élargir l'analyse. Ainsi, l'intervention interdisciplinaire permet de dépasser la réponse que peut offrir un seul intervenant qui ne peut de toute manière incarner les compétences d'un ensemble de disciplines. D'autre part, chaque discipline ajoute à son bagage de connaissances au contact des autres :

> Cette coordination des services est donc susceptible d'augmenter l'efficacité de ceux-ci, surtout qu'un nombre toujours croissant de situations exigent plusieurs services de soutien spécialisé. Il est donc possible de constater que le travail en équipe interdisciplinaire possède des avantages non négligeables, surtout en lien à la cohérence, à la continuité et à l'efficacité des services offerts à la clientèle (Lindsay *et al.*, 1999 : 10).

L'intervention interdisciplinaire permet aussi le soutien entre les intervenants. Elle permet que les intervenants ne se sentent pas isolés devant une situation particulièrement difficile par exemple. Le partage dans ces circonstances est bénéfique et peut même prévenir l'épuisement professionnel (Abramson et Mizrahi, 1996). Alors, lorsque plusieurs entrevues avec un client ont été particulièrement difficiles, les intervenants pourront en parler entre eux et partager leurs impressions dans un objectif de soutien mutuel.

D'autre part, l'interdisciplinarité permet de ne pas être seul dans les décisions à prendre et d'en partager les responsabilités. Ainsi, lorsqu'il s'agit de prendre la décision d'arrêter les traitements chez une personne en phase terminale de cancer, il est réconfortant, pour le médecin qui annoncera la nouvelle, que cette décision ait été prise en considérant tous les aspects de la situation et avec le soutien de l'équipe. De plus, les décisions, lorsque nous travaillons en interdisciplinarité, sont soutenues par une mission, une philosophie et des valeurs communes. Elles font donc appel à un cadre de référence, à une vision des choses qui aide à la prise de décision et qui soutient les professionnels. Toutefois, ces derniers ne peuvent se cacher derrière une décision d'équipe. Ils demeurent responsables de leurs actes professionnels (OPTSQ, 1996). Mais encore, le fait de partager une philosophie commune d'intervention permet au client de se sentir lui aussi appuyé. Il sent que tous les membres de l'équipe sont animés par la même philosophie. Le client qui doute sera rassuré parce que tout le personnel a le même message. Toutefois, si le client n'adhère pas à cette façon de faire, quelle place peut lui faire l'équipe dans le processus de résolution de problèmes ? Jusqu'où l'équipe est-elle prête à aller pour que le lien équipe-client ne se brise pas ? Dès lors, nous abordons les limites de l'intervention interdisciplinaire.

Les contraintes à l'interdisciplinarité

Nous serions tentés de dire, d'une manière schématique et ty-pologique, qu'il existe trois niveaux de contraintes en matière d'interdisciplinarité. Un premier niveau est de type organisa-tionnel, un second de type relationnel et un troisième de type corporatiste (Barr, 1997). Sur le plan organisationnel, les prin-cipales entraves ont trait aux situations suivantes : la motiva-tion à la création d'une équipe n'est sous-tendue que par des facteurs purement économiques ; les règles de l'organisation ne permettent pas et ne laissent pas la place à la créativité né-cessaire à l'interdisciplinarité ; cette dernière est utilisée parce qu'elle est un concept à la mode ou encore lorsque ce type de travail d'équipe est perçu comme un luxe qu'on ne peut pas se payer (Barr, 1997). Ainsi, il y a plusieurs contrain-tes organisationnelles qui peuvent mettre en péril la création de l'équipe interdisciplinaire. Ces contraintes organisation-nelles peuvent aussi entacher la qualité du travail à faire. Il faut donc que l'organisation qui se propose de travailler en équipe interdisciplinaire en soit bien consciente et en tienne compte.

Sur le plan relationnel, notre expérience au sein des équi-pes où nous avons travaillé nous a permis de constater que les principales contraintes au fonctionnement en équipe peu-vent être les personnes qui en sont membres. En effet, il suffit d'un individu ou d'un sous-groupe de l'équipe ne partageant pas cette volonté essentielle de fonctionner ensemble pour que tout le travail entrepris soit annihilé. Par exemple, si un intervenant monopolise l'intervention auprès du client pour se donner du pouvoir, il devient un bâton dans la roue de l'interdisciplinarité (Barr, 1997). Cependant, nous croyons que le concept d'interdisciplinarité tel qu'il est décrit dans la littérature demeure une perspective idéale. En effet, les alliances et les collusions sont inévitables en grand groupe comme en petit groupe. Nous croyons que la vie d'équipe tient à sa capacité de tolérer la différence en son sein. Toutefois, il ne faut pas éviter la controverse par crainte de conflit. Au contraire, il faut prendre les situations problèmes et tenter de les régler au fur et à mesure qu'elles apparaissent. Pour illustrer notre propos, nous pouvons décrire l'interdisciplinarité comme une spirale qui tantôt nous éloigne de la cible à atteindre, mais qui tend toujours à nous ramener en son centre. Il ne s'agit donc pas d'un processus statique. Ainsi, la tolérance à l'ambiguïté et à l'incertitude sera garante du fonctionnement et de la durée de vie de toute équipe; la réalité est beaucoup plus mouvante que les concepts, bien que ces derniers soient utiles pour la saisir.

L'aspect prépondérant de l'intervention interdisciplinaire consiste en l'esprit de corps qui se dégage en accord avec des valeurs et une philosophie d'intervention communes. Cependant, plus il y a d'intervenants dans l'équipe, plus grand est le nombre d'interactions. Il peut devenir ainsi difficile de respecter les règles de l'interdisciplinarité que nous avons vus plus haut:

> Le nombre de participants a une certaine importance pour le fonctionnement du groupe [...]. Ainsi, lorsque le groupe passe de quatre à six membres, le nombre de liens passe de 6 à 15, ce qui peut modifier considérablement l'efficacité et l'harmonie du groupe. En établissant la composition d'un groupe, il faut donc avoir le souci de limiter la participation aux seules personnes directement concernées par le but à atteindre. Lorsqu'on perçoit une cible commune et que s'établissent des liens entre les membres, l'énergie individuelle de ces derniers devient alors une énergie disponible au groupe (Hébert, 1997: 6).

Un troisième niveau de contraintes vise l'aspect corporatiste. En effet, le fonctionnement en équipe interdisciplinaire peut couper l'intervenant de son corps professionnel. Il est parfois plus productif de se retrouver entre pairs pour discuter d'un problème donné ou pour se soutenir. Dès lors, il devient important pour le représentant d'une discipline de garder un lien avec ses pairs qui partagent son expertise. À l'inverse, il est essentiel que chaque professionnel puisse profiter de formation dans son champ d'intervention pour continuer de nourrir le travail interdisciplinaire. Évidemment, si les professionnels se cloisonnent dans leur langage hermétique, ils mettent en péril le travail d'équipe. L'art réside dans la capacité de chacun de dépasser les limites professionnelles pour s'ouvrir au partage des connaissances.

Les enjeux propres au travail social

Le travailleur social qui œuvrera dans une équipe interdisciplinaire s'imprégnera de sa culture. Il en sentira les avantages et les limites. Comment pourra-t-il alors préserver son autonomie professionnelle ? Comment arrivera-t-il à rendre tangibles pour l'équipe les besoins du client et à en faire valoir l'importance ? Voilà quelques questions rapidement exposées qui traduisent bien les défis qui attendent les travailleurs sociaux au sein de ces équipes.

Bien que l'interdisciplinarité nous ramène à des préceptes de base du travail social qui considère comme indissociables la personne et son environnement, elle est par le fait même la forme de travail d'équipe qui peut être perçue comme la plus menaçante pour les travailleurs sociaux. En effet, l'interdisciplinarité permet d'évaluer un large éventail de questions rattachant l'individu à son environnement. Puisque l'interdisciplinarité prévoit un partage des pouvoirs et des connaissances, il est normal que le champ du travail social soit le plus envahi par les autres disciplines par définition. Les travailleurs sociaux qui se retrouvent au sein de ces équipes pourraient être rébarbatifs et même être un frein à l'interdisciplinarité, s'ils sentaient que leurs collègues ne respectent pas leur champ de pratique. Bien que certains intervenants puissent profiter de ce fait pour envahir l'univers du travail social, il faut distinguer la relation d'aide du travail social comme tel. Il est normal, même souhaitable, que les intervenants d'une équipe multidisciplinaire puissent faire de la relation d'aide. Néanmoins, les travailleurs sociaux qui œuvrent au sein d'équipes fonctionnant en interdisciplinarité doivent se débrouiller seuls pour défendre et développer leur identité professionnelle. Une solide identité professionnelle et une bonne capacité de définir sa spécificité peuvent leur permettre de se tailler une place dans ces équipes (OPTSQ, 1996). Le développement du savoir, du savoir-être et du savoir-faire sont des points cruciaux d'ancrage à cette identité et à cette définition professionnelle :

> À ce savoir doit correspondre, bien entendu, un savoir-être qui doit être revalorisé tant il est vrai que la réussite d'une intervention en dépend davantage que du savoir-faire. Aussi convient-il de le cultiver et l'on ne saurait, en la matière, se contenter du discours prévalent [...] selon lequel il faut simplement de l'écoute (Renaud, 1995 : 20).

Inversement, puisque l'intervention interdisciplinaire participe pour une part au principe du travail social qui consiste à voir comme indissociables la personne et son environnement, l'importance du rôle du travailleur social dans cette forme d'intervention en est amplifiée. À cet égard, Lindsay et ses collaborateurs (1999) font remarquer que le travail social est la profession la plus représentée au sein des équipes interdisciplinaires. Les travailleurs sociaux sont donc des maillons importants de ce type de structuration du travail d'équipe et ils peuvent avoir un rôle central dans le développement de la pensée interdisciplinaire de l'équipe. La formation à l'approche interdisciplinaire devient donc un enjeu considérable pour les travailleurs sociaux.

Cependant, il arrive parfois que le rôle du travailleur social soit mal connu, car, comme nous le disions, chaque intervenant s'inscrit dans l'équipe avec sa perception de son rôle et de celui des autres professionnels. Il peut arriver que le rôle du travailleur social soit conçu selon certains aspects plus « classiques » reliés à la protection de la jeunesse, à l'hébergement ou aux demandes matérielles. Toutefois, le travail social occupe un champ de pratique beaucoup plus vaste :

> Le travail social peut aussi être vaste à cause de la diversité des milieux où il exerce et des formes de pratique qui le constituent. Il fait partie intégrante de la plupart des institutions sociales importantes de notre société : santé, école, milieux de justice. Il n'est pas cependant limité aux institutions et s'est toujours pratiqué en milieu communautaire où son rôle le situe au cœur de la vie des groupes et apporte une contribution significative au renouvellement des pratiques et des institutions sociales. À l'autre pôle, le travail social, c'est aussi le travail individuel en cabinet privé. L'expertise du travailleur social y est sollicitée en tant que thérapeute, consultant, formateur, médiateur, évaluateur, etc. (Rondeau, 1995 : 5).

Dès lors, les travailleurs sociaux devront posséder une bonne capacité de se faire valoir, tout d'abord en s'outillant pour délimiter leurs rôles et leur champ de pratique, mais aussi pour traduire aux autres membres de l'équipe ce qu'ils peuvent faire, afin de dépasser ces visions réductionnistes (protection de la jeunesse, hébergement et demandes matérielles) de notre profession. Naturellement, ils devront posséder une bonne capacité d'écoute et une attitude d'ouverture aux autres disciplines qui forment l'équipe pour ne pas reproduire cette forme de mise à distance qui participe du manque de connaissances relativement au rôle des autres professions.

Un dernier enjeu concerne l'ensemble des informations que possède le travailleur social sur le client et sur sa vie privée. Il est bien évident que tous les aspects de la personnalité et de la famille d'un individu ne sont pas toujours pertinents pour le travail interdisciplinaire. Le travailleur social doit apprendre à sélectionner les informations pertinentes au travail interdisciplinaire dans la perspective d'assurer les meilleurs services au client. La réunion d'équipe n'est pas une séance de voyeurisme. Par exemple, il ne serait pas pertinent de dévoiler que la fille de madame Charles a été violée étant plus jeune, alors qu'il s'agit de prendre la décision d'orienter madame vers un hébergement en raison d'une perte d'autonomie reliée à son âge avancé. L'Ordre des travailleurs sociaux rappelait à ce titre le droit fondamental de tout client au respect de sa vie privée :

> L'usager devrait savoir que le travailleur social auquel il confie des informations de nature privée travaille en interdisciplinarité, c'est-à-dire en complémentarité et en collaboration continues avec d'autres professionnels pour assurer la qualité des services. Dans la mesure où le client connaît ce mode de fonctionnement, il consent implicitement à ce que certaines informations le concernant soient partagées par les professionnels de l'équipe soignante. Cependant, ceci ne signifie pas que le client abandonne son droit au respect de sa vie privée ; ce droit fondamental demeure, même en contexte de services dispensés en interdisciplinarité (OPTSQ, mai 1999 : 10).

CONCLUSION

Nous avons pu voir dans ce chapitre quelques-uns des champs d'application du travail en équipe interdisciplinaire. Nous avons suggéré une définition à partir de la littérature et de notre expérience de travail. Nous avons abordé par la suite quelques-unes des conditions à l'implantation d'une équipe interdisciplinaire. Nous avons ensuite discuté des avantages et des inconvénients de cette forme de travail d'équipe, pour terminer sur les enjeux qu'il implique pour la profession du travail social.

Il y a lieu, bien sûr, de distinguer le niveau idéal de l'intervention interdisciplinaire de celui auquel parviendra un regroupement d'intervenants. Des facteurs personnels, organisationnels et autres peuvent venir teinter la qualité de l'intervention interdisciplinaire. Un tel modèle implique que l'action globale de tous offre une meilleure garantie de succès et de qualité de service que l'action parallèle de plusieurs intervenants devant un problème donné. En fait, la littérature tient pour acquis que le travail interdisciplinaire est plus efficace pour le service au client (Abramson et Mizrahi, 1996). Notre expérience personnelle nous a permis de constater que le travail interdisciplinaire est complexe, qu'il est certes efficace et que sa forme se module dans le temps entre la multidisciplinarité et l'interdisciplinarité. Nous croyons que son existence tient à sa capacité d'osciller de l'une à l'autre de ces deux formes d'intervention. Mais encore, le travail en équipe interdisciplinaire a vraiment sa raison d'être lorsque les intervenants d'une telle équipe savent se mettre au service des individus qui les consultent. Il est évident que la décision de travailler en interdisciplinarité ne doit pas être motivée par l'aspect financier ou parce que c'est un concept à la mode, mais par le désir commun d'améliorer le service au client.

Nous avons vu également que cette forme d'intervention participe des mêmes intérêts que ceux du service social, c'est-à-dire l'individu, le groupe, la communauté comme indissociable de son environnement. Ainsi, l'intervention interdisciplinaire peut être vécue très négativement ou positivement selon que le travailleur social est en mesure de défendre sa spécificité et que les zones grises entre les disciplines sont tolérées. L'intervenant qui se retrouve au sein de ces équipes doit posséder certes une solide identité professionnelle mais il devra être en mesure de se remettre en question. Ces caractéristiques pourraient être des facteurs importants de satisfaction pour le travailleur social qui œuvre en interdisciplinarité. De plus, l'interdisciplinarité devrait faire partie du bagage disciplinaire de formation universitaire au même titre que toute autre forme de travail d'équipe.

Ce chapitre voulait montrer ce qu'est l'interdisciplinarité et susciter la réflexion sur ce type d'intervention. L'interdisciplinarité est un nouveau concept qui gagne du terrain pour solutionner les problèmes d'organisation du travail de l'équipe multidisciplinaire, bien qu'elle ne puisse être proposée comme la solution universelle. Cependant, les analyses de ces champs d'application demeurent restreintes. Il serait souhaitable que les connaissances dans ce domaine soient approfondies davantage pour poursuivre la réflexion, entre autres, par des projets de recherche appliquée sur le travail en équipe autant en milieu institutionnel qu'en milieu communautaire.

BIBLIOGRAPHIE COMMENTÉE

BRIGGS, M.H. (1999), « Systems for collaboration. Integrating multiple perspectives », *Child and Adolescent Psychiatric Clinics of North America*, vol. 2, n° 8, avril, p. 365-377.

Cet article décrit la nature complexe des relations dans une équipe de travail. Il propose un ensemble de stratégies à développer pour arriver à l'effort collectif nécessaire à l'interdisciplinarité.

HÉBERT, R. (1997), « Définition du concept de l'interdisciplinarité », texte inédit présenté au colloque *De la multidisciplinarité à l'interdisciplinarité*, Québec, 4-5 avril, 19 pages.

Ce texte pose très bien les défis inhérents à l'interdisciplinarité. Il en donne une définition opérationnelle sous deux modes : officieux et officiel, en plus de définir les attitudes favorisant l'interdisciplinarité. Il définit aussi les limites et les contraintes de ce type d'intervention.

LINDSAY, J., S. DUMONT, J. BOUCHARD et F. AUGER (1999), *Le travail interdisciplinaire dans la formation en service social*, École de service social, Université Laval, Québec, 48 pages.

Cet ouvrage définit les différentes notions qui ont mené au concept de l'interdisciplinarité. Il propose un ensemble d'expériences de la pratique interdisciplinaire en plus d'en présenter les conditions d'application. En seconde partie, les auteurs abordent les conditions relatives à la formation et à l'enseignement du travail interdisciplinaire en service social.

Ordre professionnel des travailleurs sociaux du Québec (OPTSQ) (1996), *De la multidisciplinarité vers l'interdisciplinarité : Guide à l'intention des travailleurs sociaux exerçant dans les établissements du réseau de la santé et des services sociaux*, OPTSQ, Montréal, 12 pages.

Ce texte se veut un outil pratique pouvant aider les travailleurs sociaux à solutionner les difficultés et à éviter les écueils du fonctionnement interdisciplinaire. On y trouve une définition des concepts d'équipe multidisciplinaire et d'intervention interdisciplinaire. Une grille d'autoévaluation du fonctionnement de l'équipe multidisciplinaire est suggérée à la fin.

SAINT-ARNAUD, Y. (1978), *Les petits groupes, participation et communication*, Montréal, Presses de l'Université de Montréal, 176 pages.

Il s'agit d'un classique dans le domaine des interactions et de la dynamique de groupe. Il pose très bien les éléments de participation et de communication.

TREMBLAY, G. (1999), *L'interdisciplinarité ou s'assurer que n'importe qui ne fasse pas n'importe quoi*, Institut de formation continue du Québec, Montréal, janvier, 35 pages.

Cet ouvrage propose une définition des concepts à connaître pour traiter des conditions et de l'application de l'intervention interdisciplinaire. Il décrit aussi les phases et les étapes de structuration de l'équipe interdisciplinaire.

RÉFÉRENCES

ABRAMSON, J. et T. MIZRAHI (1996), «When social workers and physicians collaborate : positive and negative interdisciplinary experiences», *Social Work*, vol. 41, n° 3, p. 270-281.

ACCES (1994), «Les soins palliatifs à domicile : multidisciplinarité en action», *Les nouvelles d'ACCES*, n° 13, novembre, p. 1-4.

Association canadienne des travailleuses et travailleurs sociaux (1999), «Position de l'ACTS sur la polyvalence», *Bulletin*, vol. 1, n° 2, août, p. 1.

BARR, O. (1997), « Interdisciplinary teamwork : consideration of the challenges », *British Journal of Nursing*, vol. 6, n° 17, septembre-octobre, p. 1005-1010.

BIRCH, W. et M. MARTIN (1985), « Emergency mental health triage : a multidisciplinary approach », *Social Work*, vol. 30, n° 4, p. 364-366.

BRIGGS, M.H. (1999), « Systems for collaboration. Integrating multiple perspectives », *Child and Adolescent Psychiatric Clinics of North America*, vol. 2, n° 8, avril, p. 365-377.

Comité de coordination du programme de soins de longue durée de l'hôpital d'Youville (1990), « Fonctionnement de l'équipe multidisciplinaire en soins de longue durée », *Le Gérontophile*, vol. 12, n° 2, p. 25-27.

DUBÉ, M.J. (1998), « Un partenariat pour répondre aux besoins des parents toxicomanes et de leurs enfants victimes de négligence », *Intervention*, n° 107, juin, p. 43-51.

FAIR, R. (1993), « The interdisciplinary care of children with insulin diabetes mellitus », *Child and Adolescent Journal of Social Work*, vol. 10, n° 5, p. 441-453.

HACKL, K., A.M. SOMLAI, J.A. KELLY et S.C. KALICHMAN (1997), « Women living with HIV/AIDS : The dual challenge of being a patient and a caregiver », *Health and Social Work*, vol. 22, n° 1, p. 53-62.

HÉBERT. R. (1997), « Définition du concept de l'interdisciplinarité », Actes du colloque *De la multidisciplinarité à l'interdisciplinarité*, Québec, 4-5 avril, 19 pages.

JOHNSON, B.B. (1987), « Sexual abuse prevention : a rural interdisciplinary effort », *Child and Welfare*, vol. 66, n° 2, p. 165-172.

KEUNG Ho, M. (1977), « An analysis of the dynamics of interdisciplinary collaboration », *Child Care Quarterly*, vol. 6, n° 4, p. 279-287.

LARIVIÈRE, C. (1995), « Service social et identité professionnelle en CLSC », *Intervention*, n° 100, mars, p. 41-47.

LINDSAY, J., S. DUMONT, J. BOUCHARD et F. AUGER (1999), *Le travail interdisciplinaire*, École de service social, Université Laval, 48 pages.

MACNAB, A.J., L.A. SHECKTER, A. HENDRY, M.R. PENDRAY et G.A. MACNAB (1985), « Group support for parents of high risk neonates : an interdisciplinary approach », *Social Work in Health Care*, vol. 10, n° 4, p. 63-71.

MESTERS, I., R. MEERTENS et N. MOSTERD (1991), « Multidisciplinary cooperation in primary care for asthmatic children », *Social science and Medicine*, vol. 32, n° 1, p. 65-70.

Ordre professionnel des travailleurs sociaux du Québec (OPTSQ) (1996), *De la multidisciplinarité vers l'interdisciplinarité : guide à l'intention des travailleurs sociaux exerçant dans les établissements du réseau de la santé et des services sociaux*, Montréal, novembre, 12 pages.

Ordre professionnel des travailleurs sociaux du Québec (OPTSQ) (1999a), *Guide pour la pratique professionnelle des travailleurs sociaux exerçant en milieu hospitalier*, Montréal, mai, 16 pages.

Ordre professionnel des travailleurs sociaux du Québec (OPTSQ) (1999b), *L'intervenant pivot : une façon d'être, une façon de faire*, Montréal, juin, 6 pages.

PARADIS, B.A. (1987), « An integrated team approach to community mental health », *Social Work*, vol. 32, n° 2, p. 101-104.

POPE, L., M. CAMPBELL et D.P. KURTZ (1992), « Hostage crisis : school-based interdisciplinary approach to post-traumatic stress disorder », *Social Work in Education*, vol. 14, n° 4, p. 227-233.

RENAUD, G. (1995), « Système symbolique et intervention sociale », *Intervention*, n° 100, mars, p. 12-22.

RONDEAU, G. (1995), « Le travail social : une grande profession », *Intervention*, n° 100, mars, p. 4-6.

SAINT-ARNAUD, Y. (1978), *Les petits groupes, participation et communication*, Montréal, Presses de l'Université de Montréal, 176 pages.

SULLIVAN, R. et T. CLANCY (1990), « An experimental evaluation of interdisciplinary training in intervention with sexually abused adolescents », *Health and Social Work*, vol. 15, n° 3, p. 207-214.

TREMBLAY, G. (1999), *L'interdisciplinarité ou s'assurer que n'importe qui ne fasse pas n'importe quoi*, Institut de formation continue du Québec, Montréal, janvier, 35 pages.

URIBE, I. et C. NÉLISSE (1994), « Équipes multidisciplinaires et formes d'évaluation psychosociale en psychiatrie adulte : une perspective d'analyse », *Intervention*, n° 98, juin, p. 73-83.

SITE WEB

Site personnel de Bruno Fortin, psychologue
http://www.geocities.com/hotsprings/3475/interdisciplinaire.html
Dans ce site, l'auteur présente un article intéressant portant sur les différents aspects de l'interdisciplinarité.

DOCUMENTS AUDIVISUELS

Service social et interdisciplinarité : une équipe en action.
Réalisation : Jacques Viau, Montréal, Hôpital Sainte-Justine, service de l'audiovisuel, vidéo couleur VHS, 29 minutes, 1998.

L'interdisciplinarité : tout un défi !
Réalisation : Jacques Viau, Montréal, Hôpital Sainte-Justine, service de l'audiovisuel, vidéo couleur VHS, 7 minutes, 1998.

Ces deux vidéos définissent l'interdisciplinarité et décrivent le fonctionnement d'une équipe interdisciplinaire à l'Hôpital Sainte-Justine.

LA RECHERCHE EN SERVICE SOCIAL

Jean-Louis Gendron
Université Laval

chapitre
11

INTRODUCTION

TANT à l'université que dans les milieux de pratique, on a appris à définir le service social dans une perspective beaucoup plus professionnelle que scientifique : être travailleuse sociale ou travailleur social, c'est intervenir auprès d'une clientèle, bien davantage que de l'étudier. Ainsi, tant par l'étudiant qui arrive à l'université que par plusieurs travailleurs sociaux chevronnés, la recherche scientifique est perçue comme instrumentale et comme support pour l'intervention. En effet, que ce soit dans une salle de cours ou dans le local d'une intervenante, cette priorité de l'intervention dans la culture professionnelle du service social constitue un fait social qui n'échappera à aucun observateur le moindrement attentif.

Pourtant, cette priorité de l'action ne va pas nécessairement de soi et pose à la profession du service social des questions de fond qui l'ont secouée depuis ses origines jusqu'à maintenant. On rapporte que, déjà, Mary Richmond aurait souhaité que tous les praticiens agissent comme des chercheurs et que tous les chercheurs se comportent comme des praticiens. Pour cette pionnière, chaque cas se devait, pour un travailleur social, d'être un projet de recherche. Un siècle plus tard, on souhaiterait dans les milieux de pratique des jonctions étroites entre banques de données et pratique professionnelle, de façon à améliorer l'efficacité de celle-ci et à procéder à l'enrichissement continu de celles-là. Les choses en effet ne sont pas simples : alors qu'à la fin du XIXe siècle, des conflits d'orientation amenaient les premières travailleuses sociales à se dissocier de leurs collègues-chercheurs membres de l'American Social Science Association, au début du siècle actuel le rapport entre la science et la pratique du service social reste encore un enjeu qui anime bien des discussions dans cette profession. Cet enjeu tourne globalement autour de la question suivante : comment se compénètrent, en service social, la logique de la science et celle de l'action ? Question des débuts qui demeure encore question d'actualité et qui fera dans ce chapitre l'objet d'une réflexion en quatre points : d'abord, l'histoire de la recherche en service social au Québec ; puis, les accointances du service social avec certains courants particuliers de la recherche scientifique ; ensuite, la culture de la recherche et celle de l'intervention ; et, finalement, le dilemme des intervenants entre leur rôle de producteurs et leur rôle de consommateurs de recherche.

HISTOIRE DE LA RECHERCHE EN SERVICE SOCIAL AU QUÉBEC

On s'entend assez facilement pour admettre que les réformes des années 1970, dans le secteur des politiques sociales ont marqué une étape importante pour la pratique du service social dans la société québécoise (CESBES, 1972). Ce fut le cas aussi pour la recherche qui, avant cette décennie, était une avenue peu fréquentée par les travailleurs sociaux et les étudiants en service social. Une façon originale et relativement efficace pour s'en convaincre serait d'ausculter un échantillon significatif des « thèses » produites à l'époque pour l'obtention d'une maîtrise en service social[1]. Ces thèses étaient des travaux longs, portant sur des sujets extrêmement variés

---

1. Il faut rappeler ici que, de 1944 à 1970, le mot « thèse » était alors employé pour désigner un travail long venant conclure trois années d'études en service social. La distinction n'existait pas encore entre mémoire, essai et thèse de maîtrise. Le doctorat en service social n'était pas alors offert dans les universités québécoises. On parlait donc d'une « thèse de maîtrise ».

et dont la méthodologie passait par l'essai d'interprétation, la synthèse analytique et un début d'approche quantitative.

En feuilletant un échantillon de ces thèses choisies au hasard entre 1944 et 1971, un étudiant curieux et intéressé par l'histoire de sa profession sera d'abord étonné par la diversité des sujets étudiés. Bien sûr, il y sera largement question des services sociaux au Québec, des méthodes habituelles du service social, des problèmes familiaux et conjugaux, d'adaptation sociale, de placements d'enfants, etc. Mais au-delà de ces thèmes plutôt classiques en service social, l'étudiant en question découvrira aussi que ces mémoires anciens couvraient bien d'autres sujets : l'influence de la coopérative agricole sur le bien-être familial, les cours de préparation au mariage, les loisirs, les jeunes filles difficiles (sic), le recyclage (sic) chez les femmes mariées, les Majorettes et les Guides, etc. (Laboratoire de recherche, 1997). Autre temps, autre mœurs ! Autre époque, autres objets d'étude ! Il semble bien que ces thèses d'avant 1971 témoignaient d'un service social aux préoccupations beaucoup plus étendues, socialement, que celles de maintenant, mais aussi beaucoup plus floues.

Si les objets d'étude sont étonnants, les méthodologies le sont aussi. Le langage actuel des devis de recherche n'est pas entièrement absent de ces thèses et on y parlait déjà d'échantillons, d'instruments de mesure, de collecte et d'analyse de données... Toutefois, la rigueur du processus de recherche n'était pas à l'époque ce qu'elle est par la suite devenue. Ces thèses sont très souvent des rapports d'observation qui semblent découler d'un stage pratique ou d'une situation d'intervention. L'auteur décrit un phénomène, un problème social ou une institution qu'il a observé, il fait une synthèse de sa connaissance à ce sujet et tire quelques conclusions qui établissent un lien avec la pratique du service social. Pour certains, la recherche devait même être confiée aux autres disciplines des sciences sociales et, si le service social s'aventurait sur ce terrain, c'était de façon ponctuelle et à des fins totalement particulières. En certains milieux de pratique, on distinguait alors les « études » que faisaient les travailleurs sociaux des « recherches » que faisaient, entre autres, les sociologues.

Sans aller plus à fond dans ces travaux qui semblent témoigner de ce qu'a été la recherche dans les débuts du service social québécois, on peut dégager quelques pistes qui aident à comprendre la recherche actuelle. Déjà, au tournant des années 1950, et en ce qui concerne les objets d'étude de ces travaux, on observe l'influence des sciences sociales sur la recherche en service social. Une inquiétude intellectuelle pour les problèmes sociaux a déjà remplacé celle de la systématisation de la charité qui prévalait au début du siècle. Cet ancrage sur les problèmes sociaux remplace aussi celui de la gestion systématique du processus d'aide chère aux pionniers des tout débuts (Richmond, 1917). Est même remplacée, en bonne partie, l'hégémonie intrapsychique de la décennie 1930-1940. Les thèmes de recherche que choisissaient les thésards de 1950, leur façon de travailler et leurs méthodes, quoique peu rigoureuses, balbutiaient déjà les mots que la recherche en sciences sociales avait empruntés aux sciences de la nature. Toutefois, les travailleurs sociaux, à quelques rares exceptions près, ne se définissaient pas encore comme chercheurs. Ils apprivoisaient le langage des sciences sociales dans des études qui leur permettraient d'utiliser efficacement pour leurs pratiques professionnelles des connaissances et des méthodes de recherche que leurs collègues des sciences sociales développaient en parallèle. Et c'est de cette façon qu'était enseignée la recherche en service social dans les universités : comprendre le langage des chercheurs, se rompre le plus possible à la rigueur scientifique principalement aux fins d'intervention et, sans trop le savoir, ouvrir les portes de la profession à des recherches empiriques et appliquées aux problèmes sociaux et au développement social. Ces deux thèmes, en effet, figures imposées par les réformes de 1971 (commission Castonguay-Nepveu) entraîneront tour à tour professeurs, étudiants et praticiens du service social dans leurs sphères scientifiques (CESBES, 1972).

En effet, à partir des réformes de 1971, les pratiques professionnelles se structurent de façon telle que la recherche devient un outil nécessaire pour fixer les objectifs de l'intervention, la soutenir, l'analyser et la contrôler. Ce type de recherche n'est probablement pas celui qu'annonçaient les thésards des années précédentes, mais la logique de ces importantes réformes s'imposait ici. Cette logique était celle d'un modèle cybernétique où l'État devait déterminer les finalités du système de distribution des services sociaux, où les populations étaient considérées comme sous-systèmes régulés selon des objectifs fixés par l'État, où les professionnels de la santé et des services sociaux devenaient des agents régulateurs insérés dans des rouages systémiques aussi complexes que multiples. En toute logique systémique, cependant, l'élément clé pour le bon fonctionnement du modèle était celui de la rétroaction : étude objective des problèmes sociaux, ajustement des objectifs, redéfinition continuelle des programmes d'intervention, évaluation des projets découlant de ces programmes, retour à la définition des objectifs et nouvelle boucle itérative. Cette vision du social offrait donc un terreau fertile, s'il en est un, pour des recherches empiriques rigoureuses visant à développer l'efficacité maximale des systèmes et, conséquemment, la solution des problèmes sociaux par la méthodologie scientifique.

C'est cette conception de la science qui commencera à s'imposer, en service social, à partir de la décennie 1970-1980. On conservera, bien sûr, le souci d'adapter la recherche à l'intervention, mais d'une conception largement humaniste de la science, on passera à une vision plus techniciste de celle-ci. Les recettes méthodologiques devront en cela alimenter un système orienté vers le réglage des problèmes sociaux. Additionnée aux impacts systémiques de cette réforme, l'arrivée dans les écoles et départements universitaires des premiers « docteurs » en service social viendra renforcer cette tendance. Formés pour la plupart dans la perspective de la recherche positiviste, quantitative, d'inspiration principalement américaine, ce sont eux qui jetteront les bases d'un véritable courant de recherche en service social. Pendant que cette recherche commencera à être enseignée à tous les cycles universitaires, dont les programmes de baccalauréat, elle sera fortement influencée par les normes en cours d'implantation.

Le rapport de la commission Castonguay-Nepveu (CESBES, 1972) établissait en effet la nécessité de recherches appliquées portant sur les besoins de services sociaux dans la population, l'évaluation de l'efficacité des services offerts, la formation et le recrutement du personnel, la composition socio-économique des clientèles, etc. Des subventions seront alors mises à la disposition des premiers chercheurs pour réaliser leurs projets. Relativement modestes lorsque comparées à celles qui étaient déjà versées dans le domaine de la santé, ces subventions revêtent cependant une grande importance effective et symbolique en regard des sommes d'argent qui soutenaient la recherche sociale avant elles. On assiste en effet à un premier appui systématique de l'État au développement d'une recherche sociale qui, à ce moment, se penche principalement sur la compréhension des phénomènes sociaux reliés aux changements en cours, dans le domaine des politiques sociales, mais sans être encore totalement associée à ces dernières. Ces recherches fourniront donc d'abondantes données sur les questions soulevées par la mise en place de ces structures de distribution de services que la réforme de 1971 est en train d'imposer. Ce type de recherche empirique, quantitative et axée indirectement sur l'évaluation des systèmes occupera donc presque toute la place, en service social, pendant une quinzaine d'années. Pourtant, lorsqu'une deuxième commission d'enquête, la commission Rochon, se penchera sur la question de la recherche sociale, en 1987, elle portera un jugement sévère sur la faible quantité et la piètre qualité de la recherche sociale produite jusque-là. En effet, « du côté de la recherche sociale appliquée, tout reste à faire », dira-t-elle (Rochon, 1987). Elle proposera donc d'intensifier celle-ci, mais surtout de la centrer encore plus sur l'étude empirique des résultats produits par les systèmes de distribution de soins et de services. Ramenant essentiellement la recherche sociale à des évaluations de résultats ou à des projets convergeant dans ce sens, la commission Rochon finit d'enfoncer le clou déjà planté par la commission Castonguay-Nepveu.

Pourtant, chose étrange, du côté des pratiques de base du service social, la crédibilité de ce genre de recherche demeurera précaire et suscitera globalement assez peu d'intérêt. L'écart semble alors trop large entre chercheurs et intervenants, quant aux inquiétudes scientifiques et professionnelles des uns et des autres. Le lien communicationnel entre l'université, où se fait la recherche, et les milieux de travail des intervenants, où se pratique le service social, demeure ténu, parfois inexistant, comme il l'est encore, en bonne partie. Certains commençaient déjà à se demander si le système de la science, qui pouvait faire si bon ménage avec la gestion des politiques sociales, était par ailleurs compatible avec leur pratique de l'intervention.

C'est vraisemblablement dans cette fissure entre science et intervention que prendra racine un autre surgeon de la recherche en service social. Vers le début des années 1980, quelques chercheurs s'éloignent du courant quantitatif positiviste et optent pour une recherche à caractère davantage qualitatif et constructiviste. Ce courant n'est pas nouveau dans les sciences sociales où des disciplines comme l'anthropologie et certaines écoles de sociologie l'ont toujours privilégié. En service social, cependant, les traditions de recherche sont encore très courtes et certains s'inquiètent d'une telle approche qui accepte de sacrifier partiellement la rigueur formelle de la méthodologie pour permettre une plus large expression de l'objet de recherche lui-même. Le débat durera pendant une bonne décennie et permettra, entre autres, que s'amorce en service social une réflexion en profondeur sur les questions épistémologiques concernant les fondements mêmes de cette profession et des activités scientifiques qui la soutiennent. On se demande alors s'il n'existe vraiment qu'une seule façon de faire de la science.

En ce sens, l'implantation des premiers programmes de doctorat en service social fera place à tout un bouillonnement d'idées autour de ces questions à caractère philosophique concernant la pratique, l'intervention, la recherche, la science et tout ce qui relève de la culture scientifique du service social. Les projets de recherche des étudiants et les activités des professeurs témoigneront, à partir de cette décennie (1990), d'une ouverture sur des façons de faire la recherche qui laissent entrevoir une réflexion nouvelle sur les fondements scientifiques du service social. Ainsi, si la recherche empirique plus conventionnelle continue de garder ses privilèges, d'autres approches allant de l'utilisation des banques de données jusqu'au constructivisme théorique ont aussi conquis un espace suffisant pour leur survie et, très probablement, pour leur développement.

Ce qu'il faut donc retenir de cet historique, c'est que, jusqu'à la fin des années 1960, il se faisait peu de recherche en service social et les étudiants n'y étaient pas préparés par leurs cours. Avec les réformes des années 1970 dans le domaine des politiques sociales, la recherche empirique, quantitative à caractère positiviste, prend une place importante à l'université et influence fortement les programmes de formation en service social. Finalement, en parallèle à cette tendance dominante, se développent peu à peu d'autres façons de faire, plus proches du constructivisme, de l'analyse qualitative et des inquiétudes épistémologiques de la science, en général. Nous sommes alors aux portes de l'an 2000.

COURANTS DE RECHERCHE ET COURANTS DE PENSÉE EN SERVICE SOCIAL

Le service social, comme profession, a toujours fait place à de multiples tendances idéologiques, dans ses pratiques. Tantôt tournées vers l'action sociopolitique, tantôt retranchées dans le contrôle social, tantôt préoccupées de gestion, les travailleuses sociales (et travailleurs sociaux) étendent leurs actions sur un spectre très large quant aux valeurs qu'elles défendent. Ainsi, les schémas culturels de référence varient selon les époques, les pays, les circonstances politiques, sociales ou économiques.

Cette énorme variance quant aux valeurs qui servent d'assises à l'intervention aura sa répercussion sur les objectifs de recherche. C'est ainsi que l'évaluation de certains programmes en fonction d'objectifs de contrôle social pourrait côtoyer dans les milieux de pratique une recherche militante dont l'objectif est la « conscientisation » d'une population marginale mal desservie par les objectifs mêmes qui fixent les critères de la recherche précédente ! Se posent donc, en service social comme ailleurs, non seulement la question méthodologique des « comment ? », mais aussi la question des « pourquoi ? » d'où viendra par la suite la question des « que faire ? ».

En ce qui concerne les « comment », c'est-à-dire la méthodologie, il semble bien que les recherches produites en service social soient maintenant totalement comparables à celles de toutes les autres sciences. Le modèle de la recherche empirique, subventionnée par des organisations étatiques pour faire le point sur différents aspects des problèmes sociaux, est celui auquel se réfèrent d'emblée les chercheurs universitaires en service social. Ce modèle semble avoir imposé ses normes tant en ce qui touche la méthodologie au sens strict, que la gestion des subventions ou l'acceptation des projets par des pairs.

Ainsi, qu'il s'agisse de recherche qualitative ou quantitative, exploratoire, évaluative ou quasi expérimentale, le modèle d'un devis de recherche demeure à peu près toujours le même, tel qu'il apparaît dans les ouvrages classiques de méthodologie (Gauthier, 1992).

Construit sur les étapes logiques du processus de recherche, ce devis se présente comme suit :

1) Délimitation d'un objet d'étude par l'affinement d'une problématique et la fixation d'objectifs ;

2) Recension exhaustive des écrits scientifiques traitant de cet objet d'étude pour délimiter une ou quelques questions de recherche ;

3) Définition aussi précise que possible des concepts qui sont utilisés, à l'aide d'un cadre de référence théorique ou simplement conceptuel ;

4) Choix d'un type particulier de recherche et formulation d'hypothèses (s'il y a lieu) ;

5) Fabrication d'un échantillon ou choix d'une population dont les éléments feront l'objet d'une observation ;

6) Préparation des instruments de collecte de données : questionnaire, schémas d'entrevue, guide d'observation, etc. ;

7) Collecte, analyse et interprétation des données ;

8) Rédaction et présentation d'un rapport de recherche faisant état des objectifs, de la méthodologie et des résultats obtenus.

Ainsi, sur le plan de la recette méthodologique, l'objectif opérationnel demeure l'analyse de relations entre des variables, à l'intérieur d'un cadre de référence dont les grands paramètres sont fixés d'avance (par exemple, le modèle systémique), afin de vérifier la direction ou la force de ces relations. Toutefois, ce qui sera ici spécifique au service social, c'est qu'en arrière-plan toutes ces étapes rigoureuses n'auront leur justification qu'en lien avec une intervention sur la société. Une recherche trop théorique, où ce rapport à l'action ne serait pas évident, aurait du mal à recevoir l'approbation des pairs ou à trouver preneur dans les milieux d'intervention. En service social, l'acceptation ou le rejet d'un projet de recherche est largement conditionné par le rapport à l'intervention. Celle-ci sert de critère fondamental pour justifier la pertinence d'un projet de recherche.

Ainsi enfermée dans ses traditions d'intervention et poussée par les besoins toujours pressants de la pratique, la recherche en service social se pose peu la question des « pourquoi ? ». Celle-ci, paradoxalement, est posée par la pratique et s'étend sur un long continuum allant, comme nous l'avons vu, du changement social au contrôle social. Conséquence de cette distance théorique, lorsqu'arrive le moment de se référer à des cadres explicatifs globaux, le chercheur en service social emprunte des modèles tout faits qu'il choisit en fonction d'objectifs la plupart du temps fortement orientés idéologiquement. C'est ainsi que l'on retrouve régulièrement des recherches fondées sur une logique systémique ou cybernétique, sur un modèle féministe, sur une théorie béhavioriste et, quelquefois, sur des inspirations néomarxistes (Groulx, 1998 ; Mayer et Ouellet, 1998). La plupart du temps, ces modèles sont empruntés comme tels, sans qu'un lien soit établi clairement avec les objets du service social, son histoire ou son épistémologie propre. Ces derniers thèmes, d'ailleurs, ne sont presque jamais abordés pour eux-mêmes dans la recherche en service social. Encore une fois, la voie d'accès privilégiée pour le développement des connaissances en service social est principalement celle de l'agir professionnel, parfois celle de la compréhension de certains problèmes sociaux, presque jamais celle de l'histoire ou des fondements philosophiques, où se logent les « pourquoi ? ». Un tel type de recherche, fortement axé sur la méthodologie, produit donc des connaissances factuelles abondantes mais peu de réflexion théorique qui pourrait conduire à de nouveaux paradigmes et inspirer différemment les pratiques. Beaucoup de données sont colligées, peu de synthèses sont développées, à peu près pas de théorisation n'est faite.

Ce faisant, il est presque inévitable que les schémas de recherche les plus répandus aient un caractère descriptif, exploratoire et, de plus en plus, qualitatif. Et c'est ainsi que se pose la question du « que faire ? ». Quoi chercher, lorsque l'on fait de la recherche en service social ? Si l'on regarde les choses telles qu'elles se pratiquent dans les faits, il faudrait répondre : chercher des informations sur des problématiques particulièrement bien cernées qui relèvent de situations d'intervention où des praticiens ont besoin de documentation pour la gestion plus ou moins immédiate de leurs dossiers. Encore ici, l'étudiant curieux qui se rendrait visiter les thèses de doctorat et les mémoires de maîtrise des dix dernières années découvrirait que presque toute la recherche est justifiée sur cette base et sur cette séquence : problèmes sociaux (souvent inédits) ; intervention incertaine ; besoins de documentation pour la pratique ; possibilité d'une subvention ; thèse, mémoire ou rapport de recherche. Notre étudiant ne trouverait probablement que fort peu de traces de recherches fondamentales et théoriques ou même à forte tendance expérimentale.

Ce sont donc les besoins à court terme de la pratique en service social qui déterminent à la fois les orientations axiologiques, les types de recherches et, en conséquence, les méthodologies de cette recherche. En service social, les interrogations scientifiques fondamentales ne sont pas absentes, mais elles passent par les pratiques et ce sont elles qui donnent le ton.

RECHERCHE ET INTERVENTION

Pour comprendre ce rapport entre recherche et intervention, il sera utile de situer l'une et l'autre dans une perspective relativement globale. Nous dirons d'abord de la recherche qu'elle est le processus de l'activité scientifique. Nous dirons ensuite de l'intervention qu'elle est un acte professionnel mettant en présence, d'une part, la science d'un travailleur social et, d'autre part, les connaissances «non scientifiques» d'un client, c'est-à-dire ses valeurs, ses intuitions, ses émotions, ses conditionnements sociaux, etc.

Or, selon une certaine conception de la science, et ainsi que l'a bien montré un auteur comme Fernand Dumont, la première raison d'être de celle-ci, c'est de débusquer le «non-scientifique» partout où il se trouve afin de l'expliquer rationnellement (Dumont, 1995). Ainsi, dans la rencontre entre la science d'une travailleuse sociale et les émotions, valeurs et intuitions d'un client, il y a présence d'un enjeu épistémologique où complémentarité et opposition doivent, paradoxalement, trouver leur place.

Pourtant, à la suite de De Robertis et Pascal, certains auteurs proches du service social ne semblent pas accorder à ce paradoxe autant d'importance que d'autres pourraient le faire (De Robertis et Pascal, 1987). Pour ces auteurs, le processus d'intervention en service social et le processus de la découverte scientifique suivent approximativement les mêmes étapes et celles-ci se présenteraient comme suit :

Recherche	Intervention
1) Position du problème ;	1) Identification de la situation qui pose un problème ;
2) Élaboration d'un cadre de référence ;	2) Étude du système du client ;
3) Construction d'un modèle opératoire ;	3) Élaboration d'un plan d'intervention ;
4) Collecte des données essentielles ;	4) Exécution du plan d'intervention ;
5) Analyse et interprétation des données.	5) Évaluation.

Source : Mayer et Ouellet (1991 : 33)

Ce tableau, tiré d'un ouvrage de méthodologie de la recherche s'adressant à des intervenants sociaux, présente une commode analogie entre les deux démarches, celle de la recherche et celle de l'intervention. Dans cette ligne de pensée, on justifiera une telle analogie en disant qu'en service social (comme ailleurs, probablement) la recherche et l'intervention peuvent être vues, malgré leurs différents objets, comme deux processus dont les étapes paraissent identiques : constatation des faits (voir), diagnostic (juger/analyser) et traitement (agir). Pour que cette similitude puisse tenir, il faut considérer que recherche et intervention sont deux processus visant la solution d'un problème et, à un tel niveau de généralisation, il est certain que les étapes (voir, juger, agir) seront identiques en recherche et dans l'action. Regarder une situation, l'analyser au mieux, formuler quelques hypothèses possibles pour gérer cette situation, puis agir avec une possibilité plus ou moins grande d'évaluer cette action pendant ou après son déroulement : dans la culture de société qui est la nôtre, il s'agit là d'un processus universel de prise de décision.

Cette façon de faire qui met l'accent sur les étapes logiques d'un processus décisionnel n'est cependant pas la seule. En service social, d'autres auteurs, quoique moins nombreux, commencent à voir de façon beaucoup plus complexe ce rapport entre la logique de la recherche et la logique de l'intervention.

L'objectif de la science, donc de la recherche, disent ces auteurs, c'est de fournir des explications objectives, fondées sur des données vérifiables et où la subjectivité et les conditionnements sociaux ne doivent pas être vus autrement que comme une matière première à comprendre, puis à transformer par l'intervention. Débusquer l'imaginaire, où qu'il se trouve, afin de pouvoir le rationaliser ; utiliser le « non-scientifique » comme matière première de la science et tenter de l'expliquer rationnellement par la recherche, afin d'agir efficacement sur lui. Cette deuxième façon de voir le rapport entre recherche et intervention nous éloigne considérablement de l'approche linéaire reposant sur le voir, le juger et l'agir et pose la question en d'autres termes. Comment en effet concilier la science du travailleur social et la situation « non scientifique » d'un client ?

Dans un article important publié en 1985, Ricardo Zuniga aborde avec perspicacité cette logique de la recherche et celle de l'intervention (Zuniga, 1985). Pour cet auteur, le service social ne doit sombrer ni dans des analogies faciles et instrumentales entre recherche et intervention ni dans une apparente opposition idéologique entre la théorie et la pratique. Il faut plutôt tenir compte d'une dualité des deux logiques, de la recherche et de l'intervention. Car, pour lui et les tenants de cette vision épistémologique, il s'agit bien de deux logiques qui ne sont pas si facilement conciliables et avec lesquelles le service social doit pourtant et nécessairement composer.

Pour illustrer, un peu sans nuance, cette double logique, partons d'une situation volontairement saugrenue. Supposons deux travailleuses sociales avec deux clientes aux situations identiques. Imaginons que la première travailleuse sociale fonde son intervention sur les rapports de recherche les plus récents et les mieux réussis. Imaginons aussi, par ailleurs, que la deuxième travailleuse sociale fonde, quant à elle, son intervention sur des connaissances totalement non scientifiques comme la cartomancie ou une boule de cristal. Se pourrait-il que nos deux travailleuses sociales constatent, après un certain temps, que les deux clientes aient atteint des objectifs similaires tout en suivant des voies aussi différentes ? Aussi choquante que soit cette question, il faut bien admettre que la chose est possible, que l'intervention réussie ne repose pas uniquement sur la science et que le « non-scientifique » y occupe aussi une place importante. Dans certains cas, la spontanéité, les intuitions, le conditionnement peuvent donner des résultats comparables ou même supérieurs à ceux de la démarche scientifique. La science dira que c'est là l'effet unique du hasard, mais une praticienne aguerrie conservera ses doutes. Il est facile de constater que, souvent, des aidants naturels réussissent avec leurs seules qualités personnelles des interventions que les meilleurs modèles théoriques n'osent même pas prévoir.

Il ne s'agit pas, bien sûr, de faire ici l'apologie de l'intuition, des élans émotifs ou de la générosité bienveillante, en opposition à la rationalité scientifique. Il s'agit plutôt de démontrer que le processus de l'intervention ne se limite pas au processus formel de l'activité scientifique, sans pour autant affirmer que les caractéristiques de l'un s'opposent aux caractéristiques de l'autre. Il y a là complémentarité, mais à partir de registres différents. Pour le dire autrement : les caractéristiques de l'intervention ne sont pas celles de la recherche, mais les unes ne sont pas non plus nécessairement en opposition avec les autres. Autrement dit, l'apport de la pensée scientifique aux pratiques du service social ne peut pas être mis en doute. La contribution des techniques intellectuelles de la recherche pour saisir le concret d'une situation d'intervention et les relations établies entre variables permettant la compréhension du social sont les conditions d'une honnêteté intellectuelle indispensable à l'agir professionnel des travailleurs sociaux. Mais elles ne doivent pas conduire à cette illumination scientiste qui nie la contribution d'autres formes de connaissances. La cohérence, la rigueur, la vérification et l'évaluation ne sont pas le seul fait de la science expérimentale et de la recherche empirique. L'expérience professionnelle, quoique peu présente sur les rayons scientifiques des bibliothèques, et ce que l'on osait appeler autrefois « l'intuition clinique » offrent aussi des modes de connaissances dont les travailleuses sociales usent encore avec abondance, même si c'est avec gêne que, la plupart du temps, elles osent en parler.

Finalement, cette mise en contexte du rapport entre recherche et intervention nous conduit directement à la question qui hante depuis toujours la pratique du service social et les salles de cours où elle s'enseigne : de quelle science s'agit-il ? Tournée vers la gestion du processus d'intervention, la formation en service social a tendance à percevoir la science à travers les étapes du processus de recherche. Définie par sa méthode, la science est alors perçue comme recherche d'objectivité, à la fois indépendante et supérieure aux autres modes de connaissances qui sont qualifiés par elle de pré-scientifiques ou de non scientifiques. Cependant, rendu nécessaire par la logique empirique des interventions sur la société et par ses propres idéaux, le développement de la recherche empirique est devenu une responsabilité sociale. La science, dès lors, ne peut plus se définir par elle-même, sans connotation normative ou même idéologique. Elle s'exprimera donc entre autres dans les normes qui fondent et d'où découlent les politiques de l'État et, en particulier, les politiques sociales. Ainsi, le type de recherches qui sert de fondement à la profession du service social s'enracine de plus en plus dans une conception de la science orientée selon les normes culturelles. Il culbute ainsi ce réalisme naïf voulant que la connaissance scientifique soit le reflet des choses telles qu'elles sont réellement, et que l'intervention doive calquer les méthodes de la science pour être professionnellement valable. En service social, le rapport entre la recherche et l'intervention n'est plus (et n'a jamais été) une analogie. Il est un enjeu.

PRODUIRE OU CONSOMMER LA RECHERCHE ?

L'étudiante qui se présente à l'université pour commencer ses études en service social a habituellement comme premier objectif de devenir une habile intervenante en relation d'aide. Cette habileté devrait pouvoir s'étendre à l'intervention auprès d'individus, de groupes sociaux ou de collectivités plus ou moins nombreuses. Dès son point de départ, vers sa profession, cette étudiante aura développé, comme l'ensemble de la société d'où elle est issue, une certaine foi à l'égard de la valeur morale et instrumentale de la science. Elle sera toute disposée à recevoir des enseignements sur l'histoire et la méthodologie de la recherche en service social, en autant que ces enseignements servent l'objectif de devenir une habile intervenante. Elle s'attend, naturellement, à consommer des résultats de recherche ; elle se prépare, culturellement, à utiliser les méthodes de la recherche en service social. Fera-t-elle un jour de la recherche ? Elle n'en fera pas nécessairement, mais elle en fera, si nécessaire.

Le réalisme de cette étudiante pose à lui seul les grandes lignes de la question : le service social est-il (sera-t-il) principalement un producteur ou un consommateur de recherche, donc, de connaissances ?

Dans les milieux de pratique du service social, depuis toujours, on tente d'établir un lien de cause à effet entre la diffusion de résultats de recherche, leur réception par les praticiens et l'efficacité de leurs interventions. Pour le dire autrement, la recherche publiée principalement par des professeurs d'université serait censée être consommée par les intervenants de façon à transformer leurs savoirs et, de là, l'efficacité de leurs interventions.

Dans les milieux universitaires, par ailleurs, étudiants et professeurs abordent la question de la recherche sous divers angles. D'abord, celui de l'efficacité professionnelle qui renvoie au lien de cause à effet évoqué ci-dessus. La recherche est alors présentée comme une activité intellectuelle d'appoint mise au service de l'intervention. Plus une travailleuse sociale utilisera la recherche scientifique, plus elle sera efficace, croit-on.

Cette question de l'efficacité débouche aussi, rapidement, sur celle du statut professionnel. Pour qu'une travailleuse sociale corresponde aux critères sociaux qui distinguent les professionnels des semi-professionnels et des techniciens, il est important qu'elle se soit acculturée au langage et aux processus scientifiques de la recherche. Sa reconnaissance sociale en dépend.

Toujours à l'université, finalement, l'élément qui occupe le plus d'espace est, sans contredit, l'apprentissage de la méthodologie de la recherche. C'est même à travers la méthodologie que professeurs et étudiants aborderont les autres questions : histoire de la recherche, complémentarité entre recherche et intervention, inquiétudes épistémologiques, etc.

On peut donc voir que la tendance naturelle de la profession du service social à se percevoir davantage comme un consommateur de connaissances n'est pas nécessairement aussi limitative qu'il y paraît. Dès leur entrée à l'université, les étudiants sont incités à s'interroger sur le rapport entre la recherche et l'intervention et font l'apprentissage technique de la méthodologie de la recherche. Arrivés à la maîtrise et au doctorat, ceux d'entre eux qui y auront accès poursuivront en ce sens. Les exigences de la pratique, cependant, et tout le rapport entre le monde du travail et le monde universitaire ne semblent pas encore annoncer de grands renversements dans les transactions entre chercheurs et intervenants. Le monde universitaire reste celui des producteurs de connaissances, tandis que le monde du travail est à la fois objet des recherches et, jusqu'à un certain point, consommateur des recherches qui ont préalablement porté sur lui. En service social, par contre, plus que dans d'autres disciplines des sciences sociales, les dernières années ont vu naître des équipes de recherche, des initiatives conjointes, des partenariats inédits entre recherche et pratiques sociales. S'agit-il là d'une mixture concoctée en vue de la gérance plus efficace du contrôle social ou bien s'agit-il de l'amorce d'un dialogue scientifique et professionnel différent ? Se pourrait-il même que la profession du service social, sous l'effort conjugué de certains chercheurs universitaires, de ceux du terrain et d'une certaine maturation historique, soit sur le point de jeter les bases disciplinaires et scientifiques qu'elle souhaite depuis si longtemps ? Tout est possible.

À moyen terme, cependant, un élément nouveau pourrait venir ici brasser les cartes : l'arrivée de l'informatique et son corollaire, la multiplication des banques de données (CLSC Drummond, 1998-1999). En effet, l'arrivée de l'informatique et son utilisation massive pour les évaluations de résultats évoqués plus haut ont multiplié les collectes de données de tous ordres. Même si se dessine derrière ce nouveau phénomène un certain dirigisme technocratique et étatique, il n'en reste pas moins que, grâce à l'informatique, d'impressionnantes banques de données sont maintenant disponibles pour alimenter chercheurs et intervenants sur ce qui se fait dans la pratique, tout au moins dans la pratique qui relève de l'application des politiques sociales. Ce qui est mis à la disposition de tous et chacun, ce sont des données brutes, quantitatives, recueillies par plusieurs chercheurs indépendants les uns des autres à des fins qui leur étaient spécifiques, et qui deviennent après coup disponibles pour d'autres utilisations, par d'autres chercheurs ou par des praticiens. Quant à leur forme, ces banques de données reproduisent plus ou moins le visage des grandes statistiques nationales, permettent tout comme ces dernières de multiplier presque à l'infini le croisement de certaines variables et offrent en cela des possibilités d'analyse presque inépuisables. Bien sûr, le recours à ces données ne va pas sans risque et, en service social, celui d'une certaine homogénéité idéologique n'est pas le moindre. En recherche, on le sait, c'est le découpage de l'objet d'étude qui inspire la méthodologie et qui, subséquemment, conditionne en partie les résultats. Avec l'utilisation des données secondaires, le processus est, en quelque sorte, inversé. Ce sont les données disponibles qui forceront la délimitation des contours d'un objet d'étude. De fait, le chercheur qui arrive après coup est limité par les choix initiaux d'un premier chercheur ayant défini pour lui cet objet d'étude. Or, c'est habituellement au moment de cette définition que se posent les postulats idéologiques. Dans un contexte fortement empreint de contrôle social tel que l'est celui de la pratique du service social, il ne faut donc pas fermer les yeux sur une telle perspective et une telle limite.

Néanmoins, il est possible et même probable qu'au cours des prochaines année, la recherche en service social se fasse principalement à partir des données secondaires ainsi rendues disponibles. En effet, la collecte de ces données est peu coûteuse, si on la compare aux traditionnelles entrevues ou à la passation de questionnaires. Cela n'est pas un mince avantage pour l'étudiant de maîtrise ou de doctorat. Ces données, par surcroît, sont directement issues de la pratique et leur niveau de fiabilité, du moins d'un point de vue statistique, paraîtra extrêmement élevé à cet étudiant. Celui-ci pourra de même, en cours de démarche, multiplier presque à l'infini le nombre de sous-questions spécifiques qu'il aimerait formuler, raffinant d'autant ses analyses ou ses interprétations du matériel brut sur lequel il travaille. Même ses contrôles de validité seront plus rigoureux, puisque plusieurs chercheurs ayant accès aux mêmes données, l'analyse de celles-ci ne laissera guère de place aux biais d'interprétation.

Si, comme nous l'avons évoqué, la recherche en service social est encore peu tournée vers les questions théoriques et fondamentales, mais plutôt vers des approches empiriques, positivistes, expérimentales et descriptives, on peut supposer que cette utilisation des données secondaires sera fortement privilégiée dans cette profession. Elle permettra, en effet, de multiplier les analyses factuelles de relations entre variables précises pour trouver ces réponses à court terme que privilégie tellement le service social pour ses pratiques. Et si cette perspective est réaliste, on peut prévoir que les travailleurs sociaux de demain seront devant l'obligation d'utiliser massivement l'analyse des données secondaires pour conduire consciencieusement leurs interventions et même pour les justifier stratégiquement : ce qui aura été fait avant et ailleurs devra être pris en compte ici et maintenant. Telle sera probablement la norme pour juger d'une intervention réussie et pour prouver le fondement scientifique de celle-ci.

La science dont il s'agira alors, cependant, ne risque-t-elle pas d'être exclusivement normative, limitée à la rigueur du processus interne de sa propre réalisation ? N'exclura-t-elle pas encore plus qu'elle ne le fait maintenant les lectures globales du social et les développements potentiels des approches autres que positivistes ? D'aucuns pourraient le craindre. À long terme, cependant, il faut se rappeler que dans l'histoire humaine l'accessoire n'a jamais réussi à détruire totalement l'essentiel, comme en service social l'ensemble des technologies de l'intervention n'a jamais totalement englouti l'idéal humaniste et philanthropique. En ce sens, on peut penser que les travailleurs sociaux, tout en ne pouvant échapper aux tendances lourdes des données secondaires, y trouveront aussi la nécessité de dépasser enfin l'explication ponctuelle, immédiatement utilisable pour l'intervention et produiront, comme les autres disciplines, des réflexions fondamentales sur l'essence même de leur réalité. Forcés qu'ils seront de confronter leurs plans d'intervention aux données scientifiques mises à leur disposition par les technologies modernes, peut-être déboucheront-ils sur la nécessité de mises en contexte davantage paradigmatiques. Comme pour les bons vins, une fois acquis le goût de la réflexion scientifique, il est difficile d'en empêcher les dégustations !

La perspective informatique ouvre d'ailleurs la porte à une autre utilisation de celle-ci pour la pratique du service social : celle de la communication directe et quasi instantanée entre chercheurs et praticiens. On raconte déjà, en certains milieux, que la communication électronique commence à produire des échanges systématiques d'informations sur des enjeux immédiats et concrets. Des « appels à tous » seraient lancés et des résultats seraient communiqués, mettant en présence les uns des autres une multitude d'acteurs, tant praticiens que chercheurs. D'une certaine façon, est peut-être en train de prendre forme le vieil adage de Mary Richmond : « Tous les praticiens devraient agir comme des chercheurs et tous les chercheurs comme des praticiens ». Qui sait ?

Ce qu'il est donc important de conclure pour la recherche en service social peut se résumer en quelques points. Premier élément : la nouveauté du phénomène. La recherche en service social a réellement débuté avec les réformes qu'ont connues les politiques sociales, vers 1970. Deuxième élément, qui découle du premier : le type de recherche qui prédomine en service social épouse la logique systémique de ces réformes. Ainsi, la recherche empirique, souvent évaluative, positiviste et quantitative, a prévalu tout au cours des dernières décennies. Troisième élément : ce type de recherche semble avoir assez peu rejoint les travailleurs sociaux de la pratique, de telle sorte que la jonction entre la recherche et l'intervention est encore un enjeu professionnel et disciplinaire important. Et, quatrième élément : dans la discussion de cet enjeu et des développements à venir, la question de l'informatique et des banques de données devra être prise en considération. C'est à travers ces éléments que se définiront les types de recherches, de connaissances et de sciences qui seront celles du service social de demain.

BIBLIOGRAPHIE COMMENTÉE

Commission d'enquête sur la santé et le bien-être social (CESBES) (1972), *Les services sociaux*, vol. 6, tome I.

Ce volume constitue une partie du rapport produit par la commission Castonguay-Nepveu. À sa lecture, il est possible de percevoir, entre autres choses, pourquoi et comment la recherche en service social s'est développée principalement à partir des années 1970.

DUMONT, Fernand (1995), « La raison en quête de sa signification », dans *Le sort de la culture*, Montréal, L'Hexagone, p. 189-217.

Dans ce texte, l'auteur pose en termes de culture scientifique et de culture populaire la problématique du rapport entre science et intervention, en utilisant au passage l'exemple de la relation entre patients et médecins.

GAUTHIER, Benoît (dir.) (1992), *Recherche sociale, de la problématique à la collecte des données*, Sillery, Presses de l'Université du Québec.

Cet ouvrage de méthodologie présente la recherche sociale sous l'angle des étapes que doit suivre tout processus de recherche, pour parvenir à l'acquisition de connaissances scientifiques.

RICHMOND, Mary (1917), *Social Diagnosis*, New York, Russell Sage.

Cet ouvrage est un classique en service social. Il permet, entre autres, d'entrevoir comment les pionnières de cette profession percevaient le rapport entre la recherche et la pratique du service social.

ZUNIGA, Ricardo (1985), « Logique de la recherche et logique de l'intervention », *Canadian Social Work Review*, p. 171-184.

Cet article est une réflexion à caractère épistémologique où l'auteur discute des oppositions et des complémentarités entre recherche et intervention en s'interrogeant de façon particulière sur la notion même de « science » sociale.

RÉFÉRENCES

CLSC Drummond (1998-1999), *Données du système d'information clientèle*, Drummondville.

Commission d'enquête sur la santé et le bien-être social (CESBES) (1972), *Les services sociaux*, vol. 6, tome I.

DE ROBERTIS, C. et H. PASCAL (1987), *L'intervention collective en travail social*, Paris, Le Centurion.

DUMONT, Fernand (1995), « La raison en quête de sa signification », dans *Le sort de la culture*, Montréal, L'Hexagone, p. 189-217.

GAUTHIER, Benoît (dir.) (1992), *Recherche sociale, de la problématique à la collecte des données*, Sillery, Presses de l'Université du Québec.

GROULX, Lionel-Henri (1998), « Sens et usage de la recherche qualitative en travail social », dans Jean POUPART et al. (dir.), *La recherche qualitative. Diversité des champs et des pratiques au Québec*, Montréal, Gaëtan Morin Éditeur, p. 1-50.

Laboratoire de recherche (1997), *Répertoire des thèses, mémoires et essais en service social, 1944-1996*, Québec, École de service social de l'Université Laval.

MAYER, Robert et F. OUELLET (1998), « La diversité des approches dans la recherche qualitative au Québec depuis 1970 : le cas du champ des services de santé et des services sociaux », dans Jean POUPART et al. (dir.), *La recherche qualitative. Diversité des champs et des pratiques au Québec*, Montréal, Gaëtan Morin Éditeur, p. 174-235.

MAYER, R. et F. OUELLET (1991), *Méthodologie de recherche pour les intervenants sociaux*, Montréal, Gaëtan Morin Éditeur.

RICHMOND, Mary (1917), *Social Diagnosis*, New York, Russell Sage.

ROCHON, Jean (1987), *Rapport de la Commission d'enquête sur les services de santé et les services sociaux*, Québec, Les Publications du Québec.

ZUNIGA, Ricardo (1985), « Logique de la recherche et logique de l'intervention », *Canadian Social Work Review*, p. 171-184.

SITES WEB

SITES WEB

Sherlock

http://sherlock.crepuq.qc.ca/

Ce site est réalisé en commun par les bibliothèques universitaires québécoises à l'initiative du Sous-comité des bibliothèques de la Conférence des recteurs et des principaux des universités du Québec (CREPUQ). Sherlock se veut une infrastructure collective et bilingue d'accès aux données numériques, provenant principalement d'enquêtes réalisées par différents organismes publics comme Statistique Canada. Ces enquêtes portent sur des aspects sociaux, économiques, politiques, culturels, démographiques de la vie des Québécois et des Canadiens. Des résultats d'enquêtes similaires réalisées aux États-Unis sont aussi disponibles sur ce site.

Social Work Access Network (SWAN)

http://www.sc.edu/swan

Ce site américain est un point de référence pour les professeurs, étudiants, chercheurs et professionnels en travail social.

Social Work Gateway

http://www.chst.soton.ac.uk/webconn.htm

Ce site britannique offre beaucoup de liens et d'information sur la recherche, la formation et la pratique du travail social.

L'ÉVALUATION DES PROGRAMMES ET DES INTERVENTIONS DANS LA PERSPECTIVE DU DÉVELOPPEMENT DU TRAVAIL SOCIAL

chapitre 12

André Beaudoin
Université Laval

INTRODUCTION

L'ÉVALUATION a longtemps tardé à être reconnue et éveille souvent des craintes en travail social. On peut attribuer cette situation à la résistance à la remise en question que comporte toute activité qui examine et scrute l'action accomplie par des intervenants engagés sur le plan social. Mais il y a deux causes plus fondamentales pour l'expliquer.

En premier lieu, on a considéré très longtemps que le travail social pouvait se passer d'évaluation à cause de la valeur accordée aux institutions dans lesquelles les intervenants exerçaient leur action. Après tout, le travail social est né et s'est développé à l'intérieur d'institutions parapluie qui lui ont garanti pendant longtemps sa légitimité et lui ont fourni des fondements de sorte qu'il a été possible de se passer de l'examen en profondeur de ses actions et de leurs résultats. Tant et aussi longtemps que la conception du travail social a été sous l'ombrelle d'institutions charitables ou qu'elle est demeurée sous la tutelle des modes d'intervention de l'État-providence, l'évaluation n'avait que peu sa place en travail social.

En deuxième lieu, pendant longtemps on a dissocié, séparé et isolé recherche et action en travail social. Cette façon de voir prend racine dans la conception même de la recherche en travail social. Sur le plan épistémologique, l'objectif de la recherche a été souvent vu comme le développement des connaissances disciplinaires en sciences sociales et le travail social comme l'application de ces connaissances. On a long-temps tenu pour acquis qu'il existe un univers séparé dans les connaissances en sciences sociales et que le travail social est uniquement un domaine d'application plus ou moins techni-que de ces connaissances. En s'inspirant en particulier de la conception positiviste, les connaissances développées dans les sciences sociales sont utilisées et réincorporées dans la prati-que du travail social. Cela rend à peu près impossible de re-connaître l'existence d'un champ de recherche propre au travail social.

L'insertion de l'évaluation en travail social rompt avec cette conception épistémologique. Le travail social peut avoir un champ propre de connaissance : celui de l'action sur la socialité qui est différente de l'action des institutions dans lesquelles il se trouve. Sans nier l'importance des relations qu'entretient le travail social avec les autres sciences sociales et leur apport, il existe en travail social un champ de connaissances et des mé-thodes de recherche qui lui sont propres. La recherche évalua-tive contribue à son développement en fournissant la possibilité d'examiner le contenu de l'action et ses résultats.

Mais à quoi fait-on référence lorsqu'on parle d'évaluation et de recherche évaluative portant sur le contenu de l'action du travail social et ses résultats ? Le présent chapitre éclairera cette question. Il présentera les principales caractéristiques de l'évaluation, décrira les principales formes et méthodes d'éva-luation et présentera les principales étapes de l'utilisation de la méthodologie d'évaluation. Il se terminera par une brève discussion de l'importance de l'évaluation en travail social.

DÉFINITION ET CARACTÉRISTIQUES DE L'ÉVALUATION

Selon le sens commun, toute évaluation apparaît comme un jugement critique fait à l'aide d'une information provenant d'une réalité donnée. L'information ainsi obtenue sert à déterminer si les actes posés en vue d'en arriver à un nouvel état de situation sont appropriés et à vérifier si les moyens utilisés ont vraiment permis de produire ce nouvel état de situation. Par exemple, Josée désire se rendre en automobile de la ville A à la ville B, séparée par un fleuve comme le montre la figure 1. Si elle se contente de recueillir de l'information sur la distance entre A et B, elle prendra le traversier puisqu'il s'agit de la distance la plus courte (route n° 2). Sa décision sera différente si elle tient compte d'autres informations comme la fréquence du traversier (toutes les deux heures à partir de six heures du matin), la durée de la traversée (45 minutes), le temps de déplacement de la ville A vers le traversier (15 minutes) et du traversier à la ville B (30 minutes) par la route 2. Elle sait aussi que cela prend environ deux heures et demie en voiture pour se rendre à la ville B à partir de la ville A en prenant la route 1 et ensuite l'autoroute 3. Si elle part à 9 h 50 du matin, la route est préférable au traversier pour arriver plus tôt à la ville B. Si, par ailleurs, il est 9 h 30, la meilleure décision est celle du traversier, si l'on tient compte de l'information dont elle dispose : cela lui prendra environ une heure et demie par le traversier au lieu des deux heures et demie par la route.

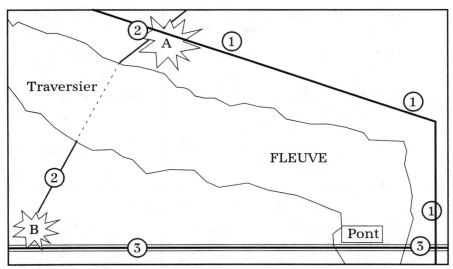

Figure 1 : Carte routière simplifiée des trajets pour se rendre de la ville A à la ville B.

Ainsi, Josée utilise différents éléments d'information disponibles sur la durée, la distance et les moyens d'atteindre l'autre ville, selon certaines conditions dans lesquelles elle se trouve pour entreprendre son voyage. L'évaluation est tout ce processus de collecte et de regroupement des données, à partir d'une question de départ, sur un ensemble de voyages à différents moments dans le temps par un ensemble d'individus utilisant les différents moyens de transport en vue de fournir de l'information sur le temps nécessaire pour se rendre de la ville A à la ville B. Mais en même temps ce processus implique aussi l'obtention d'informations sur la situation particulière dans laquelle se trouve une personne, en l'occurrence Josée ; ces informations peuvent être utilisées pour déterminer dans quelle mesure et à quelles conditions elle peut atteindre ses objectifs.

Cet exemple très simplifié permet de voir à partir du sens commun ce qu'implique l'évaluation qui, de manière générale, se définit comme suit :

> L'évaluation est une démarche systématique d'obtention d'information servant à poser un jugement sur l'adéquation entre les actions effectuées et les objectifs visés ou à vérifier si les effets ou les résultats qui découlent des actions entreprises correspondent vraiment aux objectifs prévus.

Dans ce contexte, l'évaluation a les caractéristiques suivantes :

- Elle se fonde sur des avancées reproductibles.
- Elle se réalise par une procédure systématique de manière à interpréter de façon complète les éléments de la réalité qu'elle veut saisir.
- Elle vise à établir avec le plus d'objectivité possible ses constatations.
- Elle présente ses constatations sous une forme qui met en évidence son caractère méthodique.

La compréhension de l'action en travail social au moyen de l'évaluation concerne aussi bien les politiques et les programmes que les pratiques et les interventions (Zuniga, 1994a, 1994b). L'évaluation sert à comprendre de manière générale jusqu'à quel point les différents programmes et politiques dans lesquels s'insère le travail social atteignent leurs objectifs et jusqu'à quel point l'atteinte de ces objectifs apporte aux personnes, aux groupes et à la société les effets attendus pour l'amélioration de leur bien-être. L'évaluation peut aussi fournir un éclairage direct à l'action des intervenants dans la pratique de leurs interventions spécifiques concernant les personnes, les familles, les groupes et les collectivités avec lesquels ils travaillent.

L'utilisation des méthodologies de recherche en évaluation est considérée comme la meilleure façon d'intégrer connaissance et action. Ces méthodologies peuvent prendre la forme de stratégies plutôt quantitatives et formelles ou qualitatives et constructivistes. Les stratégies de recherche plus quantitatives et formelles sont caractérisées par l'utilisation d'un processus de recherche hypothético-déductif qui, à partir du cadre théorique établi à la lumière de connaissances existantes, sert à formuler des hypothèses qui seront ensuite vérifiées à l'aide d'informations quantifiables concernant le fonctionnement ou les résultats d'un programme ou d'une intervention. Les stratégies constructivistes et qualitatives partent de la réalité telle qu'elle est et utilisent des méthodes de recherche à caractère inductif comme l'observation, les entrevues avec questions ouvertes, le groupe de discussion et l'analyse documentaire et d'archives pour établir comment se réalisent les programmes et les interventions, et connaître leurs effets et résultats.

En résumé, en ce qui concerne les politiques, les programmes ou les projets ou en ce qui a trait aux pratiques ou aux interventions, l'évaluation a comme but de contribuer au développement des connaissances en travail social. Elle utilise des méthodes quantitatives et qualitatives de recherche concernant aussi bien la préparation de l'action, l'encadrement de son déroulement, les cibles visées que les résultats attendus.

Nous ferons référence à l'expression générique d'évaluation des programmes et à celle d'évaluation des interventions pour présenter les grands types d'évaluation quant à leur but.

L'ÉVALUATION DES PROGRAMMES

Il est difficile de parler d'évaluation de programmes sans au préalable bien circonscrire ce qu'est un programme. La définition de programme utilisée ici est générique, englobante et désigne tout ensemble d'activités, tout projet, toute série de fonctions ou toute partie de politique qui vise la réalisation d'un but ou d'un ensemble d'objectifs précis (USA, GAO, 1998). Dans le présent contexte, les programmes qui intéressent le travail social sont ceux entrepris pour réaliser un but ou un ensemble d'objectifs d'amélioration des conditions et de la qualité de vie des personnes, des familles, des groupes ou des collectivités en société et du bien-être pour une population déterminée sur un territoire donné.

L'évaluation de programme est l'étude systématique conduite à l'aide de méthodes de recherche fiables et valides pour établir si un programme fonctionne selon des paramètres appropriés à la réalisation de ses objectifs ou pour en connaître les effets, les résultats et l'impact sur la population.

Les évaluations de programmes sont réalisées par des chercheurs qui ont développé une expertise en ce domaine. Ces chercheurs sont la plupart du temps externes au programme sous évaluation, mais ils proviennent de l'extérieur ou de l'intérieur de l'organisation dans laquelle se situe le programme. Ils travaillent à partir de mandats reçus des gestionnaires, des législateurs ou d'autres parties prenantes ou commanditaires (*stakeholders*) au programme. Assez souvent, la série d'opérations plus spécifiques que comporte l'évaluation fait partie d'un ensemble d'opérations plus larges de suivi de la performance (*monitoring*), conduites dans les grandes organisations (FSC, 1999). Les conclusions serviront à éclairer les décisions concernant la valeur, l'orientation du programme, son articulation et son déroulement.

De manière générale, l'évaluation de programme présente ces caractéristiques :

- Les différentes formes du contenu de l'évaluation sont liées aux étapes de l'action : décision d'agir et planification de l'action ; mise en place et déroulement ; effets, résultats et impact.

- Les stratégies de recherche utilisées peuvent être soit formelles et quantitatives ou constructivistes et qualitatives ou un mélange des deux.

- L'évaluation se déroule à l'intérieur d'une série d'étapes de réalisation.

Examinons brièvement chacun de ces aspects.

Les formes d'évaluation de programmes selon les étapes de l'action

L'évaluation des programmes est une façon d'enrichir l'action organisée dans laquelle s'insère le travail social. Elle constitue une occasion de poser un regard critique à l'aide des méthodes de recherche sur les politiques, les programmes, les projets et les services dans lesquels s'insère le travail social. Il ne s'agit pas d'un contrôle administratif de l'action : d'autres mécanismes existent pour ce faire. C'est un moyen de mieux comprendre les différentes étapes de l'action et de son déroulement (Zuniga, 1994b). Elle permet d'organiser l'information disponible sur les origines du programme, de déterminer et de clarifier les étapes du programme et de mesurer ses effets, ses résultats et son impact. Elle sert à porter des jugements sur l'action à partir de critères connus pour faciliter la communication entre les parties prenantes au programme. Elle ne se réalise pas uniquement à la fin du programme, comme on l'a cru trop souvent. Il est légitime de l'entreprendre au moment même de la conception du programme (évaluation des besoins). Elle peut être reliée à la planification et à l'élaboration du programme (évaluation de la faisabilité). Elle sert à examiner l'implantation et le déroulement des activités (évaluation de processus ou évaluation formative). On l'utilisera souvent pour vérifier les effets, les résultats ou l'impact (évaluation sommative) (voir Tard *et al.*, 1997).

Ses principales formes sont les suivantes :

- Les études d'évaluation des besoins : elles visent à déterminer s'il est nécessaire d'entreprendre l'action et à éclairer les décisions de départ sur son contenu.

- L'évaluation de la faisabilité : elle cherche à établir si les conditions et les ressources nécessaires sont en place pour mettre sur pied le programme.

- L'évaluation des processus (appelée aussi évaluation « formative », d'implantation ou d'« effectivité ») : elle examine la mise en place et le déroulement du programme en relation avec les objectifs fixés (population cible rejointe, activités et opérations accomplies, satisfaction des participants ou de la clientèle). Son objectif est d'établir jusqu'à quel point un programme se déroule de la manière prévue dans sa définition. Dans ce type d'évaluation, des éléments comme les suivants sont objet d'attention : 1) le déroulement des opérations du programme en relation avec le cadre réglementaire ou législatif dans lequel il se situe ; 2) le respect des normes professionnelles fixées dans les services offerts et les actes professionnels posés ; 3) le degré de correspondance entre les services offerts et les attentes ou les besoins de la clientèle, c'est-à-dire des usagers ou des bénéficiaires de services.

- L'évaluation des effets et des résultats (aussi appelée évaluation des extrants ou « sommative ») : elle s'intéresse à la réalisation des objectifs visés par les actions auprès des participants du programme. Elle vise à établir jusqu'à quel point le programme atteint les objectifs visés pour ce qui est des services produits et les effets désirés auprès des populations visées. Elle permet de porter un jugement sur l'efficacité du programme dans la livraison des services et d'établir jusqu'à quel point les activités accomplies dans l'exécution du programme permettent d'obtenir réellement les résultats escomptés sans négliger les effets inattendus ou pervers qui peuvent en découler.

- L'évaluation d'impact : elle est aussi une forme d'évaluation des résultats, mais elle concerne les retombées des actions dans la communauté ou pour l'ensemble de la population. Elle vise à établir l'effet net du programme en comparant les résultats atteints par le programme avec ce qui se serait passé en l'absence du programme. On utilisera ce type d'évaluation surtout quand on a besoin d'isoler la contribution d'un programme à la réalisation d'un ensemble d'objectifs.

• L'évaluation coût-avantage ou coût-efficacité : ce dernier type d'évaluation de programmes incorpore plusieurs éléments des types précédents. Elle vise à connaître l'efficience d'un programme, c'est-à-dire ses coûts relatifs aux effets produits.

Les stratégies méthodologiques de l'évaluation de programmes

Les stratégies de recherche basées sur les méthodes formelles et quantitatives ont en général comme point de départ la théorie qui sous-tend le programme et le cadre logique de son articulation : objectifs, processus, services produits et indicateurs de succès (Tard *et al.*, 1997). Ces méthodes servent à vérifier des hypothèses ou autrement dit des suppositions à partir des théories existantes concernant la situation, le déroulement, le fonctionnement ou les résultats du programme. Ces hypothèses sont vérifiées à l'aide d'instruments de collecte de données très souvent standardisés qui débouchent sur l'utilisation de méthodes statistiques dans l'analyse des données. Les protocoles de recherche sont structurés sous l'une ou l'autre des formes suivantes :

• des enquêtes ou des études descriptives en vue d'établir la situation existante dans un milieu, comme c'est le cas pour les études de besoins ou de faisabilité, ou pour étudier le fonctionnement ou le déroulement des opérations et des activités d'un programme ;

• des études utilisant la méthode expérimentale de comparaison avant et après avec groupe témoin choisi de manière aléatoire, ou les méthodes quasi expérimentales avec groupe de contrôle non équivalent ;

• des comparaisons longitudinales avec séries chronologiques permettant de comparer la situation existante avant et après l'entrée en vigueur du programme, ou des comparaisons à partir de séries chronologiques interrompues lorsque le programme est retiré après un certain temps d'opération, ou enfin des comparaisons transversales entre des unités spatiales ayant le programme et d'autres ne l'ayant pas.

Dans l'ensemble, les méthodes hypothético-déductives et formelles visent à répondre à des questions précises énoncées sous la forme d'hypothèses à partir de connaissances théoriques concernant la nature et les effets des différents programmes en utilisant des techniques d'analyse quantitative pour vérifier les hypothèses de manière empirique.

Les stratégies du deuxième type, constructivistes et qualitatives, sont nées de la remise en question de l'approche formelle. Elles visent à éviter la trop grande rigidité qui découle de l'utilisation d'hypothèses formulées à partir de modèles théoriques somme toute très souvent assez mous pour plusieurs programmes sociaux. Elles mettent l'accent sur l'utilisation d'approches plus près de la réalité même du déroulement de l'action évaluée (Williams, 1986 ; Guba et Lincoln, 1989). Le point de départ de la formulation de la problématique est la réalité du programme qui est à l'origine d'une évaluation particulière. Cette réalité est étudiée à l'aide de quatre grandes techniques ou ensembles de méthodes :

- l'examen des documents ou dossiers existants et des archives ou des traces laissées par l'action sans interférence du chercheur ;

- l'observation participante ou non participante ;

- les entrevues avec questions ouvertes ;

- les entrevues de groupe, surtout de groupe de discussion (*focus group*).

Très souvent, la démarche de réalisation de l'évaluation constructiviste sur le terrain est interactive et implique à des degrés divers les gestionnaires, les intervenants et les participants du programme. Elle se réalise, par exemple, sous la forme d'études de cas, d'analyse de contenu ou d'analyse de données secondaires. L'analyse des données est inductive et on s'assure de leur fiabilité et validité par des moyens de triangulation, c'est-à-dire par des recoupements effectués avec les théories existantes, les agents ou les méthodes de collecte de données ou des sources d'information. On retrouve de plus en plus des méthodes d'analyse de contenu plus formalisées, grâce aux possibilités de l'utilisation de l'ordinateur.

Longtemps, le débat a fait rage entre tenants de l'évaluation formelle et quantitative et ceux de l'évaluation constructiviste et qualitative en évaluation de programmes. Notre façon de voir en est une de réalisme dans l'utilisation d'une approche éclectique de l'une ou de l'autre forme d'évaluation ou d'une combinaison des deux, comme l'ont proposé ces dernières années certains auteurs (Shadish, Cook et Levithon, 1991 ; Henry, Julnes et Mark, 1998).

Le tableau suivant fait un résumé des principales caractéristiques de l'évaluation formelle et quantitative et de l'évaluation constructiviste et qualitative.

Évaluation

formelle et quantitative	constructiviste et qualitative
• Cette évaluation est fondée sur la théorie et le cadre logique du programme.	• Cette évaluation est fondée sur le programme tel qu'il existe dans sa globalité, sans égard à sa définition formelle.
• Elle formule des hypothèses quant au fonctionnement du programme et à l'atteinte des objectifs (extrants, effets ou impact) et utilise des méthodes de recherche pour les vérifier (hypothético-déductif).	• Elle fait une description détaillée des éléments du programme dans son ensemble, d'une partie du programme ou des résultats selon les objectifs d'évaluation (inductif).
• Elle applique les différentes méthodes de recherche pour la collecte et l'analyse statistique des données à partir de la question d'évaluation de départ (sommative ou formative).	• Elle utilise les documents, l'observation ou l'entrevue comme sources de données. • Elle dégage à partir des données les aspects importants et les organise en fonction des objectifs visés.

Le déroulement de l'évaluation des programmes

L'évaluation se réalise selon un certain nombre d'étapes. Ces étapes épousent en bonne partie les stratégies générales des méthodes de recherche en sciences sociales. L'évaluation se réalise à partir de la formulation d'une problématique de départ, qui tient compte du programme existant et de l'état des connaissances sur cette problématique pour déboucher sur une question de recherche concernant le fonctionnement, les effets ou l'impact du programme. Néanmoins, les étapes de réalisation prennent sur le terrain une coloration propre selon que l'évaluation est quantitative et formelle ou qualitative et constructiviste.

Dans le cas d'une démarche formelle et quantitative, les chercheurs partent du cadre logique établi pour le fonctionnement du programme (Tard *et al.*, 1997) et en particulier des objectifs du programme (Rutman, 1982). Ils explicitent et particularisent les variables à étudier : les caractéristiques du programme, ses effets et les autres variables qui feront l'objet de l'évaluation. Les stratégies de réalisation et les instruments les plus appropriés pour la collecte des données seront ensuite définis. La population sous étude est circonscrite et au besoin un échantillon est choisi. La collecte des données sur le terrain s'effectue auprès de la population ou de l'échantillon en respectant les règles d'éthique appropriées. Les données recueillies sont ensuite organisées aux fins d'analyse, d'interprétation et de diffusion. Très souvent, tout au long de la démarche de réalisation de l'évaluation, les différents partenaires concernés par l'évaluation de programmes sont sollicités à un titre ou l'autre comme participants à l'évaluation.

Le déroulement de l'évaluation constructiviste et qualitative (Chambers, Wedel et Rodwell, 1992) incorpore une série d'éléments qui tiennent compte le plus souvent de l'environnement et du milieu organisationnel dans lesquels opère le programme ainsi que des participants concernés. Le devis de recherche émerge de cet environnement et s'y élabore progressivement. L'évaluateur est au centre de la collecte de données. Le chercheur utilise avec souplesse les instruments de collecte d'informations (observations détaillées, questions ouvertes, entrevues de groupe et analyse des documents) en essayant d'incorporer autant les dimensions implicites qu'explicites du fonctionnement du programme, de ses effets ou de ses résultats à partir de la question d'évaluation sous étude. Les techniques de réduction des données recueillies servent à l'analyse par induction (Deslauriers, 1991) et conduisent à l'élaboration d'hypothèses et de propositions sur les programmes et leurs effets.

L'ÉVALUATION DES INTERVENTIONS SUR CAS UNIQUE

Malgré l'importance de l'évaluation de programmes, celle-ci demeure une démarche incomplète et insatisfaisante pour le travail social sous plusieurs aspects. Elle n'est pas toujours directement et immédiatement reliée et utile à la pratique des intervenants. Elle se réalise de manière indépendante et parallèle au processus d'intervention. Même si des intervenants sont concernés par l'évaluation de programmes, ils ont surtout le rôle de fournir de l'information. Ce n'est qu'occasionnellement qu'ils peuvent prendre part à l'évaluation à titre de chercheur. Une autre forme d'évaluation s'est développée en travail social qui est plus près des intervenants et à leur disposition pour fins d'appropriation : c'est celle de l'évaluation des interventions réalisée à l'intérieur même du travail social par les intervenants-chercheurs.

La présence de cette évaluation est fondée sur la reconnaissance de la nécessité que les intervenants eux-mêmes se penchent systématiquement sur ce qu'ils accomplissent dans leur pratique et sur les résultats de leur intervention. C'est une obligation d'imputabilité du travail social de mettre en lumière ce qu'est réellement l'état de développement de l'intervention et d'établir ce qui aide vraiment les clients, usagers, bénéficiaires ou autres participants à l'intervention et d'établir ce qui contribue à l'amélioration de leur situation.

La nature de l'évaluation de l'intervention à partir de cas ou systèmes uniques

Lorsqu'on parle d'évaluation des interventions ou des pratiques, ce qui vient à l'esprit, c'est l'utilisation des méthodes expérimentales classiques ou quasi expérimentales avec groupe témoin ou groupe de comparaison non équivalent dont il a été question précédemment en parlant d'évaluation des programmes (voir Le Poultier, 1990). Les évaluations de ce type impliquent la collecte de données auprès des clients, des usagers ou des participants ordinairement avant l'intervention et, ultérieurement, à un moment qui peut correspondre avec celui de la fin de l'intervention. Idéalement, les membres du groupe expérimental et ceux du groupe témoin sont choisis aléatoirement à partir de la même population avec comme seule différence que les premiers bénéficient de l'intervention alors que les seconds n'y ont pas accès. Dans la réalité, on est toutefois très souvent obligé de faire plusieurs types de compromis.

Sans négliger l'importance du modèle expérimental qui fait partie des approches d'évaluation des interventions par des stratégies de groupe très proches de l'évaluation des programmes, il existe une autre possibilité — et c'est de cette dernière dont il sera question à partir de maintenant —, celle de l'évaluation concernant l'intervention sur un seul cas ou un seul système, qu'il s'agisse d'une personne, d'une famille, d'un groupe ou d'une collectivité. Le nom générique utilisé ici pour désigner ce type d'évaluation est celui d'évaluation de l'intervention sur cas unique. Elle prend ses racines dans plusieurs des efforts de recherche en intervention clinique, tel qu'en *casework* (Ripple, 1964 ; Reid et Shyne, 1969 ; Du Ranquet, 1983). Elle s'est aussi développée en psychologie clinique (Hersen et Barlow, 1976 ; Kratochwill, 1978) et en psychiatrie du comportement (Cottraux, 1985). De plus, les théories béhaviorales et les thérapies de modification du comportement ont aussi contribué au développement de méthodes et instruments associés à ce type d'évaluation. Mais c'est au cours des deux dernières décennies que différentes approches utilisant des méthodes de recherche plus articulées par les intervenants eux-mêmes ont commencé à s'incorporer en travail social, que l'intervention concerne les individus, les groupes, les familles ou les collectivités. Ce n'est là qu'un début.

De manière générale, l'évaluation de l'intervention concerne les activités d'intervention de praticiens du travail social ou les modifications qui se produisent dans la situation spécifique du système client en lien avec l'intervention. Elle fournit à l'intervenant l'occasion de suivre systématiquement les activités ou les progrès de son intervention par la collecte de données sur un cas ou système unique. Ce type d'évaluation implique l'incorporation dans la pratique même du travail social de protocoles de recherche qui portent sur les activités d'intervention ou sur les modifications qui se produisent dans la situation spécifique du client ou du système client en lien avec l'intervention. C'est une stratégie de recherche qui permet à l'intervenant de suivre systématiquement les activités d'intervention ou les progrès accomplis avec le système client en cours de réalisation de l'intervention (Blythe, 1995). L'intervenant devient en même temps chercheur en évaluation. Il fait la collecte d'un ensemble approprié d'informations sur un système unique. Les données recueillies peuvent porter sur ce qui est accompli par l'intervenant concernant le système client mais le plus souvent elles concernent les comportements, les sentiments, les attitudes, les réalisations, les accomplissements, les interactions et même l'articulation structurelle de ce système à l'intérieur d'un ensemble donné de situations. Ce type d'évaluation est particulièrement approprié pour le praticien qui désire connaître l'efficacité de son intervention et peut être utilisé pour fournir au client de l'information sur l'évolution de sa situation. L'évaluation se greffe directement sur la pratique et elle se fait de manière à fournir à l'intervenant les données nécessaires à l'appréciation de la situation au bénéfice du client (Turcotte et Tard, 2000).

Elle suppose souvent la collecte d'informations à plusieurs moments sur un seul cas ou système unique, qu'il s'agisse d'une personne, d'un groupe ou d'une organisation. Définie aussi comme l'approche clinique en recherche évaluative, elle vise à faire l'étude d'une seule entité d'une manière organisée sur une période de temps donnée. La généralisation des résultats n'est pas une préoccupation de la méthode, même s'il est possible, lorsqu'on a accumulé des informations semblables sur plusieurs cas, de songer à faire des agrégats pour effectuer des études d'ensemble (Cheetham *et al.*, 1992 ; Blythe, 1995 ; Turcotte et Tard, 2000).

De façon plus précise, la méthodologie implique la mesure d'un indicateur du problème cible d'intervention du système client à plusieurs reprises dans le temps en vue de comparer les unes aux autres la période antérieure à l'intervention, celle correspondant à l'intervention et celle postérieure à l'intervention (Bloom, Fischer et Orme, 1995).

En résumé, l'évaluation des interventions est l'application faite par un intervenant-chercheur de protocoles de recherche évaluative pour la collecte et l'analyse répétée de données au moyen d'un plan de recherche, portant sur une seule situation, un seul cas ou système client pendant une certaine période de temps en vue de connaître le fonctionnement de l'intervention ou d'établir ses effets à l'aide d'une procédure de recherche déterminée.

Une démarche d'évaluation réalisée par des intervenants-évaluateurs

De par sa nature, l'évaluation des interventions est un processus simple étroitement relié à l'intervention et incorporé directement dans la pratique. Elle peut s'insérer directement dans à peu près toutes les situations, sans grand dérangement de l'intervention. Elle constitue un outil de description de ce qui se passe dans l'intervention et d'analyse des effets et résultats de cette dernière. Il s'agit là d'autant d'informations continues sur les changements qui se produisent au niveau d'un problème cible tout au cours de l'intervention. Ces renseignements partent de l'intervention et y sont orientés en permettant à l'intervenant, qui devient en même temps évaluateur, d'être informé des progrès de son intervention et d'y effectuer les modifications appropriées à partir des constatations faites. La réalisation sur le terrain est flexible et peut même déboucher sur des changements selon les exigences de la situation. Il y a possibilité d'utiliser les données pour la sélection des moyens les plus appropriés d'intervention en clarifiant les facteurs les plus pertinents. Ce type d'évaluation est relativement facile à comprendre et à utiliser. Avec un minimum de connaissances et d'apprentissage, les intervenants peuvent intégrer la recherche évaluative à leur pratique professionnelle.

L'évaluation sur cas unique se différencie des méthodes utilisant un groupe expérimental et un groupe témoin par plusieurs de ses caractéristiques (Bloom, Fischer et Orme, 1995), qui sont les suivantes :

- Un seul cas ou système (individu, famille, groupe, organisation ou collectivité) fait partie de l'évaluation sur cas unique.

- Dans l'évaluation sur cas unique, on ne se préoccupe pas de généralisation et on recueille des données assez limitées à plusieurs moments en s'assurant de la valeur de ces données au moyen de méthodes de triangulation.

- Le but de l'évaluation sur système unique défini par l'intervenant, qui est en même temps le chercheur, est présenté au client et accepté par ce dernier. Le plan ou protocole de réalisation est défini par l'intervenant sous la direction de son superviseur ou quelquefois en consultation avec un autre intervenant ou chercheur en évaluation. Des additions ou des modifications au plan sont permises pour tenir compte de la réalité de l'intervention.

- Les méthodes de collecte visent à recueillir des données relativement stables pour représenter la situation initiale observée avant l'intervention et faire ensuite la comparaison à partir des mêmes données pendant et après l'intervention pour vérifier la présence de changements dans la situation sous évaluation.

- De par sa nature, l'évaluation sur cas unique a une utilité directe immédiate pour l'intervenant et souvent même pour le client, les proches et le système environnant concernés par l'intervention. La réplication et la présentation formelle des résultats constatés permettent une contribution au développement des connaissances en travail social.

- Ses coûts de réalisation sont habituellement modestes et son mode d'exécution est souple.

Les formes et les étapes de l'évaluation de l'intervention

Il y a plusieurs types de protocoles d'évaluation portant sur des cas ou systèmes uniques à l'intérieur du continuum constructiviste qualitatif et formel quantitatif dont il a été question précédemment (Alter et Evens, 1990). Certaines évaluations sont plus qualitatives, d'autres plus quantitatives. Nous nous contenterons d'énumérer les principales.

1) **L'étude de cas ou la monographie d'intervention** est une description narrative et détaillée d'une situation d'intervention ou de la situation d'un client à différents moments d'une intervention pour rendre compte de ce qui se passe dans l'intervention ou de l'évolution ou du changement (Compton et Galaway, 1979 ; Yin, 1998).

2) **L'échelle d'appréciation du problème cible** est un protocole de nature qualitative qui, au moyen d'un jugement systématique posé sur une situation à partir des objectifs d'intervention, vise à établir jusqu'à quel point un problème est atténué ou a été résolu à la suite d'une intervention (Mutchler, 1979).

3) **L'échelle d'atteinte d'objectifs** (Kiresuk, Smith et Cardillo, 1994) est une méthode pour évaluer jusqu'à quel point les résultats atteints correspondent à l'objectif fixé dans l'intervention.

4) **Le protocole de « monitoring » de cas** utilise, à partir de critères précis, des mesures du processus d'intervention ou du changement dans la situation du système client à un moment donné ou au fur et à mesure que se déroule

l'intervention (Witkin et Harrison, 1979 ; Behling et Merves, 1985 ; Alter et Evens, 1990).

5) **Les protocoles sur cas unique avant-après avec ligne de départ**[1] comprennent une série de protocoles dont l'approche voisine les études de «monitoring», à cette différence près qu'il y a mesure comparative entre les indicateurs concernant un ou des comportements, des attitudes, des sentiments et un ou plusieurs éléments d'une situation avant le début de l'intervention, pendant et au terme de l'intervention (Jayaratne et Levy, 1979 ; Bloom, Fischer et Orme, 1995).

L'évaluation des interventions se réalise à l'intérieur d'une série d'étapes qui sont communes à la plupart des situations :

1. Faire l'appréciation préliminaire de la situation d'intervention à évaluer.

2. Spécifier la ou les questions qui feront l'objet d'une évaluation.

3. Décider des dimensions de la situation, du problème ou des objectifs de l'intervention et des indicateurs appropriés à utiliser.

4. Choisir les méthodes et les instruments de collecte pertinents.

5. Décider qui va recueillir les données, à quel moment, à quel endroit et selon quelle méthode et fréquence et effectuer la collecte des données.

6. Réaliser l'analyse des données et rendre compte des résultats constatés aussi bien au client qu'aux différents partenaires concernés.

L'ensemble de la démarche exige une approche rigoureuse. Mais elle paraît accessible et utilisable par les intervenants eux-mêmes s'ils sont formés à cet effet. Ils deviennent

---

1. Nous utilisons ici l'expression «ligne de départ», mais on trouve aussi sous le même sens l'expression «niveau de base» pour traduire le concept anglais *baseline*.

pour ce faire des intervenants-chercheurs en évaluation. En fait, on est en présence d'une recherche directement imbriquée dans l'intervention dont on peut établir la valeur et la rigueur à partir de critères précis de référence. Si les résultats sont diffusés et si l'on fait des constatations semblables à répétition, il s'agit là d'une contribution au développement des connaissances en intervention.

CONCLUSION

Peu importe qu'il s'agisse d'évaluation des programmes ou des interventions, il y a de la place pour les intervenants en évaluation. Ceux-ci peuvent s'insérer activement dans l'évaluation de programmes, y participer et s'en approprier le contenu et les résultats ; on pourrait penser que plus de travailleurs sociaux voudront y faire carrière. Les connaissances qu'acquièrent les intervenants en matière d'évaluation de programmes leur permettent d'y participer, de contribuer à sa réalisation et de s'en approprier le contenu et les résultats dans une perspective d'*empowerment* (Fetterman *et al.*, 1996). Quant à l'évaluation de l'intervention, elle appartient en propre aux travailleurs sociaux. En combinant recherche évaluative et intervention, ils contribuent directement au développement des connaissances sur l'intervention et sur ses résultats tout en fournissant un éclairage direct à la pratique au bénéfice du client. L'utilisation des méthodes d'évaluation sur cas et système unique est une avenue qu'il faut continuer de développer. La place pour réaliser cette forme d'évaluation est réservée aux intervenants qui en développeront la compétence. C'est à eux qu'il revient d'emprunter la voie de la recherche en évaluation et de remplir le défi de contribuer, par la combinaison de la recherche évaluative et de l'intervention, à l'amélioration des connaissances en intervention et des connaissances sur ses résultats. L'attention accordée au développement d'activités de recherche évaluative à l'intérieur même des activités d'intervention suppose que des intervenants incorporent ce type d'activités à leur pratique.

Ce défi est-il réalisable ? Trois questions précises doivent recevoir une réponse adéquate pour ce faire. Peut-on penser que l'apprentissage de l'évaluation, en particulier celui de l'évaluation de l'intervention, est possible ? À notre avis, il est nécessaire que les intervenants sociaux possèdent une connaissance de base des contenus et des processus de recherche en évaluation. Cela doit se faire aussi bien à l'intérieur des formations de base qu'en formation continue. L'objectif de cet apprentissage est de favoriser une prise de conscience des possibilités de l'évaluation et de rendre les intervenants capables de s'associer de manière éclairée à des entreprises d'évaluation tout en étant conscients aussi bien des forces que des faiblesses de cette démarche. La formation doit aussi ouvrir la voie au cheminement de celles et de ceux qui désirent pousser leur apprentissage de la recherche évaluative pour acquérir surtout une compétence en évaluation de l'intervention.

En deuxième lieu, quelles sont vraiment les possibilités d'utiliser de manière appropriée l'évaluation en travail social ? C'est notre prétention que l'évaluation est de loin le meilleur moyen d'appuyer et de favoriser l'autoguidage du travail social dans sa trajectoire de développement. L'utilisation des méthodes d'évaluation permet d'établir ainsi jusqu'à quel point les actes posés dans l'intervention se situent à l'intérieur de balises de qualité et d'efficacité par rapport aux objectifs définis. Ainsi comprise, la recherche en évaluation devient un puissant levier de développement du travail social.

Quel type d'association doit exister entre intervenants et chercheurs en évaluation ? Il est clair que ce ne sont pas tous les travailleurs qui peuvent devenir des chercheurs en évaluation. Mais l'engagement des intervenants se retrouve dans leur collaboration et leur association avec des chercheurs en évaluation, aussi bien à l'intérieur qu'à l'extérieur de la profession. Il y a une série de tâches où intervenants et chercheurs partagent des objectifs complémentaires et font des activités portant sur les mêmes cibles. Le travail social ne peut faire autrement que bénéficier de ce partenariat dans son propre développement.

La réponse à ces questions appartient d'abord aux intervenants du travail social.

BIBLIOGRAPHIE COMMENTÉE

TARD, C., H. OUELLET, A. BEAUDOIN, avec la collaboration de P. Dumas (1997), *L'évaluation de l'action des organismes communautaires dans le cadre du Programme d'action communautaire pour les enfants (PACE), Manuel d'introduction* (vol. 1), Québec, Centre de recherche sur les services communautaires, Université Laval.

TARD, C., A. BEAUDOIN, D. TURCOTTE et H. OUELLET (1997), *L'évaluation de l'action des organismes communautaires dans le cadre du Programme d'action communautaire pour les enfants (PACE), Outils d'évaluation pour l'amélioration de la qualité des programmes* (vol. 2). Québec, Centre de recherche sur les services communautaires, Université Laval.

Le premier manuel aborde et clarifie les principales idées, questions et notions en cause dans le domaine de l'évaluation de l'action. Il discute des difficultés de réaliser l'évaluation d'un programme ou d'une intervention. Il circonscrit la nature de l'évaluation, décrit les différents types d'évaluation de l'action et présente une synthèse des exigences qu'il faut satisfaire pour que l'évaluation soit possible. Le deuxième manuel vise à outiller les organismes qui souhaitent évaluer leur action dans le but d'améliorer la qualité des programmes qu'ils offrent. Des exemples concrets servent à illustrer des techniques, des outils d'évaluation et les questions que se posent les chercheurs. Ces deux volumes ont été traduits en anglais.

MAYER, R., F. OUELLET, M.-C. SAINT-JACQUES, D. TURCOTTE et collab. (2000), *Méthodes de recherche en intervention sociale*, Montréal, Gaëtan Morin.

Ce volume cerne l'ensemble des méthodes de recherche utilisées en lien avec l'intervention sociale, peu importe que cette intervention s'adresse aux individus, aux groupes et aux communautés. En plus de faire le point sur l'évolution de la recherche en travail social et de présenter les principales techniques et méthodes de recherche, le volume contient une troisième partie dont trois des chapitres sont particulièrement importants pour l'évaluation.

ZUNIGA, Ricardo B. (1994a), *Planifier et évaluer l'action sociale*, collection « Intervenir », Montréal, Presses de l'Université de Montréal.

ZUNIGA, Ricardo B. (1994b), *L'évaluation dans l'action*, collection « Intervenir », Montréal, Presses de l'Université de Montréal.

Ces deux volumes constituent un ensemble qui présente les diverses formes de l'évaluation comprises dans la planification et la mise en œuvre d'une action structurée en vue d'un changement social. Le lecteur y trouvera les éléments qui déterminent le plan d'action dans la pratique et son opérationnalisation jusqu'à la planification des programmes et à leur articulation. Tous ces éléments sont utilisés pour aider l'intervenant à comprendre la démarche d'évaluation en lien avec l'action, en particulier lorsqu'il s'agit d'établir le plan d'évaluation. Pour ceux et celles qui sont intéressés à dépasser la seule perspective de la méthodologie et à approfondir les fondements de l'évaluation en lien avec l'action, ce volume devient un instrument précieux.

FSC (Fonds structurels communautaires) (Commission européenne) (1999), *Évaluer les programmes socio-économiques*, Luxembourg, Office des publications officielles des communautés européennes.

Il s'agit d'une collection de six volumes mise à la disposition d'un public élargi dans le but de promouvoir et d'améliorer les méthodes d'évaluation en matière de programmes socio-économiques. L'ensemble se présente comme un guide méthodologique général dont l'à-propos pour les programmes d'action sociale mérite d'être souligné. Les thématiques abordées sont les suivantes : I. Conception et conduite d'une évaluation ; II. Choix et utilisation des indicateurs pour le suivi et l'évaluation ; III. Principales techniques et outils d'évaluation ; IV. Solutions techniques pour évaluer dans un cadre de partenariat ; V. Évaluation transversale des impacts sur l'environnement, l'emploi et les autres priorités d'intervention ; VI. Glossaire de 300 concepts et termes techniques.

BLOOM, M., J. FISCHER et J.G. ORME (1995), *Evaluating Practice : Guidelines for the Accountable Professional*, 2e éd., Needham Heights, Allyn and Bacon.

Il s'agit d'un volume de base en évaluation de l'intervention. Les auteurs présentent et analysent les principaux aspects de l'intégration de la recherche évaluative et de la pratique. Ils font la comparaison entre l'évaluation de l'intervention par la méthode sur cas unique et la recherche d'évaluation classique qui utilise les devis avec groupe expérimental et groupe témoin. Pour l'intervenant qui désire comprendre en profondeur l'application des principes à la base de l'évaluation de l'intervention, ce volume se présentera comme une contribution substantielle en vue de l'éclairer dans sa démarche de connaissance et d'application de l'évaluation de l'intervention.

RÉFÉRENCES

ALTER, C. et W. EVENS (1990), *Evaluating your Practice – A Guide to Self-Assessment*, New York, Springer Publishing Co.

BEHLING, J.H. et E.S. MERVES (1985), « Pre-retirement Attitudes and Financial Preparedness : A Cross-cultural and Gender Analysis », *Journal of Sociology and Social Welfare*, vol. 12, n° 1, p. 113-128.

BLOOM, M., J. FISCHER et J.G. ORME (1995), *Evaluating Practice : Guidelines for the Accountable Professional*, 2ᵉ éd., Needham Heights, Allyn and Bacon.

BLYTHE, B.J. (1995), « Single System Design », dans R.L. EDWARDS et J.G. HOPPS (dir.), *Encyclopedia of Social Work*, 19ᵉ éd., vol. 3, Silver Springs, MD, National Association of Social Workers.

CHAMBERS, D.E., K. WEDEL et M.K. RODWELL (1992), *Evaluating Social Programs*, Toronto, Allyn and Bacon.

CHEETHAM, J., R. FULLER, G. McIVOR et A. PETCH (1992), *Evaluating Social Work Effectiveness*, Philadelphia, Open University Press.

COTTRAUX, J. (1985), *Méthodes et échelles d'évaluation des comportements*, Issy-les-Moulineaux, Éditions EAP.

COMPTON, B. et B. GALAWAY (1979), *Social Work Processes*, Homewood, Ill., Dorsey Press.

DESLAURIERS, J.-P. (1991), *Recherche qualitative. Guide pratique*, Montréal, McGraw-Hill Éditeurs.

DU RANQUET, M. (1983), *Recherches en casework : l'efficacité et sa mesure en service social*, Saint-Hyacinthe, Québec.

FETTERMAN, D.M., S.J. KAFTARIAN et A. WANDERSMAN (dir.) (1996), *Empowerment Evaluation : Knowledge and Tools for Self-assessment and Accountability*, Thousand Oaks, CA, Sage Publications.

FSC (Fonds structurels communautaires) (Commission européenne) (1999), *Évaluer les programmes socio-économiques. Conception et conduite d'une évaluation*, vol. 1, Luxembourg, Office des publications officielles des communautés européennes.

GUBA, E.G. (1987), « Naturalistic Evaluation », dans D.S. CORDAY, H.W. BLOOM et R.J. LIGHT (dir.), *Evaluation Practice in Review*, San Francisco, Jossey Bass Publishers.

GUBA, E.G. et Y.S. LINCOLN (1989), *Fourth Generation Evaluation*, Newbury Park, Sage.

HENRY, G.T., G. JULNES et M.M. MARK (1998), *Realist Evaluation: An Emerging Theory in Support of Practice*, Collection « New Directions for Evaluation », n° 78, San Francisco, Jossey-Bass Publishers.

HERSEN, M. et D.H. BARLOW (1976), *Single Case Experimental Designs: Strategies for Studying Behavior Change*, New York, Pergamon Press.

HODSON, R. (1999), *Analyzing Documentary Accounts*, Thousand Oaks, Sage Publications.

JAYARATNE, S. et R.L. LEVY (1979), *Empirical Clinical Practice*, New York, Columbia University Press.

KIRESUK, T.J., A. SMITH et J.E. CARDILLO (1994), *Goal Attainment Scaling: Applications, Theory and Mesurement*, Hillsdale, N.J., Lawrence Erlbaum Associates Inc.

KRATOCHWILL, T.R. (dir.) (1978), *Single-Subject Research: Strategies for Evaluating Change*, New York, Academic Press.

LE POULTIER, F. (1990), *Recherches évaluatives en travail social*, Grenoble, Presses universitaires de Grenoble.

MUTCHLER, E. (1979), « Using Single-Case Evaluation Procedures in a Family and Children's Agency: Integration of Practice and Research », *Journal of Social Service Research*, n° 3, p. 115-134.

REID, W.J. et A.W. SHYNE (1969), *Brief and Extended Casework*, New York, Columbia University Press.

RIPPLE, L. (1964), *Motivation, Capacity, and Opportunity: Studies in Casework Theory and Practice*, Social Service Monographs, Chicago, University of Chicago, School of Social Service Administration.

RUTMAN, L. (1982), « Planification d'une étude évaluative », dans R. LECOMTE et L. RUTMAN (dir.), *Introduction aux méthodes de recherche évaluative*, Québec, Les Presses de l'Université Laval, p. 23-46.

SHADISH, W.R., T.D. COOK et L.C. LEVITHON (1991), *Foundations of Program Evaluation. Theories of Practice*, Newbury Park, Sage Publications.

TARD, C., A. BEAUDOIN, D. TURCOTTE et H. OUELLET (1997), *L'évaluation de l'action des organismes communautaires dans le cadre du Programme d'action communautaire pour les enfants (PACE). Vol. 2: Outils d'évaluation pour l'amélioration de la qualité des programmes*, Québec, Centre de recherche sur les services communautaires, Faculté des sciences sociales, Université Laval.

TURCOTTE, D. et C. TARD (2000), « L'évaluation de l'intervention et l'évaluation de programme », dans R. MAYER, F. OUELLET, M.-C. SAINT-JACQUES, D. TURCOTTE et collab., *Méthodes de recherche en intervention sociale*, Montréal, Gaëtan Morin.

U.S.A., G.A.O. (1998), *The Results Acts. An Evaluator's Guide to Assessing Agency Annual Performance Plans*, Washington, É.U., General Accounting Office.

WILLIAMS, D.D. (dir.) (1986), *Naturalistic Evaluation*, San Francisco, Jossey-Bass Publishers.

WITKIN, S.L. et D.F. HARRISON (1979), « Single-case Designs in Marital Research and Therapy », *Journal of Social Service Research*, vol. 3, n° 1, p. 51-66.

YIN, R.K. (1998), *Case Study Research : Design and Methods. Revised Edition*, Beverly Hills, Sage Publications.

ZUNIGA, Ricardo B. (1994a), *Planifier et évaluer l'action sociale*, collection « Intervenir », Montréal, Presses de l'Université de Montréal.

ZUNIGA, Ricardo B. (1994b), *L'évaluation dans l'action*, collection « Intervenir », Montréal, Presses de l'Université de Montréal.

SITES WEB

SCE — CAE: Société canadienne d'évaluation — Canadian Evaluation Society
http://www.evaluationcanada.ca/
> Cette association appuie le développement de la recherche et de la publication dans le domaine de l'évaluation. C'est un site incontournable et bilingue.

Office of the Assistant Secretary for Planning and Evaluation
http://aspe.os.dhhs.gov/
> C'est le site de l'organisme gouvernemental chargé de conseiller le secrétaire américain du Département de la santé et des services sociaux. Ce site donne des indications très précises sur l'évaluation de programmes dans maints secteurs : santé, drogue, pauvreté, protection de l'enfance, etc.

Clearing House for Assessment, Evaluation, and Research Information
http://ericae.net/
> Hébergée par l'Université du Maryland, cette banque de données est appuyée par le Département d'éducation des États-Unis. Ce site est plus général mais aussi plus englobant en matière d'évaluation de l'intervention.

LA FORMATION EN TRAVAIL SOCIAL

Gilles Rondeau et Delphine Commelin
Université de Montréal

chapitre 13

INTRODUCTION

L'OBJECTIF poursuivi par ce chapitre est de tracer une esquisse de ce qu'est la formation en travail social[1] au Québec. Au cours de ce chapitre, le lecteur sera convié dans un premier temps à prendre connaissance de quelques repères historiques relativement à la formation, à distinguer les différents niveaux de formation et leurs objectifs spécifiques, à connaître les associations qui encadrent et façonnent les institutions de formation et à percevoir les différences entre la formation en travail social et celle des disciplines connexes. Dans un second temps, on l'invitera à voir les liens entre les niveaux de formation, à repérer quelques traits particuliers du travail social québécois puis à connaître les caractéristiques de la formation offerte dans d'autres contextes culturels, et, enfin, à se préoccuper d'un certain nombre de défis et d'enjeux qui se posent aux institutions de formation.

---

1. Bien que les auteurs reconnaissent l'existence de différences dans le sens qu'on peut attribuer aux termes « travail social » et « service social », tout au long du chapitre, pour des motifs de simplification, ces termes seront jugés équivalents et employés indistinctement.

BREF RAPPEL HISTORIQUE

La mise sur pied de la Montreal School of Social Work en 1923 marque les débuts de la formation en travail social au Québec. Rapidement intégrée à l'Université McGill, cette première école joue un rôle de pionnier, à l'instar du rôle joué par cette université de langue anglaise dans notre milieu. La création, à cette époque, d'un programme de travail social et le développement d'un centre communautaire de type « university settlement » démontrent les visées progressistes de l'université anglophone.

Dans le Québec francophone, il faudra attendre les suites de la crise économique de 1929 pour voir apparaître les premiers signes d'une professionnalisation du travail social. Jusqu'à cette époque, les indigents et nécessiteux sont pris en charge par l'Église catholique par l'entremise de ses communautés religieuses et de ses institutions. Les autorités considèrent qu'il n'est pas nécessaire d'introduire dans la province l'idée d'un service social professionnel. Toutefois, les bouleversements socio-économiques de l'époque font prendre conscience de l'importance des besoins et de la nécessité de développer une main-d'œuvre professionnelle qualifiée dans ce secteur d'activités. Dans les années qui suivent, l'Église catholique s'intéressera à la création des premières écoles de service social. Afin de former une élite destinée au développement d'un enseignement catholique du service social et à l'administration des agences de la province, quelques prêtres sont envoyés dans les écoles américaines (Mayer, 1994). Les nouveaux professeurs, en grande partie des prêtres et des religieuses, seront ainsi formés à partir d'un discours religieux qui aura une influence très nette sur les premières pratiques de la profession (Mayer, 1994).

En 1939, les premiers enseignements en service social destinés aux francophones sont dispensés dans les locaux de l'Institut des Sœurs de Notre-Dame-du-Bon-Conseil. Ces « cours de service social » étaient le résultat d'une initiative conjuguée de sœur Marie Gérin-Lajoie, directrice et fondatrice de l'institut, et de monseigneur Gauthier, archevêque de Montréal. Cette première école vécut une année. Elle fut ensuite remplacée par « l'École catholique de service social », créée en 1940, et dont les locaux étaient à l'École des hautes études commerciales (HEC), située alors sur la rue Saint-Denis. Assez rapidement, son appellation fut modifiée et devint « l'École de service social de Montréal ». Contrairement à la première école, qui offrait un enseignement générique sur les œuvres et l'action sociale, la seconde école proposait un enseignement bilingue portant sur l'intervention en service social à partir des méthodes d'intervention qu'on rencontre ordinairement : *casework*, *group work* et organisation communautaire. Quelques années plus tard, le nouveau département des relations industrielles de l'Université de Montréal, sous la gouverne du père Bouvier, entreprit d'offrir une formation en travail social. Le programme d'études favorisait un service social paroissial et industriel. Le développement parallèle de ces deux programmes et écoles aux orientations bien distinctes illustre les difficultés éprouvées à l'époque pour préciser et définir la notion de service social. Le conflit fut résolu en 1948 par la fusion du segment travail social du département de relations industrielles et de « l'École de service social de Montréal » en une nouvelle section de service social intégrée à la Faculté des sciences sociales, économiques et politiques de l'Université de Montréal (Groulx, 1993).

À Québec, l'École de service social fut créée en 1943 et située d'emblée à l'intérieur de la Faculté des sciences sociales de l'Université Laval, dirigée par un homme de grand renom, le père Georges-Henri Lévesque, o.p. Durant ses premières années, de 1944 à 1957, l'école fut dirigée par le père Gonzalve Poulin. Au cours des années 1950, on assiste donc à l'émergence d'une certaine émancipation du service social par rapport au message religieux. Le personnel enseignant universitaire laïc commence en effet à prendre ses distances à l'égard de ce discours. Il faudra cependant attendre jusqu'à 1957 à Laval et 1967 à Montréal pour qu'un laïc soit nommé directeur de l'une et l'autre école.

À compter des années 1960, début de la révolution tranquille, on assiste à un développement considérable des services sociaux auquel correspond parallèlement une croissance des programmes universitaires dans la discipline. L'expansion significative du champ des services sociaux crée en effet une importante demande pour de la formation dans la discipline qui se répercutera sur les réseaux universitaire et collégial. Il convient par ailleurs de rappeler que, dans le contexte de la « révolution tranquille », un certain nombre de choix de société ont été effectués, lesquels ont été déterminants pour la pratique et la formation en travail social au Québec au cours des décennies qui ont suivi. En ce qui a trait à la formation on doit souligner, à la suite des travaux de la Commission d'enquête sur l'éducation (rapport Parent) au début des années 1960, la priorité accordée à l'éducation et l'effort significatif consenti pour hausser le niveau d'éducation de la population. La politique visant à faciliter l'accès à l'éducation universitaire au plus grand nombre de Québécois s'est traduite par un nombre plus élevé d'étudiants et conséquemment par la croissance et le développement du système universitaire (Rondeau, 1999a).

En 1964, la nouvelle Université de Sherbrooke demande à Jacques Gagné, jeune universitaire formé en action communautaire aux États-Unis, de fonder un département de service social. Cette nomination traduit bien la volonté de changement qui s'exprime au cours de ces années (Mayer, 1994). L'expansion des écoles de service social se poursuit ensuite avec la création du réseau de l'Université du Québec. À la fin des années 1960, le gouvernement crée une seconde université de langue française à Montréal, l'Université du Québec à Montréal (UQAM). Dès sa mise sur pied, la nouvelle institution se dote d'un programme dans la discipline. Les premiers étudiants y sont accueillis dès l'automne 1969. L'appellation choisie pour désigner l'unité est celle de « travail social ». On veut, par ce titre, traduire une approche différente, moins centrée sur la traditionnelle notion de « service » et davantage orientée vers l'actualisation d'un « travail » à effectuer sur les structures de la société et sur les personnes. L'idée de « travail social » sera reprise par l'ensemble des unités de formation universitaires et intégrée dans les enseignements. Les écoles établies antérieurement ne modifieront toutefois pas leur appellation officielle.

La création de constituantes de l'Université du Québec dans les régions amène la mise sur pied de programmes de formation en travail social hors des grands centres. Des départements décernant des diplômes en travail social sont ainsi fondés à quelques années d'intervalle à l'Université du Québec à Hull (UQAH) en 1977, à l'Université du Québec en Abitibi-Témiscamingue (UQAT) en 1978 et à l'Université du Québec à Chicoutimi (UQAC) en 1988. Ces nouvelles écoles remplissent une vocation régionale importante et visent à doter leur milieu d'une main-d'œuvre en travail social qualifiée et stable. Des années 1960 aux années 1980, conjointement avec les changements qui s'opèrent dans la société québécoise, les écoles de service social voient leur nombre passer de trois à huit, leur corps professoral augmenter de 35 à 135 et leur nombre de diplômés universitaires s'accroître de 50 à 600 par année.

Concomitamment à cette croissance des écoles universitaires, on assiste au Québec à un développement important de la formation technique en travail social au collégial. Alors que, durant les années 1960, les « conseillers sociaux » étaient formés en nombre limité dans quelques écoles ou instituts privés tel celui des Sœurs du Bon-Conseil à Montréal, la création, à la fin de cette même décennie, du réseau des collèges d'enseignement général et professionnel (cégeps) va conduire à l'établissement d'une formation technique en travail social dans douze collèges : Abitibi, Dawson, Gaspésie et Îles-de-la-Madeleine, Jonquière, Lévis-Lauzon, Marie-Victorin, Rimouski, Sainte-Foy, Saint-Jérôme, Sherbrooke, Trois-Rivières, Vieux-Montréal.

En investissant à la fois à l'université et au collégial et dans chaque cas en offrant la formation dans plusieurs établissements, le ministère de l'Éducation a opté pour le développement d'une main-d'œuvre abondante en travail social aux deux paliers d'emploi.

LES PROGRAMMES DE FORMATION

Il existe deux programmes de formation, l'un au collégial qui prépare une main-d'œuvre technique, l'autre à l'université qui offre le baccalauréat, la maîtrise et le doctorat.

La formation collégiale

La formation collégiale en techniques de travail social est d'une durée de trois ans. L'objectif de ce programme est de former des techniciens capables d'intervenir de manière à prévenir des situations problématiques ou aider des personnes et des groupes aux prises avec des problèmes sociaux. La formation en technique d'intervention s'oriente autour de trois axes principaux : le développement de la conscience sociale, le développement de la personne, le développement d'habiletés professionnelles. Le programme vise à préparer le technicien à effectuer diverses tâches relatives à l'accueil, à l'évaluation, à l'intervention d'assistance et de consultation, à la prévention et à la relance. Jusqu'au début des années 1990, le programme collégial portait le titre de « Techniques en assistance sociale ». Par la suite, cette appellation fut changée pour celle de « Techniques de travail social ».

À la différence des programmes universitaires dont les contenus varient selon les établissements, il n'existe qu'un seul programme en techniques de travail social pour l'ensemble des cégeps. Chaque collège dispose toutefois d'une marge de manœuvre quant au choix des cours offerts. Le programme est constitué de cours obligatoires et de cours dits complémentaires. Un stage en milieu de pratique fait partie de la formation. L'obtention du diplôme de technicien en travail social conduit directement au marché du travail.

Le baccalauréat

La porte d'entrée principale à la formation universitaire en service social est le diplôme d'études collégiales (D.E.C.). Les programmes de baccalauréat en travail social ou service social sont contingentés et les résultats scolaires obtenus au D.E.C. constituent le principal mécanisme de sélection. Toutefois, être détenteur d'un D.E.C. ne constitue pas une condition indispensable : en effet, des adultes, ayant déjà une expérience professionnelle, et pouvant obtenir des équivalences pour leurs diplômes antérieurs, peuvent également être admis.

Il n'existe pas de passerelle formelle entre le diplôme collégial de technique décrit plus haut et les programmes universitaires de baccalauréat en service social ou travail social. Selon l'université à laquelle il s'adresse, le détenteur d'un diplôme en techniques de travail social qui demande son admission au baccalauréat se verra reconnaître un nombre variable de crédits.

Chacune des huit universités qui donne une formation en travail social offre un baccalauréat spécialisé reconnu par l'Association canadienne des écoles de service social dont nous parlerons plus loin. L'obtention du diplôme ouvre la porte au marché du travail et permet d'être admis à l'Ordre professionnel des travailleurs sociaux (OPTSQ) et conséquemment de porter le titre de « travailleur social » ou de « travailleuse sociale ». La plupart des écoles exigent une inscription à plein temps pour un certain nombre de trimestres, notamment lors du stage professionnel de l'étudiant. Les cours sont dispensés en majorité aux trimestres d'automne (septembre à décembre) et d'hiver (janvier à avril). Cependant, les étudiants désireux d'obtenir plus rapidement leur diplôme peuvent s'inscrire à quelques cours optionnels offerts à la session d'été. Les programmes sont conçus selon le modèle de cours hebdomadaires à l'université et de trimestres consacrés exclusivement aux stages ou à des cours et des stages. La durée approximative des études correspond à trois ans à temps plein (90 crédits).

Tous les programmes comportent des cours de méthodologie de recherche et privilégient l'acquisition d'habiletés d'analyse et d'intervention au moyen de cours sur les problèmes sociaux, les politiques sociales, les méthodes d'intervention et de stages supervisés en milieu de pratique. Les programmes visent à offrir une formation de base en travail social préparant les étudiants à s'inscrire sur le marché du travail. Les écoles visent à former des travailleuses et des travailleurs sociaux généralistes et polyvalents aptes à s'insérer dans différents milieux de pratique et à aborder des problématiques variées. Le rapport de la Commission des universités sur les programmes qui s'est penchée sur la formation en travail social exprime le point de vue suivant relativement aux programmes de baccalauréat dans la discipline :

> Les programmes conservent leur spécificité en privilégiant des approches d'intervention, des milieux de pratique spécialisés, en mettant l'accent sur des problématiques sociales particulières ou en offrant certains cours optionnels. Ces spécificités propres aux différentes institutions sont intimement liées au pluralisme qui caractérise ce champ disciplinaire et aux liens particuliers que ces programmes universitaires entretiennent avec les milieux de pratique aux niveaux local, régional, national. Bien que tous les programmes comprennent les même types de cours, chaque université a fait ses choix selon l'importance accordée aux différents axes de la formation : problématiques et champs de pratique, déterminants de la pratique sociale, méthodologie de l'intervention, expérience pratique, recherche (CUP, 1999 : 65).

On observe chez les formateurs en service social une volonté commune de présenter le travail social comme une discipline pratique et appliquée qui intègre des dimensions théoriques et pratiques et porte sur des problématiques individuelles et collectives. Les programmes de travail social accordent une importance particulière aux cours de méthodologie de l'intervention auprès des individus, des familles, des groupes et des collectivités. Ces enseignements permettent l'acquisition des attitudes et des habiletés nécessaires à la pratique de l'intervention sociale et se situent, de ce fait, au cœur du projet de formation. L'assimilation de ces connaissances théoriques sera vérifiée pendant ou à la suite du stage professionnel en milieu de pratique (Groulx et Rondeau, 1995).

Malgré les similitudes décrites, on observe un certain nombre de différences structurelles entre les programmes. On constate notamment des fluctuations importantes quant au nombre de crédits de cours obligatoires et optionnels. Certains programmes permettent beaucoup de choix, comparés à d'autres. Les stratégies relatives aux dates des stages et au nombre de jours par semaine qui leur est consacré au cours d'un trimestre particulier varient selon les universités. On a aussi relevé que les modes de calcul des crédits de stage n'étaient pas toujours semblables d'une université à l'autre (Rondeau, Mathieu et Lemay, 1999).

En 1993, un groupe de travail du Regroupement des unités de formation universitaire en travail social du Québec (RUFUTSQ) s'est penché sur les éléments de base à considérer dans la formation en travail social. Dans son rapport, le groupe de travail a insisté sur l'importance d'accorder une place significative aux dimensions théoriques et critiques, jugées essentielles pour défendre l'autonomie professionnelle et dépasser le statut de technicien. Les objectifs de base sont définis de la façon suivante :

> Ces objectifs de base peuvent se résumer à celui-ci : former de véritables professionnelles (dans le sens noble du terme) i.e. des intervenantes capables de comprendre le sens et la portée de leur action, de percevoir les déterminants institutionnels de leur pratique, de mettre en perspective les problèmes cibles ainsi que les solutions privilégiées par les différents acteurs impliqués, de dépasser les dimensions techniques en les situant dans un cadre théorique et philosophique plus large, de bien maîtriser les outils méthodologiques propres à leur discipline professionnelle (histoire sociale, évaluation, plan d'intervention, etc.) (RUFUTSQ, 1993 : 40).

La maîtrise

Traditionnellement, les programmes de maîtrise en travail social servent au perfectionnement des connaissances et des pratiques des intervenants et à l'acquisition de connaissances et habiletés en recherche. En effet, ces programmes sont destinés aux détenteurs d'un baccalauréat en travail social, donc aux travailleuses et travailleurs sociaux en exercice. Ils ont pour but de permettre à ceux-ci d'approfondir leurs connaissances dans leur discipline, de développer leurs habiletés de recherche et d'analyse ainsi que d'acquérir des habiletés d'intervention dans des domaines spécifiques. Toutes les écoles de service social québécoises, sauf une, offrent maintenant un programme de maîtrise en travail social. Cet état de fait traduit l'évolution constatée dans les écoles et reflète la maturité atteinte par le corps professoral dans son ensemble. L'UQAM a comme particularité d'offrir un programme de maîtrise bidisciplinaire travail social/sociologie appelé « maîtrise en intervention sociale ». Ce programme est destiné tant aux bacheliers en sociologie qu'à ceux en travail social.

En plus d'offrir leur programme régulier de maîtrise aux étudiants détenteurs d'un baccalauréat en service social ou travail social, plusieurs universités accueillent maintenant une clientèle provenant des disciplines connexes et désireuse d'accéder à la pratique en travail social. Ces étudiants, qui ont complété un baccalauréat dans une autre discipline, sont inscrits à la maîtrise dans un programme de qualification professionnelle ou accèdent à la maîtrise régulière après une propédeutique. Outre leurs études régulières de maîtrise, ils doivent suivre différents cours et réussir des stages destinés à leur donner les éléments de base nécessaires à la pratique du travail social. Lorsqu'ils obtiennent leur diplôme de maîtrise, ils sont admissibles à l'Ordre professionnel des travailleurs sociaux du Québec (OPTSQ).

Le doctorat

Les programmes de doctorat en travail social sont récents au Québec. Deux programmes sont offerts, lesquels touchent trois universités. L'Université Laval fut la première en 1988 à donner un programme de troisième cycle en service social. Depuis 1996, l'Université de Montréal et l'Université McGill offrent un programme de doctorat conjoint. Il s'agit d'un programme bilingue où les étudiants peuvent bénéficier de l'ensemble des ressources humaines et matérielles des deux écoles, indépendamment de leur lieu d'inscription.

Les programmes de troisième cycle sont orientés vers la recherche et le développement des connaissances. Les objectifs visés sont de former des personnes compétentes en recherche sociale et en politiques sociales et de contribuer au développement de la discipline. Les programmes de doctorat sont jugés très importants pour assurer une relève professorale qualifiée dans les écoles de service social et développer une élite de chercheurs et d'analystes des politiques sociales en travail social.

L'admission au doctorat en service social est réservée aux détenteurs d'une maîtrise dans la discipline. Les candidats doivent montrer un intérêt pour la recherche et les études avancées et joindre à leur demande d'admission une description sommaire d'un projet de recherche qu'ils souhaitent réaliser au cours de leurs études. Pour accéder au doctorat, la maîtrise en service social avec option mémoire constitue la voie privilégiée. Toutefois, les titulaires d'une maîtrise en service social comprenant d'autres options sont également admissibles moyennant une possible scolarité additionnelle à être déterminée après étude du dossier.

ASSOCIATIONS CONCERNÉES PAR LA FORMATION EN TRAVAIL SOCIAL

L'Ordre professionnel des travailleurs sociaux

Au Québec, le travail social constitue l'une des 44 professions officiellement reconnues par l'État. Le droit de porter le titre de « travailleur social » ou de « travailleuse sociale » est strictement réservé aux membres de l'Ordre professionnel des travailleurs sociaux du Québec (OPTSQ). Ceci étant, il n'existe pas d'acte réservé ou de règlement obligeant les intervenants à être membres de l'OPTSQ pour pratiquer le travail social. L'adhésion à l'Ordre demeure donc volontaire. Certains employeurs peuvent cependant exiger que les professionnels à leur emploi soient membres en règle de leur ordre. Le baccalauréat spécialisé en service social ou la maîtrise en service social sont exigés pour l'admission à l'Ordre. Celui-ci reconnaît les programmes offerts par les universités s'ils satisfont à différentes exigences spécifiées dans la loi concernant les matières offertes (politiques sociales, problèmes sociaux, méthodologie de l'intervention) et la formation pratique (stages). Les finissants au baccalauréat des établissements reconnus sont automatiquement admissibles à l'OPTSQ, ce qui est le cas pour les huit universités mentionnées. L'OPTSQ collabore aussi activement à la détermination des orientations de la formation par l'intermédaire de son comité permanent sur la formation, ses rencontres régulières avec les directeurs des écoles de service social et ses échanges fréquents avec les milieux de formation.

Le Regroupement des unités de formation universitaire en travail social du Québec (RUFUTSQ)

Au Québec, le RUFUTS est un interlocuteur important car il rassemble toutes les unités universitaires de formation en travail social du Québec. Il se donne comme objectif de stimuler les échanges et de faciliter la coordination des efforts entre les différentes unités. Le Regroupement organise chaque année diverses activités dont, au printemps, un colloque qui se tient dans le cadre du congrès de l'Association canadienne-française pour l'avancement des sciences (ACFAS) où sont conviées toutes les personnes intéressées par le travail social. Chaque automne, le RUFUTS organise une journée de réflexion sur des sujets intéressant les formateurs en travail social. En plus de prendre part aux débats touchant à la formation en service social, le RUFUTS joue un rôle d'animation et de réflexion autour des questions reliées à la formation et à la profession du travail social. Depuis 1996, les professeurs des trois écoles hors Québec qui offrent un programme en travail social en langue française, soit l'Université de Moncton (Nouveau-Brunswick), l'Université d'Ottawa (Ontario) et l'Université Laurentienne (Sudbury, Ontario), participent aux activités régulières à titre de membres associés.

L'Association canadienne des écoles de service social (ACESS)

Les écoles de service social du pays se sont regroupées en association et ont adopté un système d'agrément des programmes de baccalauréat et de maîtrise. Toute école qui veut devenir membre de l'Association et être ainsi reconnue officiellement doit soumettre son programme de premier cycle à l'évaluation du comité d'agrément. À l'issue d'un long processus d'examen, l'accréditation est accordée pour une période de sept ans, au terme de laquelle une nouvelle demande d'accréditation devra être soumise. Au Canada, au début de l'an 2000, on dénombrait 36 écoles membres de l'ACESS dont 13 étaient situées en Ontario, 8 au Québec et 6 en Colombie-Britannique. Les huit écoles de service social du Québec ont toutes été accréditées par le Bureau d'agrément et sont membres en règle de l'ACESS.

En agissant comme bureau d'agrément, l'ACESS assure l'existence d'une base commune de formation et d'un niveau de compétence comparable chez les travailleurs sociaux formés partout au Canada. Les diplômés d'une école membre de l'ACESS bénéficient de la reconnaissance de leur diplôme dans toutes les provinces canadiennes. En outre, en vertu d'une entente avec le Council on Social Work Education (CSWE) des États-Unis, les diplômes décernés par les écoles membres de l'ACESS ou du CSWE sont reconnus par les deux associations. Cette politique facilite les possibilités de se trouver du travail à travers le Canada et les États-Unis. S'appuyant sur l'entente de réciprocité Canada/États-Unis, plusieurs pays dans le monde reconnaissent aisément la valeur des diplômes canadiens.

L'Association internationale des écoles de service social (AIESS)

L'ACESS fait partie de l'Association internationale des écoles de service social (AIESS). Fondée en 1928, l'AIESS est le principal organisme qui permet aux formateurs en service social d'unir leurs efforts au niveau international et de collaborer à l'établissement de programmes de formation. Elle regroupe 25 associations nationales d'écoles de service social et comprend environ 500 écoles réparties dans 70 pays. Les congrès internationaux de l'AIESS ont lieu tous les deux ans. Montréal en a été l'hôte en 1984 et en 2000.

LA FORMATION EN TRAVAIL SOCIAL PAR RAPPORT À CELLE DES DISCIPLINES CONNEXES

L'objet du travail social est le rapport qu'entretient l'individu avec son milieu. La personne est considérée dans le contexte de son environnement et une attention est accordée aux facteurs tant individuels que sociaux. La formation prend en compte les deux types de facteurs pour expliquer les phénomènes et proposer des modes d'intervention qui reflètent cette réalité.

Le psychologue, pour sa part, a pour objet d'intervenir sur la « psyché », soit sur ce qui touche l'individu dans son rapport avec ses émotions, ses sentiments, son intelligence, bref ce qui constitue son équilibre intérieur. L'apprentissage de la psychologie est conçu au baccalauréat comme une formation de base introduisant l'étudiant à la discipline et à ses principales composantes théoriques. L'étudiant doit attendre d'être admis à la maîtrise ou au doctorat pour se préparer concrètement à l'exercice de la profession et acquérir une expérience pratique. La plupart des universités québécoises offrent une formation en psychologie.

La criminologie et la sexologie sont des disciplines offertes par l'Université de Montréal pour la première et par l'UQAM pour la seconde. Chacune touche un domaine spécialisé relativement circonscrit. Dans le premier cas, le baccalauréat en criminologie prépare à l'exercice dans des champs tels que les services de libération conditionnelle, la probation, le travail avec les clientèles judiciarisées, les délinquants. Dans le second cas, le baccalauréat en sexologie vise à préparer des éducateurs dans ce domaine. C'est uniquement à la maîtrise que sont formés ceux qui se destinent à la pratique de la thérapie ou du counseling sexologique.

Le Québec compte six universités offrant des programmes de psychoéducation. Hybride de l'éducation et de la psychologie, comme son nom l'indique, cette discipline est unique au Québec. Formés à l'origine spécifiquement pour le travail institutionnel auprès des jeunes en milieu d'accueil, les psychoéducateurs ont essaimé et sont maintenant actifs dans la communauté et auprès des familles. Ils sont centrés sur la rééducation du jeune par le milieu de vie. La formation offerte prépare à la pratique de la psychoéducation après le baccalauréat et comporte des stages.

En service social, en criminologie et en psychoéducation, le baccalauréat constitue le programme de formation professionnelle de base préparant à la pratique. Il vise à donner à l'étudiant les connaissances théoriques, analytiques et pratiques nécessaires à l'exercice de la profession. Il est résolument orienté vers la préparation à l'intervention et comprend de ce fait une combinaison de cours et de stages.

DU COLLÉGIAL AUX ÉTUDES SUPÉRIEURES EN TRAVAIL SOCIAL

Les rapports entre les collèges et les universités

Le fait que la formation à la pratique du travail social soit offerte à la fois au collégial et à l'université crée une situation particulière eu égard au marché du travail. Un problème important qui confronte les formateurs et les milieux de pratique est le manque de distinction claire quant au contenu des cours au collégial et à l'université. Il s'ensuit qu'une certaine confusion persiste quant à ce que les diplômés des programmes collégial et universitaire en travail social sont en mesure de faire ou non. Jusqu'à maintenant, peu de liens ont été développés entre les responsables de programmes et les formateurs au collégial et à l'université. Aucun travail permettant de distinguer ce qui est propre à chaque palier n'a été réalisé conjointement.

En effet, tant au niveau du contenu des programmes que du travail d'intervention en milieu professionnel, les zones appartenant à l'un et l'autre paliers n'ont pas été séparées. Il s'ensuit une impression de flou et d'imprécision qui marque tant l'univers de la pratique que celui de la formation (Rondeau, 1999b : 2).

Les restrictions budgétaires, l'imprécision quant aux limites et fonctions que peuvent exercer les techniciens ont amené certains employeurs à convertir des postes réservés aux diplômés universitaires en postes pour techniciens. À l'opposé, d'autres employeurs, devant l'alourdissement des charges, des problématiques et des clientèles, ont choisi de privilégier l'embauche de bacheliers en travail social au détriment de diplômés collégiaux. Les choix varient selon les milieux de pratique et les établissements et il est difficile à ce stade de déterminer les tendances dominantes.

Par ailleurs, les cégeps ont achevé en 1999 la démarche d'instauration d'un nouveau programme pour l'enseignement des techniques de travail social. Le nouveau programme est articulé autour de la notion de compétence et vise à ce que l'étudiant acquière au cours de sa formation un certain nombre de compétences théoriques et pratiques clairement établies.

La finalité première de l'enseignement collégial technique est de préparer l'étudiante ou l'étudiant à exercer un travail dans les établissements de service social. Son programme n'a pas été conçu de façon à se situer en continuité avec ceux des universités. De la même façon, les universitaires ont toujours construit leurs programmes sans se soucier de ce qui était offert au collégial. Jusqu'à présent, aucun lien soutenu n'a été établi de façon formelle : chacun des paliers a fonctionné de manière indépendante. Le passage du collégial à l'université en travail social n'est pas direct et le diplômé en techniques de travail social qui accède à l'université se voit reconnaître peu d'équivalences de cours. La question de la passerelle entre les deux paliers se pose avec plus d'acuité que jamais.

Les passages entre le baccalauréat, la maîtrise et le doctorat

Une continuation aux études supérieures vers la maîtrise et le doctorat est prévue après le baccalauréat. En pratique, toutefois, la plupart des étudiants qui obtiennent leur diplôme de baccalauréat en service social choisissent de se lancer sur le marché du travail. Ce n'est qu'après avoir acquis une expérience professionnelle que certains d'entre eux choisiront d'entreprendre un second cycle.

Par ailleurs, avec la mise en place de programmes de maîtrise de qualification professionnelle dans plusieurs universités, on observe une plus grande diversification des cursus universitaires des étudiants inscrits au deuxième cycle de service social. Les étudiants inscrits au programme régulier et au programme de qualification professionnelle se côtoient. Ils proviennent d'horizons différents, ont des expériences qui se ressemblent peu et ne poursuivent pas forcément les mêmes objectifs. La maîtrise rejoint ainsi deux clientèles, soit les étudiants de maîtrise régulière qui sortent momentanément de la pratique pour réfléchir sur le sens de leur action et creuser une problématique plus à fond et ceux de maîtrise professionnelle ou maîtrise avec propédeutique qui, eux, cherchent à s'insérer dans la pratique, à devenir des travailleurs sociaux. Dans l'un et l'autre cas, les étudiants sont orientés vers l'acquisition de connaissances en recherche.

Les programmes de doctorat sont, pour leur part, relativement récents. Ce niveau d'études rejoint pour l'instant en majorité des professionnels expérimentés déjà détenteurs d'une maîtrise en service social et intéressés par la recherche et l'enseignement. Quelques étudiants seulement s'inscrivent au doctorat sitôt leur maîtrise complétée. Les étudiants provenant de pays étrangers sont de plus en plus nombreux à s'inscrire aux deux programmes québécois de doctorat en service social.

SPÉCIFICITÉ DES SERVICES SOCIAUX QUÉBÉCOIS

Le système des services sociaux québécois et ses particularités

Dans les années 1940, le service social francophone a été fortement influencé dans son développement par le modèle américain de service social. On y a notamment transposé les cadres théoriques, les principes méthodologiques et les techniques d'intervention tout comme les modalités de formation universitaire. Cependant, au cours des années 1960, le Québec se distança progressivement de l'influence américaine. Ainsi, la Commission d'enquête sur l'éducation (commission Parent) instaura les cégeps et détermina que le baccalauréat constituerait le diplôme d'entrée pour la pratique plutôt que la maîtrise exigée jusque-là. En ce qui concerne les institutions de service social, la réforme Castonguay-Nepveu a mis en place, dans les années 1970, un interventionnisme de l'État, non seulement sur le plan du financement et du «monitoring» des services mais également sur celui de la distribution de ces services. Avec cette réforme, les services sociaux publics perdaient leur caractère privé pour devenir l'apanage de l'État. De surcroît, on choisissait d'unir le secteur de la santé et celui des services sociaux dans le même ministère.

D'autre part, des modifications dans l'enseignement du service social aux États-Unis ont entraîné des changements correspondants au Québec. Ainsi, l'enseignement du travail social selon trois méthodes distinctes, soit le *casework*, le travail de groupe et l'organisation communautaire, fut abandonné par certaines écoles au début des années 1980 et remplacé par des méthodologies ou approches dites génériques et intégrées telles l'approche structurelle et l'approche écologique, chacune cherchant à faire une synthèse entre les facteurs propres à l'individu et à la collectivité (Groulx et Rondeau, 1995). D'autres écoles choisirent de se démarquer du courant américain en maintenant l'enseignement des trois méthodes de façon distincte.

À partir de 1981, l'État stoppa le développement des services sociaux publics. La croissance continua cependant mais essentiellement par la mise sur pied de ressources ou d'organismes communautaires autonomes en parallèle. La réforme des services sociaux, consacrée par la loi 120 adoptée en 1991, accorda une reconnaissance officielle au rôle joué par les organismes communautaires et fit de ceux-ci des partenaires du réseau public. Les organismes communautaires et les établissements du réseau sont vus comme deux entités essentielles et complémentaires appelées à travailler de concert.

Ces diverses particularités du réseau québécois des services sociaux ont amené un modèle de formation sensiblement différent de ceux des autres provinces et des États-Unis, directement influencé par le contexte culturel et social du Québec. En effet, la formation des travailleurs sociaux est influencée à la fois par les problèmes sociaux du milieu, la structure des services sociaux et les politiques sociales du Québec.

Les types d'établissements

En ce qui a trait à l'organisation des services sociaux, quatre types d'organismes ou institutions offrent la majorité des services donnés par les travailleurs sociaux et techniciens en travail social, soit les centres locaux de services communautaires (CLSC), les centres hospitaliers, les centres jeunesse et les organismes du milieu communautaire.

Les CLSC sont des institutions parapubliques qui agissent comme porte d'entrée du système : ils offrent sous un même toit des services de santé et des services sociaux de première ligne à la population d'un territoire donné. En CLSC, les travailleurs sociaux et agents de relations humaines sont surtout affectés aux services psychosociaux auprès des familles et individus de même qu'au maintien à domicile, bien qu'une minorité occupe par ailleurs des fonctions d'organisateurs communautaires. En CLSC, le travail est de nature multidisciplinaire et la collaboration avec les infirmières et autres professionnels est très présente dans nombre de problématiques. Dans les milieux scolaires, toutefois, la travailleuse sociale ou le travailleur social coopère avant tout avec le personnel des établissements d'enseignement.

Les travailleurs sociaux sont présents en milieu hospitalier depuis les débuts de la profession. Ce secteur représente le deuxième employeur de travailleurs sociaux au Québec après les CLSC. Les travailleurs sociaux y interviennent en équipes multidisciplinaires, aux côtés des médecins, infirmières et autres professionnels de la santé. Ils s'occupent de la réinsertion des personnes hospitalisées dans leur milieu, de la réorganisation de la vie personnelle du client, de l'impact de la maladie sur le milieu familial de l'individu et des modifications en résultant.

Dans les centres jeunesse, les travailleurs sociaux et agents de relations humaines assument la responsabilité première d'assurer la protection des enfants et des jeunes contre toute situation susceptible de compromettre leur santé ainsi que leur développement. Ils travaillent au côté des psychoéducateurs et autres éducateurs à l'insertion des jeunes dans leur milieu.

Avec le retrait de l'État de plusieurs secteurs de services et la volonté du gouvernement de ne plus grossir la taille du réseau, avec les pressions pour faire davantage avec des budgets restreints, avec la poussée des milieux pour des services légers, faciles d'accès et peu coûteux, les organismes communautaires se sont considérablement développés, structurés et, pour certains, jusqu'à un certain point institutionnalisés (Groulx et Rondeau, 1995). Ils constituent maintenant une importante source d'emploi pour les diplômés en travail social. Malgré ces tendances et politiques, les organismes communautaires tiennent à leur indépendance et n'ont cessé de lutter pour maintenir leur autonomie, leur capacité d'innover et leur liberté d'action.

LA FORMATION EN TRAVAIL SOCIAL À L'EXTÉRIEUR DU QUÉBEC

Au Canada

De manière générale, dans le reste du Canada, le premier cycle est étalé sur quatre ans après le programme d'études secondaires qui comprend une année d'études de plus que son équivalent québécois. Selon les règles déterminées par le Bureau d'agrément de l'ACESS, tout programme de premier cycle en travail social doit judicieusement équilibrer les exigences de la formation générale et de la formation professionnelle de façon à permettre à l'étudiant de développer de façon conjuguée ses capacités d'analyse, ses habiletés d'intervention, son jugement professionnel critique et son sens de l'éthique professionnelle. Tout enseignement en service social doit aussi véhiculer les valeurs propres à la discipline.

Conformément aux exigences de l'ACESS, les études de deuxième cycle doivent être orientées de façon à permettre aux étudiants d'atteindre une série d'objectifs de niveau supérieur : forte capacité d'analyse, excellence académique, habiletés reconnues d'intervention, jugement professionnel critique, compétence en recherche, connaissance et respect des règles d'éthique professionnelle. Les programmes de maîtrise peuvent être spécialisés et doivent normalement faire ressortir les rapports existant entre le contexte sociopolitique, les problématiques sociales, les méthodes d'intervention et les évaluations.

Les écoles de la plupart des autres provinces canadiennes offrent, à l'instar du Québec, la possibilité aux titulaires d'un baccalauréat dans une discipline connexe de s'inscrire en travail social. Ces étudiants sont invités à s'engager dans un programme de qualification professionnelle de premier ou de deuxième cycle créé à leur intention. Ils devront démontrer certaines aptitudes de même qu'une ouverture et une sensibilité aux valeurs propres au travail social.

Aux États-Unis

Les statistiques de 1993 du Council on Social Work Education (CSWE) sur les programmes accrédités faisaient état de 302 programmes de baccalauréat et de 117 programmes de maîtrise aux États-Unis. De plus, on y dénombre environ une cinquantaine de programmes de doctorat. Le contenu des programmes varie d'une université à l'autre mais le CSWE maintient des standards uniformes par le biais de son programme d'agrément obligatoire aux premier et deuxième cycles.

Le rapport sur l'éducation en travail social aux États-Unis (Hollis et Taylor, 1951) peut être considéré comme l'étude qui a exercé le plus d'impact sur l'enseignement de la discipline dans ce pays. Ce rapport a, notamment, fortement influencé l'orientation des programmes de service social et inspiré la création en 1952 du Council on Social Work Education (CSWE). Bien que les critères du CSWE exigent que tout programme d'enseignement universitaire permette à l'étudiant d'acquérir un certain niveau de connaissances, d'habiletés et des valeurs propres à la profession de travailleur social, l'apprentissage peut varier selon les écoles d'après les qualifications et opinions des professeurs enseignant les différentes matières. En effet, le CSWE ne détermine que les principes directeurs propres à tout programme de baccalauréat ou de maîtrise en travail social sans fixer précisément le contenu. Cette autonomie dont disposent les universités dans l'élaboration de leurs programmes n'est pas sans soulever certaines interrogations, notamment quant au manque d'uniformité dans l'enseignement dispensé, quant aux variations par rapport à la place accordée à la formation pratique, quant au nombre et à la nature des différentes spécialisations offertes par les universités.

Il y a plusieurs années, la maîtrise était le seul programme de formation offert par les écoles de service social américaines. Au cours des trente dernières années, un important mouvement vers la création de programmes de premier cycle a marqué le développement du réseau de formation en service social. Désormais, le baccalauréat constitue le premier niveau de formation dans la discipline.

Dans le système américain, chaque État détermine les exigences minimales indispensables pour porter le titre de travailleur social et exercer la profession. Dans la très grande majorité des États, il est nécessaire d'être détenteur d'un baccalauréat en service social pour pratiquer. En règle générale, avant de s'inscrire au premier cycle en service social, les étudiants doivent avoir suivi deux années en arts libéraux (sciences sociales, psychologie, littérature, arts, etc.). Le programme d'études dans lequel ils s'engagent pour l'obtention du baccalauréat en service social est alors de deux ans. Au cours de cette formation, en plus des cours théoriques, les étudiants doivent effectuer un stage professionnel en milieu de pratique d'une durée minimale de 400 heures.

Tout comme au Canada, les titulaires d'un diplôme de premier cycle en sciences humaines peuvent s'inscrire en service social. Ils devront cependant suivre un certain nombre de cours complémentaires à la formation de base. Après l'obtention de leur diplôme de baccalauréat, les étudiants peuvent décider d'intégrer directement le milieu professionnel ou de poursuivre un deuxième cycle. Les universités américaines encouragent l'acquisition d'une certaine expérience professionnelle avant l'inscription à des études de deuxième ou de troisième cycle en service social.

En sus de leur programme régulier de maîtrise, plusieurs écoles américaines de service social offrent des diplômes de maîtrise conjoints avec des départements d'autres disciplines tels que l'administration, le droit, la santé publique (Garvin et Tropman, 1992).

Le rapport du CSWE sur la politique des programmes de premier et de deuxième cycle en service social, publié en 1994, insiste sur l'importance pour les écoles de service social de s'engager dans la voie de préparer des professionnels compétents et efficaces, en mesure de travailler avec tous les groupes de la population, incluant les démunis et les opprimés, et prêts à travailler à réduire la pauvreté, l'oppression et la discrimination. Mentionnons que le CSWE observe, depuis le début des années 1990, une amélioration du degré de préparation des étudiants à exercer un travail dans les services publics, plus particulièrement dans les services destinés aux enfants et à leurs familles (Frumkin et Lloyd, 1995).

Devant la nécessité de développer les connaissances et la recherche dans la discipline, les programmes de doctorat ont connu un progrès marqué au cours des trente dernières années. Bien que la cinquantaine de programmes de ce niveau ne fassent pas l'objet d'une accréditation formelle, tous sont regroupés à l'intérieur du sous-comité des études doctorales du CSWE et adhèrent au même objectif, soit de former des chercheurs et des enseignants de haut calibre dans la discipline (Frumkin et Lloyd, 1995).

En Europe

Dans la plupart des pays européens, le terme « travailleur social » a un sens générique plus large qu'en Amérique : il regroupe plusieurs professions du domaine social telles que éducateur spécialisé, animateur social, éducateur de groupe, animateur communautaire, assistante sociale, etc. Les titres qui renvoient plus directement aux activités exercées par les travailleurs sociaux du Québec sont ceux d'« assistant social ou assistante sociale » de façon générale et « animateur communautaire » de façon plus circonstanciée. Dans plusieurs pays dont la France, l'obtention du diplôme d'assistant social est obligatoire pour exercer la profession correspondant au Québec à celle de travailleuse sociale ou de travailleur social. Sauf quelques exceptions, la formation de base en travail social est offerte à l'extérieur du système universitaire.

La diversité des contextes nationaux, et notamment les particularités culturelles et historiques des États membres de la Communauté européenne, a influencé la pratique de la profession et conséquemment la formation dans chacun des pays. Toutefois, face à la diversité des pratiques et à cette volonté des États européens de s'unir, on assiste à un mouvement allant vers une certaine uniformisation dans la formation des travailleurs sociaux. Les modèles théoriques traditionnels et spécifiques à la culture de base en service social s'orientent désormais davantage vers les questions institutionnelles et communautaires telles qu'elles sont envisagées par les programmes de la Communauté européenne sur la pauvreté et ceux du Fonds social européen du Parlement de l'Europe.

Malgré de réels obstacles liés au développement d'une identité professionnelle unifiée, du fait des diverses traditions ancrées dans la formation de travail social des États membres, on constate cependant, depuis les dernières années, un souci d'harmoniser les réglementations et les formations en travail social. Toutefois, la tâche ne fait que débuter et les obstacles liés à son accomplissement sont nombreux. Par exemple, le modèle du *casework* qui domine en Angleterre, et qui implique l'individualisation des problèmes sociaux, se conjugue difficilement avec l'approche communautaire adoptée par la majorité des États européens (Cassard-Le Morvan, Jeudy, Hayes et Teerling, 1995). D'autre part, phénomène nouveau, on assiste dans la majeure partie des États européens, aux côtés des centres de formation privés ou étatiques, à une participation croissante des universités dans l'enseignement de la discipline (Bouquet et Garcette, 1995).

En France, pour pratiquer la profession d'assistant social, il est obligatoire d'être détenteur du diplôme d'État d'assistant de service social. Trois années de formation dispensées par des centres de formation spécifiques sont requises. Ces centres de formation ne sont pas incorporés aux universités existantes. Ils se situent en marge de celles-ci et appartiennent à l'État pour quelques-unes et au secteur privé ou parapublic pour la plupart. Au départ, l'inscription du candidat est sanctionnée par un examen d'entrée. Chaque centre établit un projet pédagogique prenant en compte le programme établi par le ministère de l'Emploi et de la Solidarité. Ce programme comporte 14 mois de stage et 1 400 heures d'enseignement réparties sur trois années d'études. L'étudiant qui, au terme de ses trois ans d'études théoriques et pratiques, a satisfait à l'ensemble des conditions pédagogiques est admis à se présenter au diplôme d'État d'assistant de service social. Ce diplôme comprend trois épreuves distinctes, soit un mémoire avec soutenance, une synthèse de dossier (épreuve écrite) et la présentation d'une situation sociale (épreuve orale).

En France, les textes déterminant les programmes de formation de la discipline ont été élaborés en 1980 et sont considérés désuets par plusieurs. L'idée d'une éventuelle réforme des études de service social émerge avec force, compte tenu du changement de contexte et du fait que les conditions d'exercice du travail social se sont profondément modifiées (Marques, 1998).

DÉFIS ET ENJEUX

Si l'on peut affirmer que, par rapport à la formation en travail social au Québec, les années 1940, 1950 et 1960 ont été des années d'implantation et les années 1970 et 1980 des années de grand développement, les années 1990 ont marqué, elles, les débuts de grands bouleversements et changements qui se continuent encore aujourd'hui. Quatre grands secteurs d'activité exercent une influence prépondérante sur la formation en service social, soit la société prise dans son sens large, le système de distribution des services sociaux, le système professionnel et, enfin, le système universitaire. Les changements qui surviennent dans ces différents systèmes peuvent se répercuter sur les unités de formation.

Dans la société, plusieurs défis et changements sont reliés à la mondialisation. On observe la présence d'une compétition marquée, l'érosion des systèmes de sécurité sociale, la domination des valeurs néolibérales, l'exclusion sociale de grandes parties de la population, la paupérisation accrue, autant de phénomènes qui créent des conditions sociales nouvelles. Ces dernières exercent des pressions sur les programmes de formation qui doivent s'ajuster à la réalité du nouveau contexte.

Par rapport au système de distribution des services sociaux, on observe que, depuis le début des années 1990, le gouvernement a cherché à diminuer les dépenses et à réduire la taille du secteur public. Ceci a signifié une réforme profonde et une réduction des services sociaux. Une forte pression est exercée sur les praticiens qui se retrouvent avec un plus grand nombre de cas pris en charge, des situations plus lourdes et plus détériorées, une demande accrue pour des interventions à court terme centrées sur les symptômes et la crise. On constate, en parallèle, une compétition plus marquée entre les membres des diverses «professions d'aide» en même temps que se multiplient les appels au travail en équipe multidisciplinaire et à la concertation et la mise en place de structures favorisant celui-ci. Les nouvelles conditions qui prévalent dans les milieux de pratique vont entraîner des changements dans les programmes de formation.

Le système professionnel québécois est, pour sa part, mûr pour une réforme en profondeur mais les différentes tentatives effectuées dans cette direction au cours des dernières années ont toutes avorté. D'autres projets sont en développement et il est clair que si éventuellement des changements importants étaient apportés au système professionnel, ceux-ci se répercuteraient directement sur les programmes de formation.

En ce qui concerne le système universitaire, on observe des changements importants survenus au cours de la dernière décennie et d'autres qui s'annoncent. Il y a d'abord le contexte de baisse générale dans la fréquentation universitaire causée à la fois par un déclin de la population âgée de 18 à 25 ans et l'augmentation des frais de scolarité. On note une compétition plus marquée dans un contexte de réduction des ressources. Certains des changements mis en place à l'intérieur des universités pourraient éventuellement menacer «l'identité travail social» de certains programmes de même que la spécificité de la formation à la profession.

À un niveau plus local, à cause du vieillissement de leur corps professoral, les écoles de service social devront procéder au cours des dix prochaines années au remplacement de la majorité de leur personnel enseignant. L'arrivée d'une nouvelle génération de professeurs peut sans conteste entraîner des remises en question importantes. Dans un autre ordre d'idées, l'adoption du nouveau programme de techniques de travail social au collégial crée par ailleurs une pression sur les milieux de formation universitaire et les interpelle. Enfin, à cause de la mondialisation et de façon plus particulière étant donné l'Accord de libre-échange nord-américain (ALENA), on observe un mouvement de la part des écoles de service social de travailler à l'harmonisation de leurs politiques et standards en éducation avec ceux des États-Unis et du Mexique. Ce mouvement qui s'amorce pourrait éventuellement s'étendre à d'autres pays.

CONCLUSION

Le monde de la formation universitaire en travail social est marqué à la fois par une certaine stabilité et par les changements qui y surviennent. D'un côté, les écoles sont bien établies et ont atteint une certaine maturité. Les programmes de formation, reconnus et accrédités, ouvrent la porte au marché de l'emploi et couvrent la gamme des besoins. Par contre, vus sous un angle différent, les institutions de formation en service social et leurs programmes connaissent une période de grandes transformations. Celles-ci trouvent leurs origines dans les grands changements survenant à la fois au sein de la société dans son ensemble, dans le système de prestation des services sociaux, dans le système professionnel et dans les universités comme telles. De quelle façon les écoles surmonteront-elles les nombreux défis auxquels elles font face ? La réponse à cette question saura intéresser tous ceux qui commencent actuellement leurs études dans la profession et qui seront des observateurs et des participants de premier plan dans ces changements qui s'amorcent.

BIBLIOGRAPHIE
COMMENTÉE

Encyclopedia of Social Work (1995), 19e édition, Washington, D.C., National Association of Social Workers, 2683 p.

Il s'agit de l'ouvrage de référence le plus complet en travail social. Il couvre un immense éventail de sujets touchant à la pratique du travail social aux États-Unis. L'encyclopédie comprend 277 articles rédigés par autant de spécialistes des diverses questions abordées. Les articles sont regroupés sous les grandes catégories que sont les problèmes sociaux (immigration, pauvreté, violence familiale et conjugale, etc.), la profession (son développement, son évolution, son système de formation, etc.), les politiques sociales. L'ouvrage, qui est remis à jour périodiquement, constitue un instrument extrêmement utile pour les professeurs, les praticiens et les étudiants qui ont besoin d'avoir rapidement accès à des informations exactes sur une variété de sujets reliés au travail social. Il est également disponible sur cédérom.

BOUQUET, Brigitte et Christine GARCETTE (1998), *Assistante sociale aujourd'hui*, Paris, Éditions Maloine, 197 p.

Ce livre présente le métier d'assistante sociale tel qu'il est pratiqué en France. Les différentes sections abordent l'histoire de la profession d'assistante sociale, les champs d'intervention occupés par les assistantes sociales, le rôle qu'elles y jouent, le statut qu'on leur accorde, les programmes et institutions de formation et, enfin, l'évolution récente. Cet ouvrage est utile à tous ceux qui souhaitent s'informer sur la pratique du travail social en France et sur ses nouvelles tendances.

RONDEAU, Gilles, Réjean MATHIEU et Nancy LEMAY (1999), « Analyse comparative des programmes de baccalauréat en travail social au Québec », *Intervention*, no 110, octobre, p. 25-34.

L'article présente la première étude comparative des programmes de baccalauréat au Québec. À partir d'un portrait sommaire de chacun des programmes de formation de base offerts par les unités de formation universitaire (écoles, départements, modules), les auteurs posent un premier regard comparatif quant à la structure des programmes et à leur contenu. L'article est intéressant pour ceux qui désirent comprendre en quoi les différents programmes se ressemblent ou divergent. Il est aussi utile à ceux qui s'interrogent sur les caractéristiques propres à chaque programme et à ceux qui, plus largement, sont préoccupés par les orientations de la formation en travail social au Québec.

RÉFÉRENCES

BOUQUET, B. et C. GARCETTE (1995), « Introduction : les signes annonciateurs d'un travail social européen », *Vie sociale*, n° 4, p. 3-7.

CASSARD-LE MORVAN, M., C. JEUDY, P. HAYES et P. TEERLING (1995), « La formation en travail social : vers une européanisation dans le cadre communautaire », *Vie sociale*, n° 4, p. 95-103.

Commission des universités sur les programmes (1999), *Les programmes de sciences infirmières, travail social, santé communautaire, épidémiologie, hygiène du milieu, animation sociale, gérontologie et gestion des services de santé dans les universités du Québec*, Montréal, Conférence des recteurs et principaux des universités du Québec, Rapport n° 9, p. 65-84.

FRUMKIN, M. et G.A. LLOYD (1995), « Social work education », dans *Encyclopedia of Social Work*, Washington, D.C., National Association of Social Workers, p. 2238-2247.

GARVIN, C.D. et J.E. TROPMAN (1992), « The Profession of Social Work », *Social Work in Contemporary Society*, Englewood Cliff, N.J., Prentice Hall, p. 465-474.

GROULX, L.H. (1993), « Les débuts de la formation en service social », *Le travail social, analyse et évolution*, partie 1, Montréal, Éditions Agence d'Arc, p. 31-50.

GROULX, L.H. et G. RONDEAU (1995), « Le travail social au Québec », *Vie sociale*, n° 4, p. 104-113.

HOLLIS, E.V. et A.L. TAYLOR (1951), *Social Work Education in the United States : The Report of a Study Made for the International Council on Social Work Education*, New York, Columbia University Press.

MARQUES, M.-F. (1998), « Comment devenir assistante sociale : formation et perfectionnement », dans Bouquet, Brigitte et Christine Garcette (dir.), *Assistante sociale aujourd'hui*, Paris, Éditions Maloine, p. 47-65.

MAYER, R. (1994), « L'évolution des services sociaux », dans F. DUMONT, S. LANGLOIS et Y. MARTIN (dir.), *Traité des problèmes sociaux*, Québec, Institut québécois de recherche sur la culture, p. 1015-1035.

Regroupement des unités de formation universitaire en travail social du Québec (1993), *Les orientations de la formation en travail social au Québec*, Rapport final du groupe de travail sur les orientations de la formation universitaire en travail social, Montréal, Regroupement des unités de formation universitaire en travail social du Québec.

RONDEAU, G. (1999a), « La formation en travail social au Québec et au Canada : tendances et défis », Actes du colloque *L'avenir de la profession du travail social : le point de vue des universitaires*, Montréal, Regroupement des unités de formation universitaire en travail social du Québec, p. 73-81.
Adresse URL : http://www.unites.uqam.ca/rufuts

RONDEAU, G. (1999b), « Le système de formation de la main-d'œuvre collégiale et universitaire », *Étude sectorielle de la main-d'œuvre en travail social*, Ottawa, Association canadienne des écoles de service social, document de travail, 11 p.

RONDEAU, G., R. MATHIEU et N. LEMAY (1999), « Analyse comparative des programmes de baccalauréat en travail social au Québec », *Intervention*, n° 110, octobre, p. 25-34.

SITES WEB

Regroupement des unités de formation universitaire en travail social du Québec

http:// www.unites.uqam.ca/rufuts/

> Le site du RUFUTS porte directement sur la formation en travail social au Québec. Il renferme des informations sur les activités, prises de position et documents produits par le Regroupement des unités de formation universitaire en travail social du Québec. Il permet de communiquer avec l'ensemble du corps professoral du Québec en travail social de même qu'il donne accès aux sites des différentes unités de formation.

Association canadienne des écoles de service social (ACESS)

http://www.cassw-acess.ca/

> Le site de l'Association canadienne des écoles de service social (ACESS) est bilingue et est centré sur les questions de la formation en travail social au Canada. Il comprend des renseignements détaillés sur chacune des écoles de travail social au pays, ce qui inclut dans beaucoup de cas un descriptif des programmes et des cours. Il renferme aussi des informations sur les règles et procédures d'agrément et les politiques éducationnelles adoptées par l'ACESS.

National Association of Social Workers (NASW)

http:// www.naswdc.org/

> Le site de la NASW est celui de l'association nationale des travailleurs sociaux des États-Unis. Il renferme de précieuses informations sur le fonctionnement de la NASW, ses sections et chapitres et sur ses nombreuses publications. Les orientations proposées par les divers comités et sous-comités nationaux sur divers enjeux y sont présentées.

Council on Social Work Education (CSWE)

http:// www. cswe.org/

> C'est le site le plus élaboré qu'on puisse trouver sur la formation en travail social. En plus de contenir des informations et données sur les activités du CSWE et de ses organismes membres, il permet des liens avec un très grand nombre d'autres sites reliés à la profession et à la formation en travail social.

CONCLUSION

Yves Hurtubise
Université Laval
Jean-Pierre Deslauriers
Université du Québec à Hull

LES RACINES ET L'AVENIR DU TRAVAIL SOCIAL

PLUSIEURS auteurs ont souligné des événements, des acteurs ou des politiques sociales qui ont influencé le service social tout au long de son histoire. Il reste beaucoup à dire pour rendre justice à celles et ceux qui ont façonné cette profession et influencé la société à partir d'une formation dans cette discipline pratique. Cependant, l'histoire du service social au Québec reste encore à écrire pour raconter comment la discipline a évolué au gré de l'apparition de nouveaux problèmes sociaux, du changement dans les politiques sociales et de nouveaux mandats qu'elle a revendiqués ou qui lui ont été confiés. Nous nous proposons, en terminant ce livre, de rappeler quelques moments clés du développement de cette profession au Québec puis de signaler des points de repère qui pourraient baliser son développement dans les années à venir.

Une profession aux racines et aux fondements multiples

Nous avons voulu, en proposant à des collègues de s'associer à la présente publication, diffuser des connaissances de base sur le travail social. Notre approche du service social fait place à plusieurs interprétations et nous nous sentons en cela fidèles aux origines multiples de cette profession. Au

Québec comme ailleurs, elle puise ses sources dans l'engagement social de citoyens à l'égard d'autres citoyens. Bien que ses origines proviennent du XIXe siècle, le service social est encore considéré comme une jeune profession étant donné sa reconnaissance relativement récente par le législateur et par les institutions, comme discipline contribuant au mieux-être de la société. La diversité des influences ayant marqué la discipline se retrouve dans la diversité des définitions qu'on en donne, les unes insistant davantage sur les problèmes sociaux à affronter, les autres sur la relation entre l'individu et son environnement, les unes soucieuses des communautés, les autres, des familles.

Cette profession est au cœur des contradictions des sociétés où elle est utilisée pour développer la solidarité sociale en même temps qu'on lui demande de veiller au contrôle social. Il s'agit là d'une tension avec laquelle les travailleuses sociales doivent composer quotidiennement ; elles doivent concilier les demandes et les besoins des individus, des groupes et des communautés et répondre aux exigences administratives de leurs employeurs, qui est bien souvent l'État.

Cette profession s'est également développée par sa spécialisation en trois méthodes d'intervention — l'intervention individuelle, le travail de groupe et l'organisation communautaire — sans oublier le développement de son expertise dans les domaines de la recherche et de la gestion des services sociaux. Il est certain que des développements plus contemporains — qui, selon les cas, combinent ou mettent en cause l'approche traditionnelle par méthode d'intervention — comme l'approche intégrée, l'approche généraliste, l'approche réseau, l'approche communautaire, l'approche féministe, ont fait faire des progrès extrêmement importants à la pratique du service social.

Les problèmes sociaux contemporains sont de plus en plus complexes, à l'image de l'évolution de notre société. Les travailleurs sociaux y apportent des contributions significatives en ayant recours à beaucoup plus de connaissances et de savoir-faire que leurs prédécesseurs. Les cas de protection des enfants et de violence conjugale font régulièrement les manchettes des journaux et reflètent bien la densité des problèmes auxquels les travailleurs sociaux sont confrontés. Ces deux exemples de problèmes sociaux existaient aussi au moment de la création de la profession mais les normes sociales étaient beaucoup plus souples qu'aujourd'hui et les connaissances et savoir-faire bien pauvres si nous les comparons à la compétence de la travailleuse sociale contemporaine. Il n'est pas étonnant de constater que le développement de cette profession a bénéficié aussi de la réflexion sur les rapports entre la recherche et l'intervention, sur l'utilisation par les travailleurs sociaux des données de recherche quantitative mais aussi et de plus en plus de données qualitatives. Nous savons maintenant que la pratique exige plus de formation à la prise de décision éthique dans l'intervention, davantage de connaissances sur les rapports interdisciplinaires et sur les politiques sociales. Le travail social a bien évolué au cours des cinq dernières décennies.

Un peu d'histoire ou des événements marquants

Les racines anglo-saxonnes du service social n'ont pas fait l'objet de beaucoup de publications. Deux institutions sont considérées comme ayant fourni l'impulsion essentielle qui allait permettre le développement du service social ; il s'agit des *Charity Organizations Societies* et des *Settlements Houses* dans l'Angleterre du XIXe siècle. Dans le premier cas, ces sociétés coordonnaient le travail d'agences sociales privées ; une meilleure efficacité de services était recherchée par la création d'un registre central des clients pour éviter les chevauchements, en faisant des recherches sur les besoins, en services et en argent, des gens qui demandaient de l'aide et en envoyant des «visiteurs amis» chez les demandeurs d'aide. Zastrow indique que ces organisations «donnaient davantage de sympathie que d'argent et encourageaient les pauvres à épargner et à se chercher du travail» (Zastrow, 1996 : 45).

Les *Settlements Houses* étaient des organisations qui reposaient sur des principes différents. Toynbee Hall à Londres est un *Settlement* célèbre, notamment parce qu'une Américaine du nom de Jane Addams y effectua en 1884 un voyage aux conséquences très grandes pour le développement du service social américain. L'approche des *settlements* reposait sur une connaissance intime des populations et une proximité directe avec leurs modes de vie. Ainsi, de jeunes étudiants de l'Université d'Oxford vivaient dans des quartiers pauvres de Londres pour apprendre la condition des gens et contribuer à leur mieux-être par leur engagement personnel tant sur le plan des connaissances que sur le plan financier (*idem* : 47). Jane Addams créa un *settlement* à Chicago, appelé Hull House. Il s'y organisa des groupes de lecture, une garderie et toutes sortes de services. Selon Zastrow, ce *settlement* fut à la source du développement d'un mouvement d'établissements semblables à travers tous les États américains. L'idée fut même exportée au Canada, notamment à Montréal. En reconnaissance de son engagement social, Jane Addams reçut le prix Nobel de la paix en 1931.

Une autre femme fut importante dans l'histoire de la profession du travail social. Il s'agit de Mary Richmond qui devint célèbre pour avoir écrit en 1917 un livre au titre évocateur : *Social Diagnosis*. C'est le premier écrit théorique et méthodologique sur la pratique professionnelle du service social. Installée dans une école de médecine d'une université américaine, Richmond écrivit son texte en s'inspirant de la démarche médicale de diagnostic d'une maladie physique. Elle proposait donc d'aborder les problèmes sociaux sous l'angle scientifique en adaptant au domaine social ce qu'elle retenait du domaine médical (Meyer : 1995 : 260).

Au Québec, la première école fut celle de l'Université McGill, en 1923, comme le rappellent Gilles Rondeau et Delphine Commelin dans leur chapitre. Le Québec francophone a tardé un peu, car pendant plusieurs décennies les services sociaux subirent l'influence prépondérante de l'Église catholique. Cette situation fit en sorte que le travail social a pris du temps à adopter une approche scientifique de la pratique : la doctrine sociale chrétienne et les valeurs qui l'accompagnaient (dont les valeurs morales, la charité, la compassion, etc.) remplaçaient une approche plus rationnelle basée sur des concepts et des théories naissantes. Pour plusieurs francophones, le travail social était souvent considéré comme une extension de la pratique religieuse. Ce ne fut pas le cas des anglophones qui ont échappé à cette emprise et pour qui le travail social a vite représenté une discipline en tant que telle.

Des événements marquants comme l'urbanisation et l'industrialisation du Québec au début du siècle, la crise économique des années 1930 et la deuxième grande guerre dans les années 1940, ont fait que le Québec a connu à son tour les problèmes des sociétés modernes. L'influence de ces événements sur l'évolution de la pratique du travail social est un bon exemple du mode de développement de la profession ; celui-ci est lié à l'énergie déployée par ses adeptes mais il est aussi tributaire des problèmes sociaux et de leur importance pour la société. La professionnalisation du service social francophone sera longue et il faudra attendre les années 1960 pour que des efforts systématiques soient faits pour en développer la théorie et la pratique.

Au cours des années 1960[1], les agences sociales diocésaines ont engagé de plus en plus de travailleurs sociaux pour donner des services à l'enfance, aux familles et aux personnes dans le besoin. Regroupés d'abord dans l'Association canadienne des travailleurs sociaux, ceux-ci s'en détachent en 1960 pour former au Québec leur propre ordre professionnel (l'appellation première était la Corporation des travailleurs sociaux professionnels). Par contre, l'héritage de l'Église pèse lourd, tant dans les domaines de la santé, des services sociaux que de l'éducation. L'État procède à la réorganisation de ces secteurs tout au long des années 1960 et 1970. La démocratisation du système d'éducation et le développement des sciences sociales ont contribué à la création d'une main-d'œuvre de travailleurs sociaux mieux équipés pour affronter les problèmes sociaux. La Commission d'enquête sur la santé et le bien-être social (la commission Castonguay-Nepveu) produira un rapport substantiel, réparti en plusieurs tomes, à partir de 1970, qui aura des conséquences extrêmement importantes tant sur la population que

---

1. Nous sommes redevables à Réjean Mathieu, professeur de travail social à l'Université du Québec à Montréal, pour les données historiques qu'il a recueillies et dont il nous a fait part dans un document inédit (Mathieu, 2000).

sur les pratiques professionnelles dont celles du service social. Les agences diocésaines de service social ont fusionné pour ne former qu'une quinzaine de centres de services sociaux ; les CLSC sont créés, les hôpitaux transformés en centres hospitaliers, les hospices deviennent des centres d'accueil. Il s'agit d'une période de profonde transformation de la société québécoise durant laquelle des travailleurs sociaux exerceront une influence déterminante soit à titre de gestionnaires, d'intervenants, de hauts fonctionnaires, de responsables régionaux ou d'administrateurs. Loin de les reléguer dans l'ombre, la réforme du début des années 1970 leur a donné la chance d'influencer les structures et d'y jouer un rôle important. La syndicalisation des travailleurs sociaux amorcée dans la décennie précédente s'est accélérée à la faveur des changements apportés par cette réforme.

À la fin des années 1970, la Loi sur la protection de la jeunesse aura une influence déterminante sur la pratique du travail social. Cette pièce législative, maintes fois réclamée par les praticiens, encadrera la pratique en lui fixant des contours juridiques et deviendra un champ d'intervention nouveau qui embauchera beaucoup de travailleurs sociaux. Au milieu des années 1980, la situation deviendra encore plus claire : les Centres de services sociaux offriront des services sociaux spécialisés, les CLSC, des services de première ligne en milieu naturel. Toujours dans les années 1980, un acteur de taille s'impose dans le domaine de la santé et des services sociaux, ce que nous allions appeler le mouvement communautaire. Il avait amorcé sa montée au milieu des années 1960, dans le mouvement de l'animation sociale où plusieurs intervenants formés en service social s'étaient engagés ; il allait la continuer dans les années 1970 à la faveur des multiples programmes gouvernementaux devant éponger le chômage des jeunes. Dans les années 1980, sur la même lancée, il était devenu un acteur incontournable au point d'avoir une place de choix dans le rapport de la commission Rochon. On commença alors à parler de formule de financement et de contribution de ces organismes au système des services sociaux. Ici encore, les travailleurs sociaux y trouvèrent un nouveau champ pour exercer leur compétence.

Les pratiques des travailleurs sociaux des années 1990 furent marquées notamment par la fusion d'établissements ; les travailleurs sociaux des centres de services sociaux se retrouvent maintenant dans les centres jeunesse où les rejoignent les psychoéducateurs qui œuvraient en centres de réadaptation ; les travailleurs sociaux de CLSC voient leur organisation fusionnée avec d'autres établissements du même territoire ou de territoires voisins, si bien que le nombre d'employés est beaucoup plus important, que la ligne d'autorité s'étire et que l'encadrement professionnel en souffre.

Les années 1990 furent marquées également par la réduction de la fonction publique et, bien que le travail social ne fut pas épargné, il n'a pas moins continué à exercer une grande influence dans la société. Certes, le bassin d'emplois de la fonction publique s'est rétréci, mais ses lieux et ses champs de pratique sont plus diversifiés qu'ils ne l'ont jamais été dans son histoire. Une constante s'impose : le travail social est une profession qui est en progression constante. Les travailleurs sociaux ont su s'adapter aux différentes réformes des services étatiques où ils continuent à jouer des rôles de premier plan ; ils ont contribué à l'émergence des groupes communautaires et ont développé des pratiques en cabinet privé ; ils se sont engagés dans les nouvelles structures de développement et de concertation régionale et ils sont bien placés pour exercer un rôle important dans le mouvement de développement local qui s'annonce. Bref, l'adaptation dont elle a fait preuve dans les différentes circonstances fait que la profession de travail social est classée comme une des professions d'avenir (Boivin et Rioux, 2000). Elle est donc en bonne position pour affronter les problèmes sociaux de ce début de siècle.

Des défis pour l'avenir

La pratique du service social au Québec et au Canada, mais aussi dans plusieurs pays occidentaux, est en évolution rapide surtout là où l'État est le principal employeur. En effet, cette pratique est influencée par le nouveau rôle que l'État se donne eu égard aux services à fournir aux citoyens et à la relation qu'il souhaite entretenir avec eux, en particulier dans le domaine de la santé et des services sociaux. On peut noter deux aspects à cette question. Le premier vise à clarifier le degré d'autonomie professionnelle qui sera à la base de l'exercice du travail social ; l'application, par exemple, de la Loi sur la protection de la jeunesse peut se traduire par des conditions de travail et des directives telles que les travailleurs sociaux auront du mal à assurer leur marge de manœuvre professionnelle. De ce point de vue, le travail social devra combattre la tendance qui veut l'utiliser comme instrument de réalisation des volontés politiques des gouvernements. Le second aspect concerne le nombre de postes de travailleurs sociaux qui seront nécessaires pour rendre les services à la population. Ce nombre pourra varier énormément selon le rôle des services publics dans la société. L'évolution de ce premier défi adressé au travail social sera fonction notamment du poids politique que ses tenants réussiront à se donner dans la société.

Le deuxième défi important relève de l'identité professionnelle. À l'occasion d'une vaste campagne de réflexion (appelée les États généraux de la profession) sur l'avenir de la profession du travail social menée en 1998 et 1999, l'Ordre professionnel des travailleurs sociaux a posé des questions fondamentales. Quel est le caractère spécifique du service social ? Qui sommes-nous, nous, les professionnels du service social ? Comment combattre la dépendance face à l'État ? Comment réagir à d'autres professions qui empruntent des concepts, des valeurs et des modèles de pratique au travail social ? Ces questions ne sont pas faciles mais, comme nous l'avons indiqué dans le présent volume, elles ne sont pas nouvelles. Elles ne nous sont pas exclusives : d'autres professions se les posent également, ici comme dans d'autres sociétés. Pour bien en mesurer la portée, il faut considérer le chemin parcouru depuis les cinquante dernières années et se reporter aux pratiques du travail social qui prévalaient à la fin de la Seconde Guerre. Des progrès considérables ont été accomplis, notamment dans la précision des concepts et des théories qui supportent l'intervention, dans la définition de modèles de pratique et dans le développement d'outils d'évaluation. À cet égard, il n'est pas inutile de rappeler que les revues et autres publications professionnelles et scientifiques concernant le service social — ainsi que le développement de la recherche — ont joué un rôle non négligeable dans l'évolution de la discipline et de la profession, comme nous l'indiquions en introduction. Leur apport peut être encore plus important à une période où la nécessité de la recherche pour renforcer l'intervention et aider à orienter les politiques sociales est socialement reconnue. Nous pourrions souhaiter que davantage de travaux portent sur l'identité professionnelle, reconnaissant par là que la pratique sera aussi forte que la théorie qui la supporte.

Un troisième défi nous semble s'imposer dans la pratique du travail social ; il s'agit du lien social. Cette question a été abordée par nos collègues français, notamment sous l'angle de l'intégration des immigrants. Au Québec, c'est l'intégration des jeunes et des personnes âgées qui a d'abord retenu notre attention. Ceci dit, de plus en plus de personnes sont considérées comme étant privées d'appartenance sociale. D'une part, on retrouve ceux et celles qui ont le vent dans les voiles, qui ont le sentiment de façonner l'avenir en s'y inscrivant déjà par leur travail, leur fonction, les valeurs qu'ils partagent. De l'autre, on retrouve les inefficaces, inemployés et parfois inemployables, les « surnuméraires » comme les appelle Castel (1994 : 15). Ce sont les travailleurs trop âgés et les travailleurs trop jeunes, les minoritaires, de culture ou de race, les femmes chefs de famille mais que leur statut rend trop instables pour occuper un emploi, les personnes handicapées, les mésadaptés de plus en plus nombreux (White, 1994 : 42). S'y ajoutent les travailleurs autrefois qualifiés et compétents que la rationalisation des moyens de production et la course effrénée à l'augmentation de la valeur des actions boursières des entreprises laissent sur le carreau. On peut penser à des mesures d'insertion socioprofessionnelle qui réussissent à intégrer ces personnes au marché du travail. Le succès n'est pas aussi resplendissant qu'espéré mais une attention soutenue et personnalisée est la seule à pouvoir produire quelque résultat (Rosanvallon, 1995).

Par contre, avec le temps, nous nous apercevons que le problème est plus profond qu'un problème de chômage, tout catastrophique qu'il soit pour ses victimes : c'est le lien social lui-même qui est attaqué. Au-delà des statistiques et des politiques générales, des personnes, des familles et des collectivités vivent les séquelles de la mondialisation et du libre-échange. C'est à la base, dans le vif de la vie, que le lien social s'enracine ou se défait : « Mais par où passe le lien social, si ce n'est par des comportements et des attitudes assumées quotidiennement par des individus qui entrent en rapport les uns avec les autres ? Parmi les valeurs qui fondent ces comportements et attitudes, on retrouve la réciprocité, la gratuité, la confiance en soi et envers les autres, le courage et un certain risque, dont les ruptures parfois nécessaires peuvent exprimer le sens » (Lagacé, 1995 : 17).

C'est ici que la discipline du travail social est à l'aise car la promotion du lien social est au cœur de son histoire et de sa pratique. Comprendre les personnes dans leur environnement, saisir le problème social dans ses manifestations individuelles, souffler sur l'étincelle du changement qui surgit des aspérités de la vie, voilà l'objectif que le travail social poursuit sans relâche. Actif aux niveaux des microsystèmes et mésosystèmes, le travail social n'a de cesse de consolider les réseaux chancelants, voire d'en créer de toutes pièces, toujours dans le but d'aider les personnes à combattre l'aliénation non seulement économique mais aussi culturelle. C'est la raison pour laquelle cette discipline peut, dans son domaine et à sa manière, aider à solutionner ce problème social aussi crucial que celui de l'affaiblissement du lien social.

Si le lien social a des aspects individuels, il ne peut s'y restreindre sous peine de tomber dans le piège que lui tend le néolibéralisme. À notre avis, le lien social n'a de sens qu'en relation avec le changement social. Les idéaux conservent leur importance : la répartition du pouvoir et de la richesse, la liberté des peuples, la justice, l'autonomie des personnes, voilà autant d'espérances qui doivent servir à alimenter la reconstruction du lien social. Il faut réhabiliter la notion de l'utopie-programme, comme disait Henri Desroche (1985 : 545), ou l'utopie concrète, comme le propose Bookchin (1980 : 281-283). Ces notions signifient que, loin de fuir dans l'univers chimérique, l'utopie doit s'ancrer dans l'expérimentation, le quotidien, l'autrement, avec un objectif de transformation.

« Rien n'est devenu plus rationnel aujourd'hui que de vouloir lutter contre les injustices et les exclusions sans cesse galopantes, tout en effectuant, en lien avec d'autres dans une diversité rassemblée autour de perspectives communes, un travail de fond qui permette au mouvement social de prendre pleinement sa place dans l'espace politique » (Lagacé, 1995 : 18).

Le travail social, malgré ses limites, peut s'inscrire dans ce mouvement de changement social et, jusqu'à un certain point, ses valeurs se confondent avec celles des avancées sociales qui ont marqué l'État-providence. Les batailles du passé ne sont pas disparues : elles ont changé de terrain. Les aspirations d'antan n'ont pas été satisfaites : elles se traduisent maintenant différemment.

Dans le combat pour le changement social, la technique peut fournir de nouvelles armes. Ici, l'ordinateur peut jouer un rôle de premier plan en même temps qu'il porte l'ambiguïté de notre temps. D'une part, il est fort possible que le développement de l'informatique individualise davantage la société en isolant les individus. Nous en voyons un exemple dans le travail parcellaire qui se traduit souvent par un emploi à temps partiel, rendant difficile le regroupement des travailleurs et la mise en œuvre de la solidarité. Par contre, la technique ne suffit pas à elle seule à tout englober ni à engloutir toute vie sociale : le citoyen conserve une marge de manœuvre et la capacité d'agir, comme l'avance un des nouveaux penseurs de la communication : « Capacité critique qui permet toujours de faire le tri, de distinguer ce qui, dans les promesses, renvoie à l'idéal normatif de ce qui renvoie à une réalité fonctionnelle, de séparer le vrai du faux, les discours des réalités, les valeurs des intérêts » (Wolton, 1997 : 18). L'utopie revient hanter la rationalité.

Internet rapproche ceux qui sont loin et éloigne ceux qui sont proches. Cette même technique permet à la fois de se désintéresser de nos proches mais aussi de créer des réseaux de discussion et de solidarité à la grandeur de la planète. On peut prendre comme exemple l'organisation de la résistance au Chiapas, ou la lutte contre l'Accord multilatéral d'investissement (AMI, plus tard baptisé en dérision Sal-AMI), ou la bataille contre l'Organisation mondiale du commerce. Toutes ces actions n'auraient pas été possibles sans l'usage d'Internet, du courrier électronique, de la toile. L'usage de l'ordinateur est encore restreint aux pays occidentaux mais peut rapidement se répandre.

Comme ceux qui ont accès à la machine, les travailleurs sociaux peuvent entrer en contact avec des représentants de diverses sociétés, eux aussi intéressés par le changement social. Sans négliger le travail à la base, tenace et quotidien, il est maintenant possible de tisser des liens avec d'autres cultures. Le développement du service social est marqué profondément par des contributions étrangères, étant donné l'ouverture sur le monde que nous constatons depuis plusieurs années. Le développement de moyens de communication facilite et encourage les échanges à tous les points de vue. Ici, outre l'univers francophone, il nous semble que l'Amérique latine représente un interlocuteur privilégié avec qui le Québec partage des affinités culturelles que nous n'avons pas assez exploitées jusqu'ici.

« Le temps du monde fini commence », avait lancé Valéry. De nos jours, ce monde fini n'est pas que commencé mais il se construit sous nos yeux. Plus que jamais, comme disait la poète Michèle Lalonde dans son célèbre poème *Speak White*, nous savons que nous ne sommes pas seuls.

RÉFÉRENCES

BOIVIN, Martine, Martine RIOUX (2000). « Renforts demandés en santé », *La Presse*, samedi, 5 février, cahier Les carrières d'avenir au Québec en l'an 2000, p. 7.

BOOKCHIN, M. (1980). « Utopianism and Futurism », dans *Toward an Ecological Society*, Montréal, Black Rose Books, p. 275-286.

CASTEL, R. (1996). « La précarité : transformations historiques et traitement social », dans M.-A. Soulet (1994). *De la non-intégration : essais de définition théorique d'un problème social contemporain*, Fribourg, Éditions universitaires de Fribourg, p. 11-25.

DESROCHE, H. (1985). « Panorama de l'utopie », *Encyclopedia Universalis*, vol. 18, p. 544-547.

LAGACÉ D. (1995). « Les fondements individuels du lien social », *Virtualités*, novembre-décembre, vol. 3, n° 1, p. 15-18.

MATHIEU, R. (2000). *Éléments d'histoire du travail social de 1945 à nos jours*, Montréal, Université du Québec à Montréal, 37 pages.

MEYER, C.H. (1995). « Assessment », *Encyclopedia of social work*, 19e édition, Washington, D.C., National Association of Social Workers, p. 260-270.

RICHMOND, Mary (1917). *Social Diagnosis*, Russell Sage Foundation, 510 p.

ROSANVALLON, P. (1995). *La nouvelle question sociale : repenser l'État-Providence*, Paris, Seuil, 222 pages.

WHITE, D. (1994). « La gestion communautaire de l'exclusion », *Lien social et politique-RIAC*, n° 32, automne, p. 37-51

WOLTON, D. (1997). *Penser la communication*, Paris, Flammarion, 410 pages.

ZASTROW, C. (1996). *Introduction to social work and social welfare*, Pacific Grove ; Toronto : Brooks/Cole Publishing Cie, 6e édition,

NOTES BIOGRAPHIQUES

René Auclair a obtenu une maîtrise en service social, une maîtrise en technologie de l'éducation et a complété des études
doctorales en technologie de l'éducation (Université Laval). Il
est professeur titulaire à l'École de service social de l'Université Laval et responsable d'un cours sur l'éthique et la déontologie professionnelle. Il est co-traducteur d'une série de trois
ouvrages américains qui traitent de l'enseignement et de
l'utilisation de la recherche en service social publiés par les
Presses de l'Université Laval. Il poursuit des recherches en
sciences de l'éducation et en sciences sociales.

courriel: rene.auclair@svs.ulaval.ca

André Beaudoin est détenteur d'une maîtrise en service social
(Université Laval) et d'un Ph. D. en travail social (Pittsburgh).
Il est professeur titulaire à l'École de service social de l'Université Laval. Ses cours portent sur les méthodes d'évaluation
de programmes et sur l'évaluation de l'intervention. Il est impliqué comme responsable et membre d'équipe dans de nombreux projets d'évaluation de programmes. Il a participé à la
publication de *L'évaluation de l'action des organismes communautaires dans le cadre du programme d'action communautaire
pour les enfants* (PACE), 2 volumes (en collaboration, Centre
de recherche sur les services communautaires, Université Laval, 1997).

courriel: andre.beaudoin@svs.ulaval.ca

Michèle Bourgon est titulaire d'une maîtrise en travail social (Carleton). Professeure à l'École de travail social de l'Université du Québec à Montréal depuis vingt ans, elle y enseigne les fondements théoriques de l'intervention ainsi que l'intervention auprès des individus. Ses recherches portent sur la violence faite aux femmes vivant avec des incapacités motrices et intellectuelles ainsi que sur les groupes de soutien et de pression pour jeunes gais, lesbiennes et bisexuels. Elle s'est aussi intéressée à la question du sida et a offert de nombreuses sessions de formation aux intervenants qui œuvrent dans ce domaine.

courriel: bourgon.michele@uqam.ca

Delphine Commelin a complété des études de droit en France et a poursuivi une maîtrise de qualification professionnelle en service social à l'Université de Montréal. Ses principaux champs d'intérêt sont le développement et la pratique de la médiation familiale au Québec et en France, et le vécu des enfants lors d'une séparation ou d'un divorce.

courriel: comdelf@videotron.ca

Jean-Pierre Deslauriers détient un diplôme de maîtrise en service social (Université Laval) ainsi qu'un Ph. D. dans la même discipline (Université de Toronto). Il est professeur au Département de travail social de l'Université du Québec à Hull où il enseigne l'organisation communautaire et la méthode de recherche. Il a participé avec d'autres auteurs à la publication de deux livres intitulés *La recherche qualitative. Enjeux épistémologiques et méthodologiques* (Gaëtan Morin, 1997) et *La recherche qualitative. Diversité des champs et des pratiques au Québec* (Gaëtan Morin, 1998). Ses champs de recherche sont le mouvement communautaire et le travail social.

courriel: jean-pierre_deslauriers@uqah.uquebec.ca

Jean-Louis Gendron a complété des études de maîtrise en service social ainsi qu'un doctorat en science politique (Université Laval). Professeur en organisation communautaire pendant 16 ans à l'Université de Sherbrooke puis professeur à l'Université Laval depuis 1988, il est maintenant retraité de cette institution. Il s'est consacré à l'étude des fondements théoriques du service social, de la recherche qualitative et du rapport entre la science et l'intervention.

courriel: sangen@videotron.ca

Martin Goyette détient un diplôme d'études supérieures spécialisées en administration sociale (DESS) ainsi qu'une maîtrise en service social (Université de Montréal). Son mémoire porte sur le partenariat dans le domaine de l'itinérance et de la santé mentale. Il s'intéresse professionnellement aux partenariats dans le domaine de la jeunesse.

courriel: goyettebellot@sympatico.ca

Annie Gusew détient une maîtrise en intervention sociale (Université du Québec à Montréal). Travailleuse sociale de formation, elle est chargée de formation pratique à l'École de travail social de l'Université du Québec à Montréal. Ses principaux domaines d'expertise sont la santé mentale et la protection de la jeunesse. Elle a participé à divers projets de recherche dont ceux portant sur les jeunes adultes, la santé mentale et le vécu des proches des personnes atteintes du VIH.

courriel: gusew.annie@uqam.ca

Michel Hébert détient un baccalauréat en psychologie et une maîtrise en service social (Université de Montréal). Travailleur social à l'Hôpital Sainte-Justine depuis 1989, il a travaillé antérieurement dans le domaine de la protection de la jeunesse, de la psychiatrie et en centre d'accueil. Il a aussi pratiqué en clinique privée. Auteur de l'ouvrage *Violence et lien social, la ville en délire après la conquête de la coupe Stanley* (Montréal, Centre des services sociaux du Montréal métropolitain, 1990), il a contribué à plusieurs ouvrages sur les aspects psychosociaux du VIH/SIDA.

courriel: michel_hebert@ssss.gouv.qc.ca

Yves Hurtubise détient un diplôme de maîtrise en service social (Université de Montréal); il a complété également un doctorat en sociologie (École des Hautes Études en sciences sociales, Paris). Il est professeur titulaire à l'École de service social de l'Université Laval où il enseigne l'organisation communautaire. Il a publié plusieurs articles sur cette méthode d'intervention ainsi que sur son développement dans les CLSC. Il est co-auteur d'un livre sur l'organisation communautaire en CLSC avec Louis Favreau (Presses de l'Université du Québec, 1993). Ses recherches ont porté sur l'organisation communautaire, le service social et l'économie sociale.

courriel: yves.hurtubise@svs.ulaval.ca

Roland Lecomte a fait ses études de maîtrise en service social (St. Patrick's College) et un Ph. D combiné en travail social et recherche sociale (Bryn Mawr). Professeur titulaire retraité de l'Université d'Ottawa, il y fut directeur-fondateur du programme de maîtrise en service social qui ouvrit ses portes en 1992. Ses écrits récents traitent des enjeux épistémologiques sous-jacents à l'identité professionnelle en travail social. En juin 1998, l'Association canadienne des écoles de service social l'a nommé membre honoraire à vie pour souligner sa contribution à l'enseignement du travail social au Canada. Ses recherches portent sur les fondements théoriques et idéologiques de l'intervention et la recherche évaluative en travail social.

courriel: rlecomte@magma.ca

Jocelyn Lindsay est professeur à l'École de service social de l'Université Laval. Il détient une maîtrise en service social (Université Laval), un diplôme d'études avancées en service social (Université McGill) et un doctorat en psychopédagogie (Université Laval). Ses champs de recherche et d'enseignement ont principalement été le service social des groupes, la prévention sociale et la violence familiale. Il a contribué à des publications sur le genre et la santé mentale, sur le service social en milieu de santé, sur la formation en service social, sur l'évaluation de programmes auprès des conjoints violents et sur la violence psychologique.

courriel: jocelyn.lindsay@svs.ulaval.ca

Robert Mayer est professeur titulaire à l'École de service social de l'Université de Montréal. Il détient un doctorat en sociologie (Université Laval). Il a publié de nombreux volumes, écrits seul ou en collaboration avec des collègues, notamment *La pratique de l'action communautaire* (en collaboration, Presses de l'Université du Québec, 1996), et *Méthodes de recherche en intervention sociale* (en collaboration, Gaëtan Morin, 2000). Ses champs de recherche sont les politiques sociales et l'analyse des problèmes sociaux, les pratiques sociales, la recherche appliquée à l'intervention.

courriel: robertm@pandore.qc.ca

Clément Mercier est détenteur d'une maîtrise en travail social (Université Laval) et d'un doctorat en sociologie (Université de Montréal). Il est professeur au Département de service social de l'Université de Sherbrooke, où il enseigne l'organisation communautaire. Il a produit de nombreux écrits sur l'organisation communautaire dont *Au cœur des changements sociaux : les communautés et leur pouvoir* (en collaboration, Productions G.G.C., 1995). Ses recherches portent sur les pratiques de changement social observables dans les groupes populaires et communautaires, et sur l'intervention de développement communautaire dans les communautés appauvries.

courriel: cmercier@courrier.usherb.ca

Jean-Claude Michaud détient une maîtrise en service social (Université Laval) et a complété sa scolarité de doctorat en service social (Université de Toronto). Après avoir été intervenant social dans le secteur famille-enfance et en pédopsychiatrie, il a été professeur régulier au Département de service social de l'Université de Sherbrooke dans les années 1970. Ensuite, il fut conseiller-cadre en normes et standards de pratique au Centre des services sociaux du Montréal métropolitain jusqu'en 1991. Depuis lors, il est chargé de cours dans plusieurs départements de service social du Québec. Comme consultant, il rédige également des documents professionnels pour le compte de divers organismes et pour des groupes de travailleurs sociaux.

courriel: louise.bellemare@sympatico.ca

Martin Poulin est titulaire d'une maîtrise en service social et d'une maîtrise en administration des affaires (Université Laval). Professeur associé à l'École de service social de l'Université Laval, actuellement à la retraite, il a enseigné la gestion des services sociaux dans le cadre du programme de maîtrise en service social pendant une quinzaine d'années. Il possède une large expérience de la gestion, tant dans le milieu universitaire que dans celui des services sociaux et de santé, où il a exercé ou a été associé à différentes fonctions administratives. Ses travaux de recherche et ses publications ont principalement porté sur les applications informatiques dans les services sociaux

Gilles Rondeau est détenteur d'une maîtrise en service social (Université de Montréal) et d'un doctorat en travail social (Pittsburgh). Professeur à l'École de service social de l'Université de Montréal depuis 1968, ses activités de recherche et d'enseignement ont porté sur la violence conjugale, l'intervention auprès des hommes et la formation en service social. En collaboration avec Jacques Broué, il a dirigé la publication du livre *Père à part* *entière* (Montréal, Éditions Saint-Martin, 1997). Il a présidé l'Ordre des travailleurs sociaux du Québec et dirige l'École de service social de l'Université de Montréal.

Courriel: gilles.rondeau@umontreal.ca

Amnon J. Suissa détient une maîtrise en travail social (Université de Montréal) et un doctorat en sociologie (Université du Québec à Montréal). Il est professeur au Département de travail social à l'Université du Québec à Hull où il enseigne des cours en intervention familiale et en intervention psychosociale. Il a suivi divers stages de perfectionnement dans le champ de la thérapie familiale, et en particulier à l'Institut Nathan Ackerman de New York. Spécialisé dans le champ des dépendances, il a publié *Pourquoi l'alcoolisme n'est pas une maladie* (Fides, 1998). Il pratique aussi en clinique privée.

Courriel: amnon-jacob_suissa@uqah.uquebec.ca

ANNEXE 1

CODE DE DÉONTOLOGIE DES TRAVAILLEURS SOCIAUX

Code des professions
(L.R.Q., c. C-26, a. 87)

SECTION I
DISPOSITIONS GÉNÉRALES

1.01. Dans le présent règlement, à moins que le contexte n'indique un sens différent, on entend par :

a) « Ordre » : l'Ordre professionnel des travailleurs sociaux du Québec ;
b) « travailleur social » : une personne inscrite au tableau de l'Ordre ;
c) « client » : une personne, un groupe, une collectivité ou un organisme bénéficiant des services d'un travailleur social ;
d) « tiers » : une personne, un groupe ou une institution extérieur à la relation client — travailleur social.

1.02. La Loi d'interprétation (L.R.Q., c. I-16), avec ses modifications présentes et futures, s'applique au présent règlement.

SECTION II
DEVOIRS GÉNÉRAUX ET OBLIGATIONS ENVERS LE PUBLIC

2.01. Dans l'exercice de ses activités, le travailleur social tient compte des normes professionnelles généralement reconnues en service social. Il tient compte aussi, notamment, de l'ensemble des conséquences prévisibles de son activité professionnelle non seulement sur le client mais aussi sur la société.

2.02. Le travailleur social favorise et appuie toute mesure susceptible d'améliorer la qualité et l'accessibilité des services professionnels en service social.

2.03. Le travailleur social, reconnaissant comme un objectif important à sa profession l'information et l'éducation du public en matière de service social, pose les gestes qu'il juge appropriés en fonction de cet objectif.

SECTION III
DEVOIRS ET OBLIGATIONS ENVERS LE CLIENT

§ 1. — *Dispositions générales*

3.01.01. Le travailleur social tient compte des considérations éthiques des clientèles et du contexte dans lequel il va œuvrer. Avant d'accepter un mandat et durant son exécution, le travailleur social tient compte des limites de sa compétence et des moyens dont il dispose. Il n'entreprend pas des travaux pour lesquels il n'est pas préparé sans obtenir l'assistance nécessaire.

3.01.02. Le travailleur social reconnaît en tout temps le droit du client de consulter un autre travailleur social, un membre d'un autre ordre professionnel ou une autre personne compétente.

3.01.03. Le travailleur social s'abstient d'exercer dans des conditions susceptibles de compromettre la qualité de ses services. Lorsque des pressions d'ordre pécuniaire, institutionnel ou politique nuisent à l'exercice de sa profession, il doit indiquer clairement à son client, les conséquences qui peuvent en découler.

3.01.04. Le travailleur social fait tout en son pouvoir pour établir et maintenir une relation de confiance entre lui-même et son client. À cette fin, notamment, le travailleur social :

a) s'abstient d'exercer sa profession d'une manière impersonnelle ;
b) respecte, dans toutes ses interventions, les valeurs et les convictions de son client.

3.01.05. Le travailleur social ne formule une évaluation de la situation de son client et n'intervient à son égard que s'il possède les données suffisantes pour porter un jugement éclairé sur la situation et pour agir avec un minimum d'efficacité dans l'intérêt du client.

3.01.06. Le travailleur social s'abstient d'intervenir dans les affaires personnelles de son client en des matières ne relevant pas de sa compétence.

3.01.07. Le travailleur social s'abstient en tout temps d'exercer contrairement aux normes généralement reconnues dans sa profession.

§ 2. — *Intégrité et objectivité*

3.02.01. Le travailleur social s'acquitte de ses obligations professionnelles avec intégrité et objectivité.

3.02.02. Le travailleur social renseigne son client sur tous les aspects de ses activités professionnelles susceptibles de l'aider à décider de recourir ou non à ses services.

3.02.03. Le travailleur social informe dès que possible son client de l'ampleur et des conséquences du mandat que ce dernier lui a confié ou qu'un tiers lui a confié à son sujet et il doit obtenir son accord à ce sujet.

3.02.04. Le travailleur social expose à son client, de façon complète et objective, la nature et la portée du problème qui lui est soumis, des solutions possibles et de leurs implications.

3.02.05. Le travailleur social évite toute fausse représentation quant à sa compétence ou quant à l'efficacité de ses propres services ou de ceux qui sont généralement dispensés par les membres de son Ordre.

3.02.06. Si le bien de son client l'exige, le travailleur social peut, avec son autorisation, consulter un autre travailleur social, un membre d'un autre ordre professionnel ou une autre personne compétente ; il peut aussi le diriger vers l'une ou l'autre de ces personnes.

3.02.07. Dans la mesure du possible, le travailleur social s'abstient de rendre des services professionnels aux membres de sa propre famille, à ses amis intimes, collègues de travail, employés et étudiants à qui il enseigne.

3.02.08. Le travailleur social se comporte, à l'égard de son client, d'une façon digne et irréprochable sur tous les plans.

3.02.09. Le travailleur social ne recourt à aucun procédé dans le but de contraindre une personne à faire des aveux contre sa volonté.

3.02.10. Sauf en ce qui concerne ses honoraires, le travailleur social ne contracte aucun lien économique avec son client.

3.02.11. Dans l'exercice de sa profession, le travailleur social agit avec modération et évite de multiplier, sans raisons suffisantes, des actes destinés à répondre aux besoins de son client. Le travailleur social évite également de poser des actes qui seraient inappropriés ou disproportionnés aux besoins de son client.

§ 3. — *Disponibilité et diligence*

3.03.01. Dans l'exercice de sa profession, le travailleur social fait preuve de disponibilité et de diligence. Quand il ne peut répondre à une demande dans un délai raisonnable, il en explique les motifs à son client.

3.03.02. Le travailleur social fournit à son client les informations nécessaires à la compréhension et à l'évaluation des services rendus ou à rendre.

3.03.03. Le travailleur social, sauf pour un motif juste et raisonnable, ne peut cesser de rendre des services à un client. Peuvent constituer, entre autres, des motifs justes et raisonnables :

a) la perte de confiance du client ;
b) le fait que le client ne bénéficie plus des services du travailleur social ;
c) le fait que le travailleur social se trouve dans une situation de conflit telle que sa relation avec le client est compromise ;
d) l'incitation de la part du client à l'accomplissement d'actes illégaux, injustes ou frauduleux.

3.03.04. Le travailleur social qui, unilatéralement, cesse d'offrir ses services à un client, en avise ce dernier dans un délai raisonnable et veille à ce que cette situation ne soit pas préjudiciable au client.

§ 4. — *Responsabilité*

3.04.01. Dans l'exercice de sa profession, le travailleur social engage pleinement sa responsabilité civile personnelle. Il lui est interdit d'insérer dans un contrat de services une clause excluant directement ou indirectement, en totalité ou en partie, cette responsabilité.

§ 5. — *Indépendance et désintéressement*

3.05.01. Le travailleur social subordonne son intérêt personnel à celui de son client.

3.05.02. Le travailleur social ignore toute intervention d'un tiers qui pourrait influer sur l'exécution de ses devoirs professionnels au préjudice de son client.

3.05.03. Le travailleur social sauvegarde en tout temps son indépendance professionnelle et évite toute situation où il serait en conflit d'intérêts. Sans restreindre la généralité de ce qui précède, le travailleur social :

a) est en conflit d'intérêts, lorsque les intérêts en présence sont tels qu'il peut être porté à préférer certains d'entre eux à ceux de son client ou que son jugement et sa loyauté envers celui-ci sont défavorablement affectés ;
b) n'est pas indépendant comme conseiller pour un service donné s'il y trouve un avantage personnel, direct ou indirect, actuel ou éventuel.

3.05.04. Quand le travailleur social réalise qu'il se trouve dans une situation de conflit d'intérêts ou qu'il risque de s'y trouver, il doit en informer son client et lui demander s'il l'autorise à continuer son mandat.

3.05.05. Le cas échéant, un travailleur social partage ses honoraires avec une autre personne dans la mesure où ce partage correspond à une répartition des services et des responsabilités.

3.05.06. Le travailleur social s'abstient de recevoir, en plus de la rémunération à laquelle il a droit, tout avantage, ristourne ou commission relatifs à l'exercice de sa profession. De même, il ne doit pas verser ou offrir de verser un tel avantage, ristourne ou commission.

3.05.07. Pour un service donné, le cas échéant, le travailleur social accepte des honoraires d'une seule source, sauf entente entre toutes les parties intéressées. Il n'accepte le versement de ces honoraires que de son client ou de son représentant.

3.05.08. Dans une situation conflictuelle, le travailleur social agit pour une seule des parties en cause. Si ses devoirs professionnels exigent qu'il agisse autrement, le travailleur social précise la nature de ses responsabilités et tient toutes les parties concernées informées qu'il cessera d'agir si la situation devient incompatible avec son devoir d'impartialité.

§ 6. – Secret professionnel

3.06.01. Le travailleur social doit respecter le secret de tout renseignement de nature confidentielle obtenu dans l'exercice de sa profession.

Le travailleur social ne peut être relevé du secret professionnel qu'avec l'autorisation de son client ou lorsque la loi l'ordonne.

Le travailleur social doit s'assurer que son client soit pleinement informé des utilisations éventuelles des renseignements confidentiels qu'il a obtenus.

3.06.02. Le travailleur social ne doit pas dévoiler ou transmettre un rapport d'évaluation psychosociale à un tiers, sauf si sa communication est nécessaire dans le cadre de l'application de la loi et que le tiers la requiert dans l'exercice de ses fonctions.

3.06.03. Le travailleur social ne doit pas révéler qu'une personne a fait appel à ses services à moins que la nature de la situation ou du problème en cause ne rende cette révélation nécessaire ou inévitable, dans ce cas, il en informe le client dès que possible.

3.06.04. Le travailleur social évite les conversations indiscrètes au sujet de ses clients et des services qui leur sont rendus ; il veille à ce que les personnes qui travaillent avec lui ne communiquent pas entre elles ou à des tiers des informations de nature confidentielle.

3.06.05. Le travailleur social cache l'identité de ses clients lorsqu'il utilise des informations obtenues de ceux-ci à des fins didactiques ou scientifiques.

3.06.06. Le travailleur social informe les participants à une session de groupe de la possibilité que soit révélé un aspect quelconque de la vie privée de l'un ou l'autre d'entre eux et il les engage à respecter le caractère privé et confidentiel des communications qu'ils pourront obtenir durant cette session.

3.06.07. Le travailleur social appelé à faire une expertise sociale devant un tribunal informe de son mandat les personnes impliquées dans cette expertise. Son rapport et sa déposition devant le tribunal se limitent aux éléments relatifs à la cause.

3.06.08. Le contenu du dossier concernant un client, tenu par un travailleur social, ne peut être divulgué, confié ou remis à un tiers, en tout ou en partie, qu'avec l'autorisation du client concerné, ou lorsque la loi l'exige.

3.06.09. Dans le cas où le travailleur social désire enregistrer ou filmer une entrevue, il obtient préalablement la permission écrite de son client, et il s'assure que des mesures de conservation sont prises qui sauvegardent la confidentialité de cet enregistrement ou de ce film.

3.06.10. Lorsque le travailleur social intervient auprès d'un couple ou d'une famille, le droit au secret professionnel de chaque membre du couple ou de la famille doit être sauvegardé. Le travailleur social garde secrets, si c'est la volonté expresse du client, les éléments du dossier ou les informations provenant de chacun des membres du couple ou de la famille.

3.06.11. Le travailleur social ne fait pas usage de renseignements de nature confidentielle au préjudice de son client ou en vue d'obtenir directement ou indirectement un avantage pour lui-même ou pour autrui.

3.06.12. Sauf dans un cas exceptionnel, le travailleur social ne doit pas refuser ses services à un client qui n'accepte pas de le relever de son secret professionnel.

3.06.13. Lorsqu'il est relevé du secret professionnel, le travailleur social ne peut divulguer que les seuls renseignements qui apparaissent nécessaires pour faire valoir les intérêts de son client, notamment dans l'application d'un programme législatif auquel il est appelé à collaborer.

§ 7. — Accessibilité des dossiers

3.07.01. À moins de contre-indication sérieuse, le travailleur social respecte le droit de son client de prendre connaissance des documents le concernant dans le dossier constitué à son sujet et d'obtenir des copies de ces documents. Constitue une contre-indication sérieuse le fait que la prise de connaissance des documents au dossier porte un préjudice grave au client.

3.07.02. Dans le cas d'une demande de consultation d'un autre professionnel, le travailleur social ne peut permettre au client concerné de prendre connaissance des documents qui se trouvent dans le dossier constitué à son sujet sans l'autorisation du professionnel qui a ainsi requis ses services.

§ 8. — Fixation et paiement des honoraires

3.08.01. Le travailleur social demande et accepte des honoraires justes et raisonnables.

3.08.02. Les honoraires sont justes et raisonnables s'ils sont justifiés par les circonstances et proportionnés aux services rendus. Le travailleur social tient notamment compte des facteurs suivants, pour la fixation de ses honoraires :

a) le temps consacré à l'exécution du service professionnel ;
b) la difficulté et l'importance du service ;
c) la prestation de services inhabituels ou exigeant une compétence ou une célérité exceptionnelles.

3.08.03. Le travailleur social fournit à son client toutes les explications nécessaires à la compréhension du relevé de ses honoraires et des modalités de paiement.

3.08.04. Le travailleur social s'abstient d'exiger d'avance le paiement de ses services. Il prévient son client du coût approximatif et prévisible de ses services.

3.08.05. Le travailleur social perçoit des intérêts sur les comptes en souffrance seulement après avoir dûment avisé son client. Les intérêts ainsi exigés sont d'un taux raisonnable.

3.08.06. Avant de recourir à des procédures judiciaires, le travailleur social épuise les moyens raisonnables dont il dispose lui-même pour obtenir le paiement de ses honoraires.

3.08.07. Lorsqu'un travailleur social confie à une autre personne la perception de ses honoraires, il s'assure, dans la mesure du possible, que celle-ci procède avec tact et mesure.

SECTION IV
DEVOIRS ET OBLIGATIONS ENVERS LA PROFESSION

§ 1. — *Actes dérogatoires*

4.01.01. En plus des actes mentionnés aux articles 57 et 58 du Code des professions (L.R.Q., c. C-26), sont dérogatoires à la dignité de la profession, les actes suivants :

a) inciter quelqu'un de façon pressante et répétée à recourir à ses services professionnels ;

b) réclamer du client une somme d'argent pour un service professionnel ou une partie d'un service professionnel dont le coût est assumé par un tiers, à moins qu'il y ait une entente formelle à cet effet entre le travailleur social, le client et ce tiers ;

c) conseiller ou encourager un client à poser un acte illégal ou frauduleux ;

d) communiquer, directement ou indirectement, avec un plaignant, sans la permission écrite et préalable du syndic de l'Ordre ou de son adjoint, lorsque le travailleur social est informé d'une enquête sur sa conduite ou sur sa compétence professionnelle ou lorsqu'il a reçu signification d'une plainte à son endroit ;

e) ne pas signaler à l'Ordre qu'il a des raisons de croire qu'un travailleur social est incompétent ou déroge à la déontologie professionnelle ;

f) fournir un reçu ou un autre document servant à indiquer faussement que des services ont été dispensés ;

g) réclamer des honoraires pour des actes professionnels non dispensés ;

h) présenter à un client une note d'honoraires pour entrevue, communication ou correspondance avec le syndic, quand ce dernier demande au travailleur social des explications ou des renseignements concernant une plainte d'un client ou de toute autre personne ;

i) ne pas informer en temps utile l'Ordre lorsqu'il sait qu'un candidat ne rencontre pas les conditions d'admission à l'Ordre ;

j) permettre à une personne qui n'est pas membre de l'Ordre de porter le titre de travailleur social ;

k) inciter un client à qui le travailleur social rend des services professionnels, dans le cadre de sa pratique dans un organisme, à devenir son client en pratique privée.

§ 2. — *Relations professionnelles*

4.02.01. Le travailleur social répond dans les plus brefs délais à toute correspondance du syndic de l'Ordre ou de ses adjoints, des enquêteurs ou des membres du comité d'inspection professionnelle.

4.02.02. Le travailleur social ne surprend pas la bonne foi d'un confrère et ne se rend pas coupable envers lui d'un abus de confiance ou de procédés déloyaux. Notamment, il ne s'attribue pas le mérite de travaux qui revient à un collègue ou qui ont été faits en collaboration.

4.02.03. Le travailleur social consulté par un collègue fournit à ce dernier son opinion et ses recommandations dans le plus bref délai possible.

4.02.04. Le travailleur social engagé dans une pratique professionnelle conjointement avec d'autres travailleurs sociaux ou avec d'autres personnes voit à ce que cette pratique ne cause aucun préjudice aux clients.

4.02.05. Le travailleur social appelé à collaborer avec un autre travailleur social ou avec une autre personne préserve son indépendance professionnelle. Si on lui confie une tâche contraire à sa conscience professionnelle ou aux normes de sa profession, il s'en dispense.

4.02.06. Le travailleur social, à qui l'Ordre demande de participer à un conseil d'arbitrage des comptes, à un comité de discipline ou d'inspection professionnelle, accepte cette fonction à moins de motifs exceptionnels.

4.02.07. Le travailleur social, dans la mesure de ses possibilités, aide au développement de sa profession soit par l'échange de connaissances et d'expériences avec ses collègues et des étudiants, soit par sa participation aux cours et aux stages de formation continue.

§ 3. — *Déclarations publiques*

4.03.01. Dans ses déclarations publiques traitant de travail social, le travailleur social évite toute affirmation revêtant un caractère purement sensationnel ou trop excessif.

4.03.02. Le travailleur social qui donne publiquement des indications sur les procédés et techniques de service social, souligne, au besoin, les réserves quant à l'usage de ces procédés et techniques.

4.03.03. Le travailleur social fait preuve d'objectivité et de modération lorsqu'il commente en public les méthodes de travail social usuelles ou nouvelles, différentes de celles qu'il emploie, lorsqu'elles satisfont aux normes professionnelles et scientifiques.

4.03.04. Dans toute activité de nature professionnelle destinée au public tels que des conférences ou démonstrations publiques, des articles de journaux ou de magazines, des programmes ou messages adressés par courrier, le travailleur social prend soin de souligner la valeur relative de ces types d'activités professionnelles.

4.03.05. Le travailleur social s'abstient de participer en tant que travailleur social à toute forme de réclame publicitaire recommandant au public l'achat ou l'utilisation d'un produit quelconque.

§ 4. — *Interprétation du matériel social*

4.04.01. Le travailleur social interprète avec prudence les données recueillies lors de ses observations et expertises et celles qu'il a obtenues de ses collègues. Dans tout rapport social, écrit ou verbal, il s'efforce de réduire toute possibilité de mésinterprétation ou l'emploi erroné de ces informations notamment en les présentant dans un style approprié aux personnes à qui il s'adresse.

§ 5. — *Précautions à prendre dans la recherche*

4.05.01. Avant d'entreprendre une recherche, le travailleur social évalue les conséquences prévisibles pour les participants, notamment :

a) il s'assure que tous ceux qui collaborent avec lui à la recherche partagent son souci de respecter intégralement les participants ;
b) il obtient le consentement des participants après les avoir informés de tous les aspects de la recherche, y compris les risques, s'il y en a.

4.05.02. Le travailleur social fait preuve d'honnêteté et de franchise dans sa relation avec les participants lorsque la méthodologie exige que certains aspects de la recherche ne soient pas dévoilés aux participants. Le travailleur social explique aux participants les raisons de cette démarche et s'assure que la qualité de la relation avec les participants soit maintenue.

4.05.03. Le travailleur social respecte le droit d'une personne de refuser de participer à une recherche ou de cesser d'y participer.

4.05.04. Le travailleur social fait preuve de prudence particulière lorsqu'il entreprend une expérience au cours de laquelle la santé mentale ou physique d'une personne risque d'être affectée.

4.05.05. Dans l'utilisation de questionnaires, de dossiers ou d'autres instruments de recherche ou d'évaluation, le travailleur social est attentif à ce que la cueillette des données concernant la vie privée des gens ne leur cause préjudice.

4.05.06. Les données recueillies à des fins de recherche par le travailleur social, pour le compte d'un client, restent la propriété de ce client. L'emploi de ces données, par le travailleur social, à des fins de publication ou à d'autres fins, se conforme à la procédure établie par le client et aux dispositions régissant les droits d'auteur.

SECTION V
RESTRICTIONS ET OBLIGATIONS RELATIVES À LA PUBLICITÉ

5.01. Un travailleur social peut mentionner dans sa publicité toutes les informations susceptibles d'aider le public à faire un choix éclairé et de favoriser l'accès à des services utiles ou nécessaires.

Cette publicité doit favoriser le maintien et le développement du professionnalisme.

5.02. Nul travailleur social ne peut faire, ou permettre que soit faite, par quelque moyen que ce soit, de la publicité fausse, trompeuse ou susceptible d'induire en erreur.

5.03. Un travailleur social ne peut s'attribuer des qualités ou habiletés particulières, notamment quant à son niveau de compétence ou quant à l'étendue ou à l'efficacité de ses services, que s'il est en mesure de les justifier.

5.04. Le travailleur social ne peut, dans sa publicité, utiliser ou permettre que soit utilisé un témoignage d'appui ou de reconnaissance qui le concerne.

5.05. Le travailleur social ne peut, de quelque façon que ce soit, faire ou laisser faire de la publicité destinée à des personnes qui peuvent être, sur le plan physique ou émotif, vulnérables du fait de leur âge ou de la survenance d'un événement spécifique.

5.06. Le travailleur social qui, dans sa publicité, annonce des honoraires ou des prix doit le faire d'une manière compréhensible pour un public qui n'a pas de connaissances particulières en service social et doit :

1° les maintenir en vigueur pour la période mentionnée dans la publicité, laquelle période ne devra pas être inférieure à 90 jours, après la dernière diffusion ou publication autorisée ;
2° préciser les services inclus dans ces honoraires ou ces prix ;
3° indiquer si les frais sont ou non inclus.

5.07. Dans le cas d'une publicité relative à un prix spécial ou à un rabais, le travailleur social doit mentionner la durée de la validité de ce prix spécial ou de ce rabais, le cas échéant. Cette durée peut être inférieure à 90 jours.

5.08. Le travailleur social ne peut, par quelque moyen que ce soit, accorder, dans une déclaration ou un message publicitaire, plus d'importance à un prix spécial ou à un rabais qu'au service offert.

5.09. Le travailleur social doit conserver une copie intégrale de toute publicité dans sa forme d'origine, pendant une période de cinq ans suivant la date de la dernière diffusion ou publication. Sur demande, cette copie doit être remise au syndic.

5.10. Tous les associés d'une société de travailleurs sociaux sont solidairement responsables du respect des règles relatives à la publicité, à moins que la publicité n'indique clairement le nom du travailleur social qui en est responsable.

SECTION VI
SYMBOLE GRAPHIQUE DE L'ORDRE PROFESSIONNEL DES TRAVAILLEURS SOCIAUX DU QUÉBEC

6.01. L'Ordre professionnel des travailleurs sociaux du Québec est représenté par un symbole graphique conforme à l'original détenu par le secrétaire de l'Ordre.

6.02. Lorsque le travailleur social reproduit le symbole graphique de l'Ordre pour les fins de sa publicité, il doit s'assurer que ce symbole est conforme à l'original détenu par le secrétaire de l'Ordre.

CHARTE QUÉBÉCOISE DES DROITS ET LIBERTÉS DE LA PERSONNE[1]

Préambule.

CONSIDÉRANT que tout être humain possède des droits et libertés intrinsèques, destinés à assurer sa protection et son épanouissement;

Considérant que tous les êtres humains sont égaux en valeur et en dignité et ont droit à une égale protection de la loi;

Considérant que le respect de la dignité de l'être humain et la reconnaissance des droits et libertés dont il est titulaire constituent le fondement de la justice et de la paix;

Considérant que les droits et libertés de la personne humaine sont inséparables des droits et libertés d'autrui et du bien-être général;

Considérant qu'il y a lieu d'affirmer solennellement dans une Charte les libertés et droits fondamentaux de la personne afin que ceux-ci soient garantis par la volonté collective et mieux protégés contre toute violation;

À ces causes, Sa Majesté, de l'avis et du consentement de l'Assemblée nationale du Québec, décrète ce qui suit:

---

1. Nous présentons ici la première partie de la charte. Le texte complet peut être obtenu à l'adresse suivante: http://www.cdpdj.qc.ca/htmfr/htm/4_4.htm#13

LIBERTÉS ET DROITS FONDAMENTAUX

1. Tout être humain a droit à la vie, ainsi qu'à la sûreté, à l'intégrité et à la liberté de sa personne. Il possède également la personnalité juridique.

2. Tout être humain dont la vie est en péril a droit au secours. Toute personne doit porter secours à celui dont la vie est en péril, personnellement ou en obtenant du secours, en lui apportant l'aide physique nécessaire et immédiate, à moins d'un risque pour elle ou pour les tiers ou d'un autre motif raisonnable.

3. Toute personne est titulaire des libertés fondamentales telles la liberté de conscience, la liberté de religion, la liberté d'opinion, la liberté d'expression, la liberté de réunion pacifique et la liberté d'association.

4. Toute personne a droit à la sauvegarde de sa dignité, de son honneur et de sa réputation.

5. Toute personne a droit au respect de sa vie privée.

6. Toute personne a droit à la jouissance paisible et à la libre disposition de ses biens, sauf dans la mesure prévue par la loi.

7. La demeure est inviolable.

8. Nul ne peut pénétrer chez autrui ni y prendre quoi que ce soit sans son consentement exprès ou tacite.

9. Chacun a droit au respect du secret professionnel. Toute personne tenue par la loi au secret professionnel et tout prêtre ou autre ministre du culte ne peuvent, même en justice, divulguer les renseignements confidentiels qui leur ont été révélés en raison de leur état ou profession, à moins qu'ils n'y soient autorisés par celui qui leur a fait ces confidences ou par une disposition expresse de la loi. Le tribunal doit, d'office, assurer le respect du secret professionnel.

9.1. Les libertés et droits fondamentaux s'exercent dans le respect des valeurs démocratiques, de l'ordre public et du bien-être général des citoyens du Québec. La loi peut, à cet égard, en fixer la portée et en aménager l'exercice.

DROIT À L'ÉGALITÉ DANS LA RECONNAISSANCE ET L'EXERCICE DES DROITS ET LIBERTÉS

10. Toute personne a droit à la reconnaissance et à l'exercice, en pleine égalité, des droits et libertés de la personne, sans distinction, exclusion ou préférence fondée sur la race, la couleur, le sexe, la grossesse, l'orientation sexuelle, l'état civil, l'âge sauf dans la mesure prévue par la loi, la religion, les convictions politiques, la langue, l'origine ethnique ou nationale, la condition sociale, le handicap ou l'utilisation d'un moyen pour pallier ce handicap. Il y a discrimination lorsqu'une telle distinction, exclusion ou préférence a pour effet de détruire ou de compromettre ce droit.

10.1. Nul ne doit harceler une personne en raison de l'un des motifs visés dans l'article 10.

11. Nul ne peut diffuser, publier ou exposer en public un avis, un symbole ou un signe comportant discrimination ni donner une autorisation à cet effet.

12. Nul ne peut, par discrimination, refuser de conclure un acte juridique ayant pour objet des biens ou des services ordinairement offerts au public.

13. Nul ne peut, dans un acte juridique, stipuler une clause comportant discrimination. Une telle clause est réputée sans effet.

14. L'interdiction visée dans les articles 12 et 13 ne s'applique pas au locateur d'une chambre située dans un local d'habitation, si le locateur ou sa famille réside dans le local, ne loue qu'une seule chambre et n'annonce pas celle-ci, en vue de la louer, par avis ou par tout autre moyen public de sollicitation.

15. Nul ne peut, par discrimination, empêcher autrui d'avoir accès aux moyens de transport ou aux lieux publics, tels les établissements commerciaux, hôtels, restaurants, théâtres, cinémas, parcs, terrains de camping et de caravaning, et d'y obtenir les biens et les services qui y sont disponibles.

16. Nul ne peut exercer de discrimination dans l'embauche, l'apprentissage, la durée de la période de probation, la formation professionnelle, la promotion, la mutation, le déplacement, la mise à pied, la suspension, le renvoi ou les conditions de travail d'une personne ainsi que dans l'établissement de catégories ou de classifications d'emploi.

17. Nul ne peut exercer de discrimination dans l'admission, la jouissance d'avantages, la suspension ou l'expulsion d'une personne d'une association d'employeurs ou de salariés ou de toute corporation professionnelle ou association de personnes exerçant une même occupation.

18. Un bureau de placement ne peut exercer de discrimination dans la réception, la classification ou le traitement d'une demande d'emploi ou dans un acte visant à soumettre une demande à un employeur éventuel.

18.1. Nul ne peut, dans un formulaire de demande d'emploi ou lors d'une entrevue relative à un emploi, requérir d'une personne des renseignements sur les motifs visés dans l'article 10 sauf si ces renseignements sont utiles à l'application de l'article 20 ou à l'application d'un programme d'accès à l'égalité existant au moment de la demande.

18.2. Nul ne peut congédier, refuser d'embaucher ou autrement pénaliser dans le cadre de son emploi une personne du seul fait qu'elle a été déclarée coupable d'une infraction pénale ou criminelle, si cette infraction n'a aucun lien avec l'emploi ou si cette personne en a obtenu le pardon.

19. Tout employeur doit, sans discrimination, accorder un traitement ou un salaire égal aux membres de son personnel qui accomplissent un travail équivalent au même endroit. Il n'y a pas de discrimination si une différence de traitement ou de salaire est fondée sur l'expérience, l'ancienneté, la durée du service, l'évaluation au mérite, la quantité de production ou le temps supplémentaire, si ces critères sont communs à tous les membres du personnel. Les ajustements salariaux ainsi qu'un programme d'équité salariale sont, eu égard à la discrimination fondée sur le sexe, réputés non discriminatoires, s'ils sont établis conformément à la Loi sur l'équité salariale (Lois refondues du Québec, chapitre E-12.001)

20. Une distinction, exclusion ou préférence fondée sur les aptitudes ou qualités requises par un emploi, ou justifiée par le caractère charitable, philanthropique, religieux, politique ou éducatif d'une institution sans but lucratif ou qui est vouée exclusivement au bien-être d'un groupe ethnique est réputée non discriminatoire.

20.1 Dans un contrat d'assurance ou de rente, un régime d'avantages sociaux, de retraite, de rentes ou d'assurance ou un régime universel de rentes ou d'assurance, une distinction, exclusion ou préférence fondée sur l'âge, le sexe ou l'état civil est réputée non discriminatoire lorsque son utilisation est légitime et que le motif qui la fonde constitue un facteur de détermination de risque, basé sur des données actuarielles. Dans ces contrats ou régimes, l'utilisation de l'état de santé comme facteur de détermination de risque ne constitue pas une discrimination au sens de l'article 10.

DROITS POLITIQUES

21. Toute personne a droit d'adresser des pétitions à l'Assemblée nationale pour le redressement de griefs.

22. Toute personne légalement habilitée et qualifiée a droit de se porter candidat lors d'une élection et a droit d'y voter.

DROITS JUDICIAIRES

23. Toute personne a droit, en pleine égalité, à une audition publique et impartiale de sa cause par un tribunal indépendant et qui ne soit pas préjugé, qu'il s'agisse de la détermination de ses droits et obligations ou du bien-fondé de toute accusation portée contre elle. Le tribunal peut toutefois ordonner le huis clos dans l'intérêt de la morale ou de l'ordre public.

24. Nul ne peut être privé de sa liberté ou de ses droits, sauf pour les motifs prévus par la loi et suivant la procédure prescrite.

24.1. Nul ne peut faire l'objet de saisies, perquisitions ou fouilles abusives.

25. Toute personne arrêtée ou détenue doit être traitée avec humanité et avec le respect dû à la personne humaine.

26. Toute personne détenue dans un établissement de détention a droit d'être soumise à un régime distinct approprié à son sexe, son âge et sa condition physique ou mentale.

27. Toute personne détenue dans un établissement de détention en attendant l'issue de son procès a droit d'être séparée, jusqu'au jugement final, des prisonniers qui purgent une peine.

28. Toute personne arrêtée ou détenue a droit d'être promptement informée, dans une langue qu'elle comprend, des motifs de son arrestation ou de sa détention.

28.1 Tout accusé a le droit d'être promptement informé de l'infraction particulière qu'on lui reproche.

29. Toute personne arrêtée ou détenue a droit, sans délai, d'en prévenir ses proches et de recourir à l'assistance d'un avocat. Elle doit être promptement informée de ces droits.

30. Toute personne arrêtée ou détenue doit être promptement conduite devant le tribunal compétent ou relâchée.

31. Nulle personne arrêtée ou détenue ne peut être privée, sans juste cause, du droit de recouvrer sa liberté sur engagement, avec ou sans dépôt ou caution, de comparaître devant le tribunal dans le délai fixé.

32. Toute personne privée de sa liberté a droit de recourir à l'habeas corpus.

32.1. Tout accusé a le droit d'être jugé dans un délai raisonnable.

33. Tout accusé est présumé innocent jusqu'à ce que la preuve de sa culpabilité ait été établie suivant la loi.

33.1. Nul accusé ne peut être contraint de témoigner contre lui-même lors de son procès.

34. Toute personne a droit de se faire représenter par un avocat ou d'en être assistée devant tout tribunal.

35. Tout accusé a droit à une défense pleine et entière et a le droit d'interroger et de contre-interroger les témoins.

36. Tout accusé a le droit d'être assisté gratuitement d'un interprète s'il ne comprend pas la langue employée à l'audience ou s'il est atteint de surdité.

37. Nul accusé ne peut être condamné pour une action ou une omission qui, au moment où elle a été commise, ne constituait pas une violation de la loi.

37.1. Une personne ne peut être jugée de nouveau pour une infraction dont elle a été acquittée ou dont elle a été déclarée coupable en vertu d'un jugement passé en force de chose jugée.

37.2. Un accusé a droit à la peine la moins sévère lorsque la peine prévue pour l'infraction a été modifiée entre la perpétration de l'infraction et le prononcé de la sentence.

38. Aucun témoignage devant un tribunal ne peut servir à incriminer son auteur, sauf le cas de poursuites pour parjure ou pour témoignages contradictoires.

DROITS ÉCONOMIQUES ET SOCIAUX

39. Tout enfant a droit à la protection, à la sécurité et à l'attention que ses parents ou les personnes qui en tiennent lieu peuvent lui donner.

40. Toute personne a droit, dans la mesure et suivant les normes prévues par la loi, à l'instruction publique gratuite.

41. Les parents ou les personnes qui en tiennent lieu ont le droit d'exiger que, dans les établissements d'enseignement publics, leurs enfants reçoivent un enseignement religieux ou moral conforme à leurs convictions, dans le cadre des programmes prévus par la loi.

42. Les parents ou les personnes qui en tiennent lieu ont le droit de choisir pour leurs enfants des établissements d'enseignement privés, pourvu que ces établissements se conforment aux normes prescrites ou approuvées en vertu de la loi.

43. Les personnes appartenant à des minorités ethniques ont le droit de maintenir et de faire progresser leur propre vie culturelle avec les autres membres de leur groupe.

44. Toute personne a droit à l'information, dans la mesure prévue par la loi.

45. Toute personne dans le besoin a droit, pour elle et sa famille, à des mesures d'assistance financière et à des mesures sociales, prévues par la loi, susceptibles de lui assurer un niveau de vie décent.

46. Toute personne qui travaille a droit, conformément à la loi, à des conditions de travail justes et raisonnables et qui respectent sa santé, sa sécurité et son intégrité physique.

47. Les époux ont, dans le mariage, les mêmes droits, obligations et responsabilités. Ils assurent ensemble la direction morale et matérielle de la famille et l'éducation de leurs enfants communs.

48. Toute personne âgée ou toute personne handicapée a droit d'être protégée contre toute forme d'exploitation. Telle personne a aussi droit à la protection et à la sécurité que doivent lui apporter sa famille ou les personnes qui en tiennent lieu.

DISPOSITIONS SPÉCIALES ET INTERPRÉTATIVES

49. Une atteinte illicite à un droit ou à une liberté reconnu par la présente Charte confère à la victime le droit d'obtenir la cessation de cette atteinte et la réparation du préjudice moral ou matériel qui en résulte. En cas d'atteinte illicite et intentionnelle, le tribunal peut en outre condamner son auteur à des dommages exemplaires.

49.1. Les plaintes, différends et autres recours dont l'objet est couvert par la Loi sur l'équité salariale (Lois refondues du Québec, chapitre E-12.001) sont réglés exclusivement suivant cette loi. En outre, toute question relative à l'équité salariale entre une catégorie d'emplois à prédominance féminine et une catégorie d'emplois à prédominance masculine dans une entreprise qui compte moins de 10 salariés doit être résolue par la Commission de l'équité salariale en application de l'article 19 de la présente Charte.

50. La Charte doit être interprétée de manière à ne pas supprimer ou restreindre la jouissance ou l'exercice d'un droit ou d'une liberté de la personne qui n'y est pas inscrit.

51. La Charte ne doit pas être interprétée de manière à augmenter, restreindre ou modifier la portée d'une disposition de la loi, sauf dans la mesure prévue par l'article 52.

52. Aucune disposition d'une loi, même postérieure à la Charte, ne peut déroger aux articles 1 à 38, sauf dans la mesure prévue par ces articles, à moins que cette loi n'énonce expressément que cette disposition s'applique malgré la Charte.

53. Si un doute surgit dans l'interprétation d'une disposition de la loi, il est tranché dans le sens indiqué par la Charte.

54. La Charte lie la Couronne.

55. La Charte vise les matières qui sont de la compétence législative du Québec.

56. 1. Dans les articles 9, 23, 30, 31, 34 et 38, dans le chapitre III de la partie II ainsi que dans la partie IV, le mot « tribunal » inclut un coroner, un commissaire-enquêteur sur les incendies, une commission d'enquête et une personne ou un organisme exerçant des fonctions quasi judiciaires.

2. Dans l'article 19, les mots « traitement » et « salaire » incluent les compensations ou avantages à valeur pécuniaire se rapportant à l'emploi.

3. Dans la Charte, le mot « loi » inclut un règlement, un décret, une ordonnance ou un arrêté en conseil pris sous l'autorité d'une loi.

Note : la partie II de la Charte — que nous ne publions pas ici — traite de la Commission des droits de la personne et des droits de la jeunesse : composition, fonctions, mécanismes de plainte, etc. Le texte intégral peut être obtenu sur le site Internet du gouvernement du Québec.

INDEX DES AUTEURS

INDEX THÉMATIQUE

D